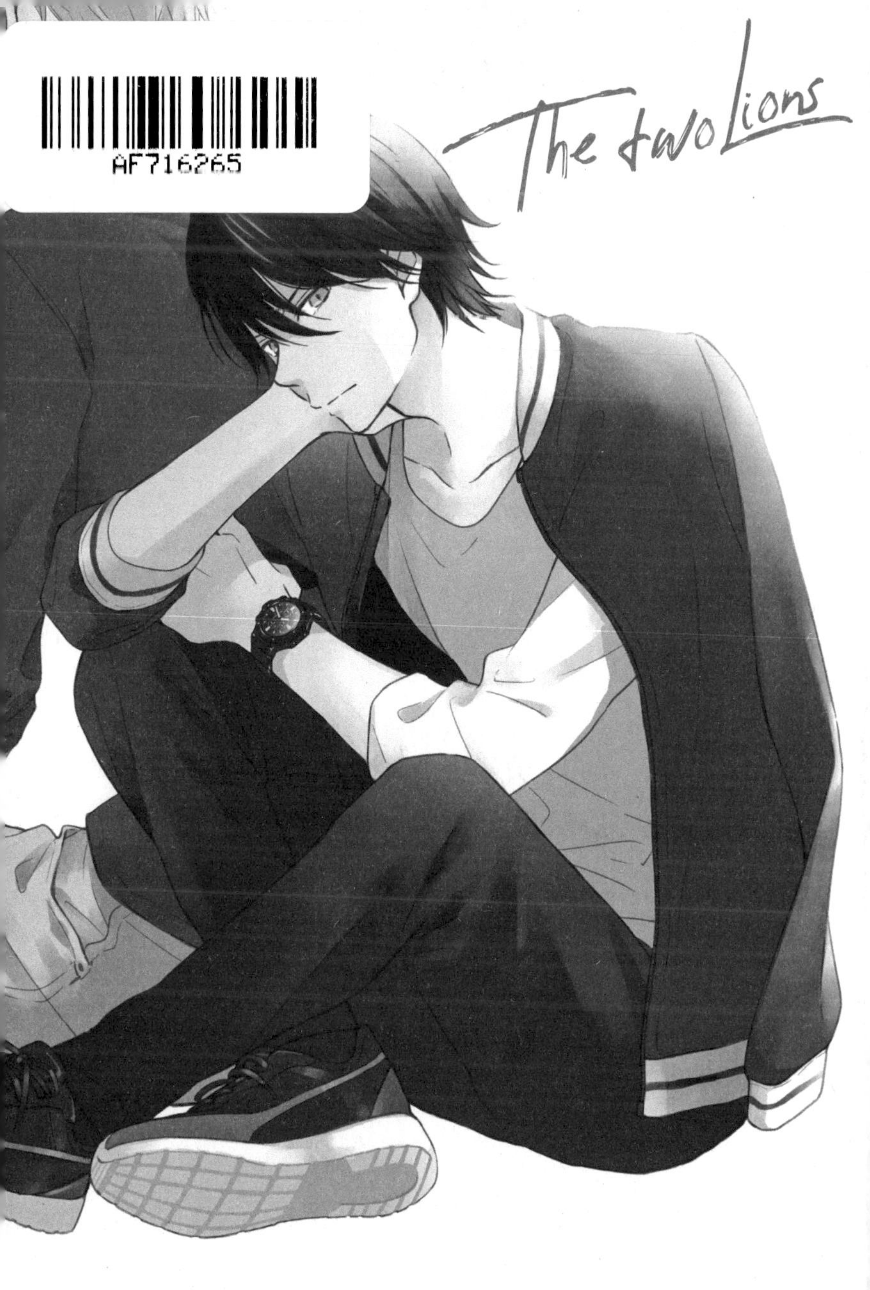
The two Lions

INHALT

KAPITEL 1

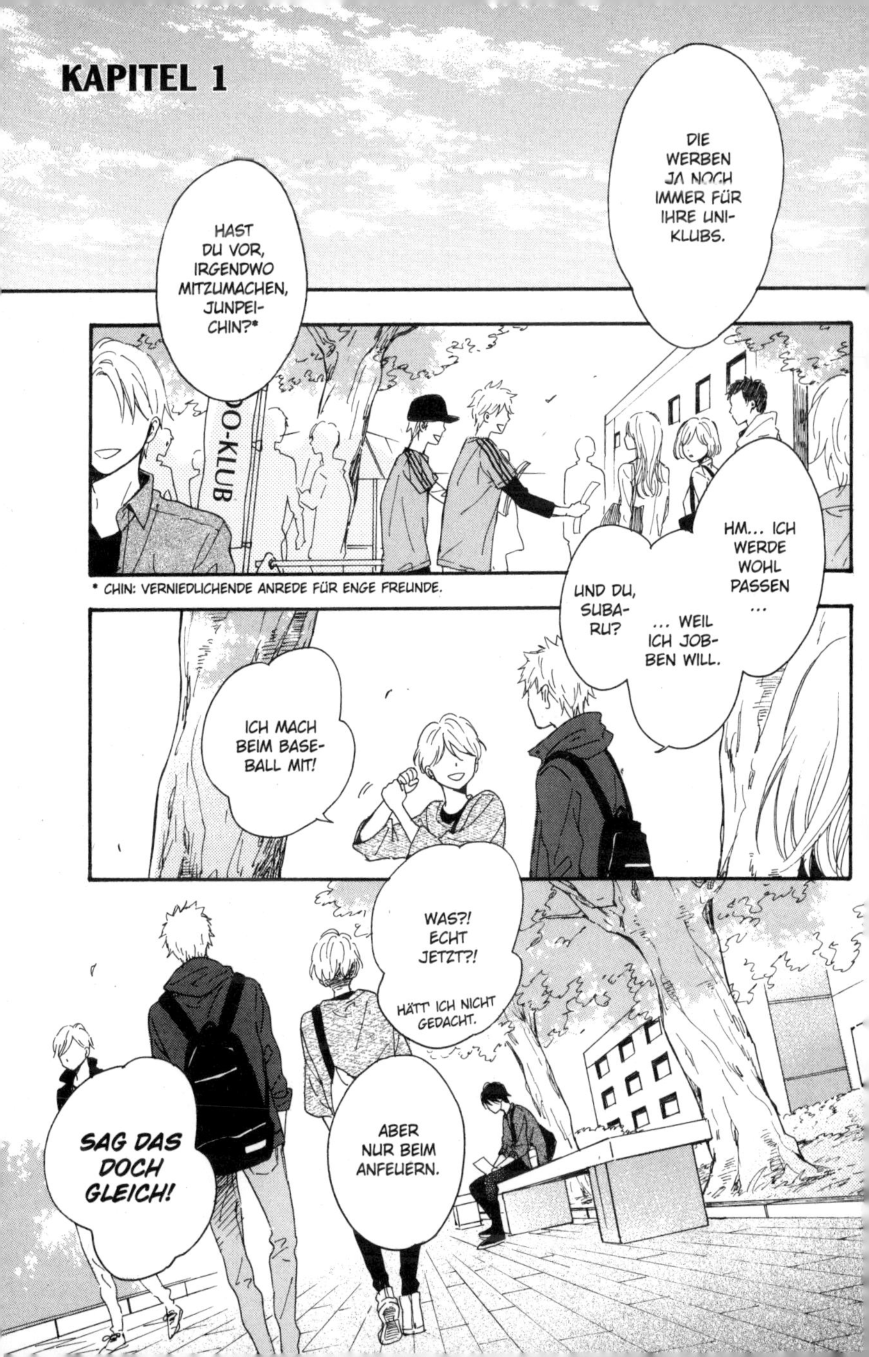

* CHIN: VERNIEDLICHENDE ANREDE FÜR ENGE FREUNDE.

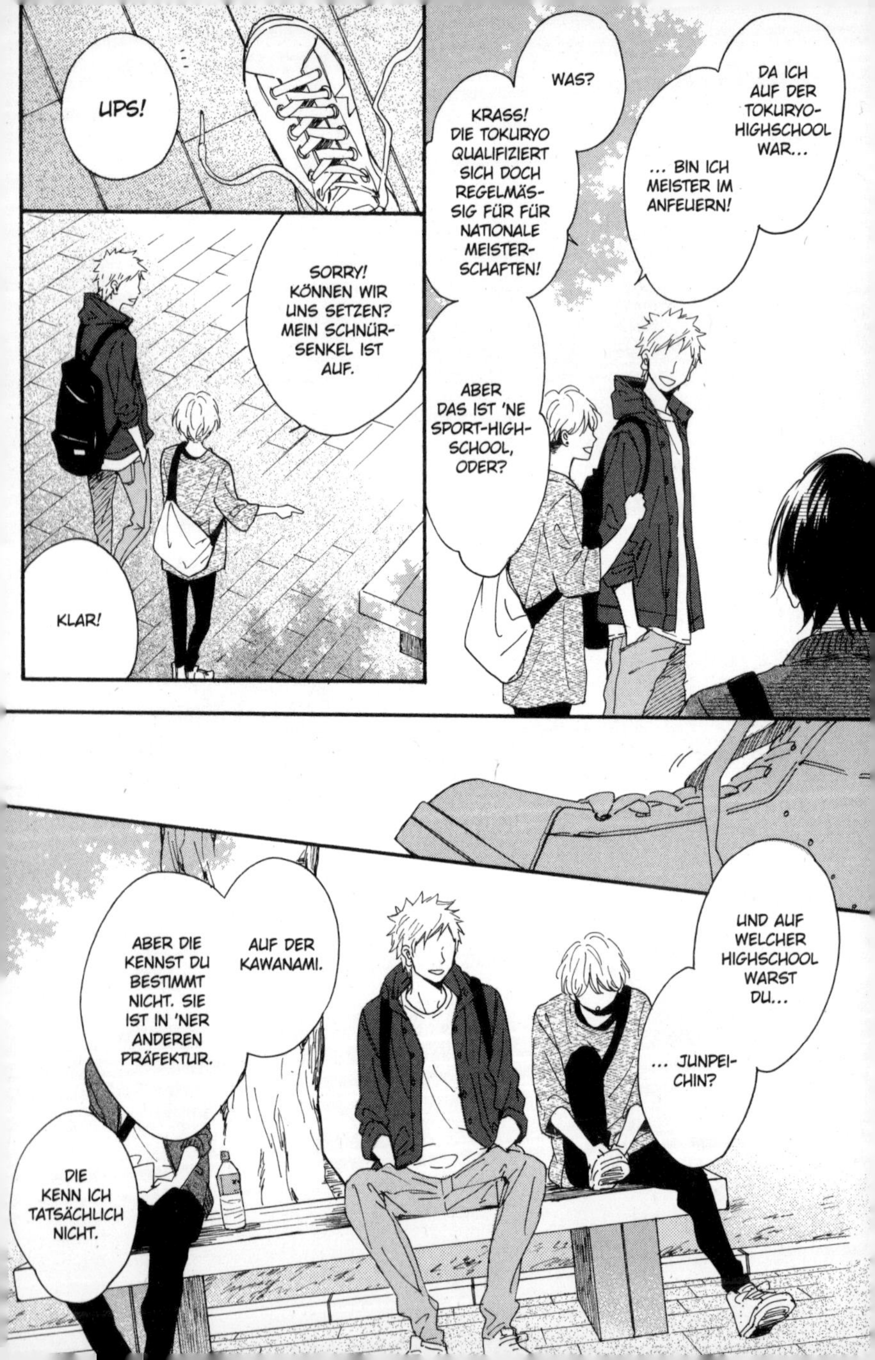
DA ICH AUF DER TOKURYO-HIGHSCHOOL WAR…
… BIN ICH MEISTER IM ANFEUERN!
WAS?
KRASS! DIE TOKURYO QUALIFIZIERT SICH DOCH REGELMÄS-SIG FÜR FÜR NATIONALE MEISTER-SCHAFTEN!
ABER DAS IST 'NE SPORT-HIGH-SCHOOL, ODER?
UPS!
SORRY! KÖNNEN WIR UNS SETZEN? MEIN SCHNÜR-SENKEL IST AUF.
KLAR!
UND AUF WELCHER HIGHSCHOOL WARST DU…
… JUNPEI-CHIN?
AUF DER KAWANAMI.
ABER DIE KENNST DU BESTIMMT NICHT. SIE IST IN 'NER ANDEREN PRÄFEKTUR.
DIE KENN ICH TATSÄCHLICH NICHT.

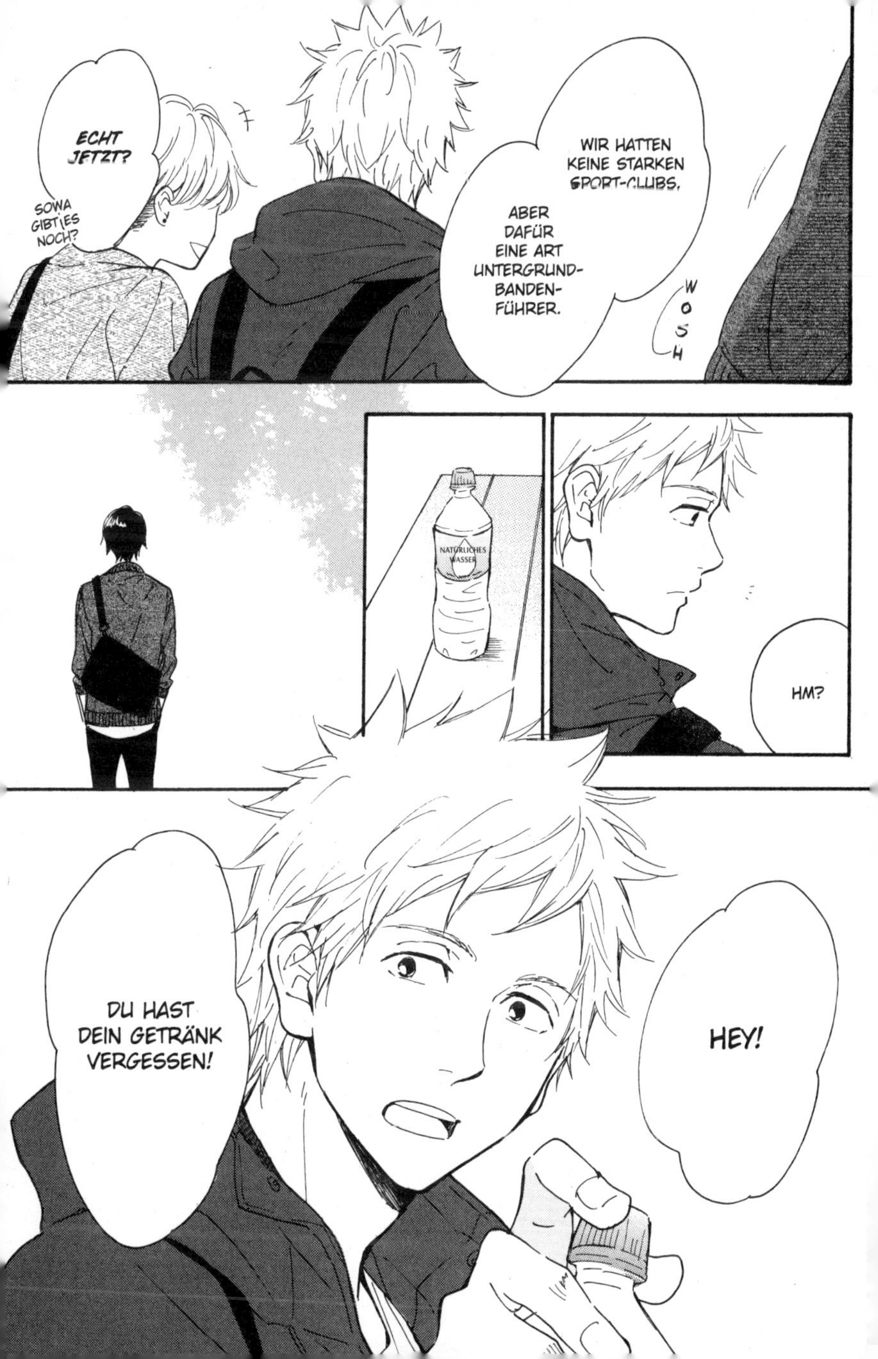
WIR HATTEN KEINE STARKEN SPORT-CLUBS.
ABER DAFÜR EINE ART UNTERGRUND-BANDEN-FÜHRER.
WOSH
ECHT JETZT?
SOWA GIBT ES NOCH?
NATÜRLICHES WASSER
HM?
HEY!
DU HAST DEIN GETRÄNK VERGESSEN!

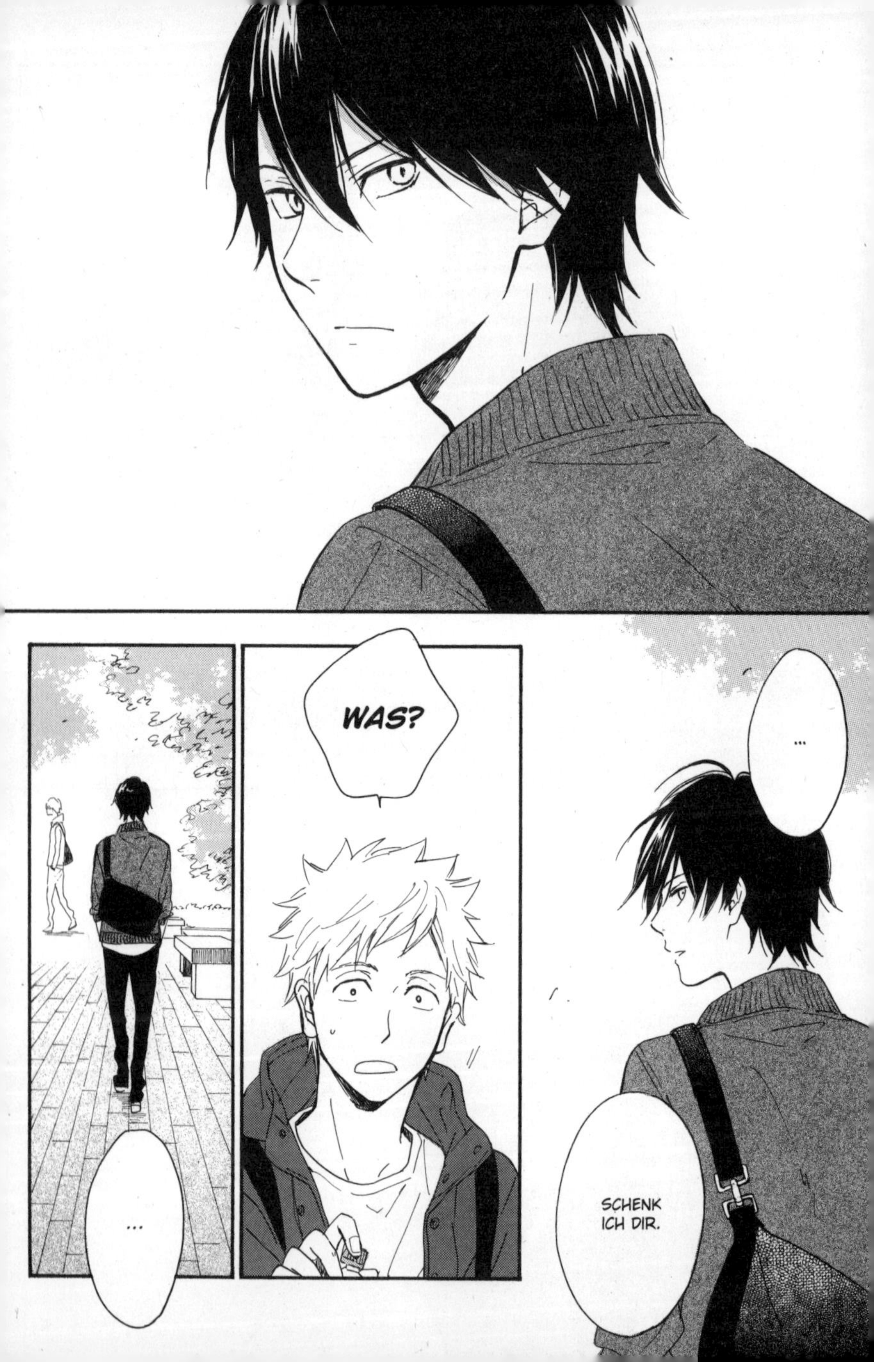
...
SCHENK ICH DIR.
WAS?
...

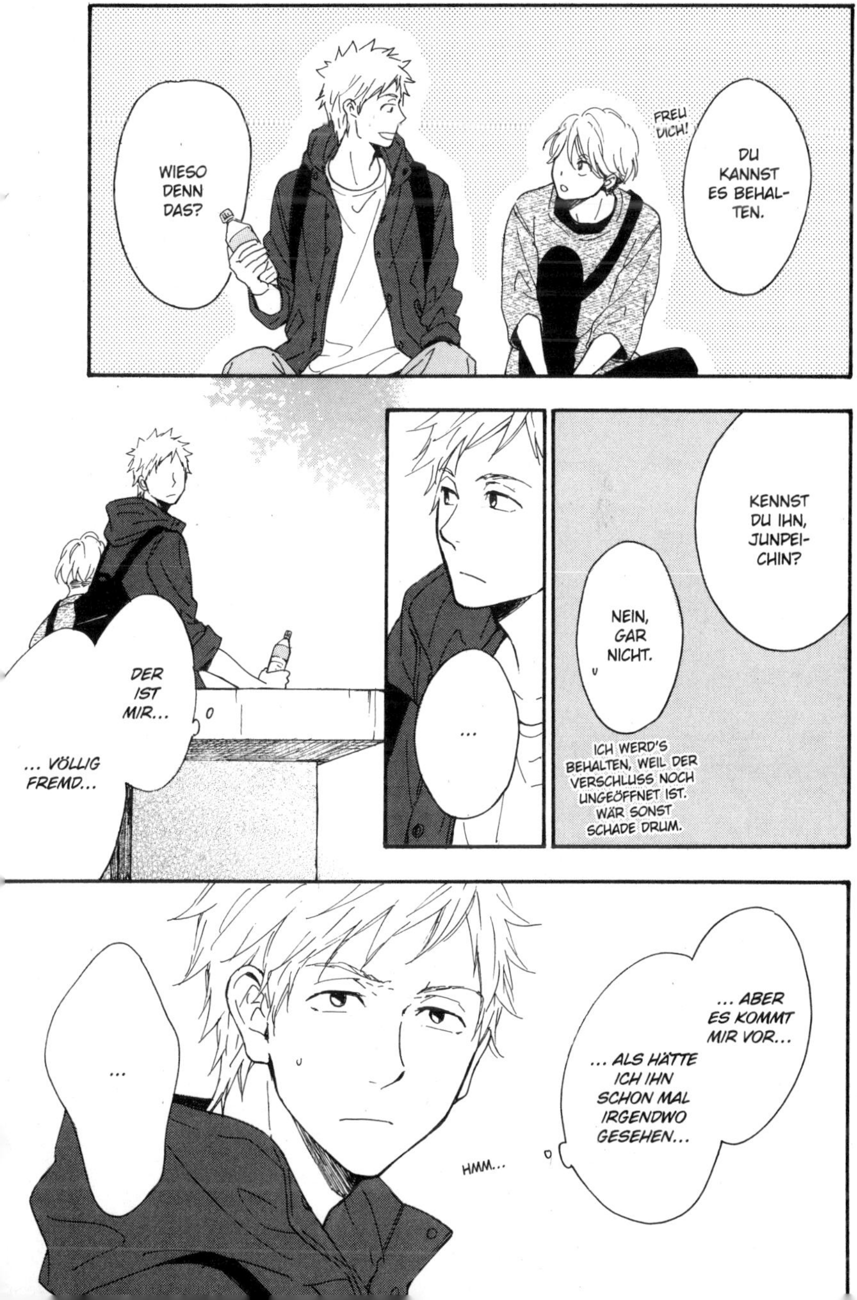
DU KANNST ES BEHAL-TEN.
FREU DICH!
WIESO DENN DAS?
KENNST DU IHN, JUNPEI-CHIN?
NEIN, GAR NICHT.
ICH WERD'S BEHALTEN, WEIL DER VERSCHLUSS NOCH UNGEÖFFNET IST. WÄR SONST SCHADE DRUM.
...
DER IST MIR...
... VÖLLIG FREMD...
... ABER ES KOMMT MIR VOR...
... ALS HÄTTE ICH IHN SCHON MAL IRGENDWO GESEHEN...
HMM...
...

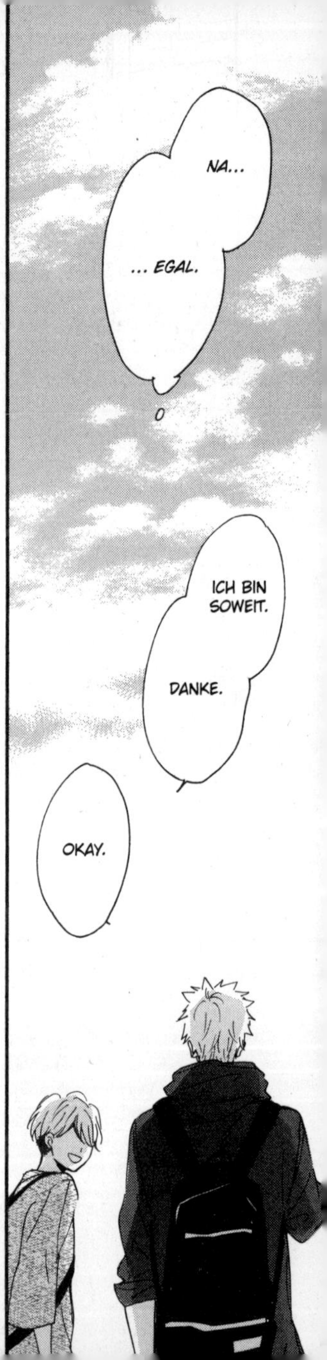
NA...
... EGAL.
ICH BIN SOWEIT.
DANKE.
OKAY.

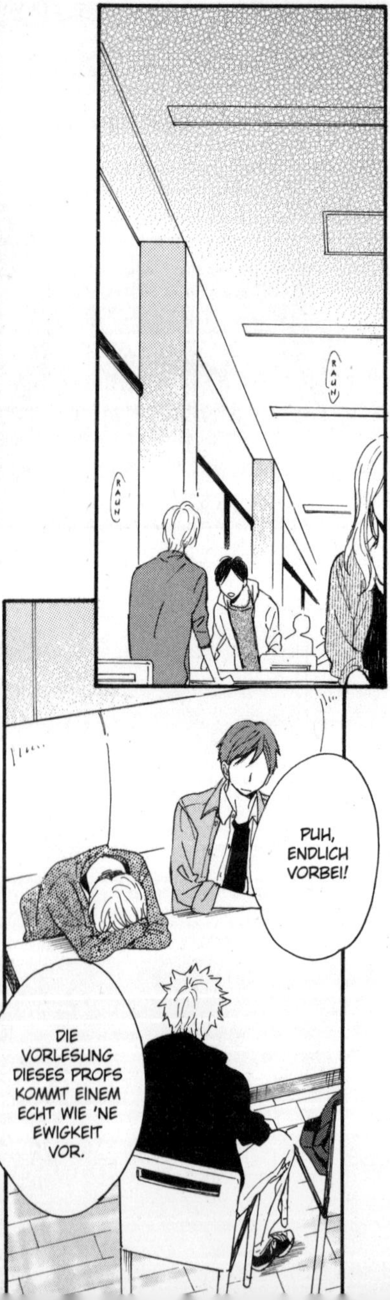
RAUN
RAUN
PUH, ENDLICH VORBEI!
DIE VORLESUNG DIESES PROFS KOMMT EINEM ECHT WIE 'NE EWIGKEIT VOR.

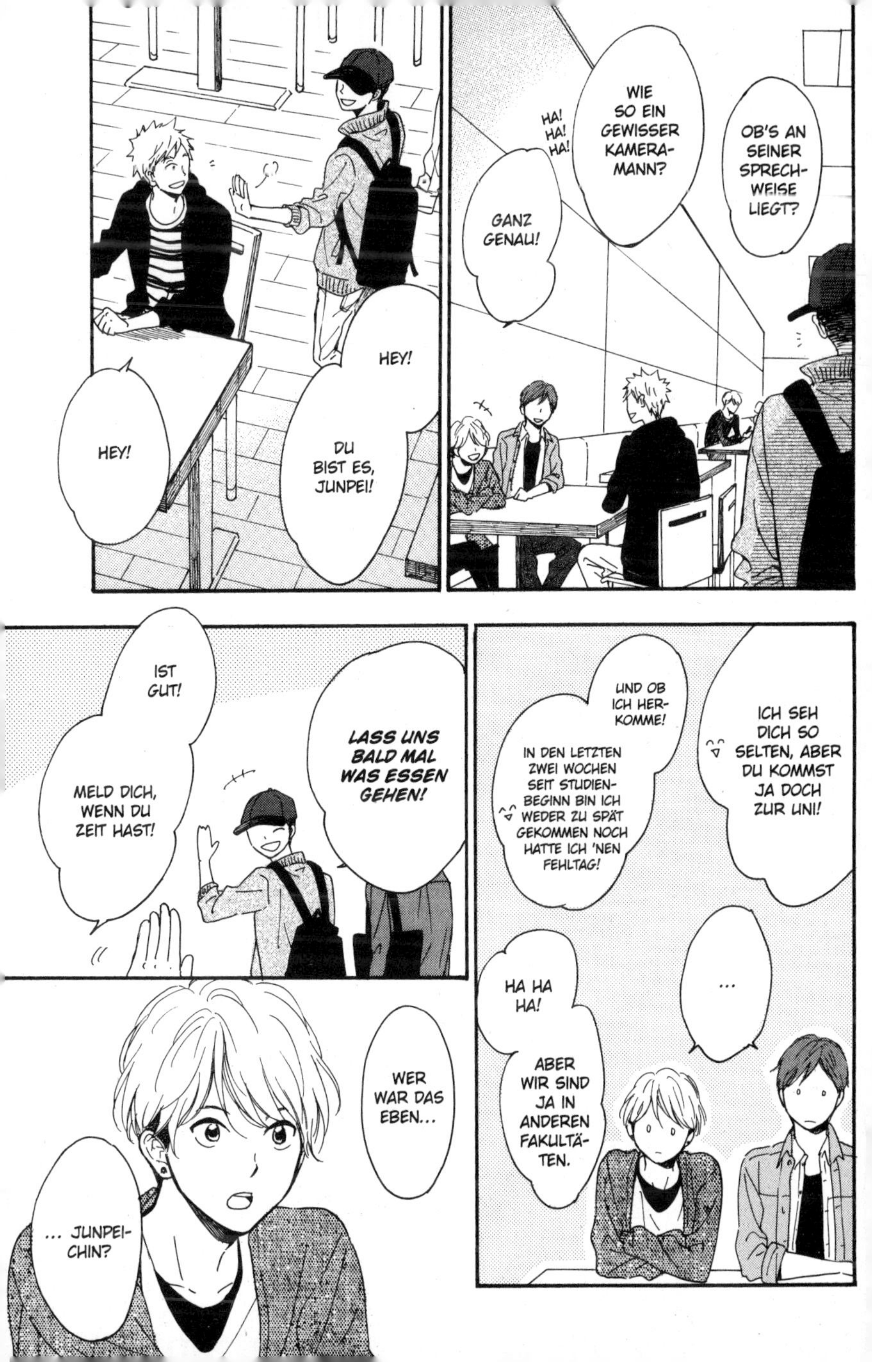
OB'S AN SEINER SPRECH-WEISE LIEGT?
WIE SO EIN GEWISSER KAMERA-MANN?
HA! HA! HA!
GANZ GENAU!
HEY!
DU BIST ES, JUNPEI!
HEY!
ICH SEH DICH SO SELTEN, ABER DU KOMMST JA DOCH ZUR UNI!
UND OB ICH HER-KOMME!
IN DEN LETZTEN ZWEI WOCHEN SEIT STUDIEN-BEGINN BIN ICH WEDER ZU SPÄT GEKOMMEN NOCH HATTE ICH 'NEN FEHLTAG!
LASS UNS BALD MAL WAS ESSEN GEHEN!
IST GUT!
MELD DICH, WENN DU ZEIT HAST!
...
HA HA HA!
ABER WIR SIND JA IN ANDEREN FAKULTÄ-TEN.
WER WAR DAS EBEN...
... JUNPEI-CHIN?

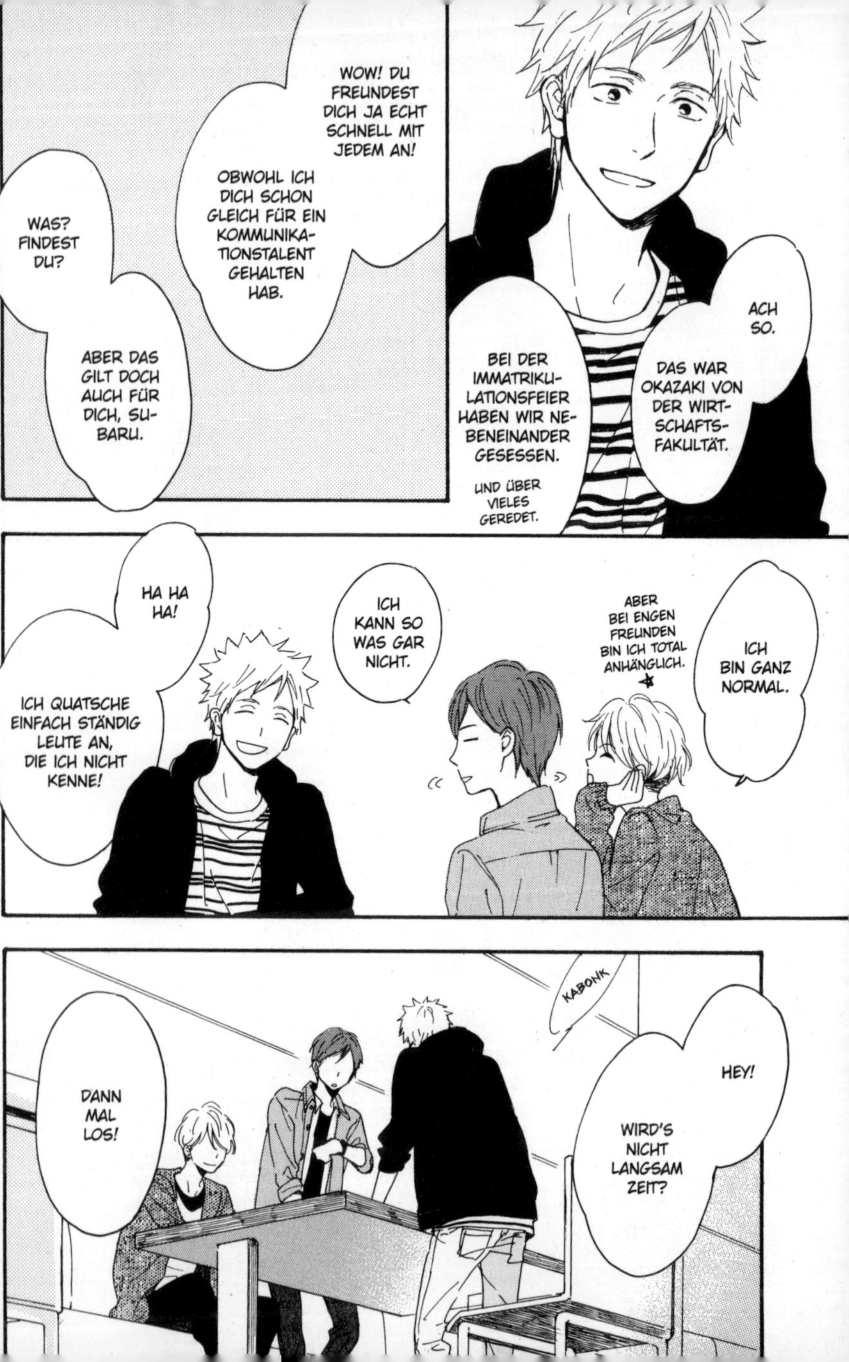
ACH SO.
DAS WAR OKAZAKI VON DER WIRTSCHAFTSFAKULTÄT.
BEI DER IMMATRIKULATIONSFEIER HABEN WIR NEBENEINANDER GESESSEN.
UND ÜBER VIELES GEREDET.
WOW! DU FREUNDEST DICH JA ECHT SCHNELL MIT JEDEM AN!
OBWOHL ICH DICH SCHON GLEICH FÜR EIN KOMMUNIKATIONSTALENT GEHALTEN HAB.
WAS? FINDEST DU?
ABER DAS GILT DOCH AUCH FÜR DICH, SUBARU.
ICH BIN GANZ NORMAL.
ABER BEI ENGEN FREUNDEN BIN ICH TOTAL ANHÄNGLICH. ☆
ICH KANN SO WAS GAR NICHT.
HA HA HA!
ICH QUATSCHE EINFACH STÄNDIG LEUTE AN, DIE ICH NICHT KENNE!
KABONK
HEY!
WIRD'S NICHT LANGSAM ZEIT?
DANN MAL LOS!

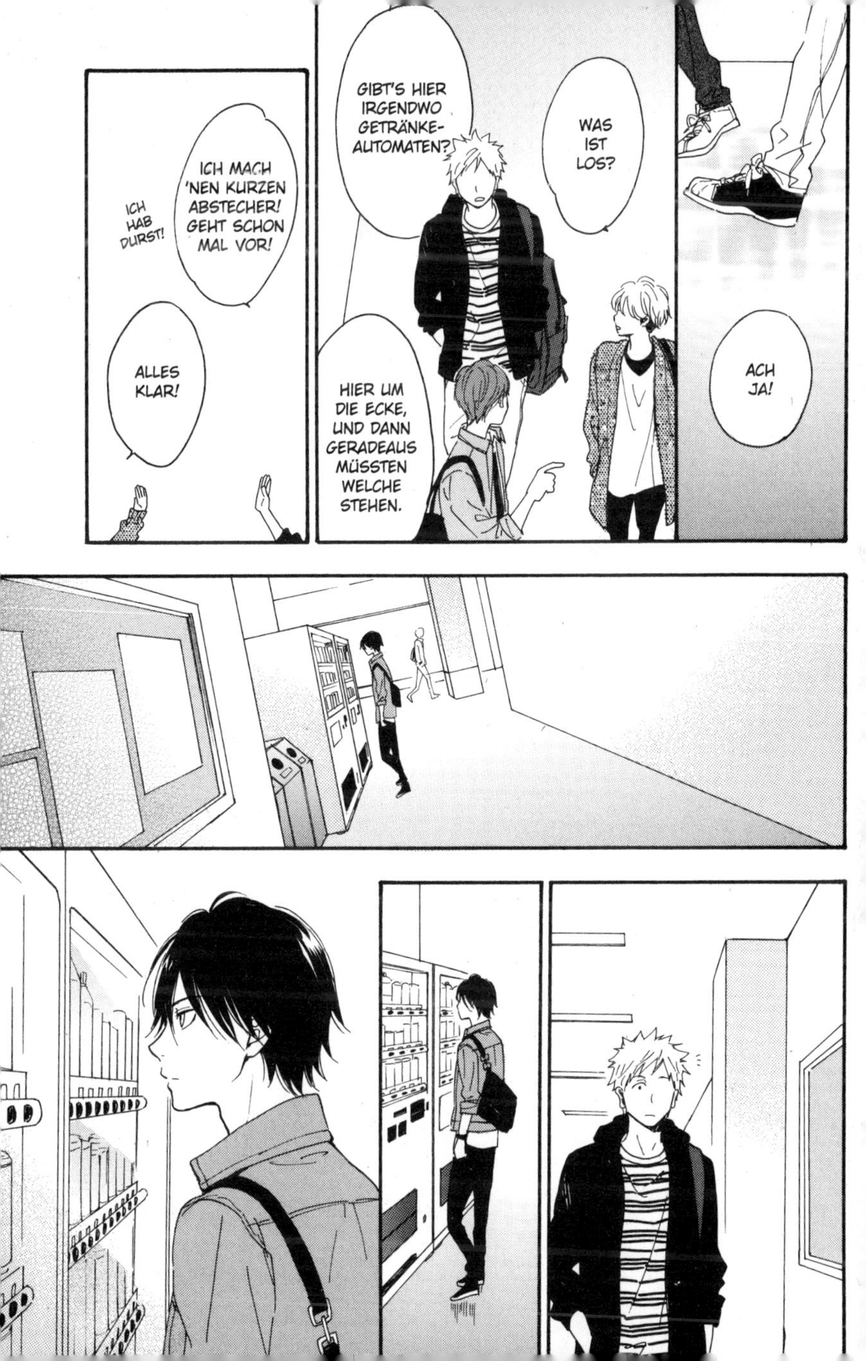
ACH JA!
WAS IST LOS?
GIBT'S HIER IRGENDWO GETRÄNKE-AUTOMATEN?
HIER UM DIE ECKE, UND DANN GERADEAUS MÜSSTEN WELCHE STEHEN.
ICH MACH 'NEN KURZEN ABSTECHER! GEHT SCHON MAL VOR!
ICH HAB DURST!
ALLES KLAR!

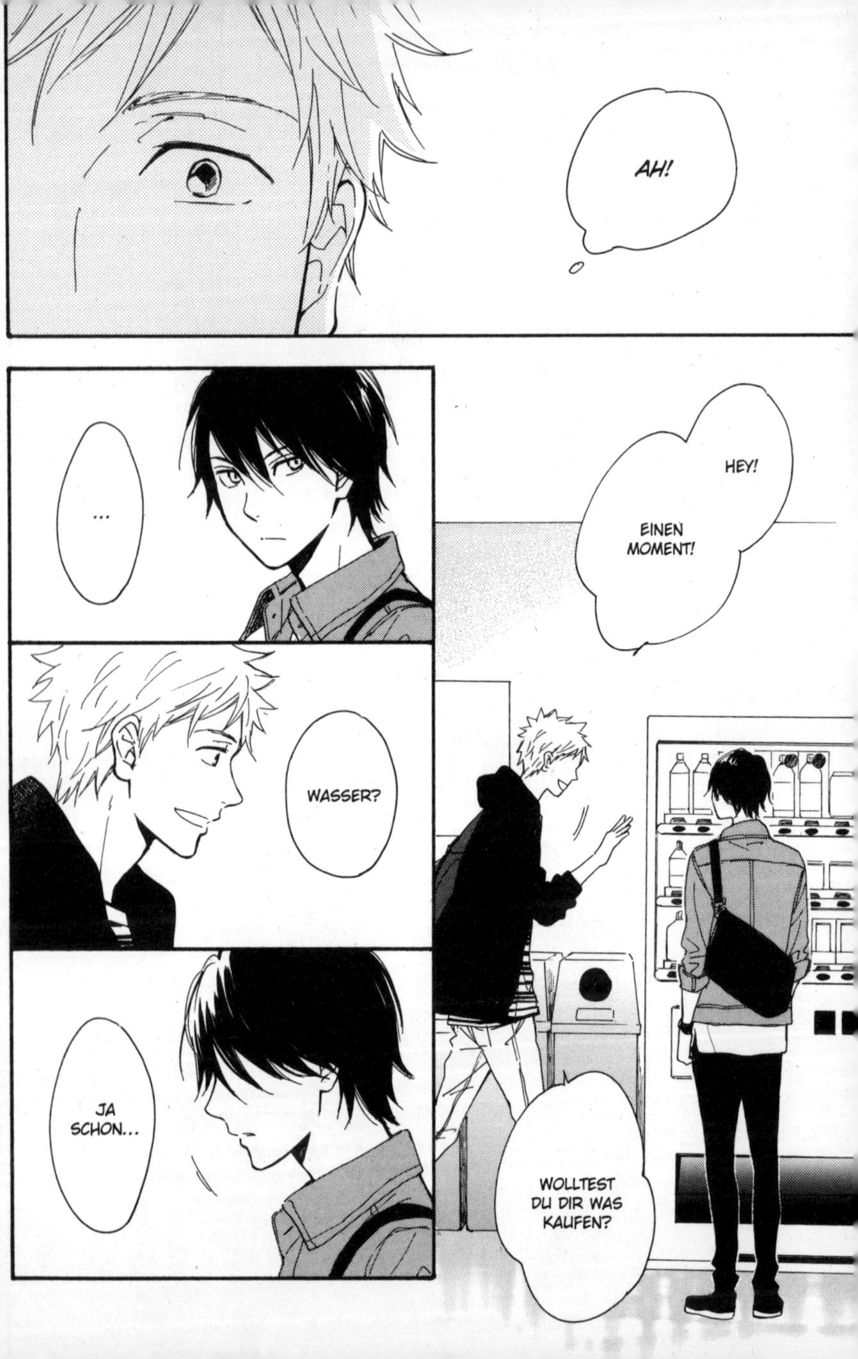
AH!
HEY!
EINEN MOMENT!
WOLLTEST DU DIR WAS KAUFEN?
...
WASSER?
JA SCHON...

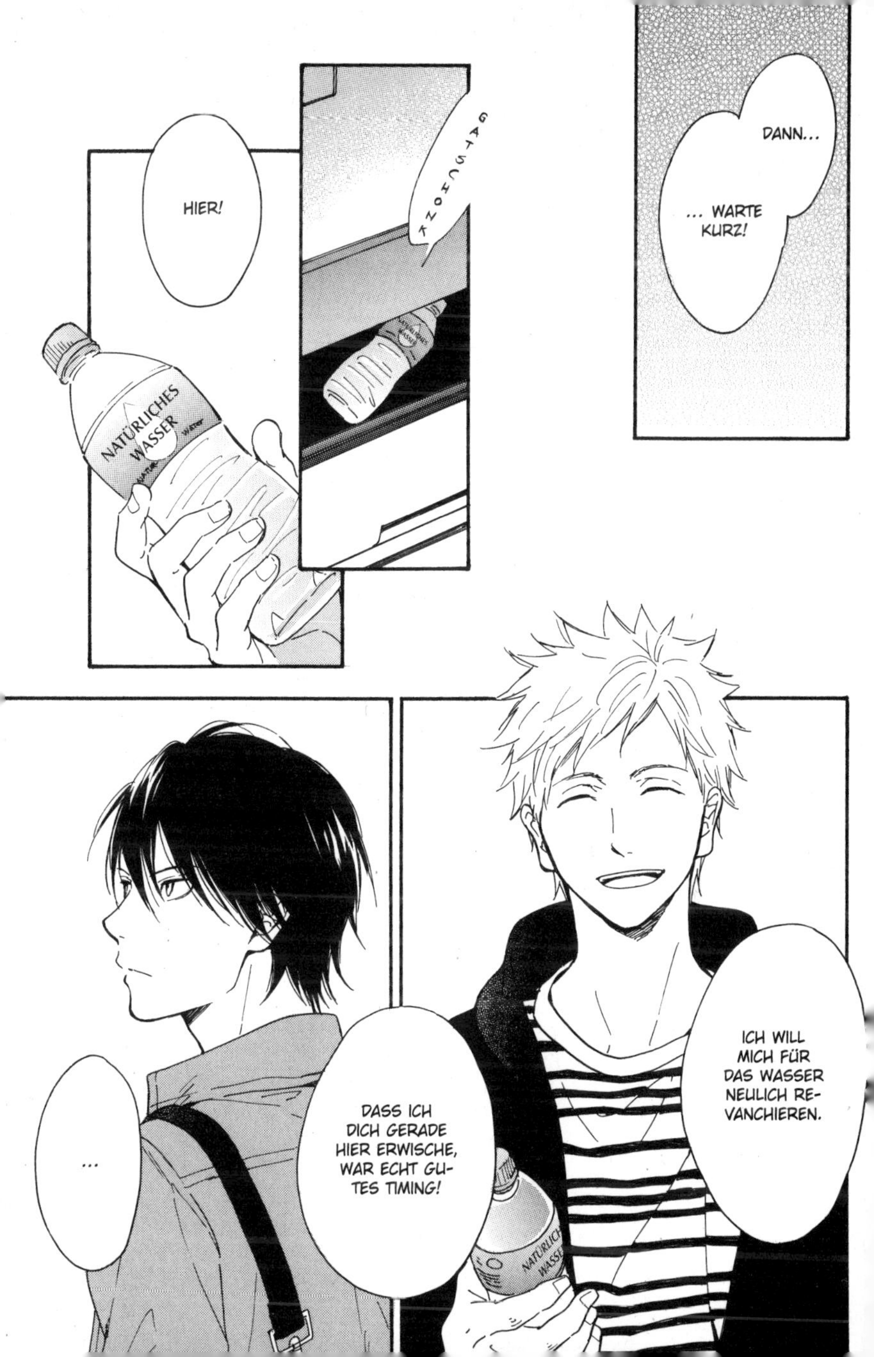
DANN...
... WARTE KURZ!
GATSCHONK
HIER!
NATÜRLICHES WASSER
ICH WILL MICH FÜR DAS WASSER NEULICH RE-VANCHIEREN.
DASS ICH DICH GERADE HIER ERWISCHE, WAR ECHT GU-TES TIMING!
...
NATÜRLICHES WASSER

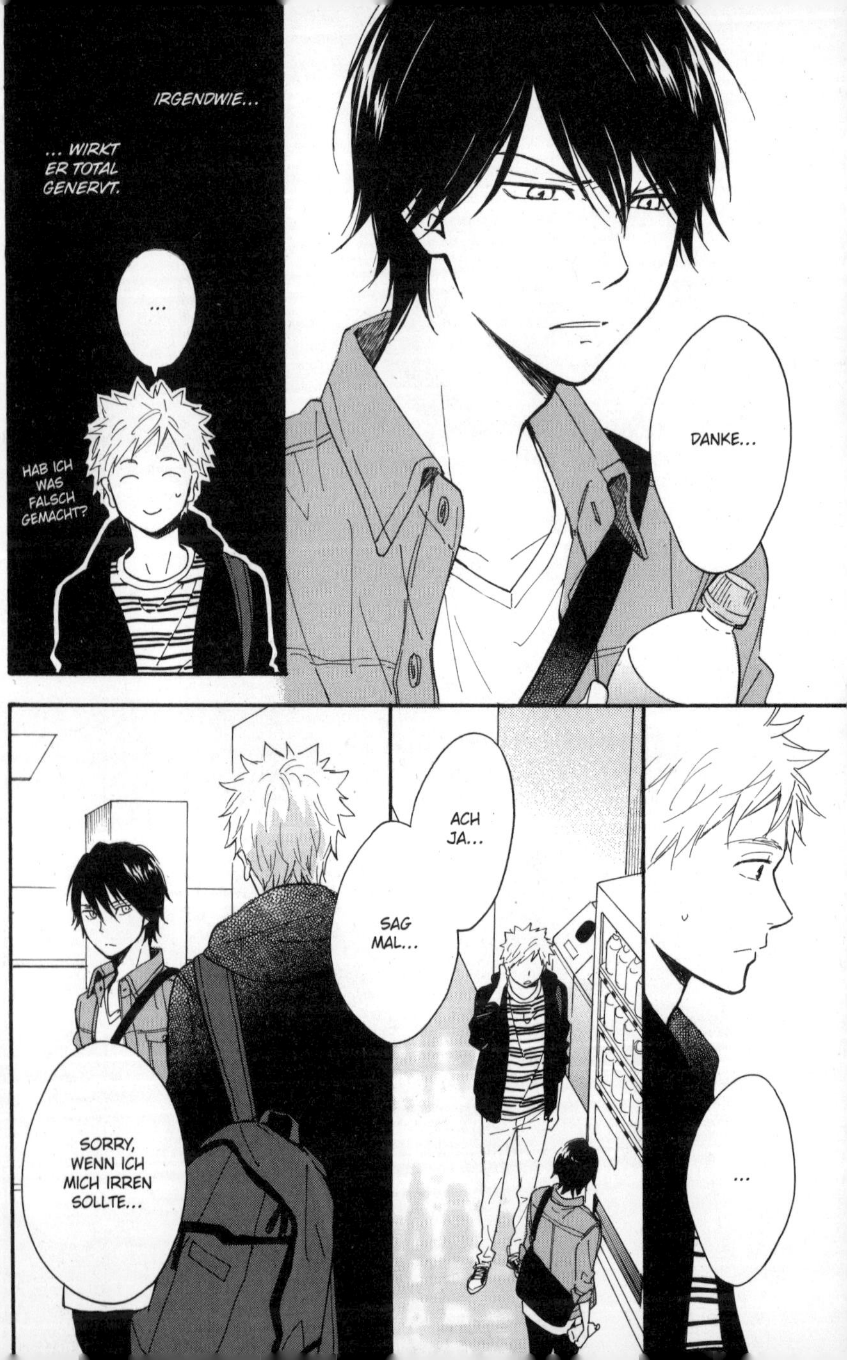
DANKE...
IRGENDWIE...
... WIRKT ER TOTAL GENERVT.
...
HAB ICH WAS FALSCH GEMACHT?
...
ACH JA...
SAG MAL...
SORRY, WENN ICH MICH IRREN SOLLTE...

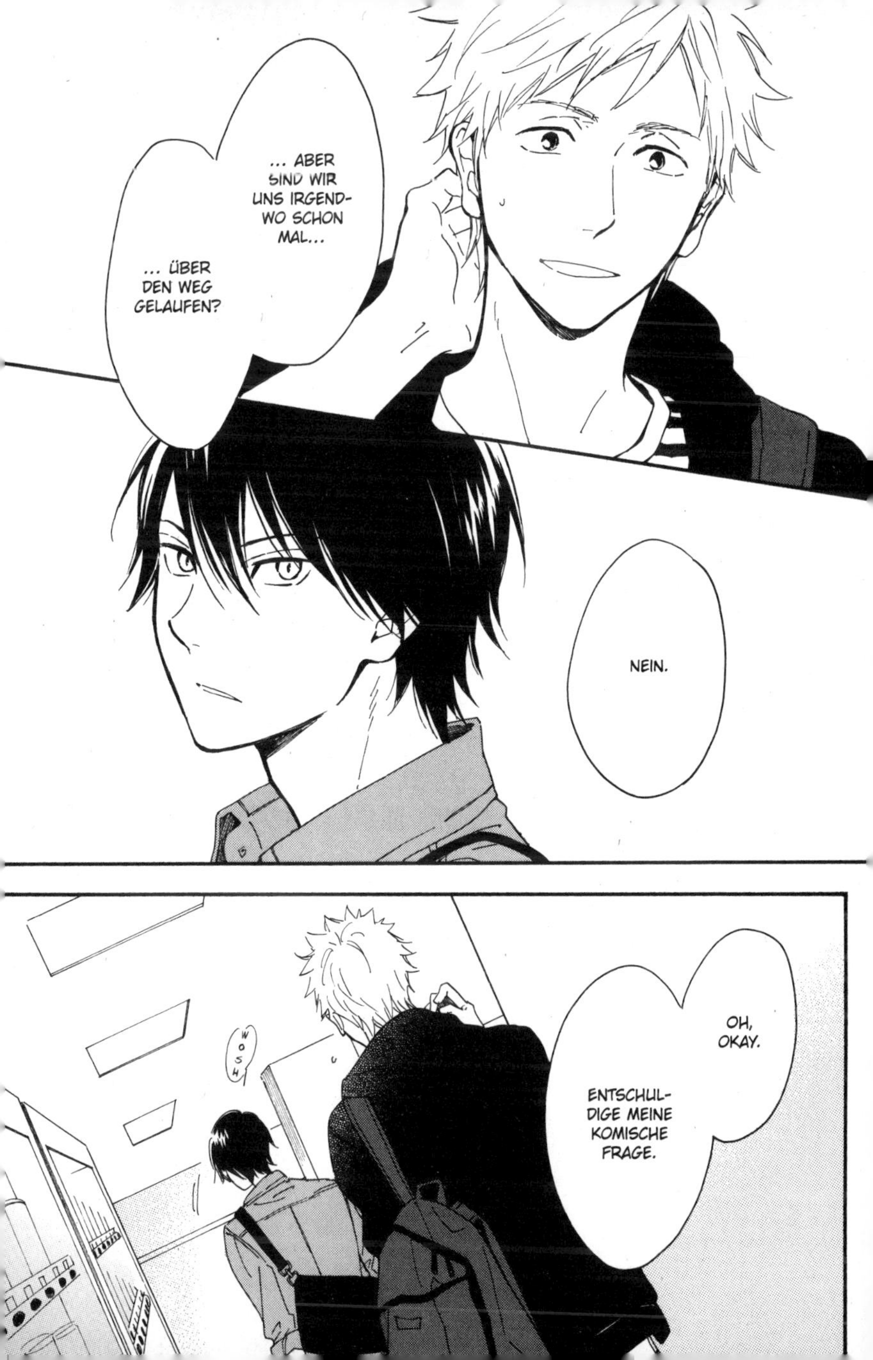
... ABER SIND WIR UNS IRGEND-WO SCHON MAL...
... ÜBER DEN WEG GELAUFEN?
NEIN.
OH, OKAY.
ENTSCHUL-DIGE MEINE KOMISCHE FRAGE.
WOSH

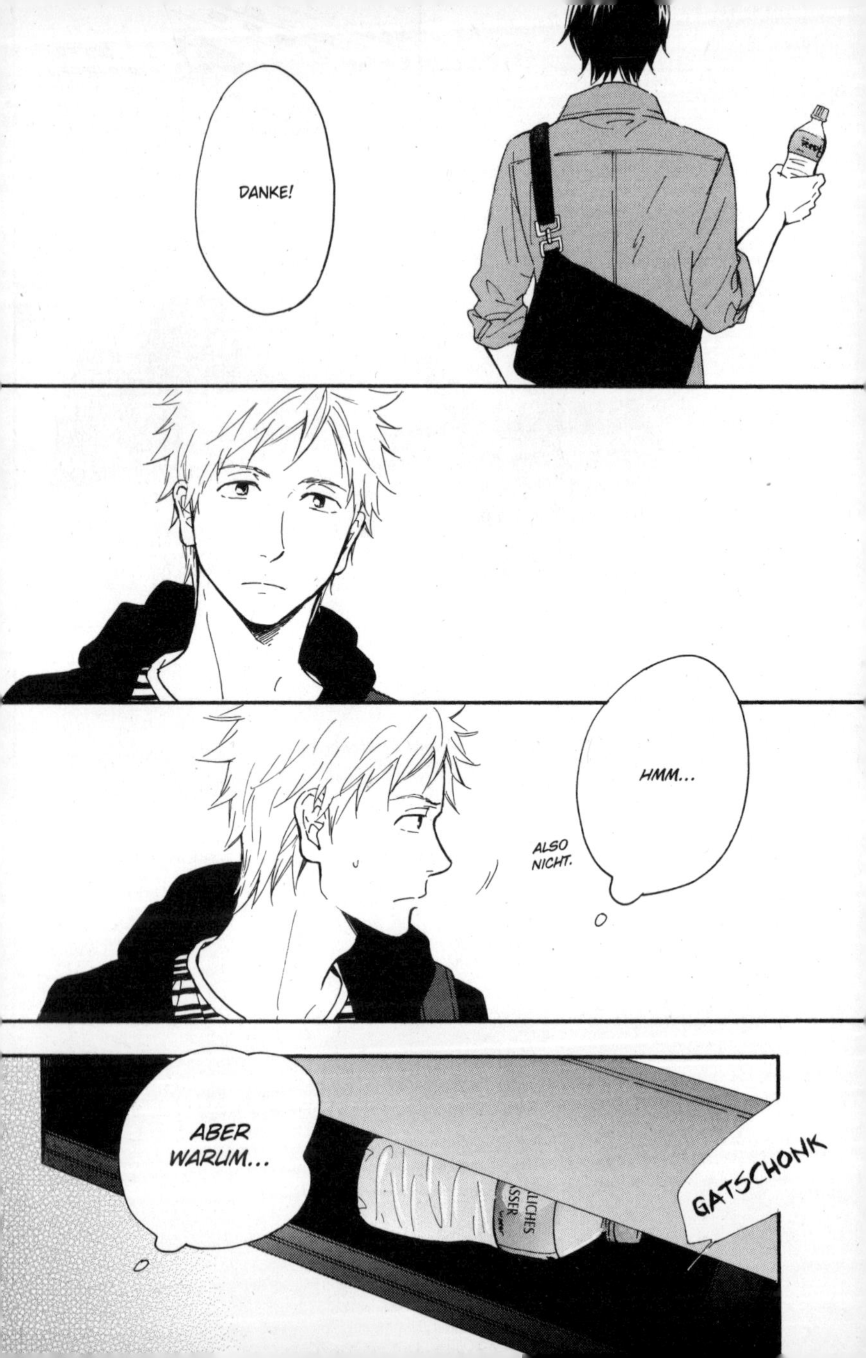
DANKE!
HMM...
ALSO NICHT.
ABER WARUM...
GATSCHONK

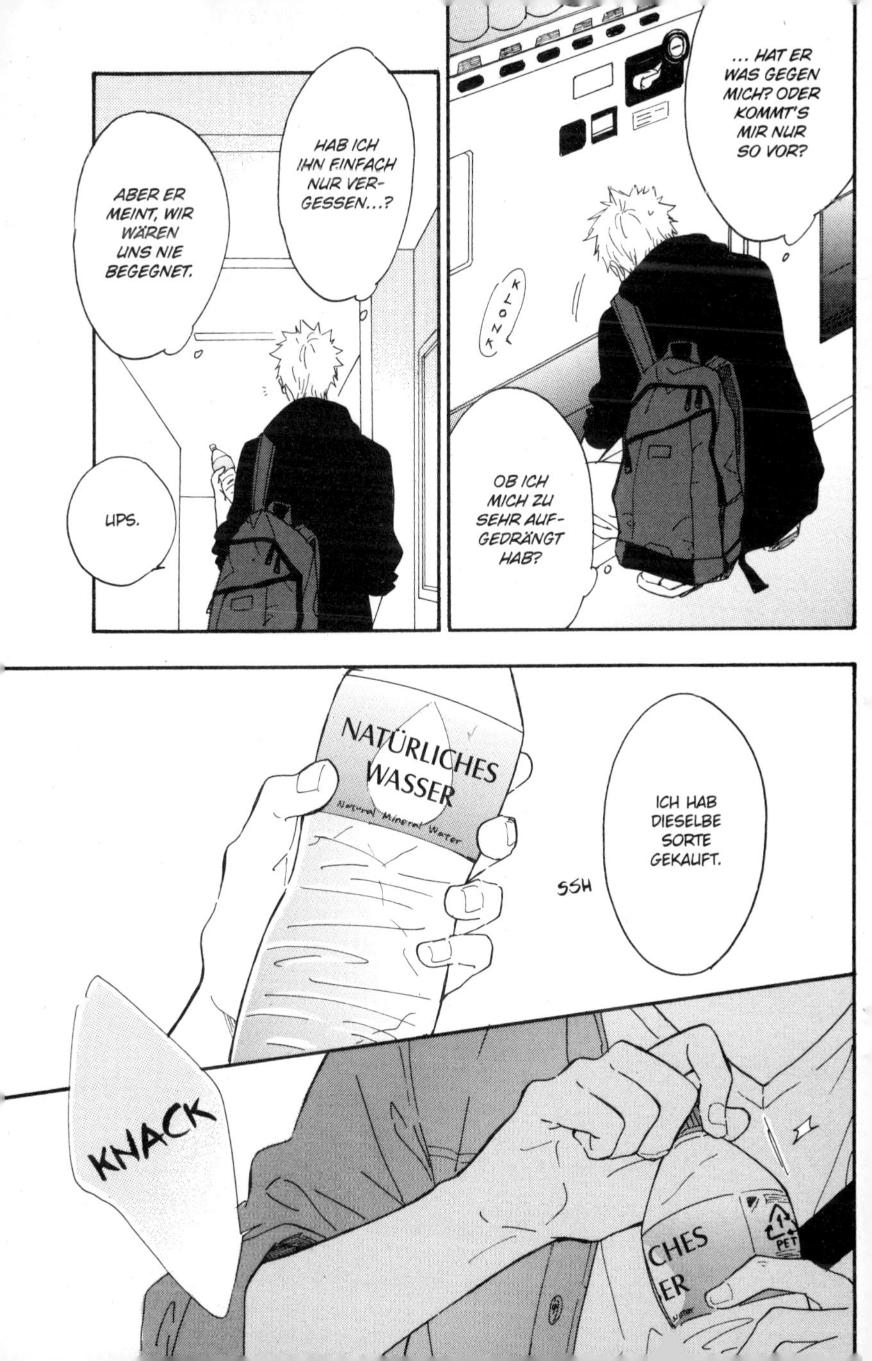
... HAT ER WAS GEGEN MICH? ODER KOMMT'S MIR NUR SO VOR?
KLONK
OB ICH MICH ZU SEHR AUFGEDRÄNGT HAB?
HAB ICH IHN EINFACH NUR VERGESSEN...?
ABER ER MEINT, WIR WÄREN UNS NIE BEGEGNET.
UPS.
ICH HAB DIESELBE SORTE GEKAUFT.
SSH
NATÜRLICHES WASSER
Natural Mineral Water
KNACK
CHES
ER
PET

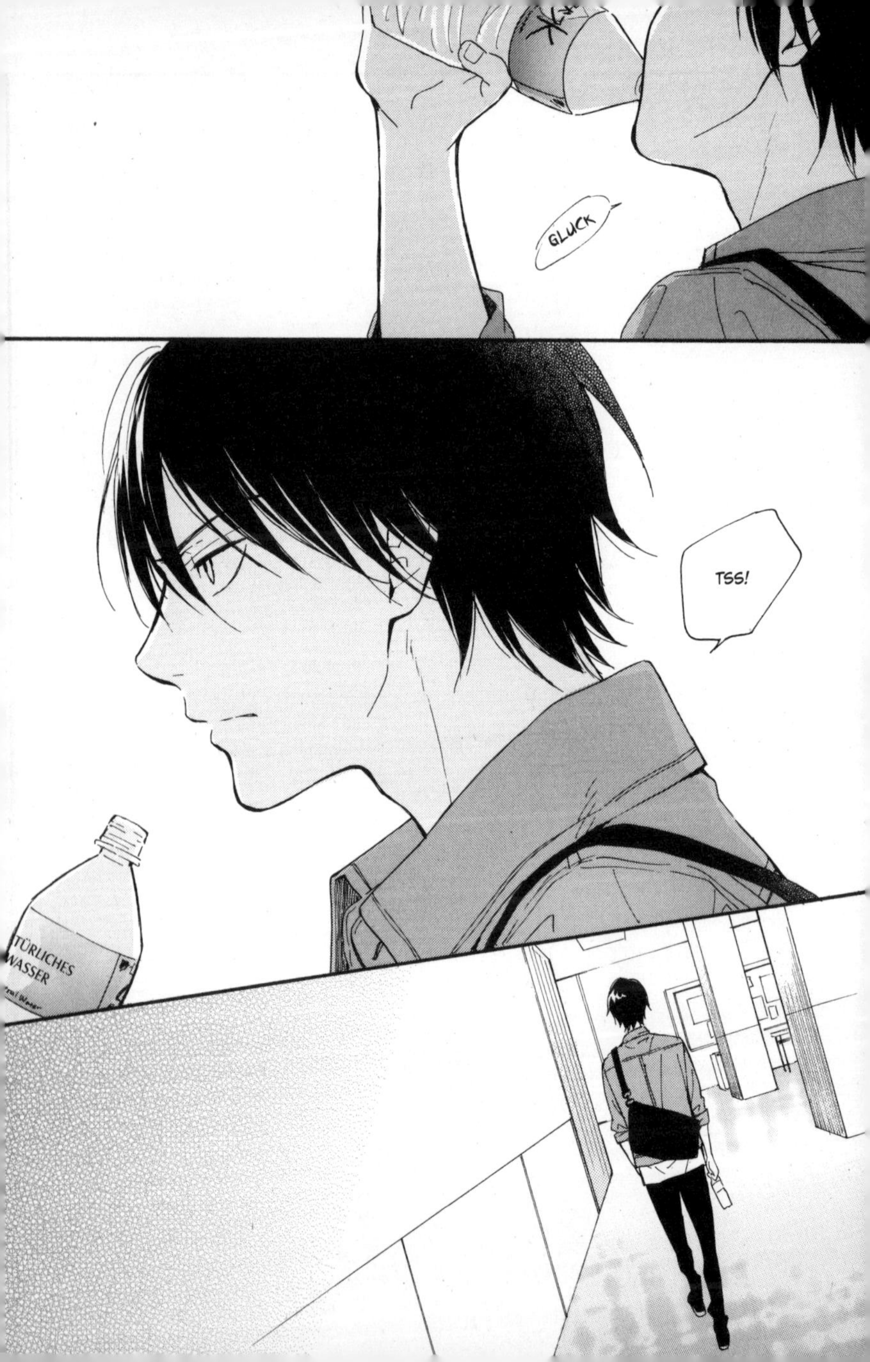
GLUCK
TSS!
TÜRLICHES
WASSER

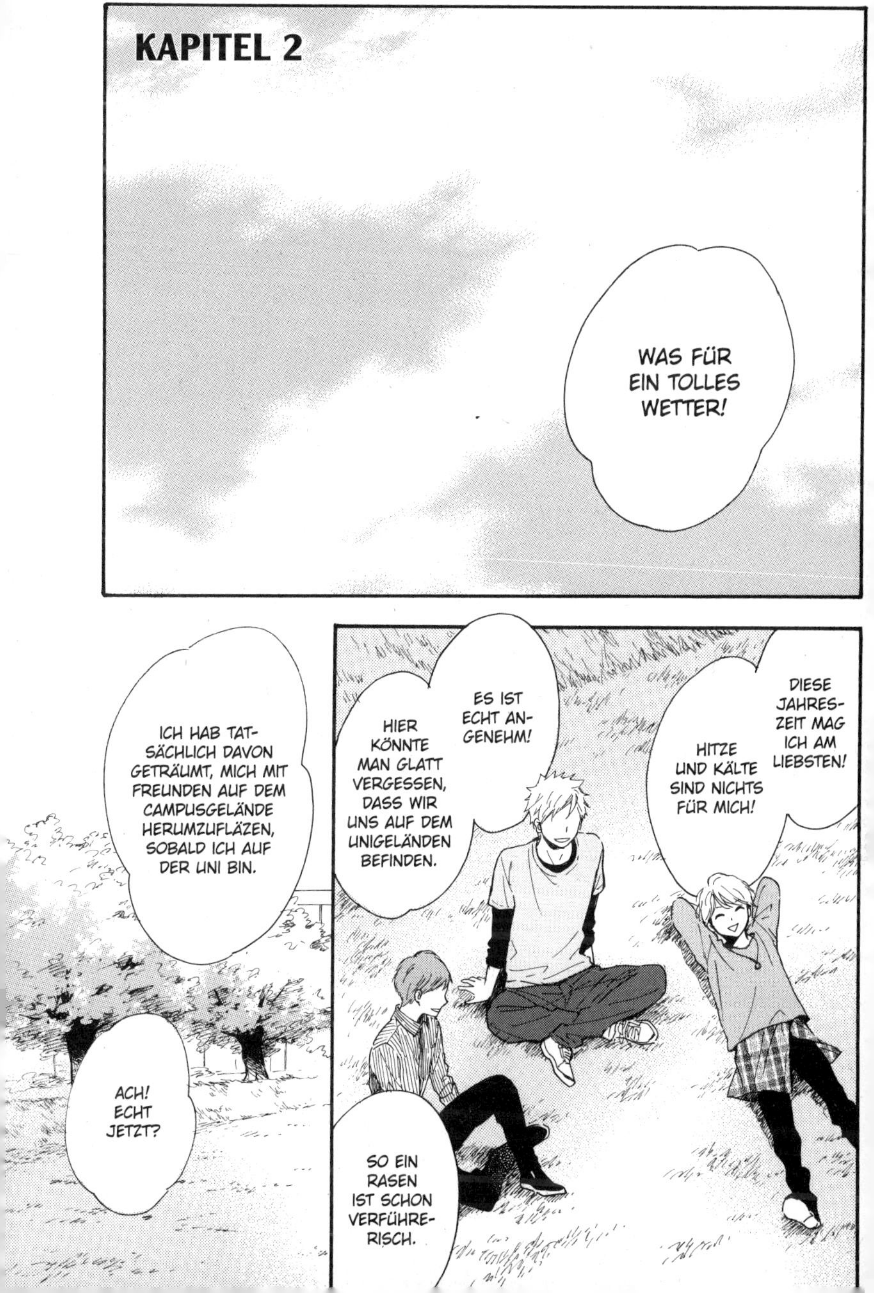
KAPITEL 2
WAS FÜR EIN TOLLES WETTER!
DIESE JAHRESZEIT MAG ICH AM LIEBSTEN!
HITZE UND KÄLTE SIND NICHTS FÜR MICH!
ES IST ECHT ANGENEHM!
HIER KÖNNTE MAN GLATT VERGESSEN, DASS WIR UNS AUF DEM UNIGELÄNDEN BEFINDEN.
SO EIN RASEN IST SCHON VERFÜHRERISCH.
ICH HAB TATSÄCHLICH DAVON GETRÄUMT, MICH MIT FREUNDEN AUF DEM CAMPUSGELÄNDE HERUMZUFLÄZEN, SOBALD ICH AUF DER UNI BIN.
ACH! ECHT JETZT?

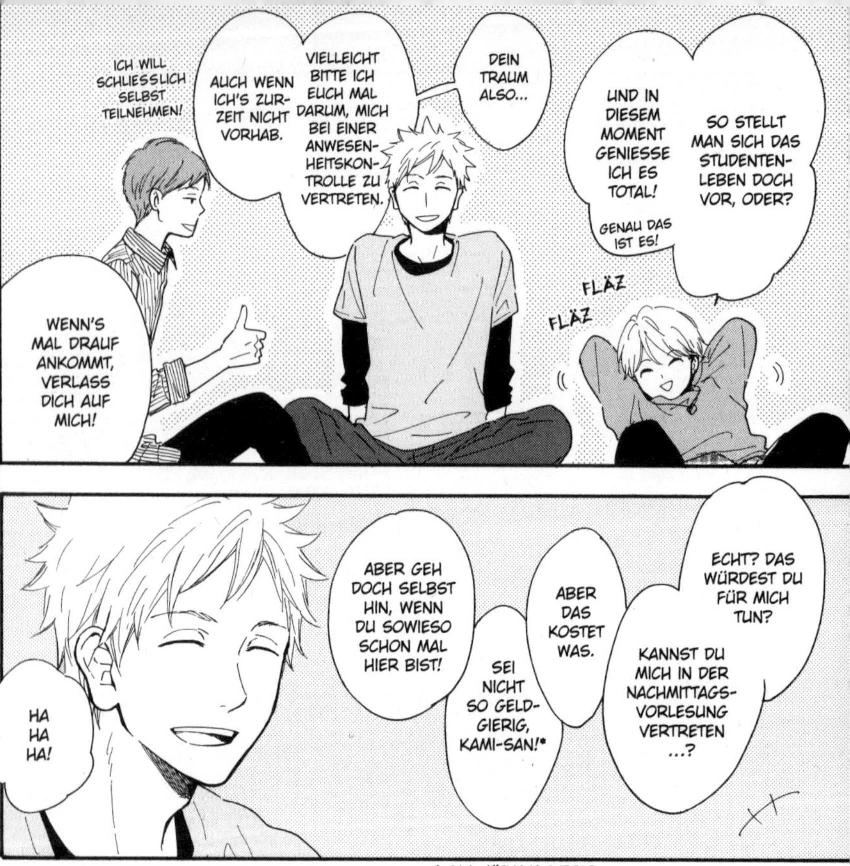

* SAN: HÖFLICHE ANREDE.

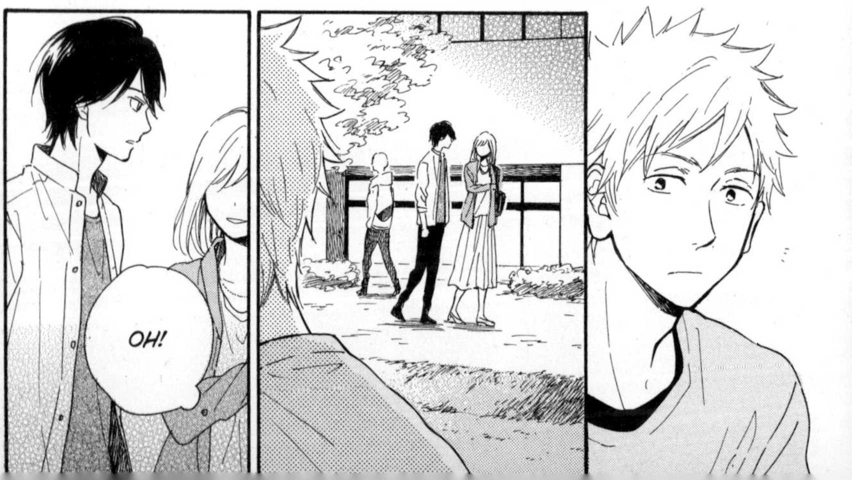

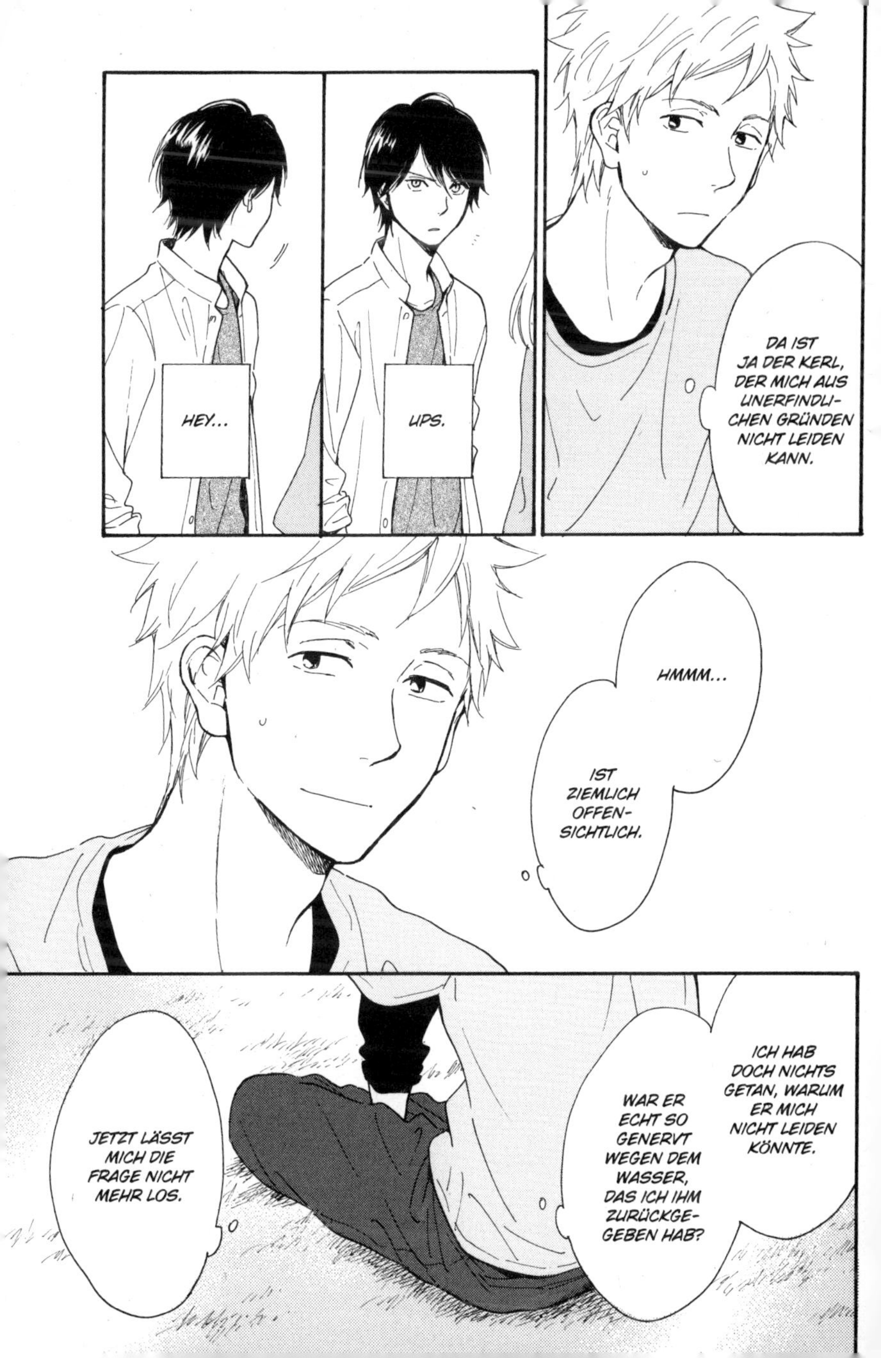
DA IST JA DER KERL, DER MICH AUS UNERFINDLICHEN GRÜNDEN NICHT LEIDEN KANN.
UPS.
HEY…
HMMM…
IST ZIEMLICH OFFENSICHTLICH.
ICH HAB DOCH NICHTS GETAN, WARUM ER MICH NICHT LEIDEN KÖNNTE.
WAR ER ECHT SO GENERVT WEGEN DEM WASSER, DAS ICH IHM ZURÜCKGEGEBEN HAB?
JETZT LÄSST MICH DIE FRAGE NICHT MEHR LOS.

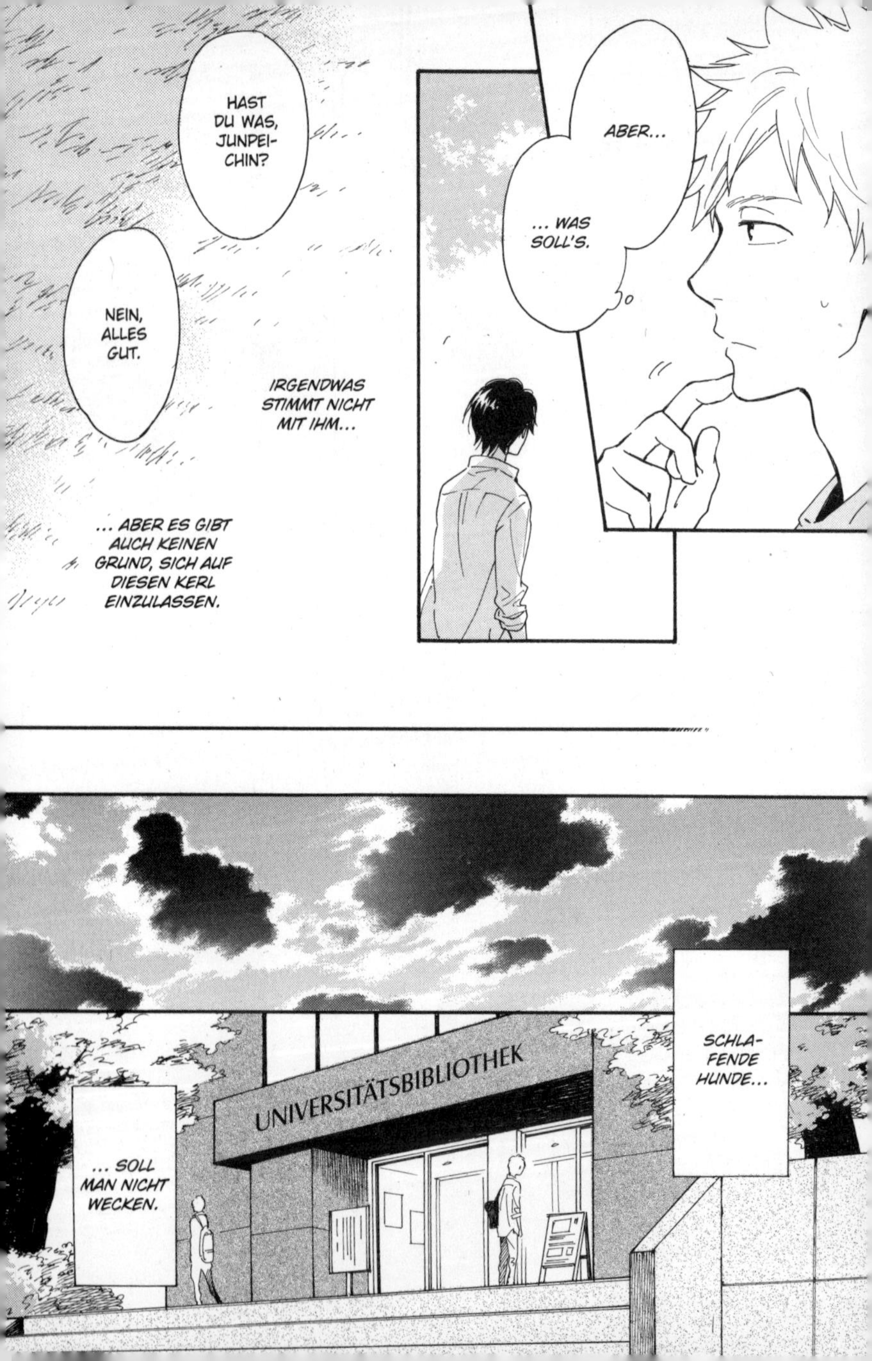
HAST DU WAS, JUNPEI-CHIN?
NEIN, ALLES GUT.
ABER...
... WAS SOLL'S.
IRGENDWAS STIMMT NICHT MIT IHM...
... ABER ES GIBT AUCH KEINEN GRUND, SICH AUF DIESEN KERL EINZULASSEN.
UNIVERSITÄTSBIBLIOTHEK
SCHLA-FENDE HUNDE...
... SOLL MAN NICHT WECKEN.

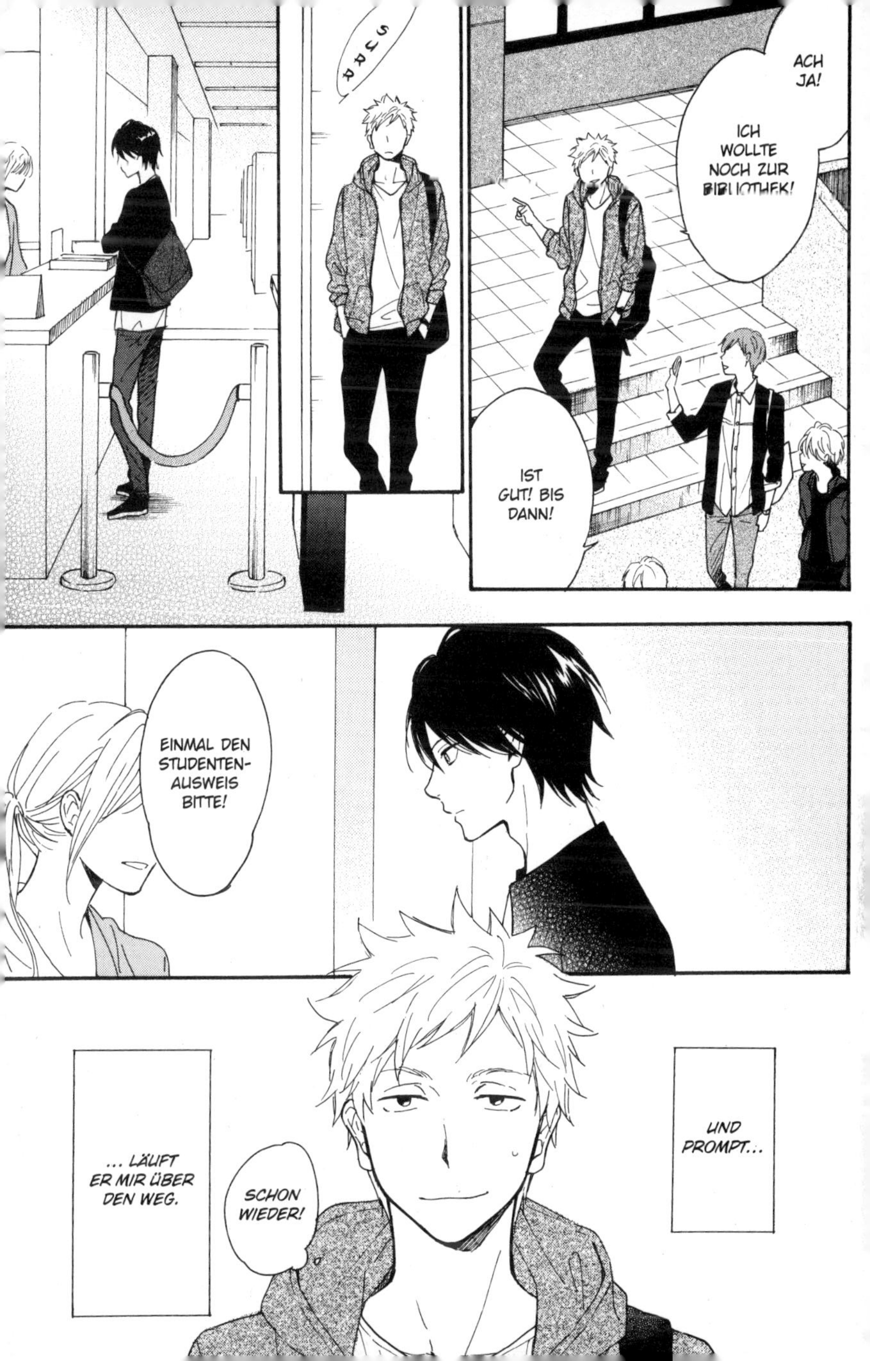
ACH JA!
ICH WOLLTE NOCH ZUR BIBLIOTHEK!
IST GUT! BIS DANN!
EINMAL DEN STUDENTEN-AUSWEIS BITTE!
UND PROMPT...
SCHON WIEDER!
... LÄUFT ER MIR ÜBER DEN WEG.

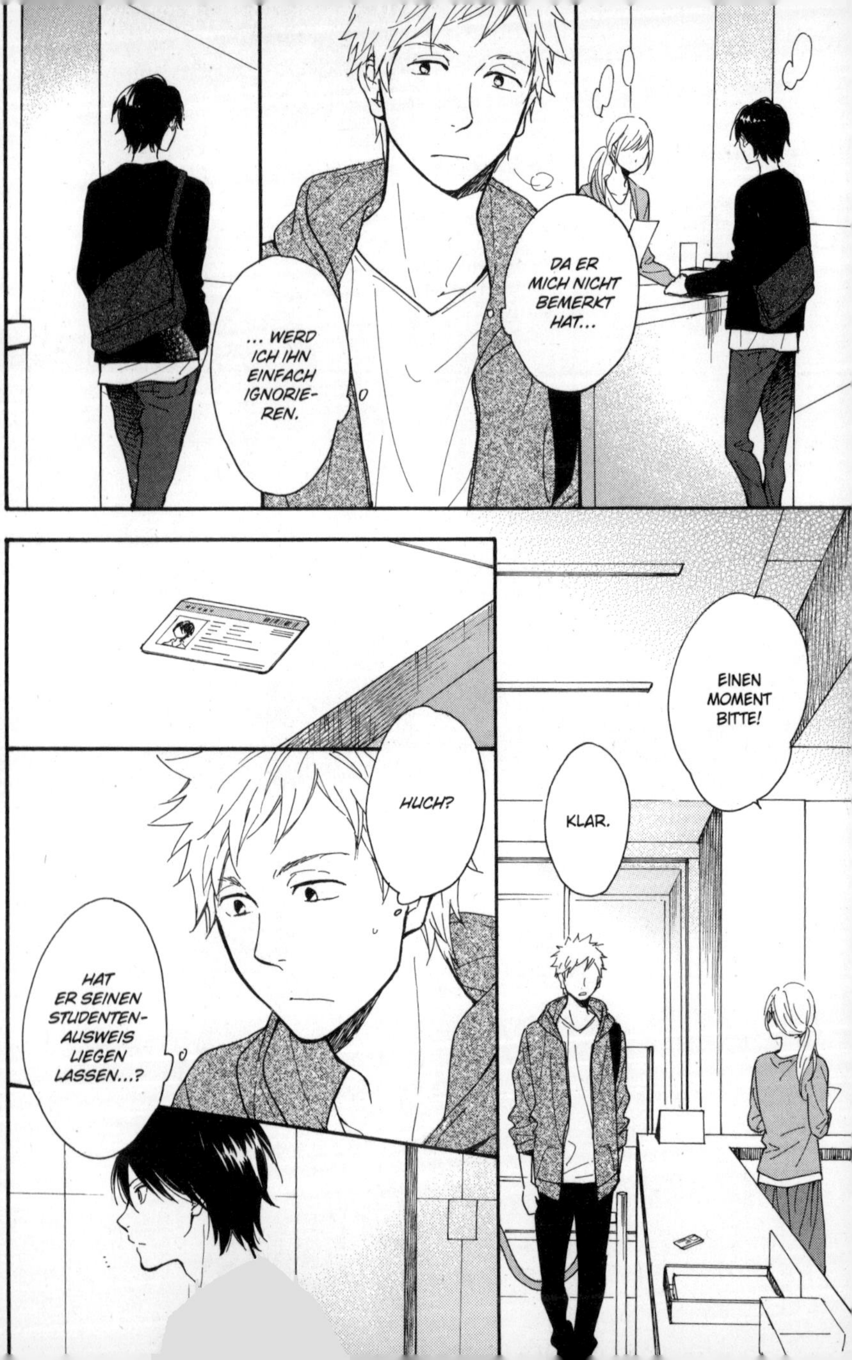
DA ER MICH NICHT BEMERKT HAT...
... WERD ICH IHN EINFACH IGNORIE-REN.
EINEN MOMENT BITTE!
KLAR.
HUCH?
HAT ER SEINEN STUDENTEN-AUSWEIS LIEGEN LASSEN...?

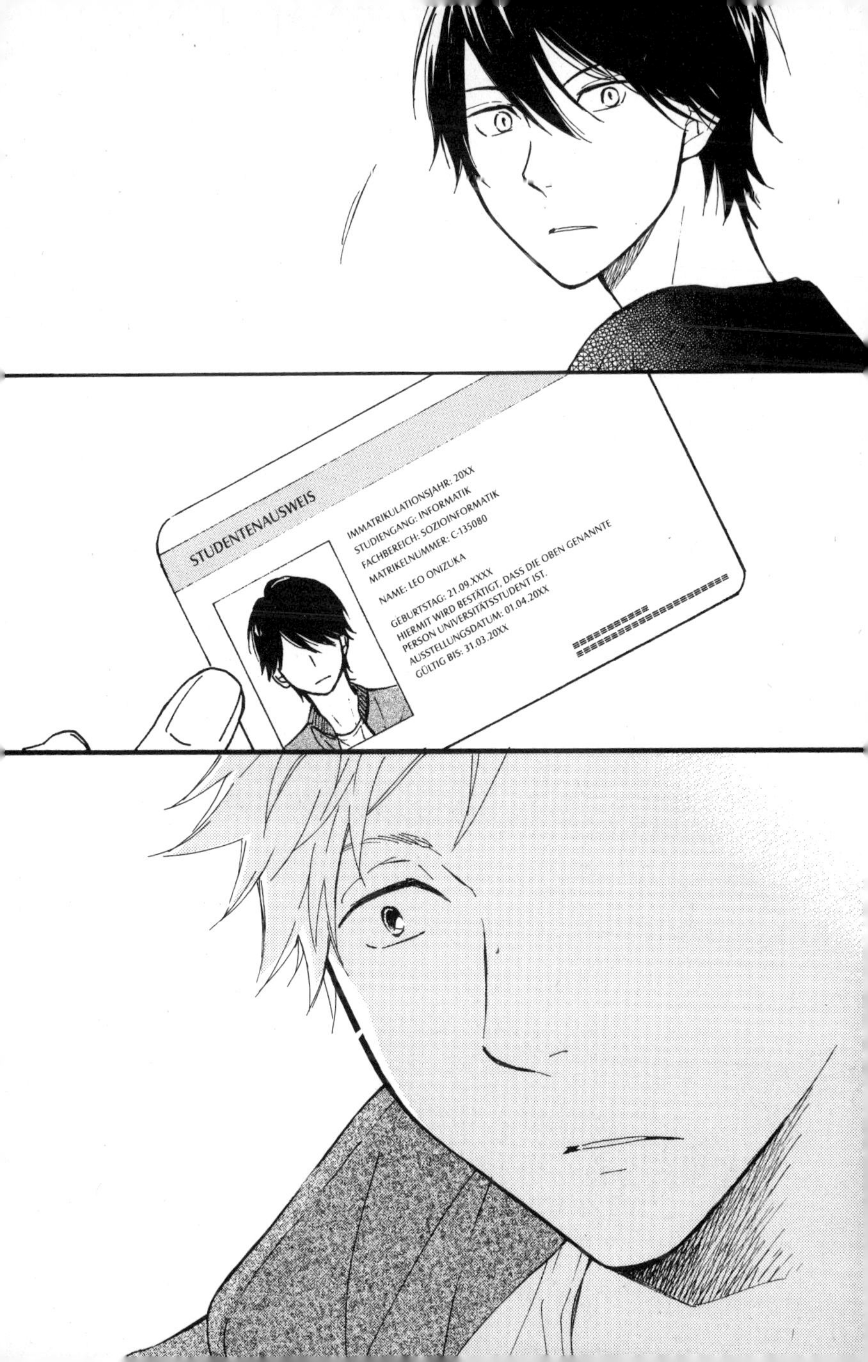
STUDENTENAUSWEIS
IMMATRIKULATIONSJAHR: 20XX
STUDIENGANG: INFORMATIK
FACHBEREICH: SOZIOINFORMATIK
MATRIKELNUMMER: C-135080
NAME: LEO ONIZUKA
GEBURTSTAG: 21.09.XXXX
HIERMIT WIRD BESTÄTIGT, DASS DIE OBEN GENANNTE PERSON UNIVERSITÄTSSTUDENT IST.
AUSSTELLUNGSDATUM: 01.04.20XX
GÜLTIG BIS: 31.03.20XX

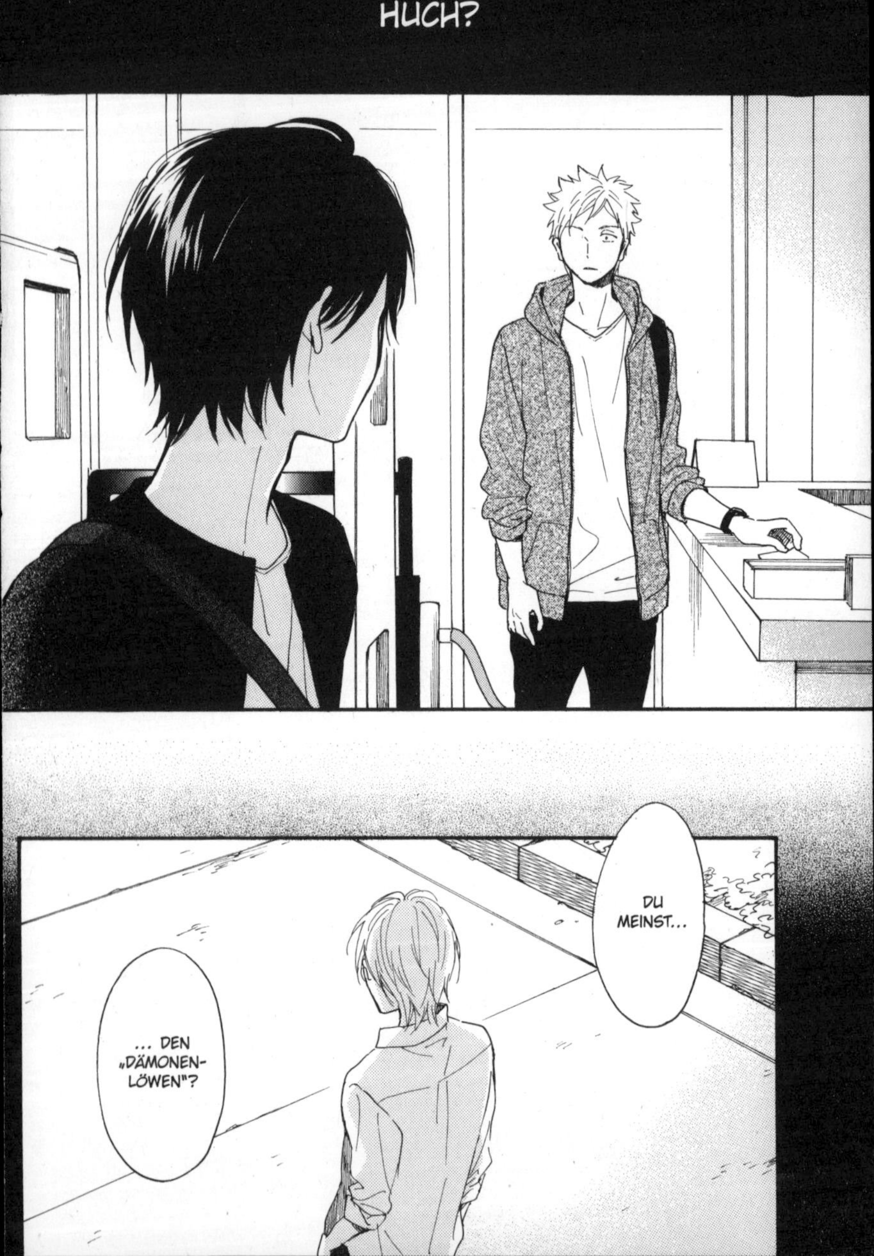
HUCH?
DU MEINST...
... DEN „DÄMONEN-LÖWEN"?

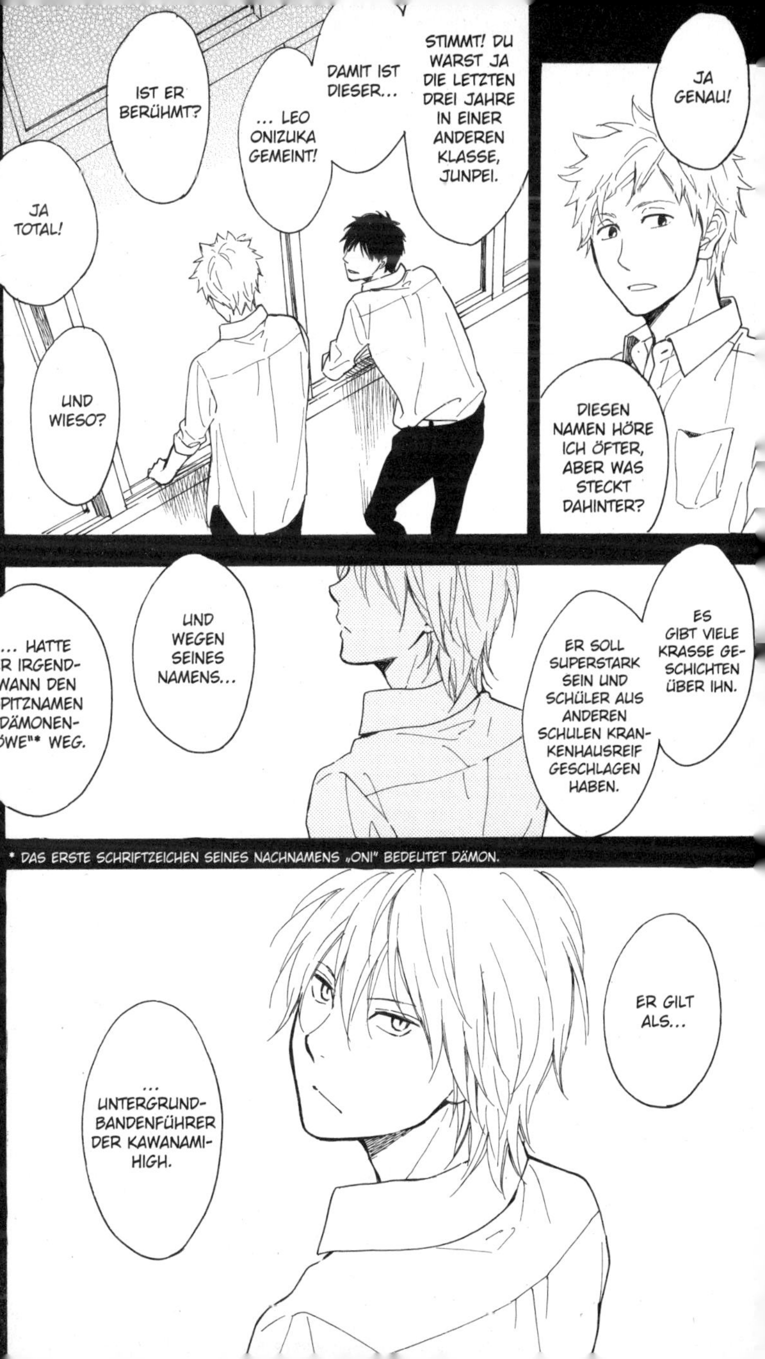

* DAS ERSTE SCHRIFTZEICHEN SEINES NACHNAMENS „ONI" BEDEUTET DÄMON.

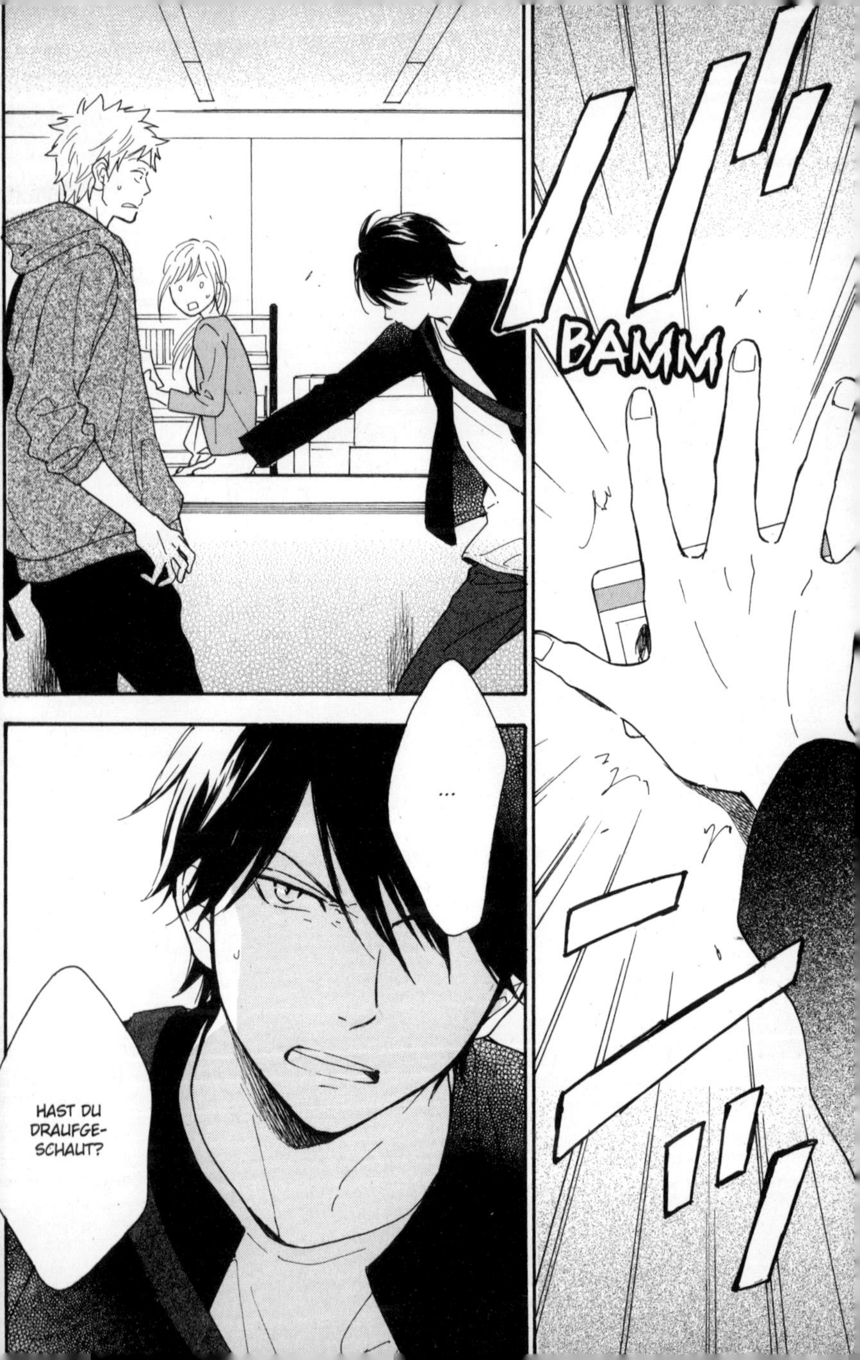
BAMM
...
HAST DU
DRAUFGE-
SCHAUT?

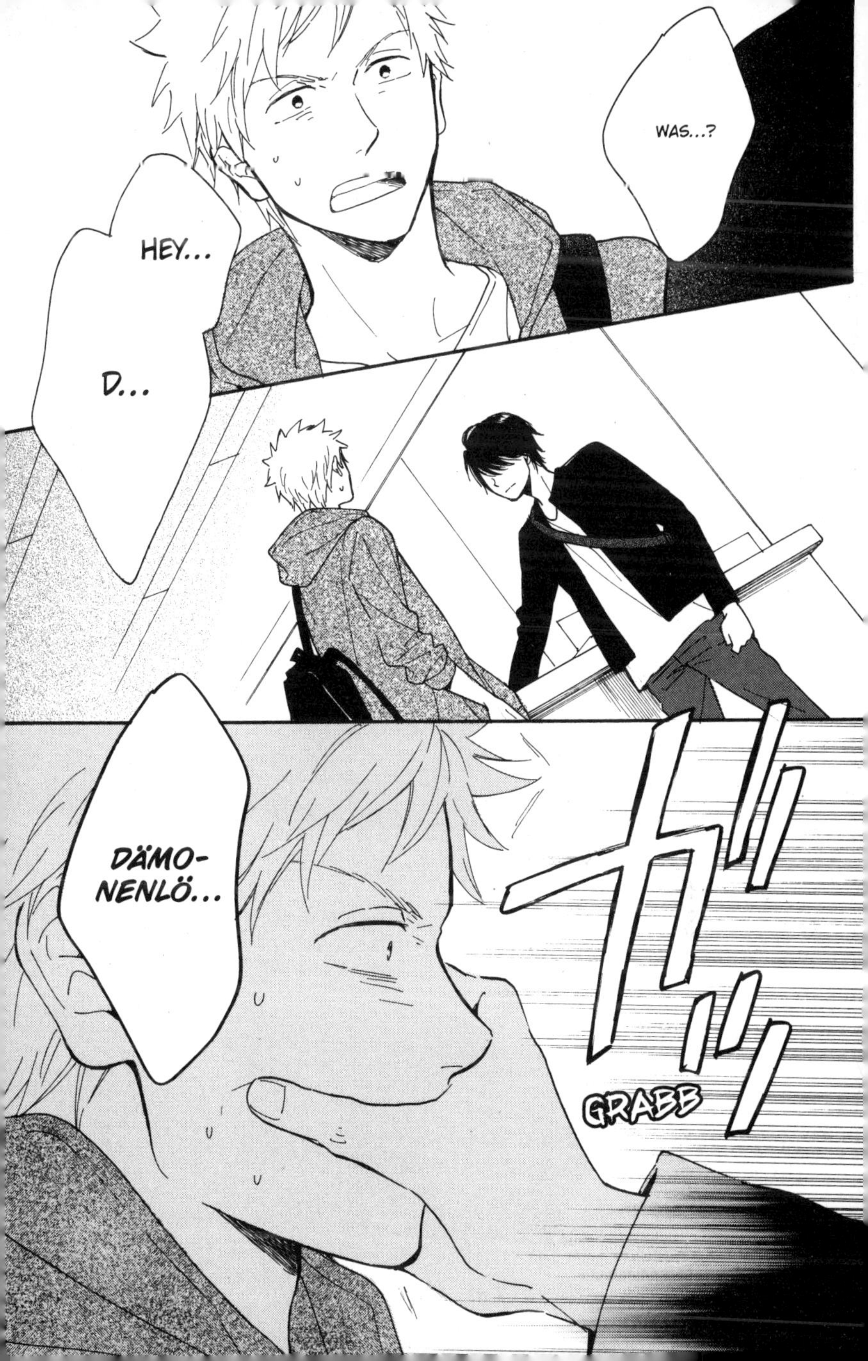
WAS...?
HEY...
D...
DÄMO-
NENLÖ...
GRABB

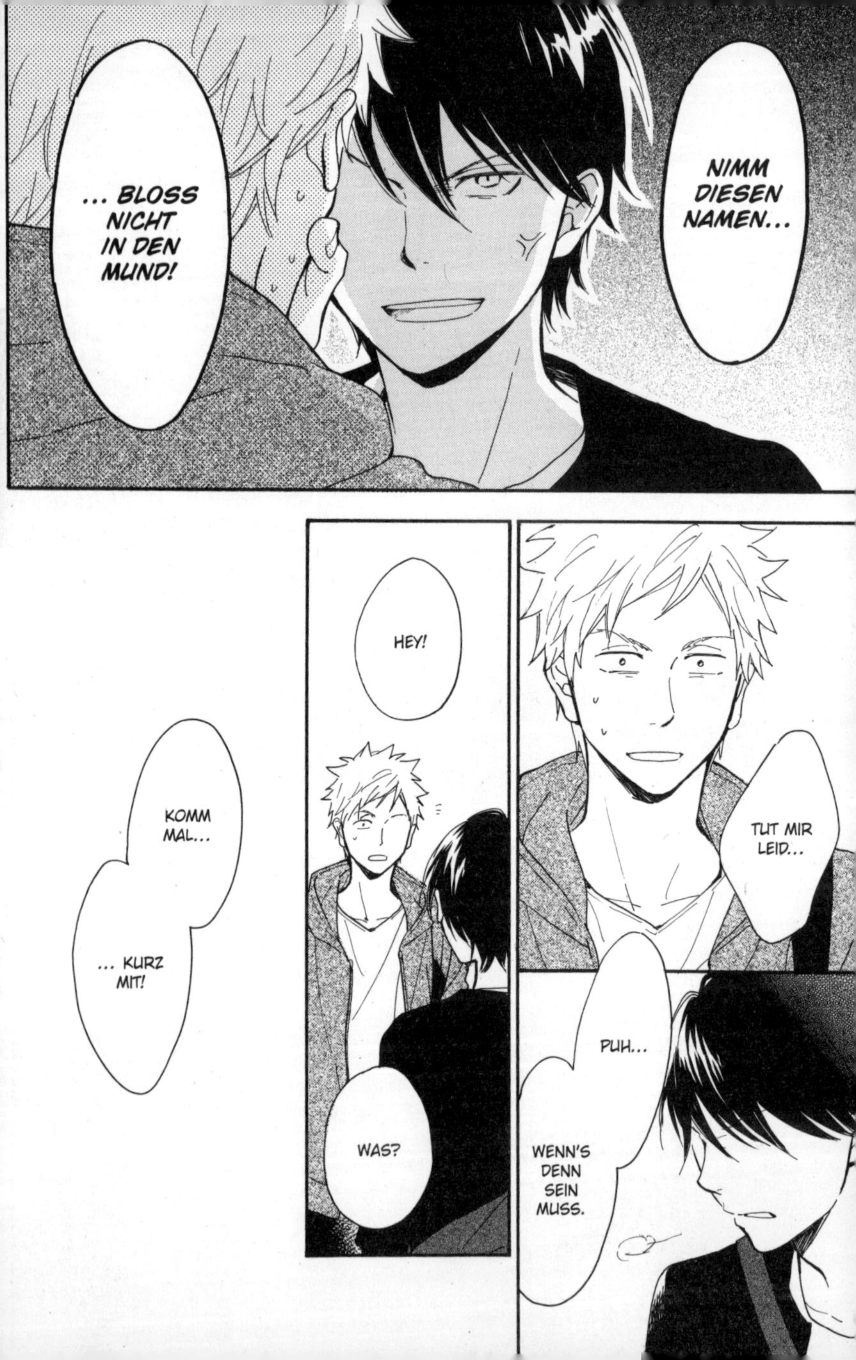
NIMM DIESEN NAMEN...
... BLOSS NICHT IN DEN MUND!
TUT MIR LEID...
PUH...
WENN'S DENN SEIN MUSS.
HEY!
WAS?
KOMM MAL...
... KURZ MIT!

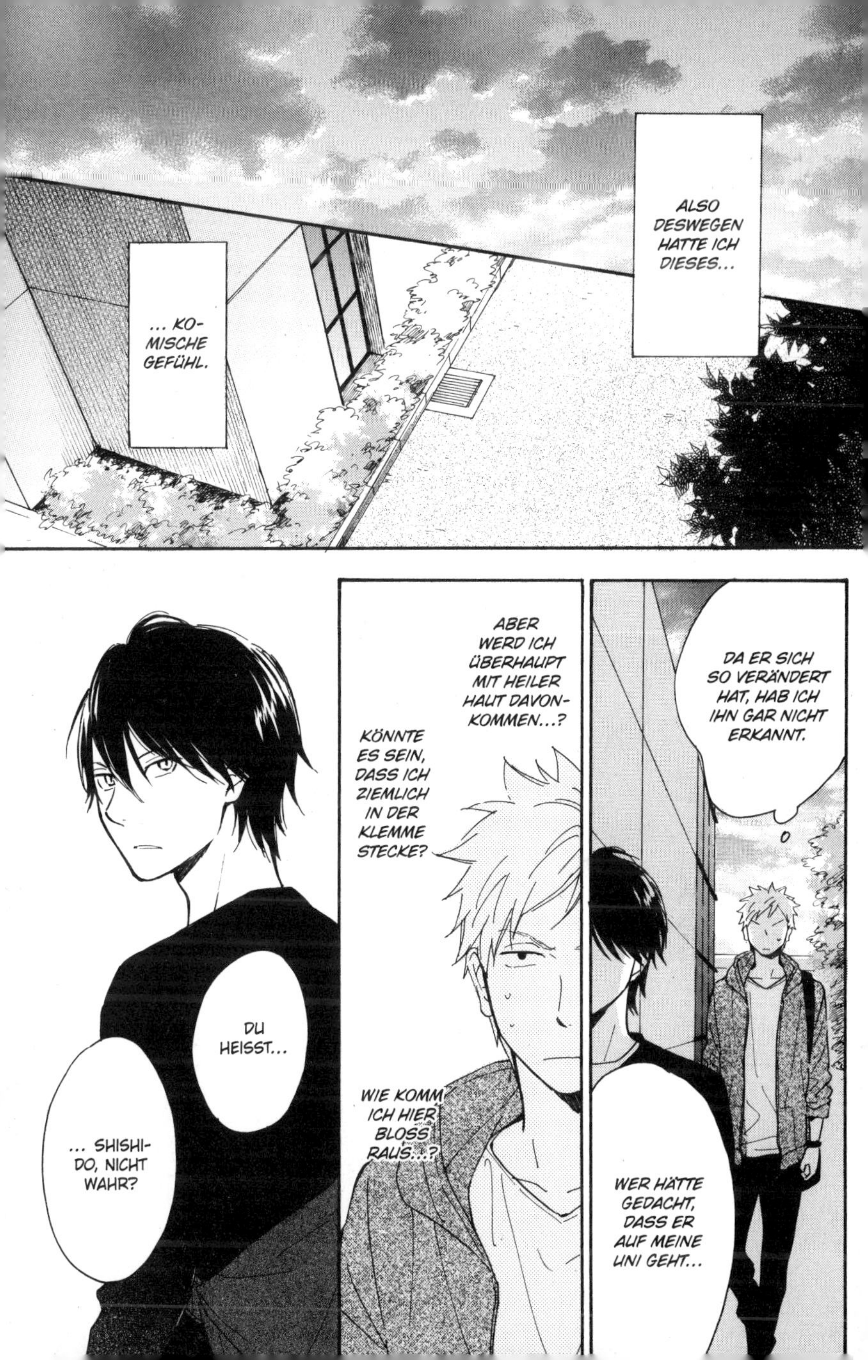
ALSO DESWEGEN HATTE ICH DIESES…
… KOMISCHE GEFÜHL.
DA ER SICH SO VERÄNDERT HAT, HAB ICH IHN GAR NICHT ERKANNT.
WER HÄTTE GEDACHT, DASS ER AUF MEINE UNI GEHT…
ABER WERD ICH ÜBERHAUPT MIT HEILER HAUT DAVONKOMMEN…?
KÖNNTE ES SEIN, DASS ICH ZIEMLICH IN DER KLEMME STECKE?
WIE KOMM ICH HIER BLOSS RAUS…?
DU HEISST…
… SHISHIDO, NICHT WAHR?

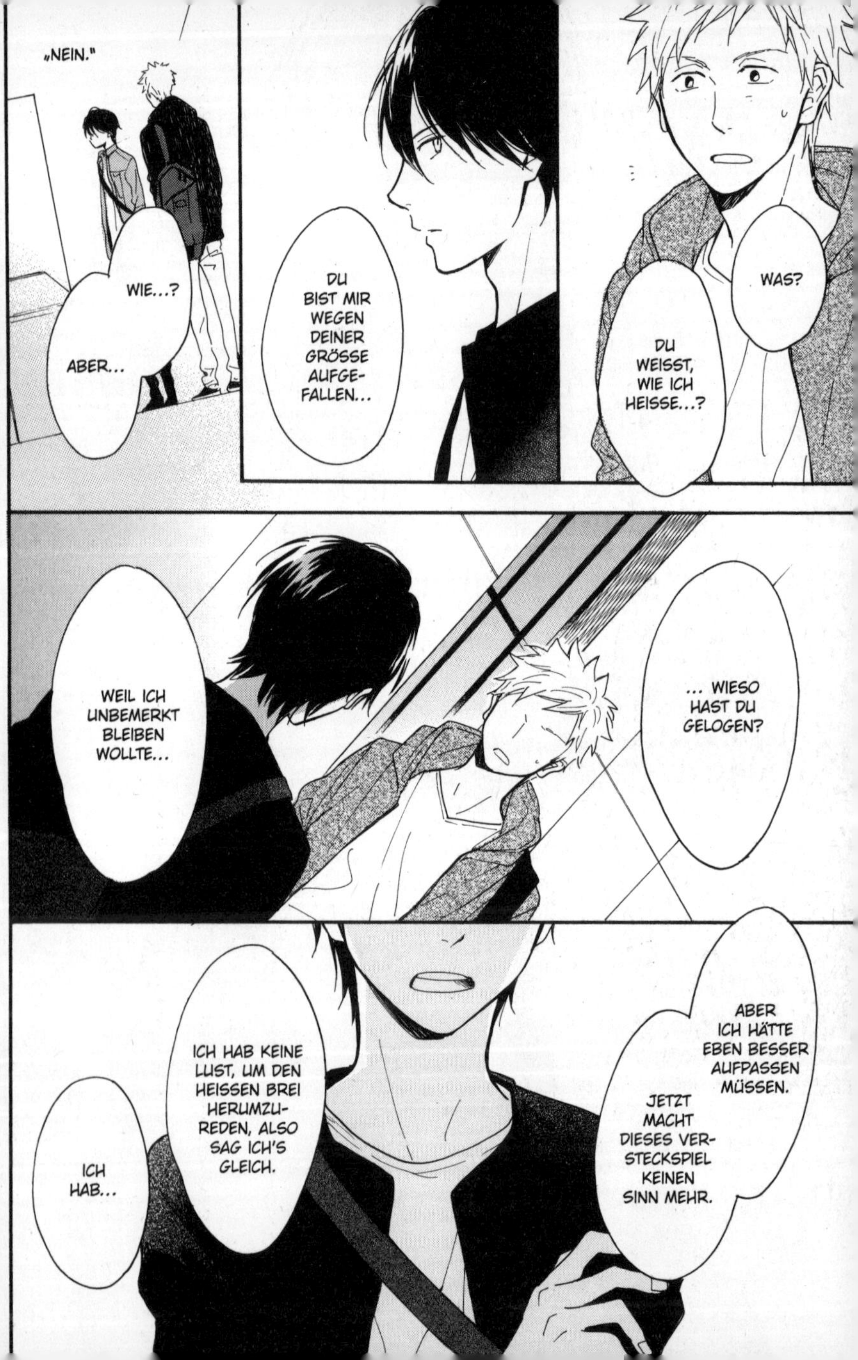
WAS?
DU WEISST, WIE ICH HEISSE...?
DU BIST MIR WEGEN DEINER GRÖSSE AUFGE-FALLEN...
„NEIN."
WIE...? ABER...
... WIESO HAST DU GELOGEN?
WEIL ICH UNBEMERKT BLEIBEN WOLLTE...
ABER ICH HÄTTE EBEN BESSER AUFPASSEN MÜSSEN.
JETZT MACHT DIESES VER-STECKSPIEL KEINEN SINN MEHR.
ICH HAB KEINE LUST, UM DEN HEISSEN BREI HERUMZU-REDEN, ALSO SAG ICH'S GLEICH.
ICH HAB...

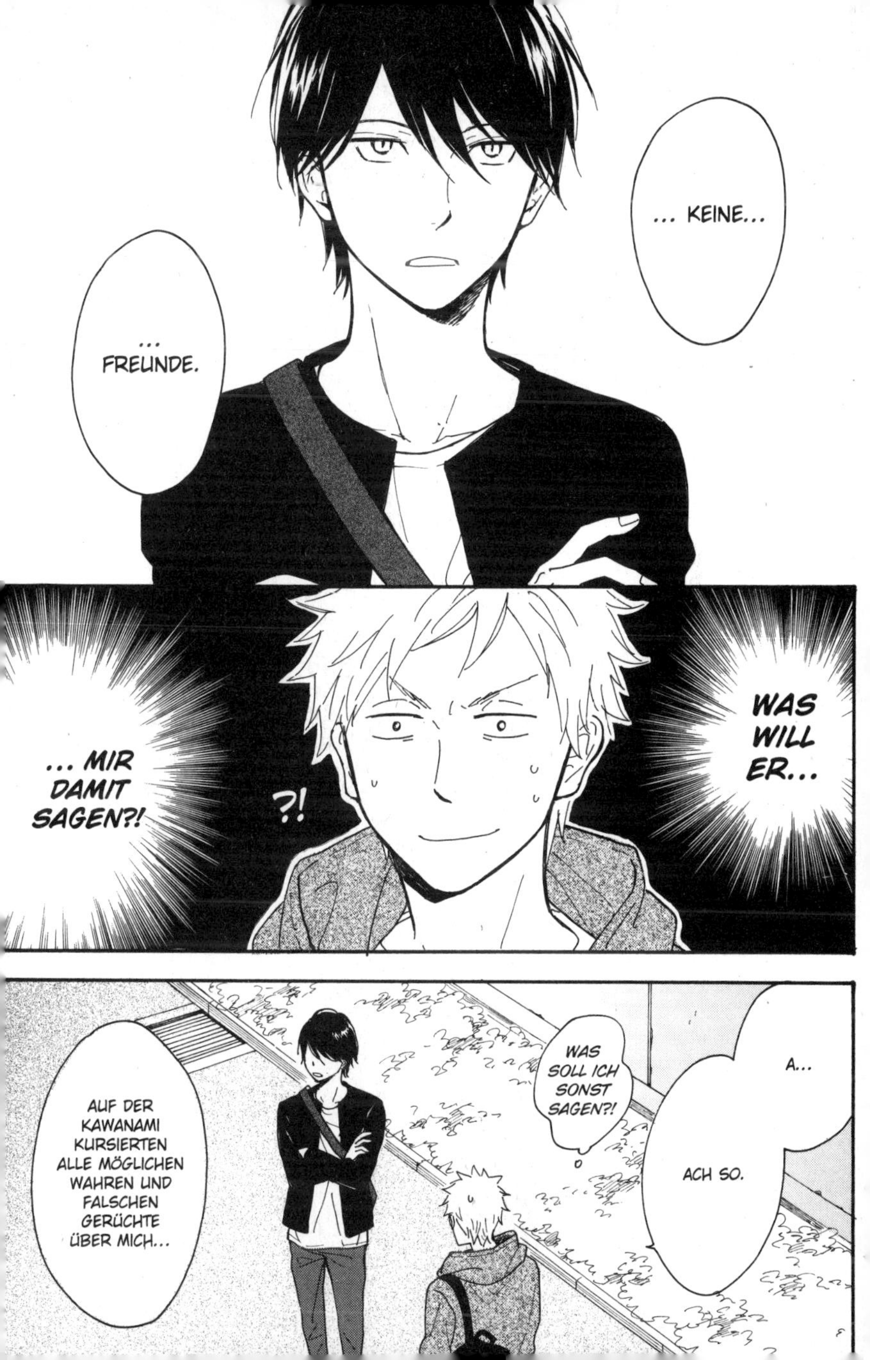
... KEINE...
... FREUNDE.
WAS WILL ER...
... MIR DAMIT SAGEN?!
?!
A...
ACH SO.
WAS SOLL ICH SONST SAGEN?!
AUF DER KAWANAMI KURSIERTEN ALLE MÖGLICHEN WAHREN UND FALSCHEN GERÜCHTE ÜBER MICH...

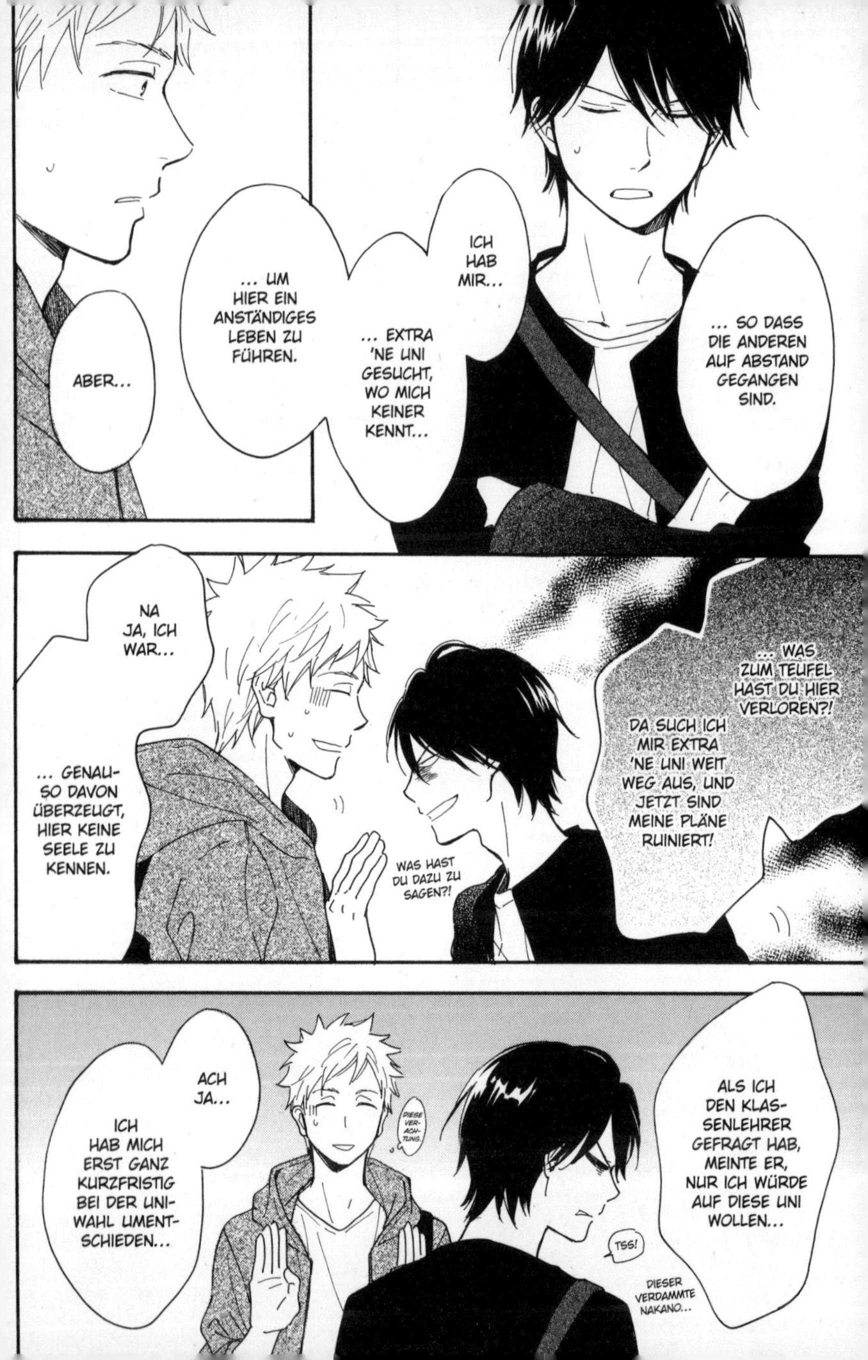

… SO DASS DIE ANDEREN AUF ABSTAND GEGANGEN SIND.
ICH HAB MIR…
… EXTRA 'NE UNI GESUCHT, WO MICH KEINER KENNT…
… UM HIER EIN ANSTÄNDIGES LEBEN ZU FÜHREN.
ABER…
… WAS ZUM TEUFEL HAST DU HIER VERLOREN?!
DA SUCH ICH MIR EXTRA 'NE UNI WEIT WEG AUS, UND JETZT SIND MEINE PLÄNE RUINIERT!
WAS HAST DU DAZU ZU SAGEN?!
NA JA, ICH WAR…
… GENAUSO DAVON ÜBERZEUGT, HIER KEINE SEELE ZU KENNEN.
ALS ICH DEN KLASSENLEHRER GEFRAGT HAB, MEINTE ER, NUR ICH WÜRDE AUF DIESE UNI WOLLEN…
DIESER VERDAMMTE NAKANO…
TSS!
DIESE VERACHTUNG.
ACH JA…
ICH HAB MICH ERST GANZ KURZFRISTIG BEI DER UNIWAHL UMENTSCHIEDEN…

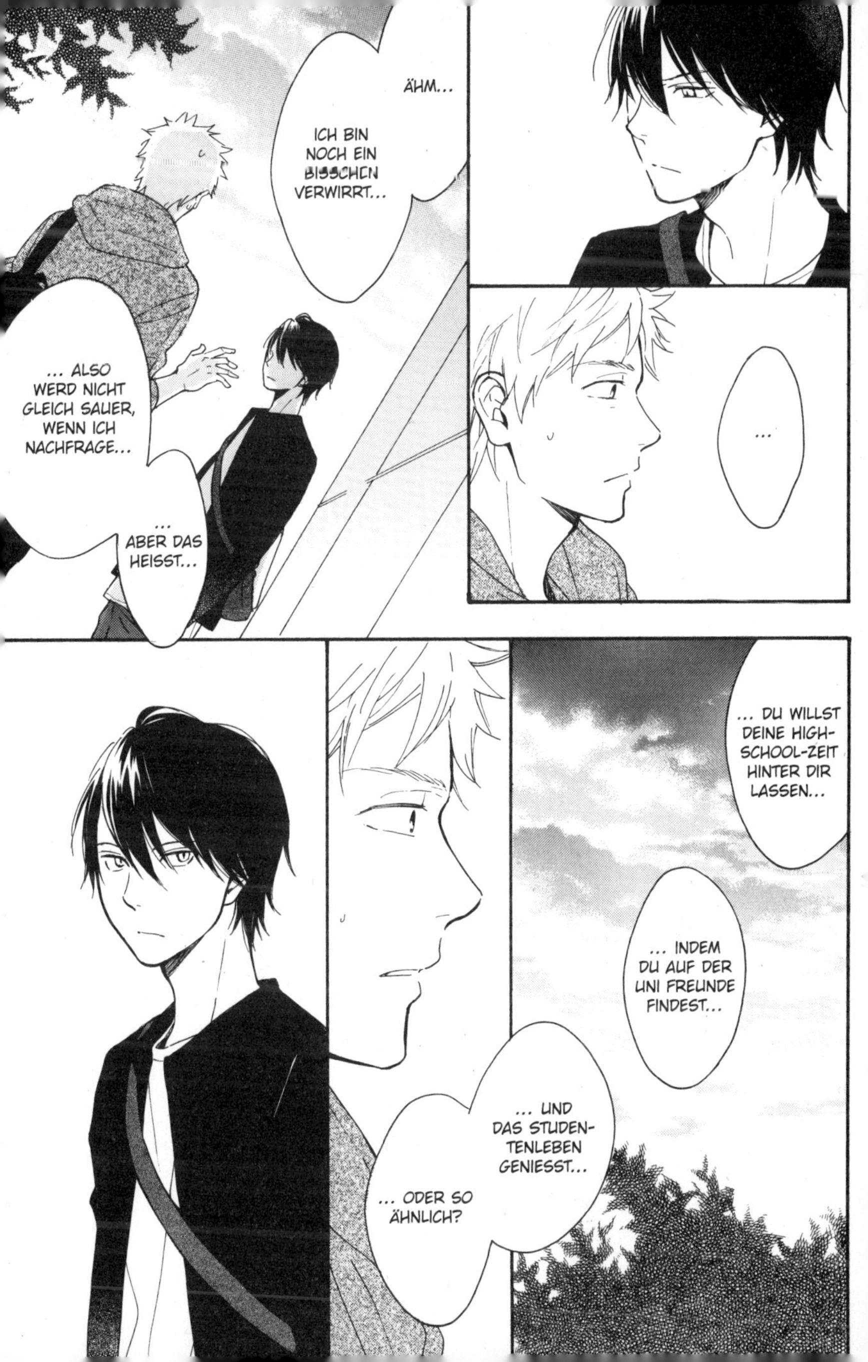

ÄHM…
ICH BIN NOCH EIN BISSCHEN VERWIRRT…
… ALSO WERD NICHT GLEICH SAUER, WENN ICH NACHFRAGE…
… ABER DAS HEISST…
…
… DU WILLST DEINE HIGH-SCHOOL-ZEIT HINTER DIR LASSEN…
… INDEM DU AUF DER UNI FREUNDE FINDEST…
… UND DAS STUDEN-TENLEBEN GENIESST…
… ODER SO ÄHNLICH?

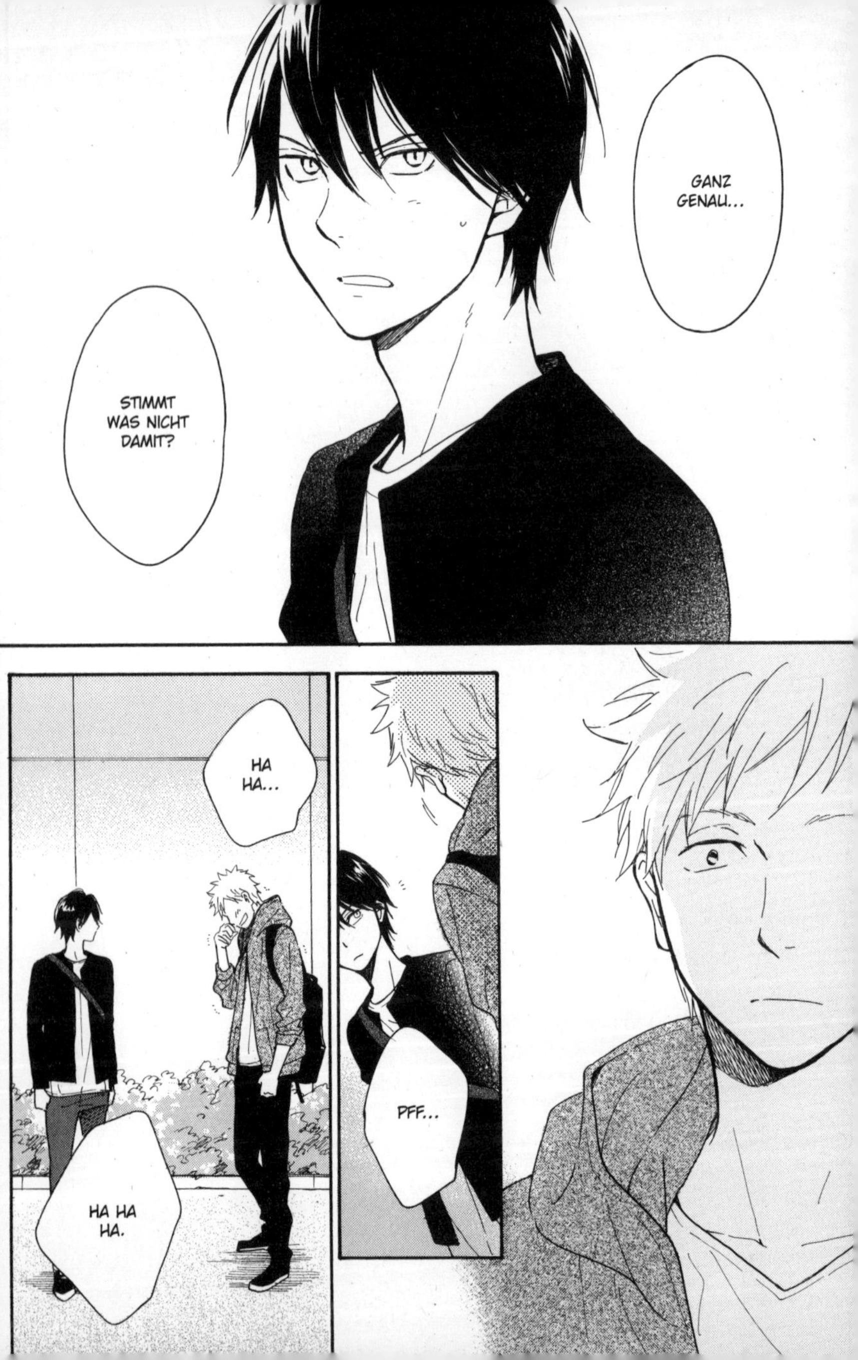
GANZ GENAU…
STIMMT WAS NICHT DAMIT?
PFF…
HA HA…
HA HA HA.

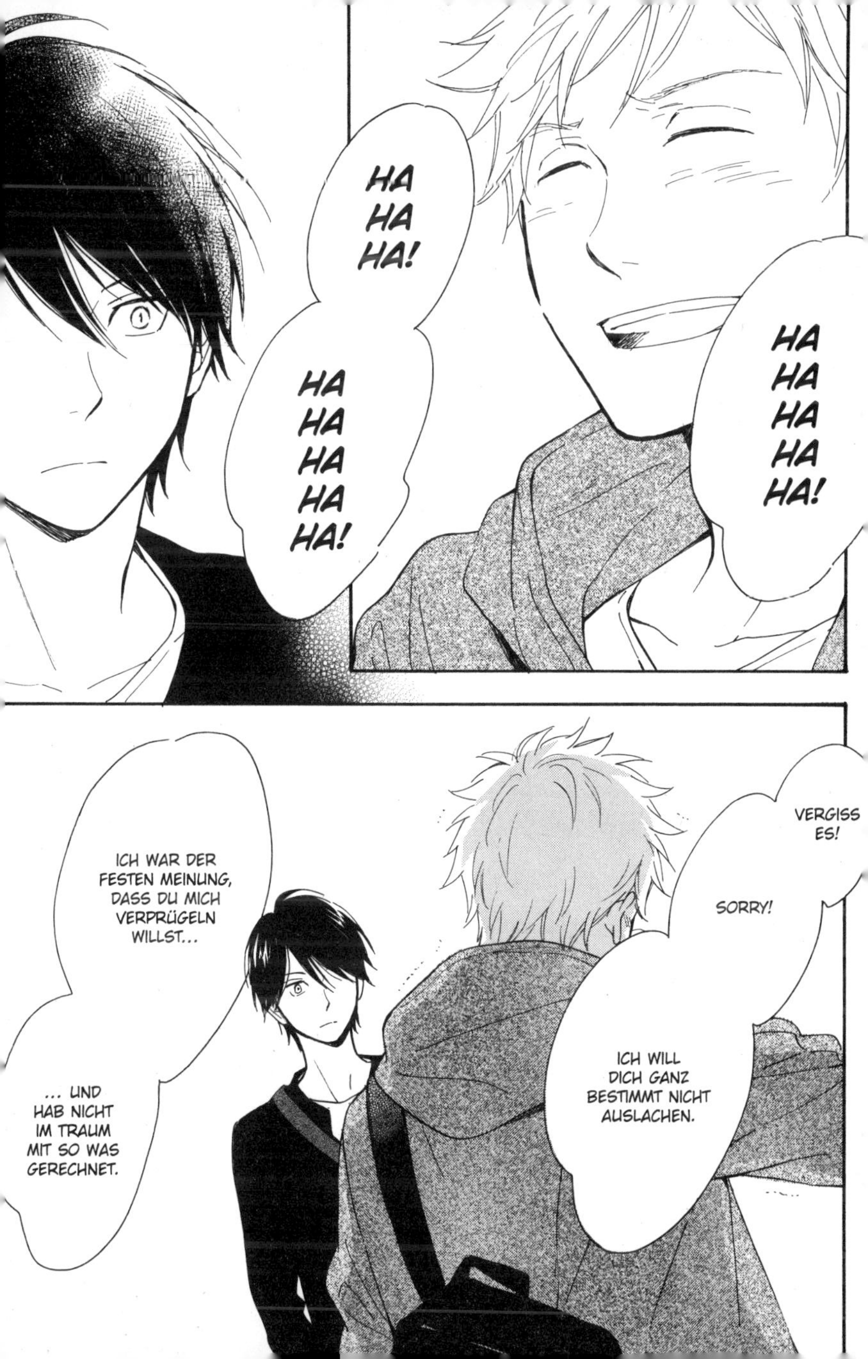
HA HA HA HA HA!
HA HA HA!
HA HA HA HA HA!
VERGISS ES!
SORRY!
ICH WILL DICH GANZ BESTIMMT NICHT AUSLACHEN.
ICH WAR DER FESTEN MEINUNG, DASS DU MICH VERPRÜGELN WILLST…
… UND HAB NICHT IM TRAUM MIT SO WAS GERECHNET.

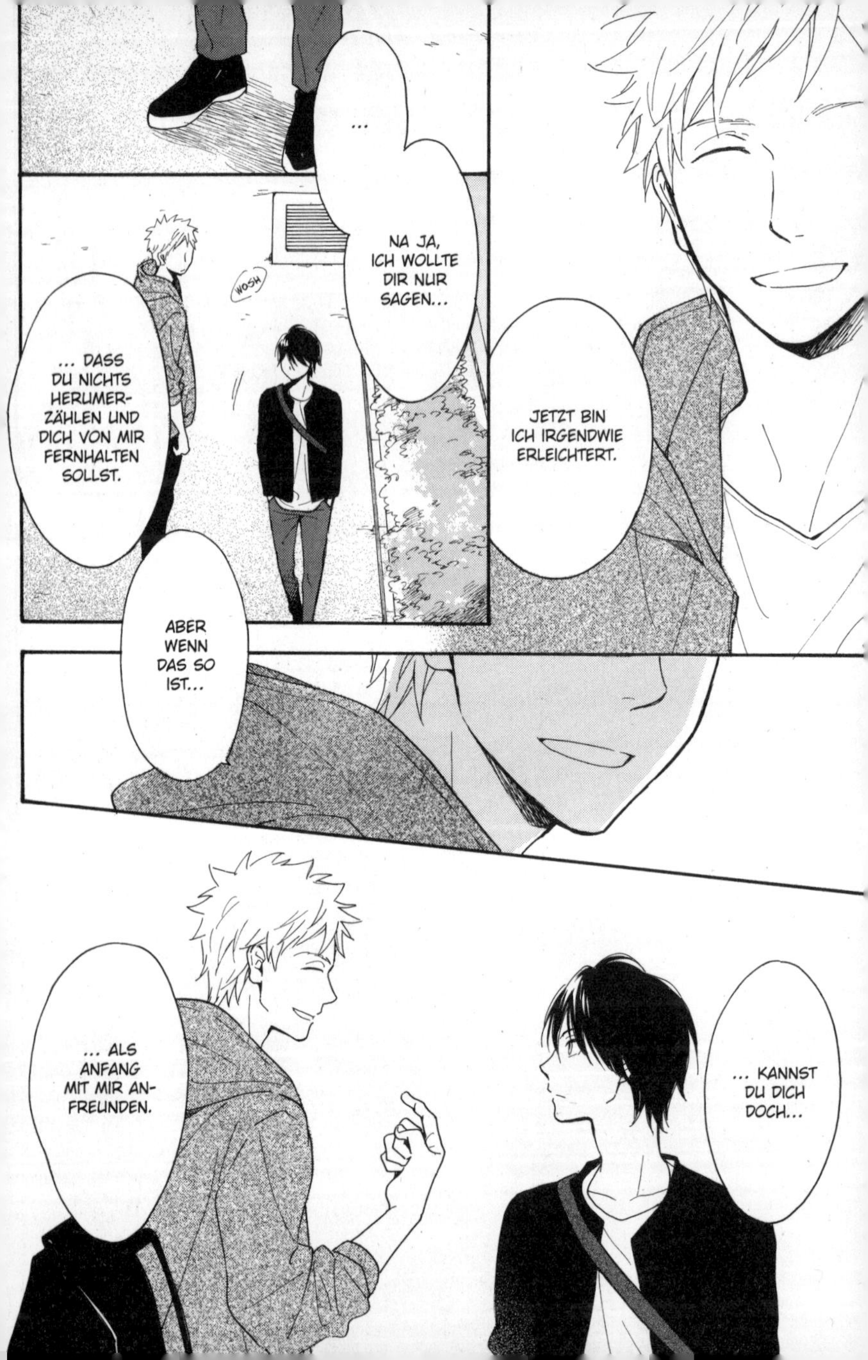

...
NA JA, ICH WOLLTE DIR NUR SAGEN...
WOSH
... DASS DU NICHTS HERUMERZÄHLEN UND DICH VON MIR FERNHALTEN SOLLST.
JETZT BIN ICH IRGENDWIE ERLEICHTERT.
ABER WENN DAS SO IST...
... KANNST DU DICH DOCH...
... ALS ANFANG MIT MIR ANFREUNDEN.

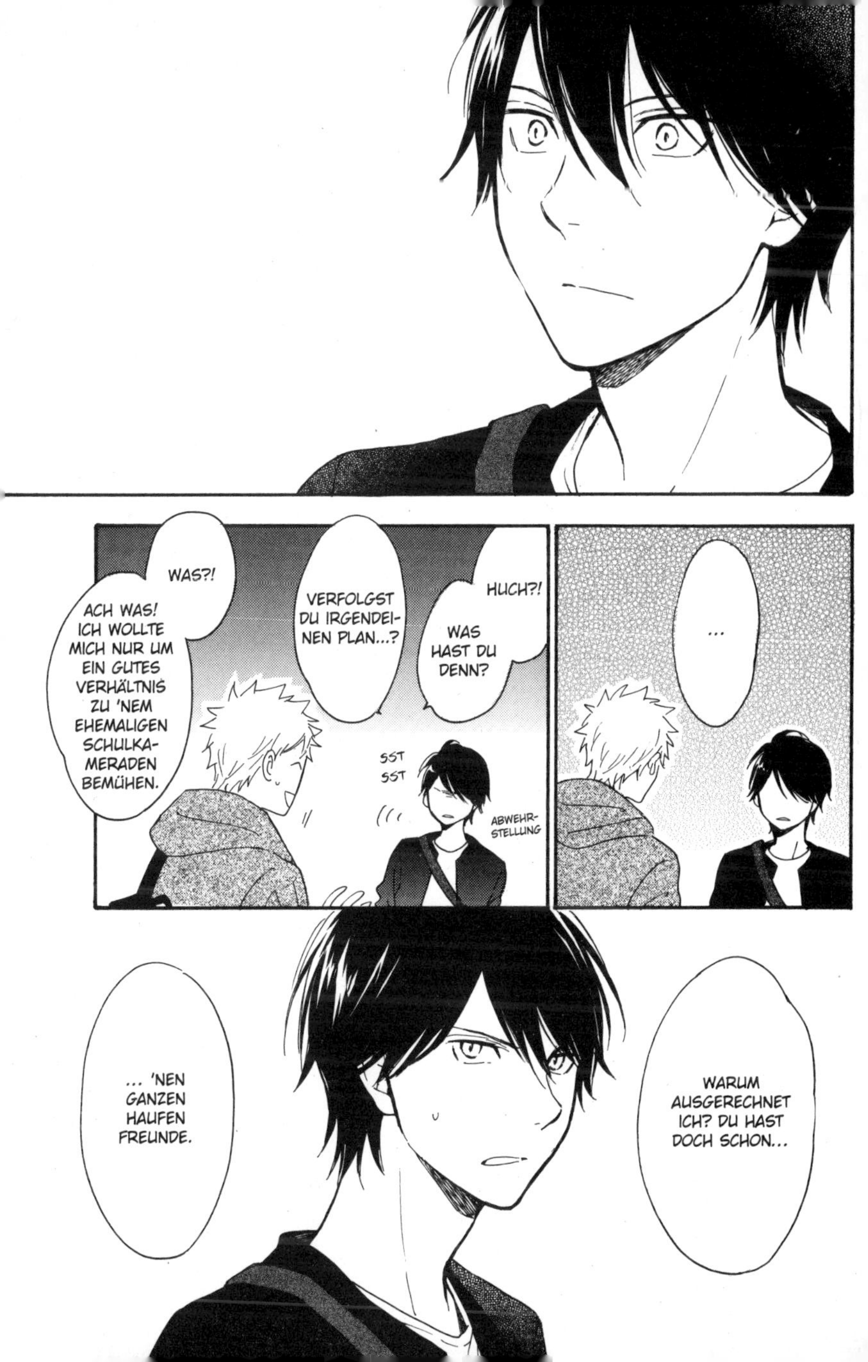
…
HUCH?!
WAS HAST DU DENN?
SST SST
ABWEHR-STELLUNG
VERFOLGST DU IRGENDEI-NEN PLAN…?
WAS?!
ACH WAS! ICH WOLLTE MICH NUR UM EIN GUTES VERHÄLTNIS ZU 'NEM EHEMALIGEN SCHULKA-MERADEN BEMÜHEN.
WARUM AUSGERECHNET ICH? DU HAST DOCH SCHON…
… 'NEN GANZEN HAUFEN FREUNDE.

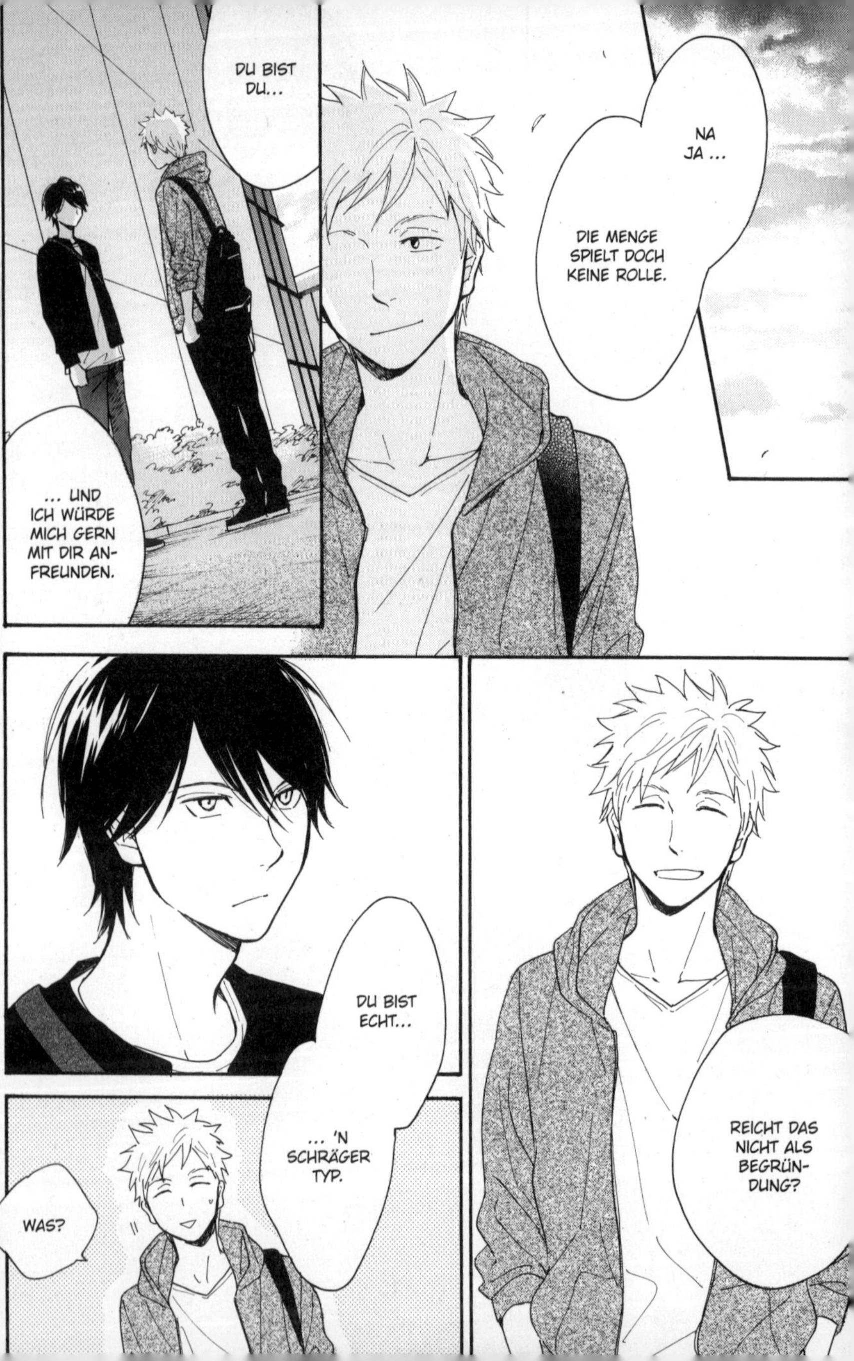
NA JA ...
DIE MENGE SPIELT DOCH KEINE ROLLE.
DU BIST DU...
... UND ICH WÜRDE MICH GERN MIT DIR AN-FREUNDEN.
REICHT DAS NICHT ALS BEGRÜN-DUNG?
DU BIST ECHT...
... 'N SCHRÄGER TYP.
WAS?

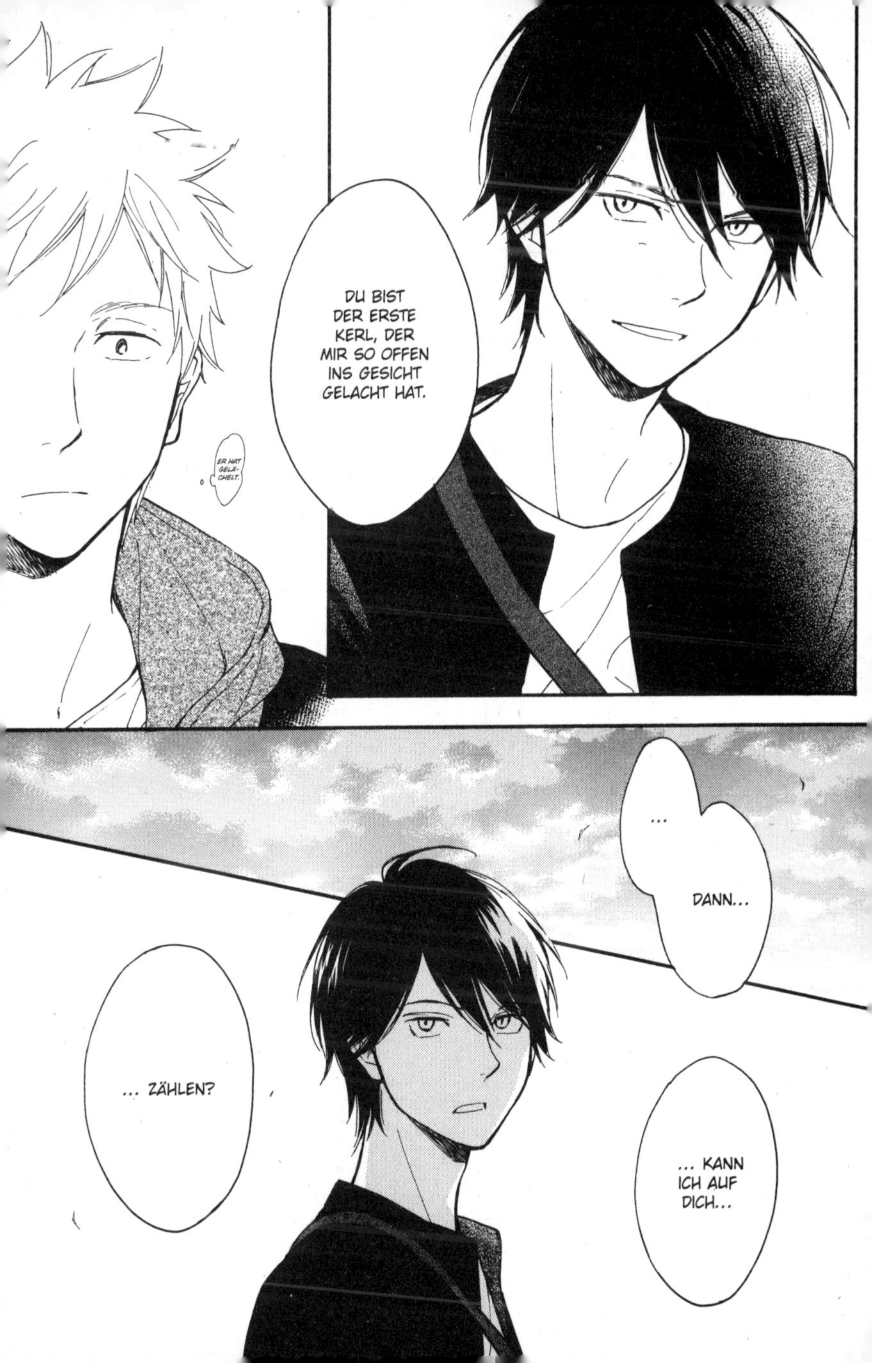
DU BIST DER ERSTE KERL, DER MIR SO OFFEN INS GESICHT GELACHT HAT.
ER HAT GELÄCHELT.
... DANN...
... KANN ICH AUF DICH...
... ZÄHLEN?

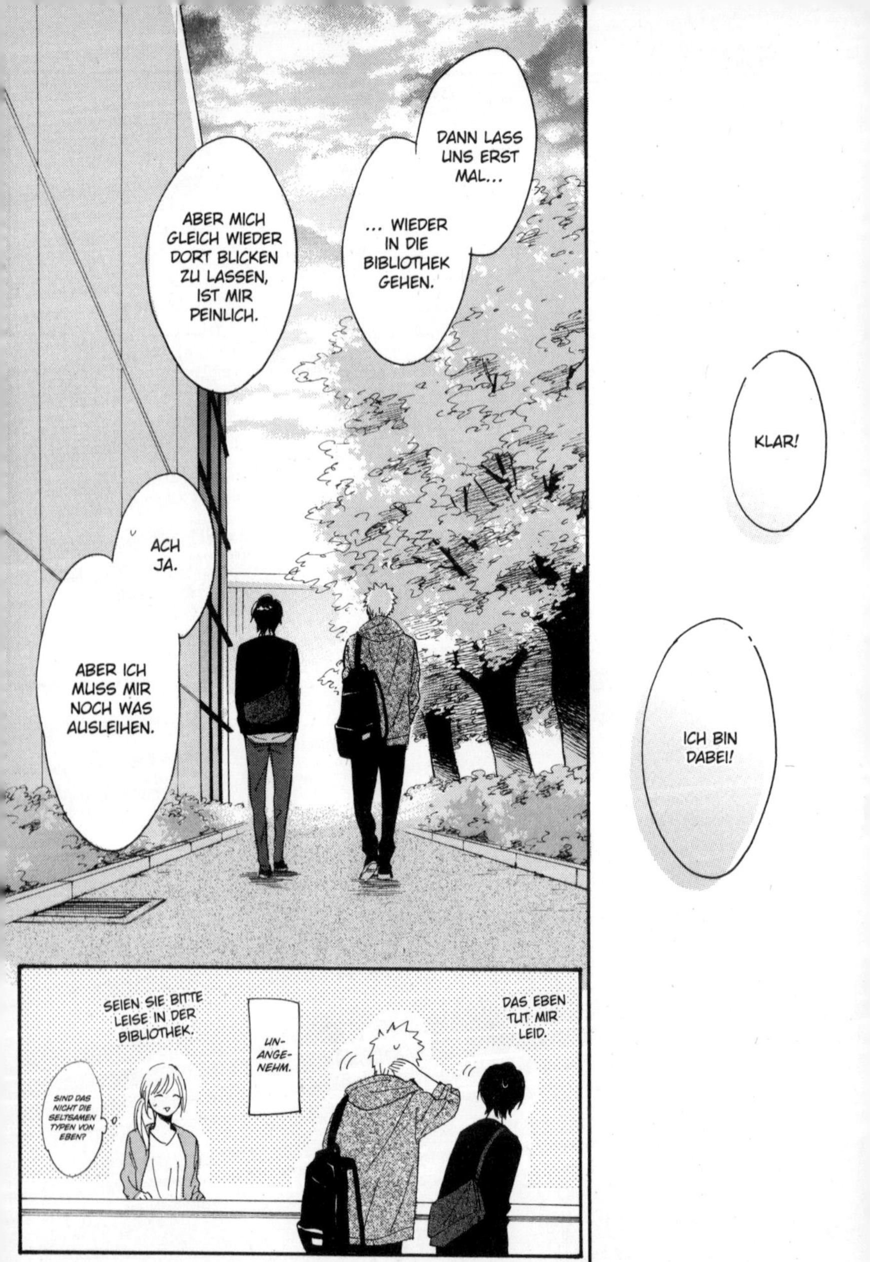
DANN LASS UNS ERST MAL…
… WIEDER IN DIE BIBLIOTHEK GEHEN.
KLAR!
ICH BIN DABEI!
ABER MICH GLEICH WIEDER DORT BLICKEN ZU LASSEN, IST MIR PEINLICH.
ACH JA.
ABER ICH MUSS MIR NOCH WAS AUSLEIHEN.
DAS EBEN TUT MIR LEID.
UN-ANGE-NEHM.
SEIEN SIE BITTE LEISE IN DER BIBLIOTHEK.
SIND DAS NICHT DIE SELTSAMEN TYPEN VON EBEN?

KAPITEL 3

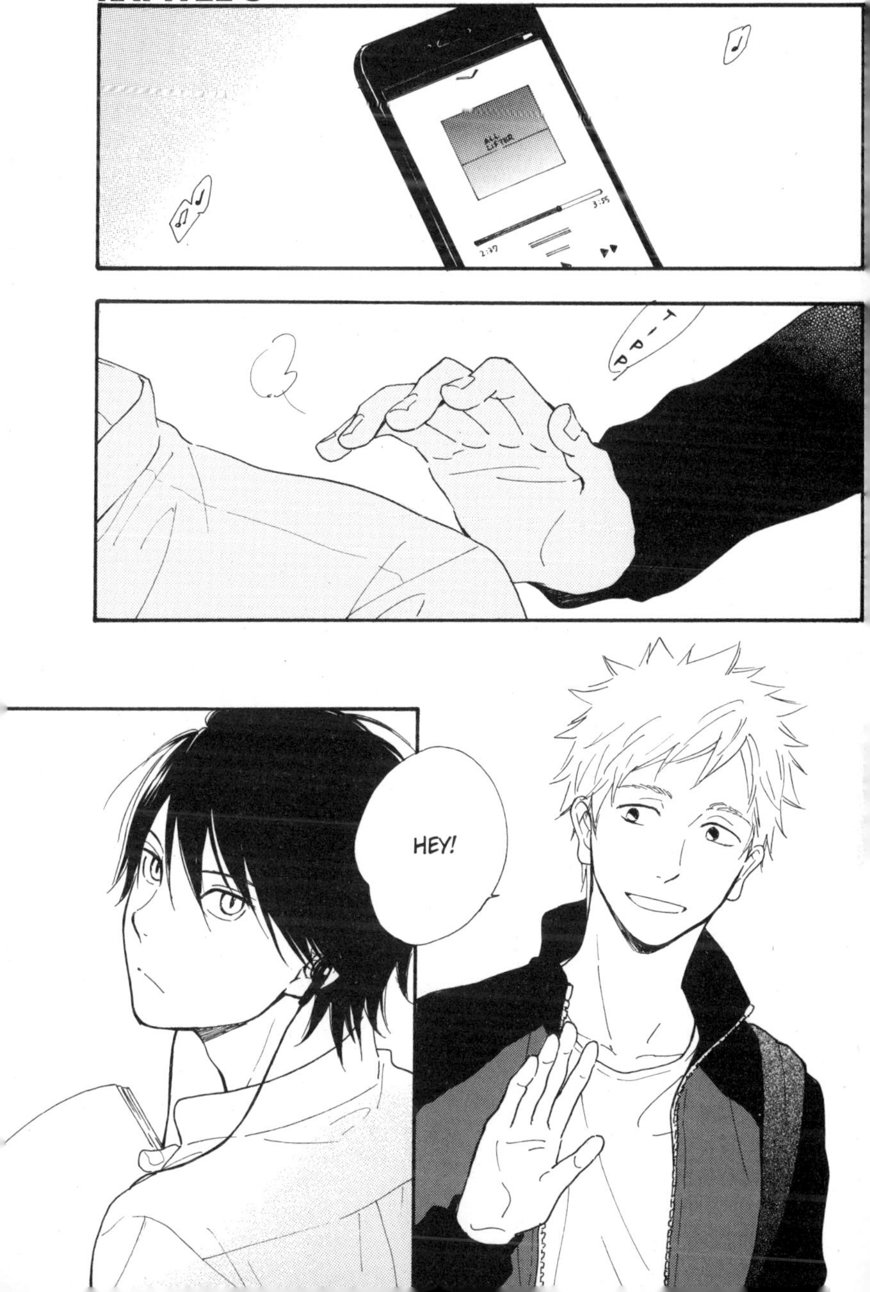

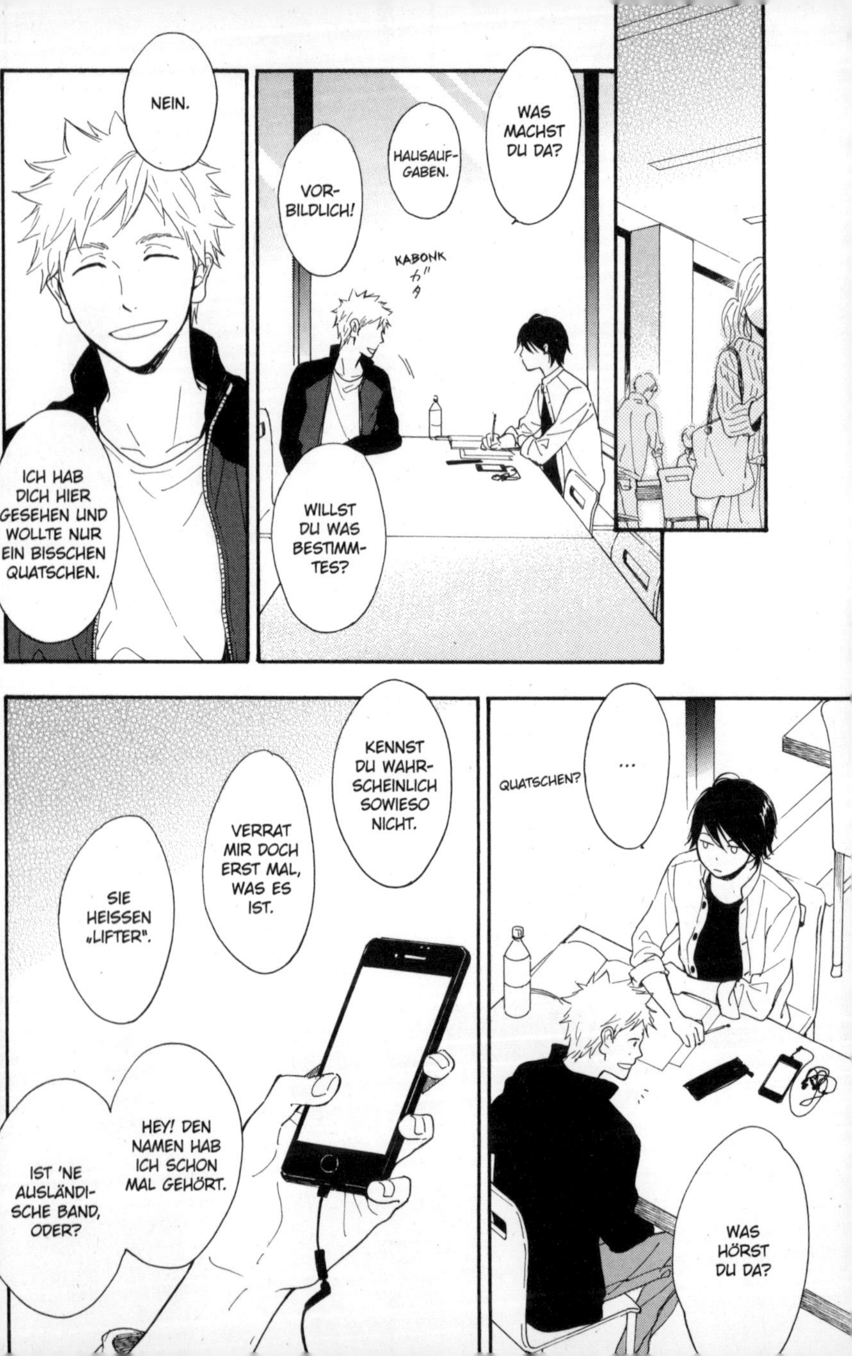
WAS MACHST DU DA?
HAUSAUFGABEN.
VORBILDLICH!
KABONK
カタ
WILLST DU WAS BESTIMMTES?
NEIN.
ICH HAB DICH HIER GESEHEN UND WOLLTE NUR EIN BISSCHEN QUATSCHEN.
...
QUATSCHEN?
WAS HÖRST DU DA?
KENNST DU WAHRSCHEINLICH SOWIESO NICHT.
VERRAT MIR DOCH ERST MAL, WAS ES IST.
SIE HEISSEN „LIFTER".
HEY! DEN NAMEN HAB ICH SCHON MAL GEHÖRT.
IST 'NE AUSLÄNDISCHE BAND, ODER?

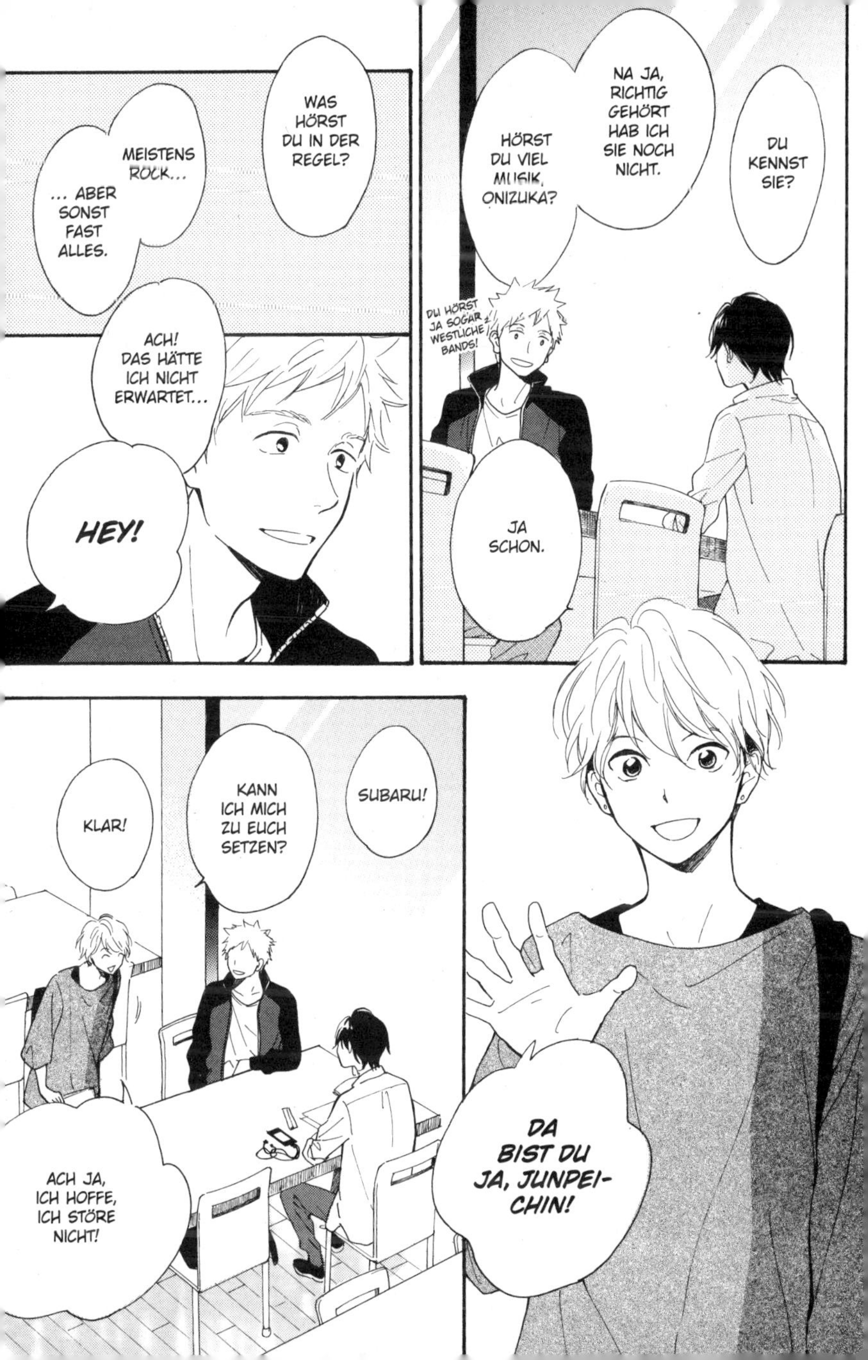
DU KENNST SIE?
NA JA, RICHTIG GEHÖRT HAB ICH SIE NOCH NICHT.
HÖRST DU VIEL MUSIK, ONIZUKA?
DU HÖRST JA SOGAR WESTLICHE BANDS!
JA SCHON.
WAS HÖRST DU IN DER REGEL?
MEISTENS ROCK…
… ABER SONST FAST ALLES.
ACH! DAS HÄTTE ICH NICHT ERWARTET…
HEY!
DA BIST DU JA, JUNPEI-CHIN!
SUBARU!
KANN ICH MICH ZU EUCH SETZEN?
KLAR!
ACH JA, ICH HOFFE, ICH STÖRE NICHT!

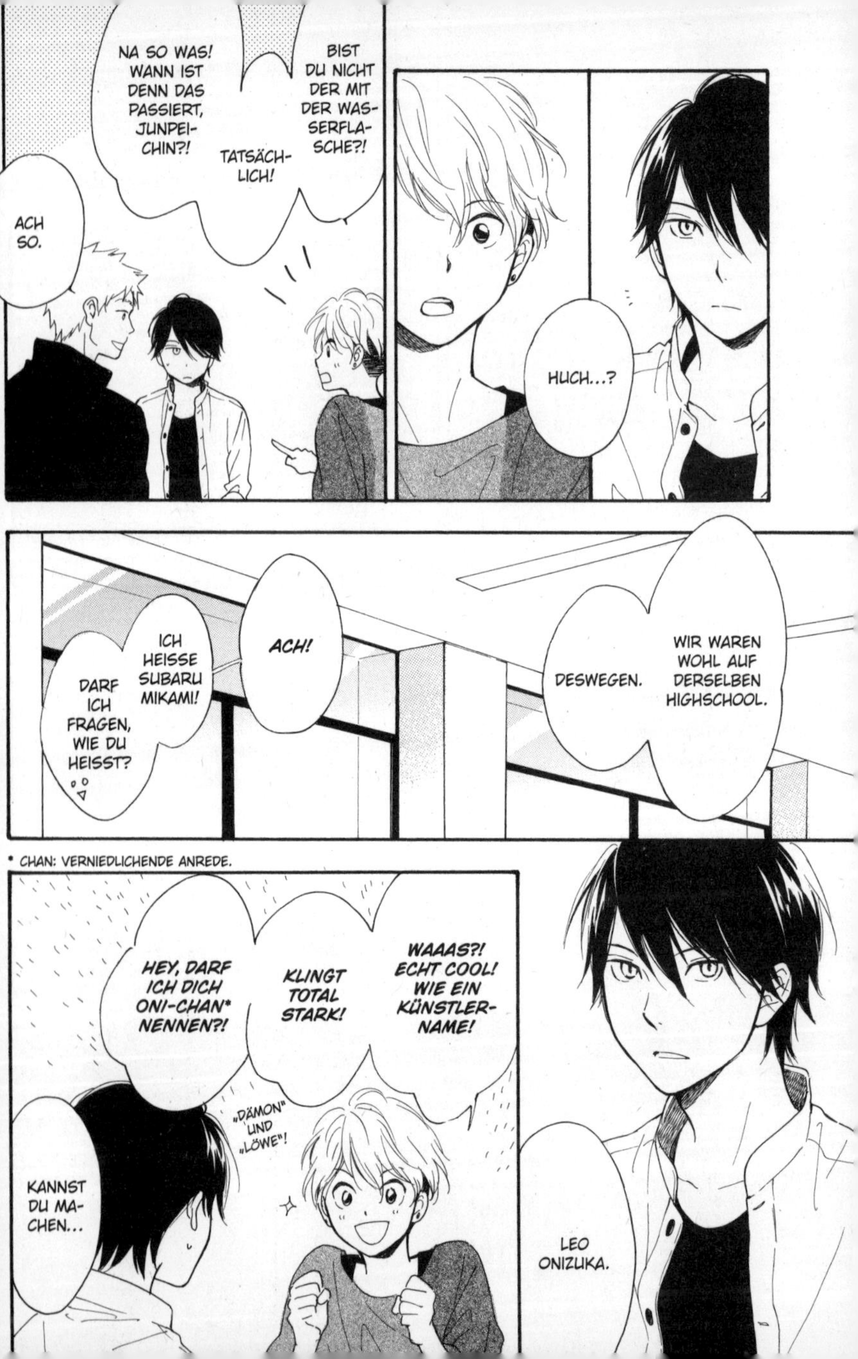

* CHAN: VERNIEDLICHENDE ANREDE.

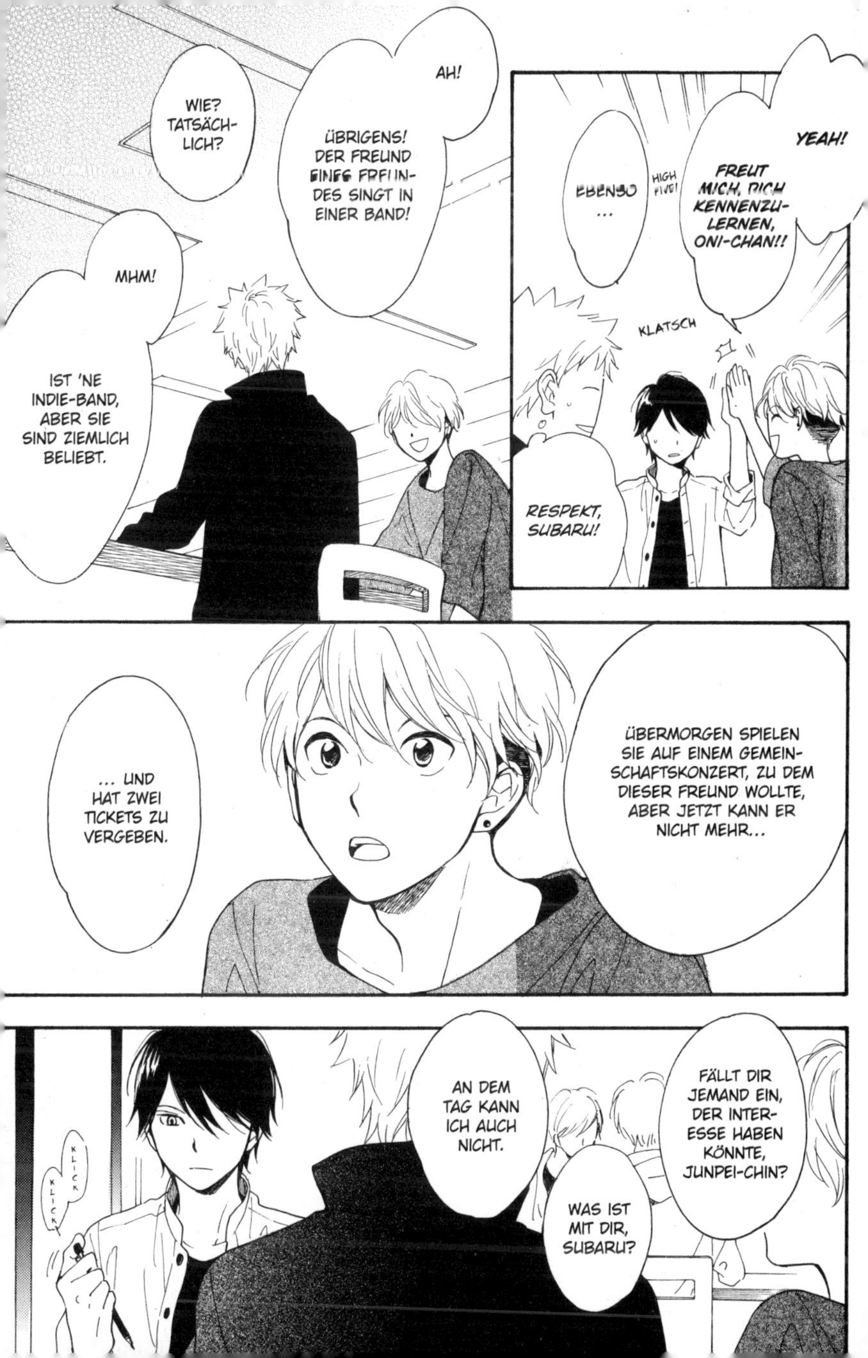
YEAH!
FREUT MICH, DICH KENNENZULERNEN, ONI-CHAN!!
HIGH FIVE!
EBENSO …
KLATSCH
RESPEKT, SUBARU!
AH!
ÜBRIGENS! DER FREUND EINES FREUNDES SINGT IN EINER BAND!
WIE? TATSÄCHLICH?
MHM!
IST 'NE INDIE-BAND, ABER SIE SIND ZIEMLICH BELIEBT.
ÜBERMORGEN SPIELEN SIE AUF EINEM GEMEINSCHAFTSKONZERT, ZU DEM DIESER FREUND WOLLTE, ABER JETZT KANN ER NICHT MEHR …
… UND HAT ZWEI TICKETS ZU VERGEBEN.
FÄLLT DIR JEMAND EIN, DER INTERESSE HABEN KÖNNTE, JUNPEI-CHIN?
AN DEM TAG KANN ICH AUCH NICHT.
WAS IST MIT DIR, SUBARU?
KLICK
KLICK

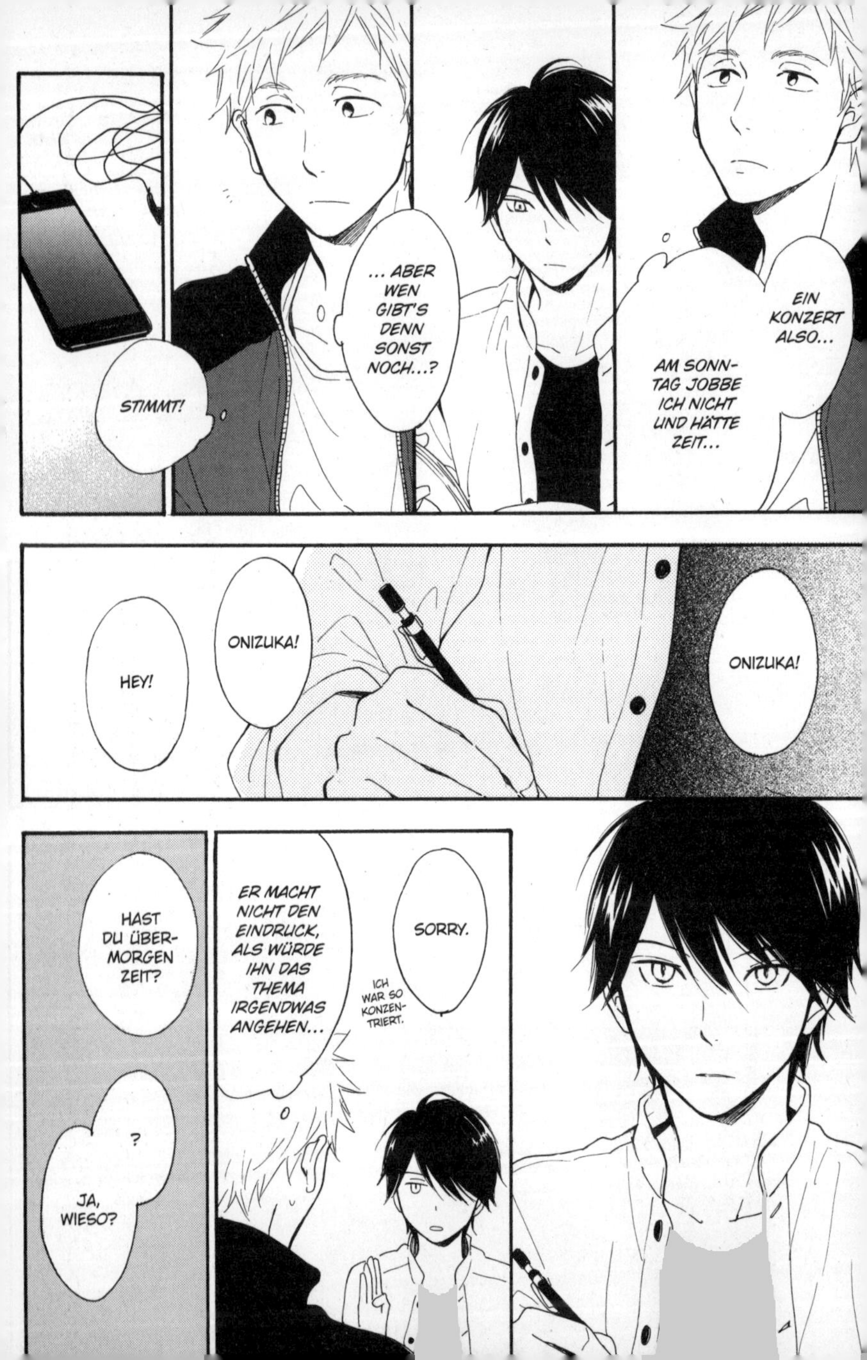
EIN KONZERT ALSO...
AM SONNTAG JOBBE ICH NICHT UND HÄTTE ZEIT...
... ABER WEN GIBT'S DENN SONST NOCH...?
STIMMT!
ONIZUKA!
ONIZUKA!
HEY!
SORRY.
ICH WAR SO KONZENTRIERT.
ER MACHT NICHT DEN EINDRUCK, ALS WÜRDE IHN DAS THEMA IRGENDWAS ANGEHEN...
HAST DU ÜBERMORGEN ZEIT?
?
JA, WIESO?

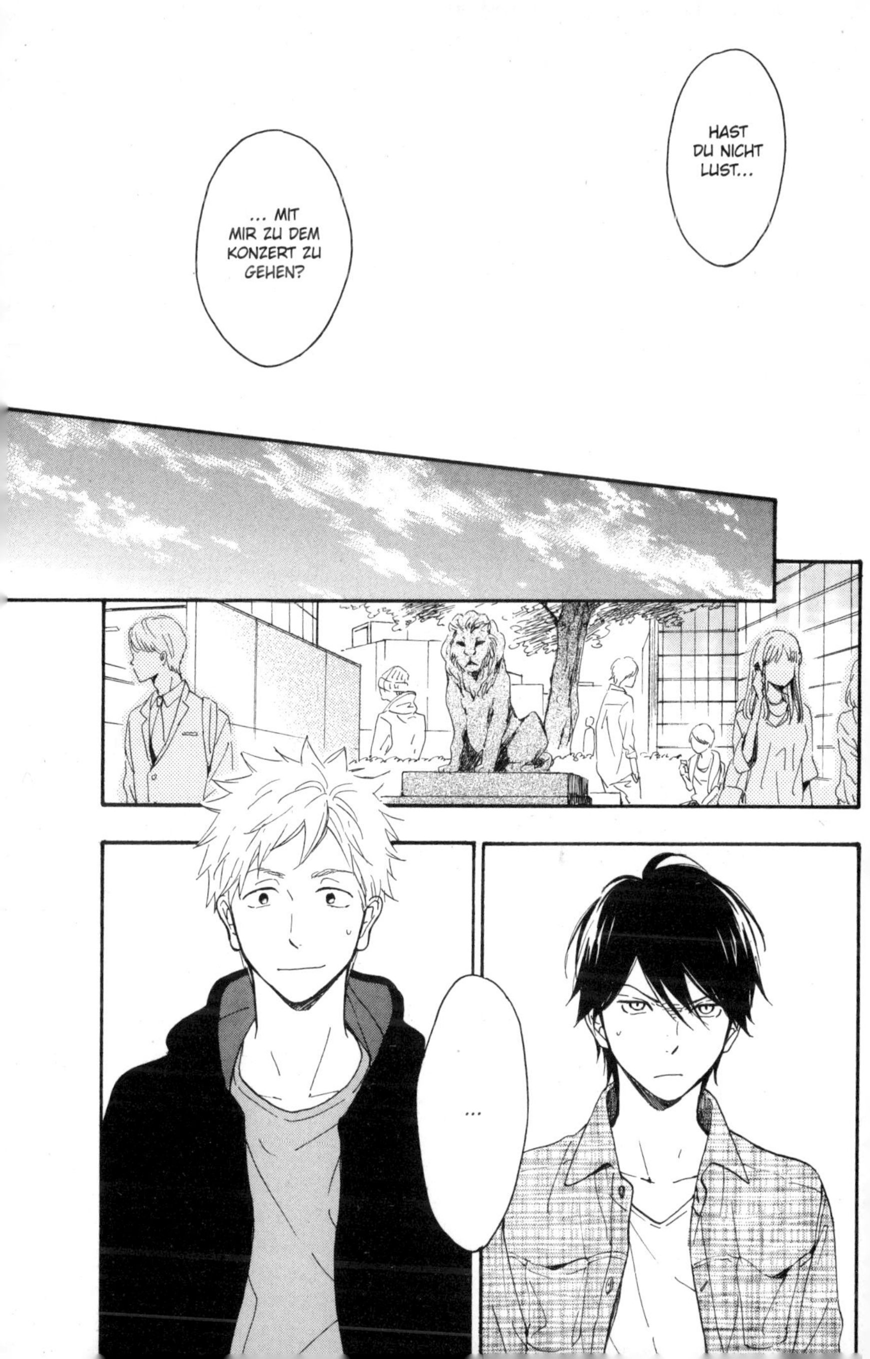

HAST DU NICHT LUST...
... MIT MIR ZU DEM KONZERT ZU GEHEN?
...

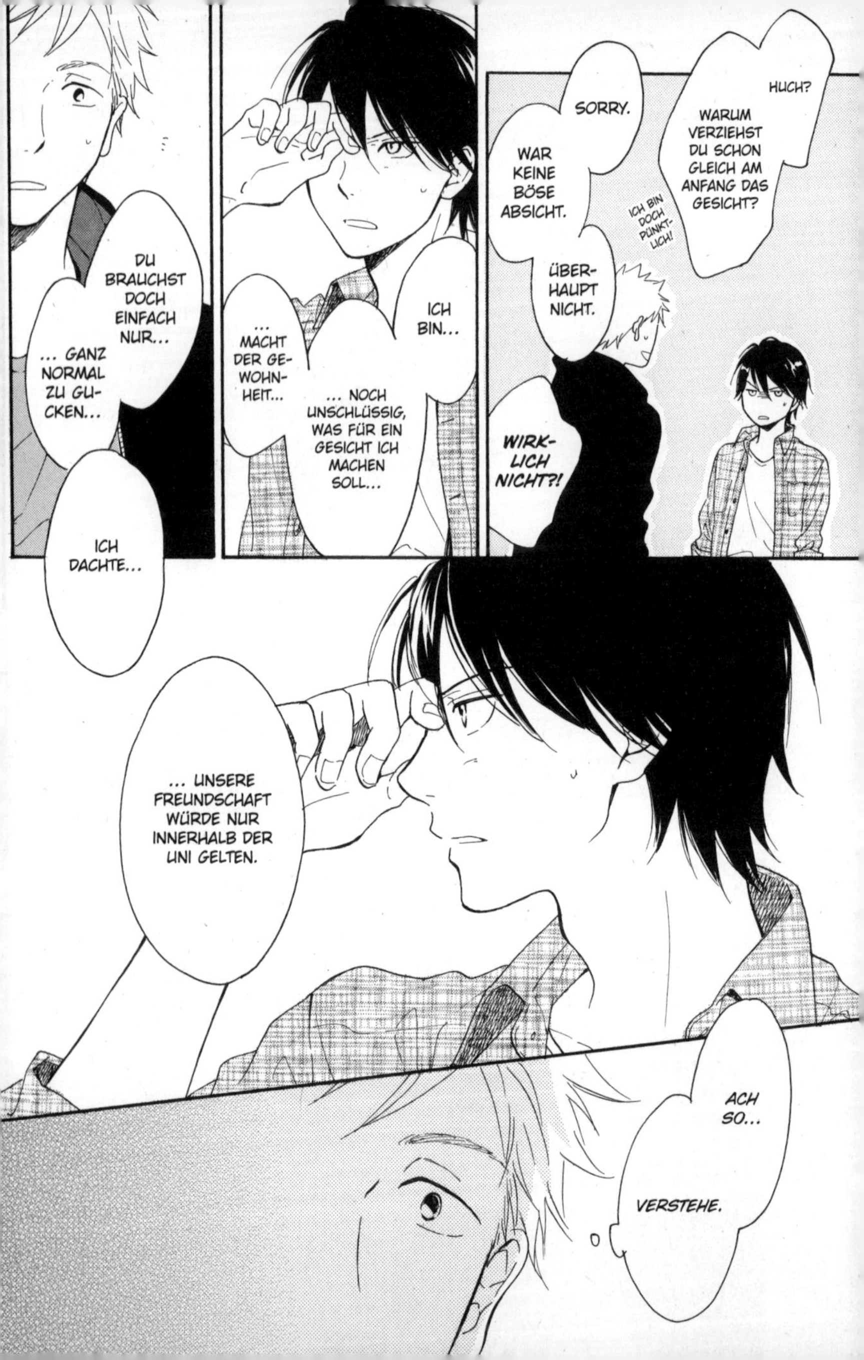
HUCH?
WARUM VERZIEHST DU SCHON GLEICH AM ANFANG DAS GESICHT?
ICH BIN DOCH PÜNKTLICH!
SORRY.
WAR KEINE BÖSE ABSICHT.
ÜBERHAUPT NICHT.
WIRKLICH NICHT?!
ICH BIN…
… NOCH UNSCHLÜSSIG, WAS FÜR EIN GESICHT ICH MACHEN SOLL…
… MACHT DER GEWOHNHEIT…
DU BRAUCHST DOCH EINFACH NUR…
… GANZ NORMAL ZU GUCKEN…
ICH DACHTE…
… UNSERE FREUNDSCHAFT WÜRDE NUR INNERHALB DER UNI GELTEN.
ACH SO…
VERSTEHE.

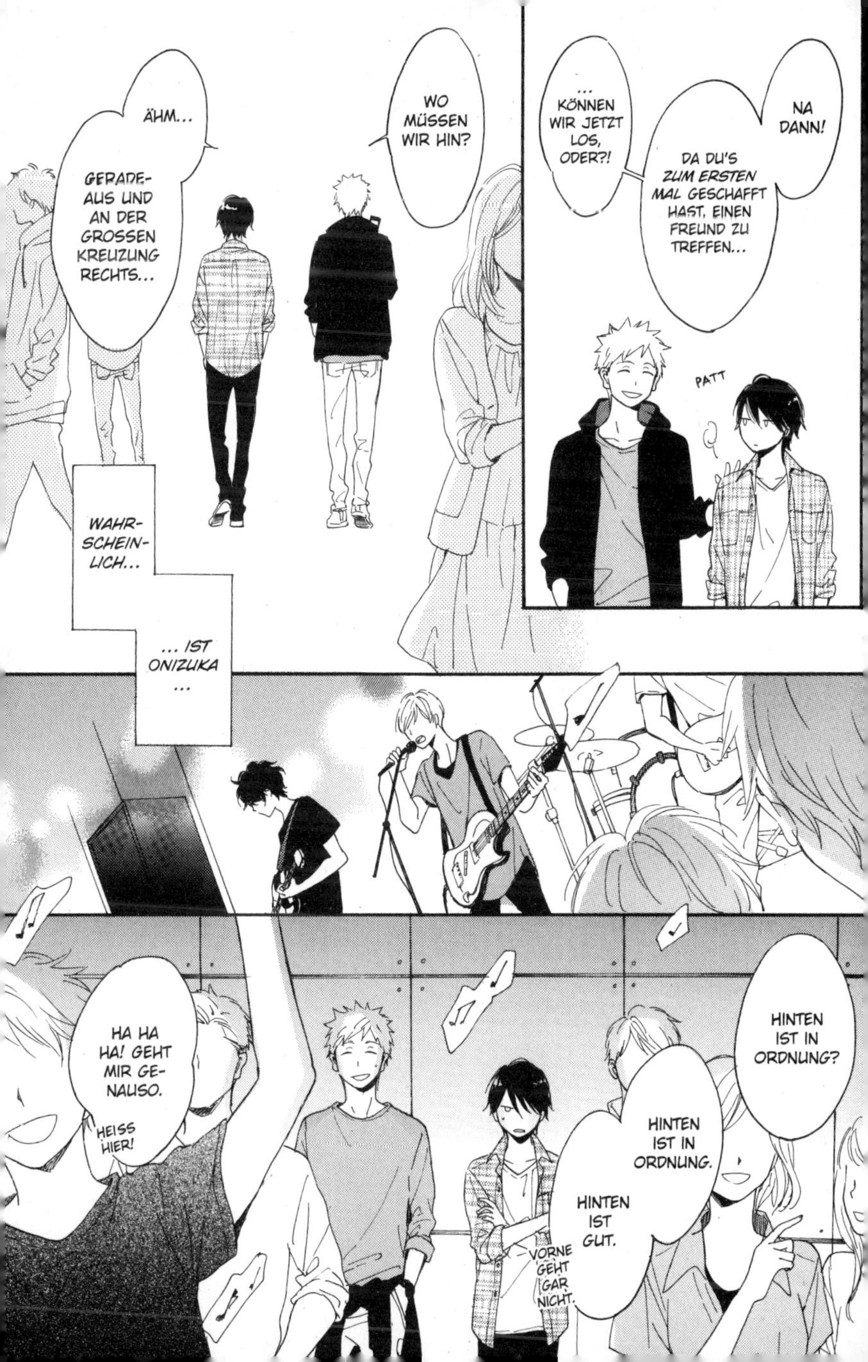
NA DANN!
DA DU'S ZUM ERSTEN MAL GESCHAFFT HAST, EINEN FREUND ZU TREFFEN...
... KÖNNEN WIR JETZT LOS, ODER?!
PATT
WO MÜSSEN WIR HIN?
ÄHM...
GERADE-AUS UND AN DER GROSSEN KREUZUNG RECHTS...
WAHR-SCHEIN-LICH...
... IST ONIZUKA ...
HINTEN IST IN ORDNUNG?
HINTEN IST IN ORDNUNG.
HINTEN IST GUT.
VORNE GEHT GAR NICHT.
HA HA HA! GEHT MIR GE-NAUSO.
HEISS HIER!

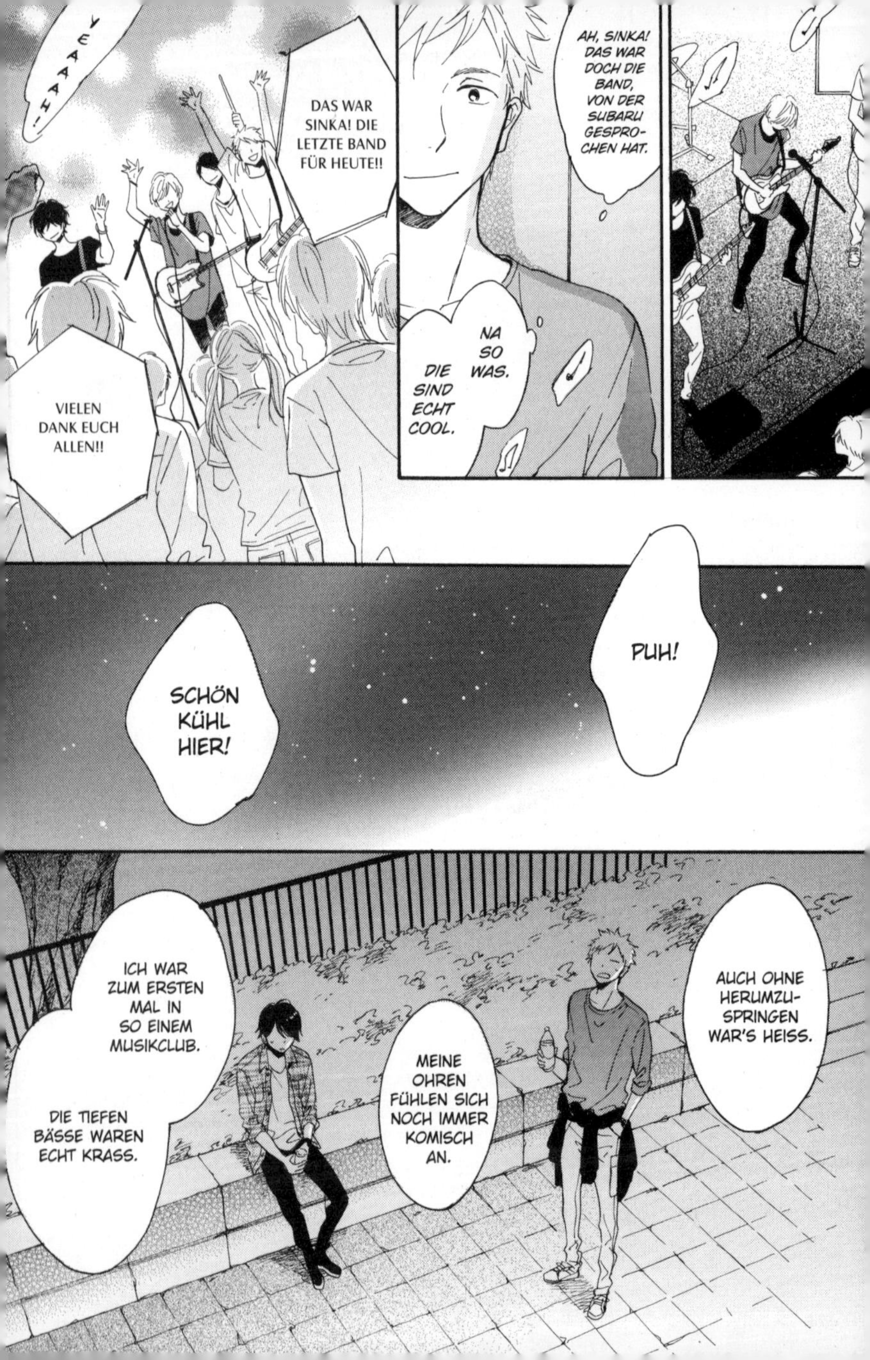
AH, SINKA! DAS WAR DOCH DIE BAND, VON DER SUBARU GESPROCHEN HAT.
NA SO WAS.
DIE SIND ECHT COOL.
DAS WAR SINKA! DIE LETZTE BAND FÜR HEUTE!!
YEAAAH!
VIELEN DANK EUCH ALLEN!!
PUH!
SCHÖN KÜHL HIER!
AUCH OHNE HERUMZU-SPRINGEN WAR'S HEISS.
MEINE OHREN FÜHLEN SICH NOCH IMMER KOMISCH AN.
ICH WAR ZUM ERSTEN MAL IN SO EINEM MUSIKCLUB.
DIE TIEFEN BÄSSE WAREN ECHT KRASS.

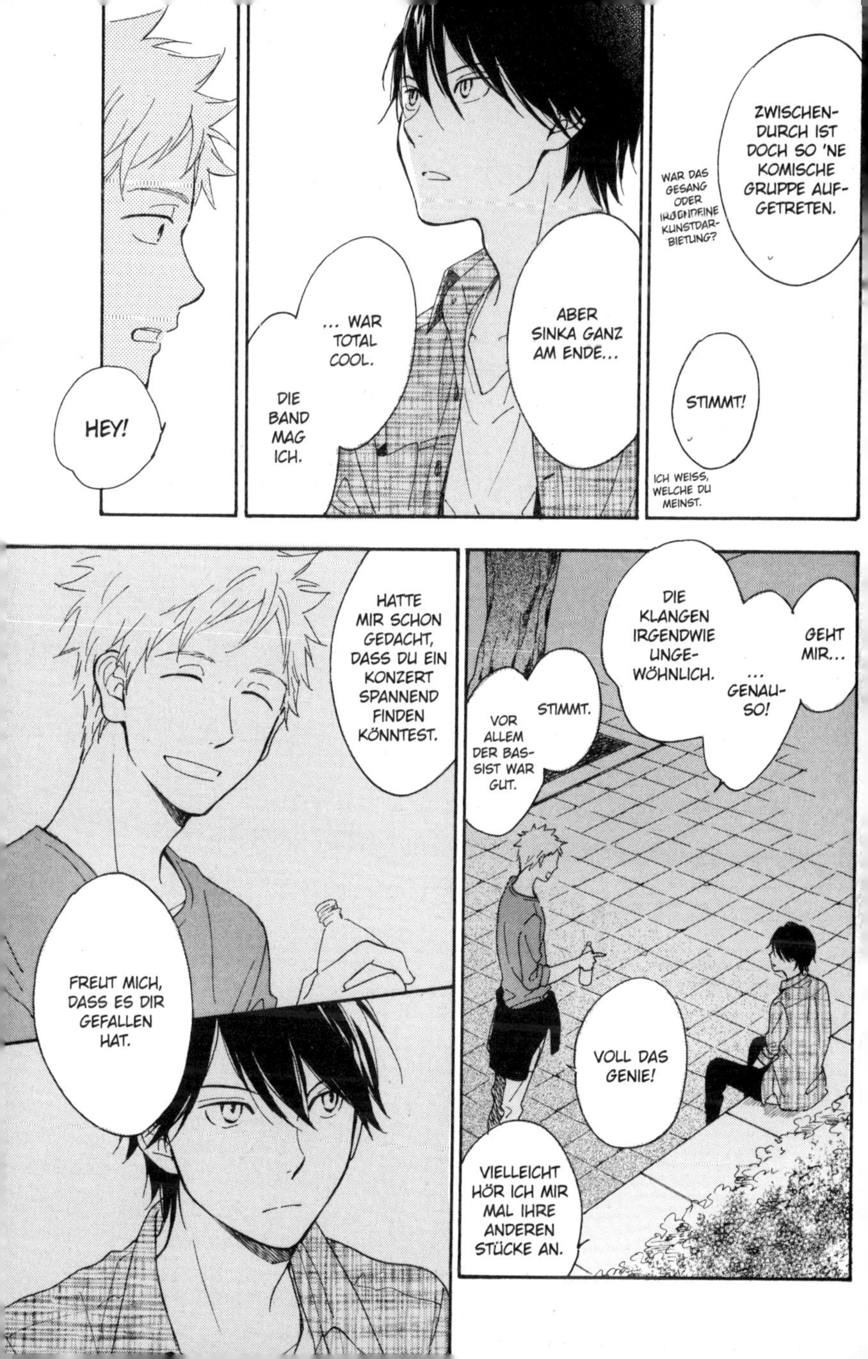
ZWISCHEN-DURCH IST DOCH SO 'NE KOMISCHE GRUPPE AUF-GETRETEN.
WAR DAS GESANG ODER IRGENDEINE KUNSTDAR-BIETUNG?
STIMMT!
ICH WEISS, WELCHE DU MEINST.
ABER SINKA GANZ AM ENDE...
... WAR TOTAL COOL.
DIE BAND MAG ICH.
HEY!
DIE KLANGEN IRGENDWIE UNGE-WÖHNLICH.
GEHT MIR...
... GENAU-SO!
STIMMT.
VOR ALLEM DER BAS-SIST WAR GUT.
VOLL DAS GENIE!
VIELLEICHT HÖR ICH MIR MAL IHRE ANDEREN STÜCKE AN.
HATTE MIR SCHON GEDACHT, DASS DU EIN KONZERT SPANNEND FINDEN KÖNNTEST.
FREUT MICH, DASS ES DIR GEFALLEN HAT.

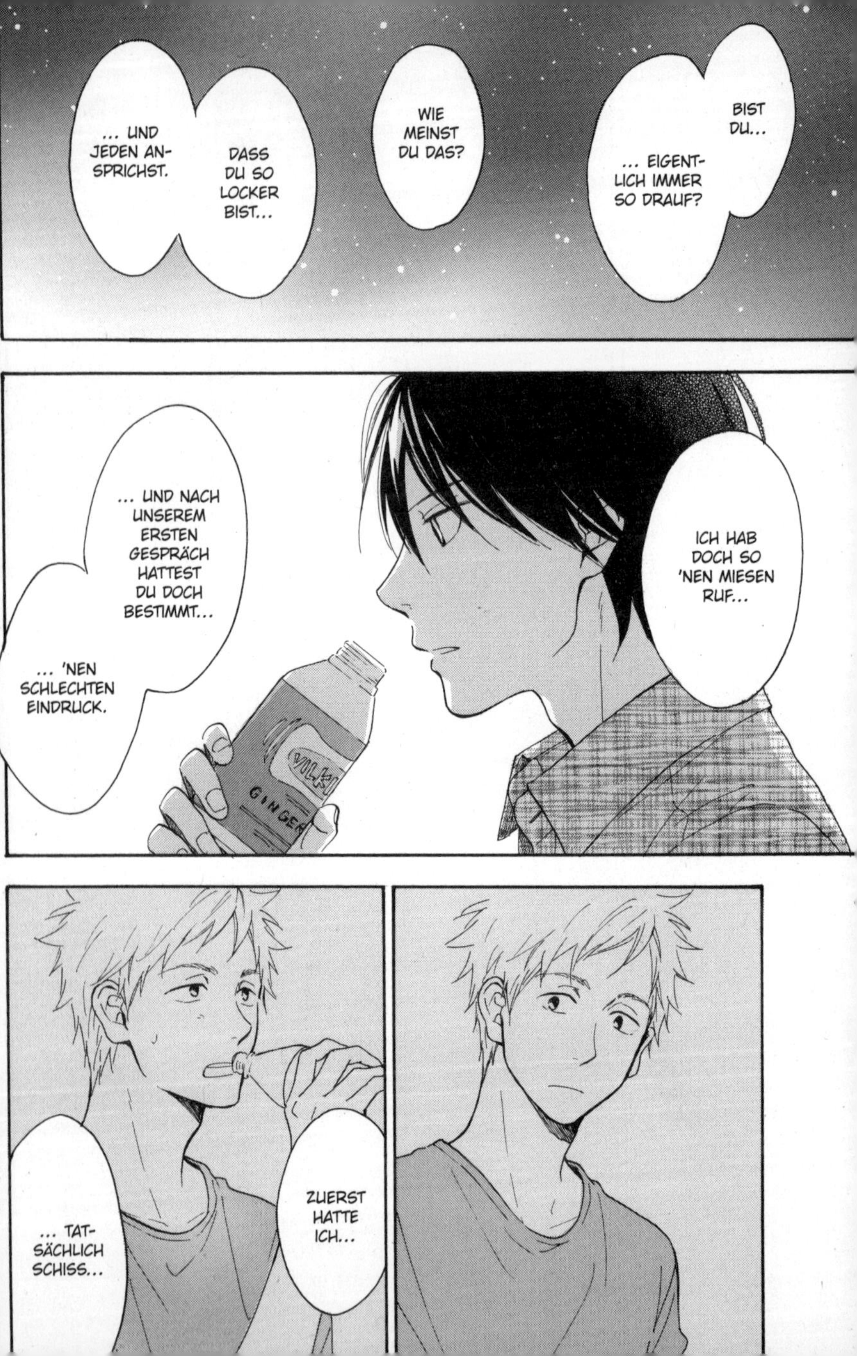
BIST DU…
… EIGENTLICH IMMER SO DRAUF?
WIE MEINST DU DAS?
DASS DU SO LOCKER BIST…
… UND JEDEN ANSPRICHST.
ICH HAB DOCH SO 'NEN MIESEN RUF…
… UND NACH UNSEREM ERSTEN GESPRÄCH HATTEST DU DOCH BESTIMMT…
… 'NEN SCHLECHTEN EINDRUCK.
GINGER
ZUERST HATTE ICH…
… TATSÄCHLICH SCHISS…

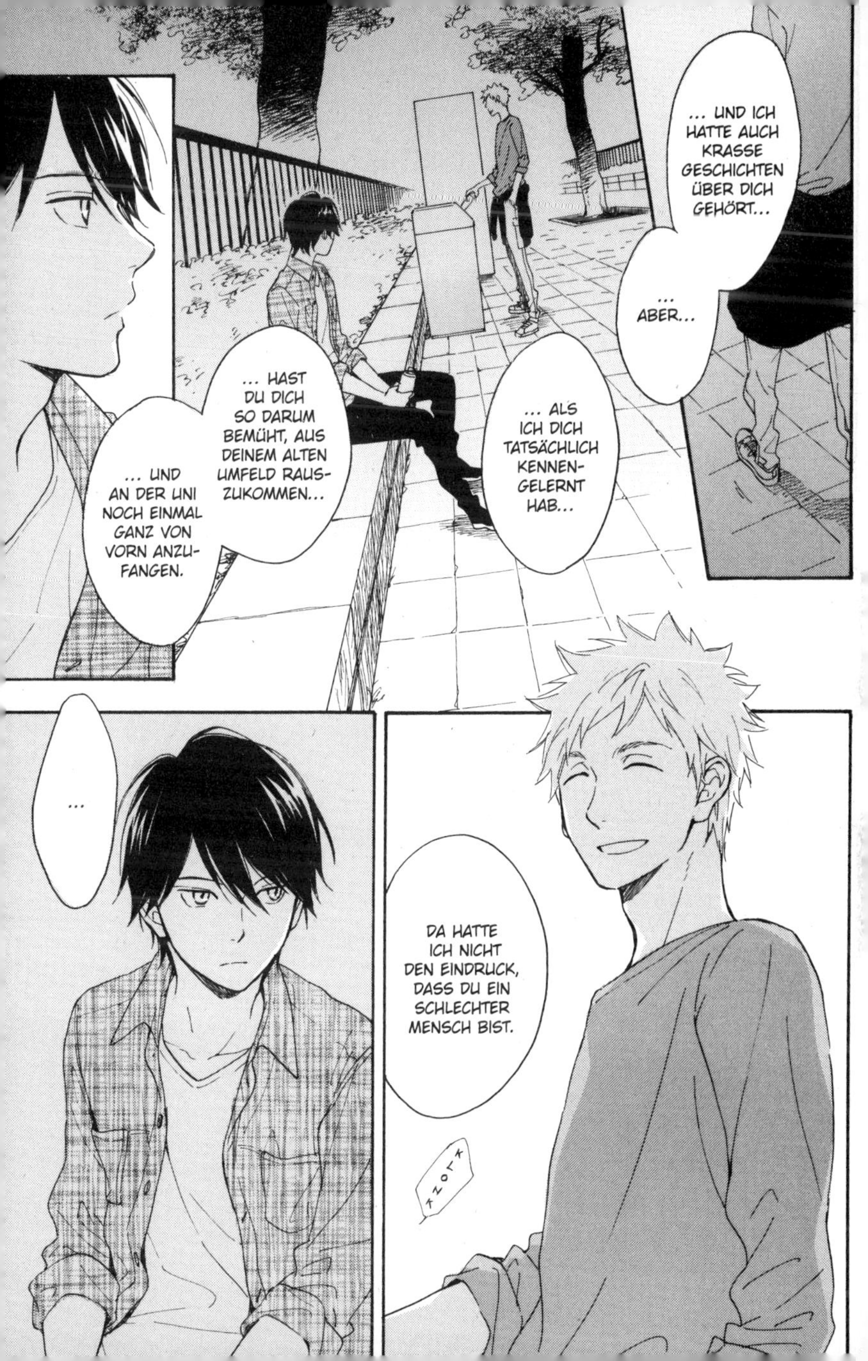

... UND ICH HATTE AUCH KRASSE GESCHICHTEN ÜBER DICH GEHÖRT...
... ABER...
... ALS ICH DICH TATSÄCHLICH KENNEN-GELERNT HAB...
... HAST DU DICH SO DARUM BEMÜHT, AUS DEINEM ALTEN UMFELD RAUS-ZUKOMMEN...
... UND AN DER UNI NOCH EINMAL GANZ VON VORN ANZU-FANGEN.
DA HATTE ICH NICHT DEN EINDRUCK, DASS DU EIN SCHLECHTER MENSCH BIST.
...

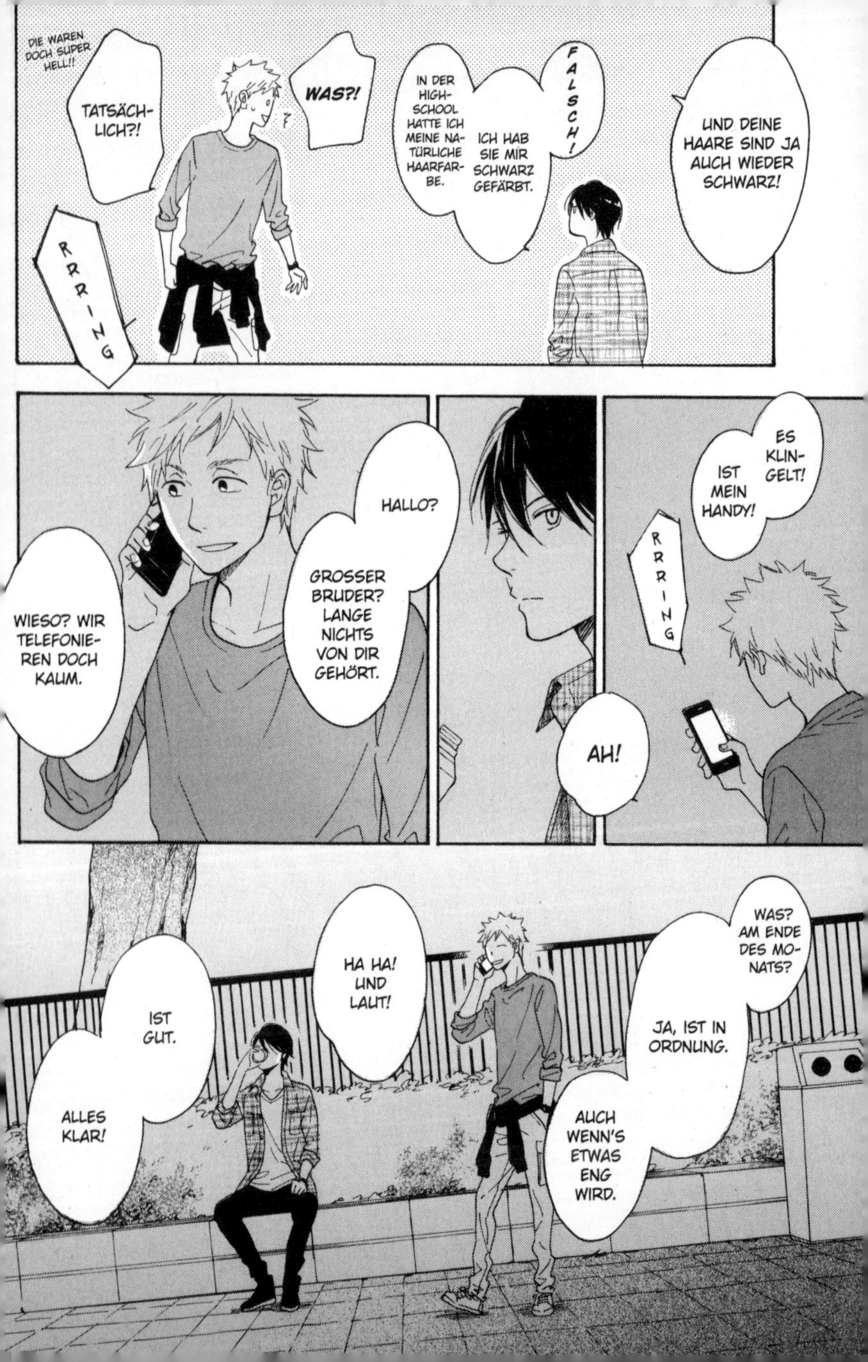
UND DEINE HAARE SIND JA AUCH WIEDER SCHWARZ!
FALSCH!
IN DER HIGHSCHOOL HATTE ICH MEINE NATÜRLICHE HAARFARBE.
ICH HAB SIE MIR SCHWARZ GEFÄRBT.
WAS?!
TATSÄCHLICH?!
DIE WAREN DOCH SUPER HELL!!
RRRING
ES KLINGELT!
IST MEIN HANDY!
RRRING
AH!
HALLO?
GROSSER BRUDER? LANGE NICHTS VON DIR GEHÖRT.
WIESO? WIR TELEFONIEREN DOCH KAUM.
WAS? AM ENDE DES MONATS?
JA, IST IN ORDNUNG.
AUCH WENN'S ETWAS ENG WIRD.
HA HA! UND LAUT!
IST GUT.
ALLES KLAR!

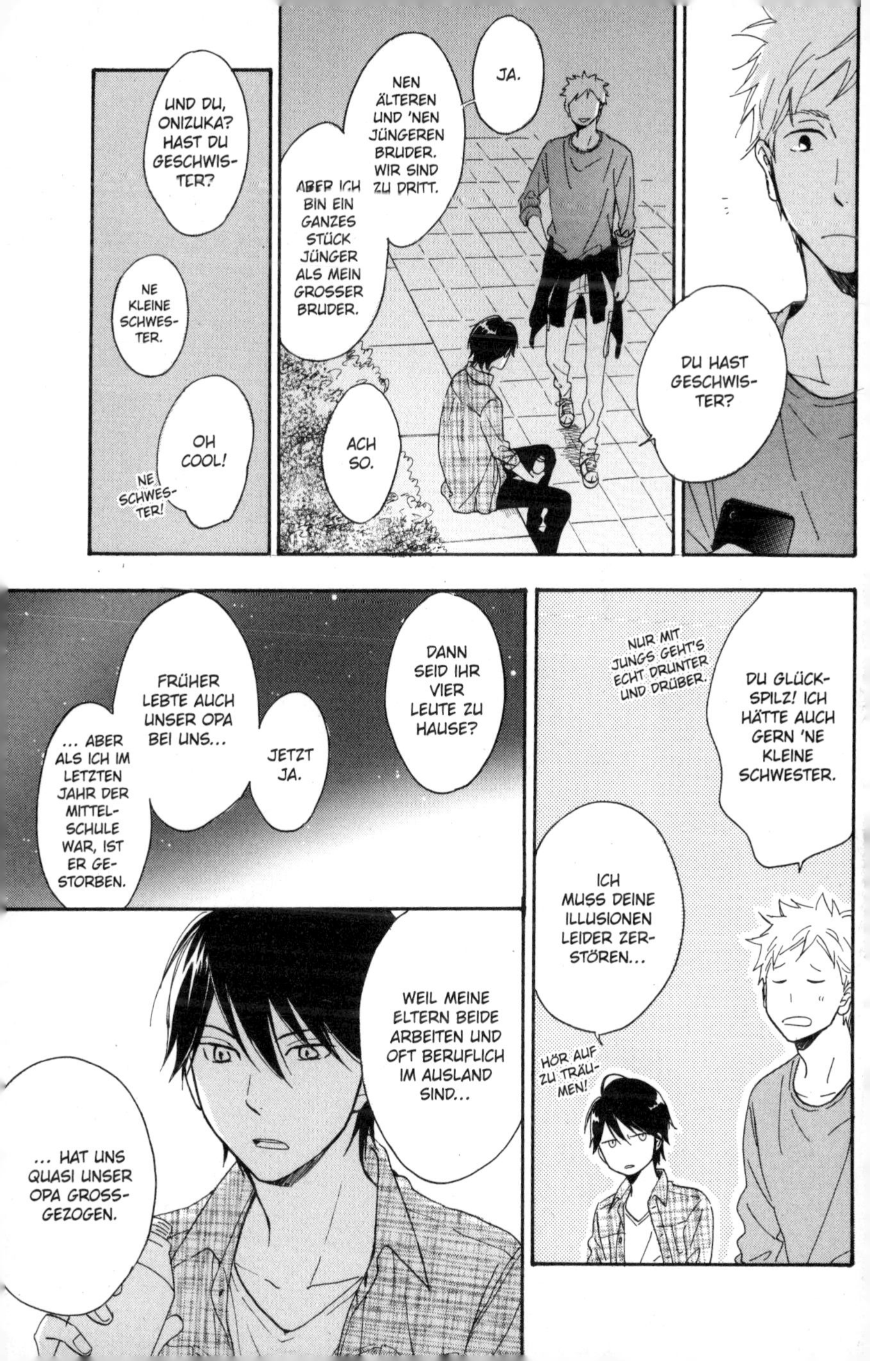
DU HAST GESCHWISTER?
JA.
NEN ÄLTEREN UND 'NEN JÜNGEREN BRUDER. WIR SIND ZU DRITT.
ABER ICH BIN EIN GANZES STÜCK JÜNGER ALS MEIN GROSSER BRUDER.
ACH SO.
UND DU, ONIZUKA? HAST DU GESCHWISTER?
NE KLEINE SCHWESTER.
OH COOL!
NE SCHWESTER!
DU GLÜCKSPILZ! ICH HÄTTE AUCH GERN 'NE KLEINE SCHWESTER.
NUR MIT JUNGS GEHT'S ECHT DRUNTER UND DRÜBER.
ICH MUSS DEINE ILLUSIONEN LEIDER ZERSTÖREN...
HÖR AUF ZU TRÄUMEN!
DANN SEID IHR VIER LEUTE ZU HAUSE?
JETZT JA.
FRÜHER LEBTE AUCH UNSER OPA BEI UNS...
... ABER ALS ICH IM LETZTEN JAHR DER MITTELSCHULE WAR, IST ER GESTORBEN.
WEIL MEINE ELTERN BEIDE ARBEITEN UND OFT BERUFLICH IM AUSLAND SIND...
... HAT UNS QUASI UNSER OPA GROSSGEZOGEN.

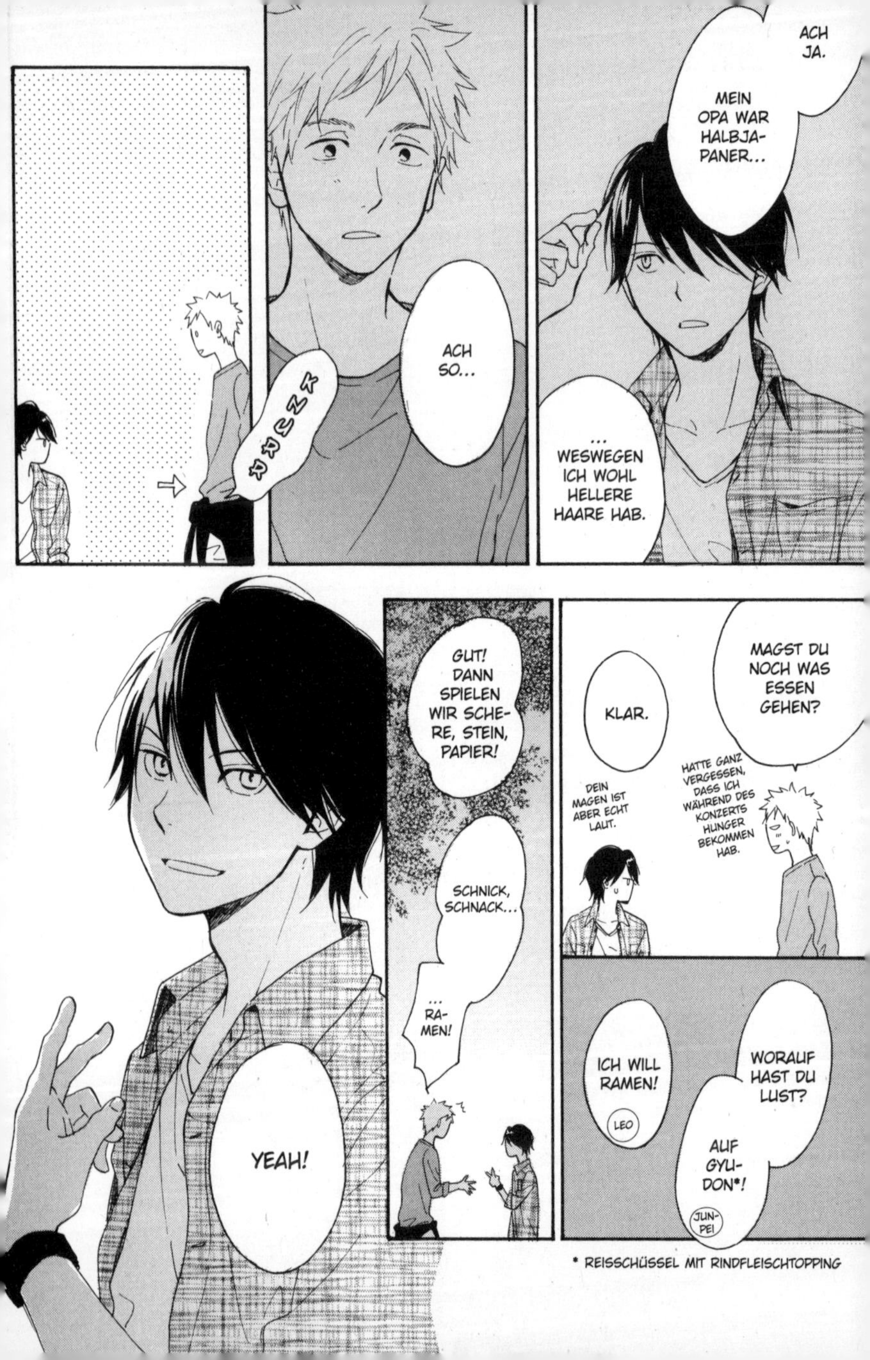

* REISSCHÜSSEL MIT RINDFLEISCHTOPPING

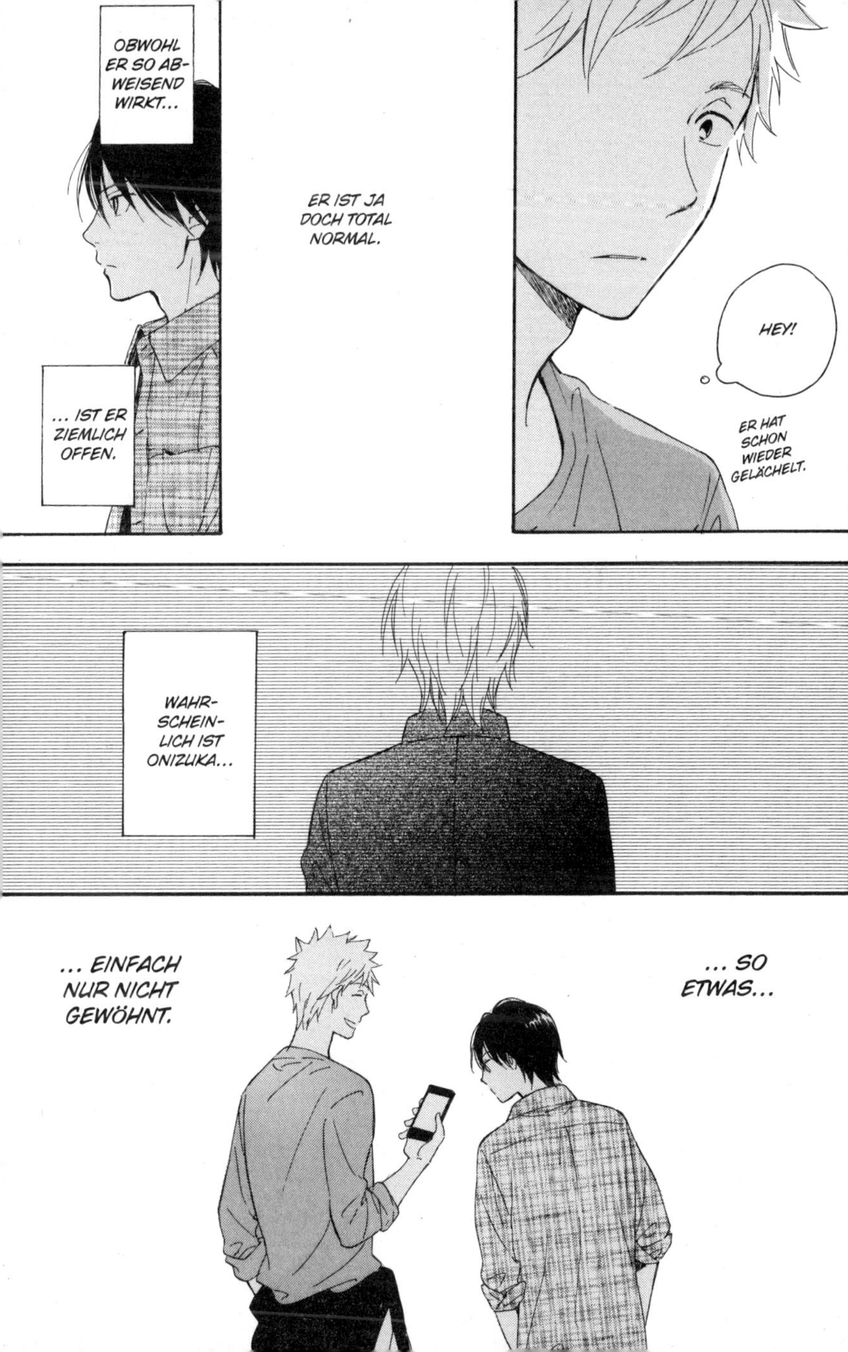
HEY!
ER HAT SCHON WIEDER GELÄCHELT.
ER IST JA DOCH TOTAL NORMAL.
OBWOHL ER SO ABWEISEND WIRKT...
... IST ER ZIEMLICH OFFEN.
WAHRSCHEINLICH IST ONIZUKA...
... SO ETWAS...
... EINFACH NUR NICHT GEWÖHNT.

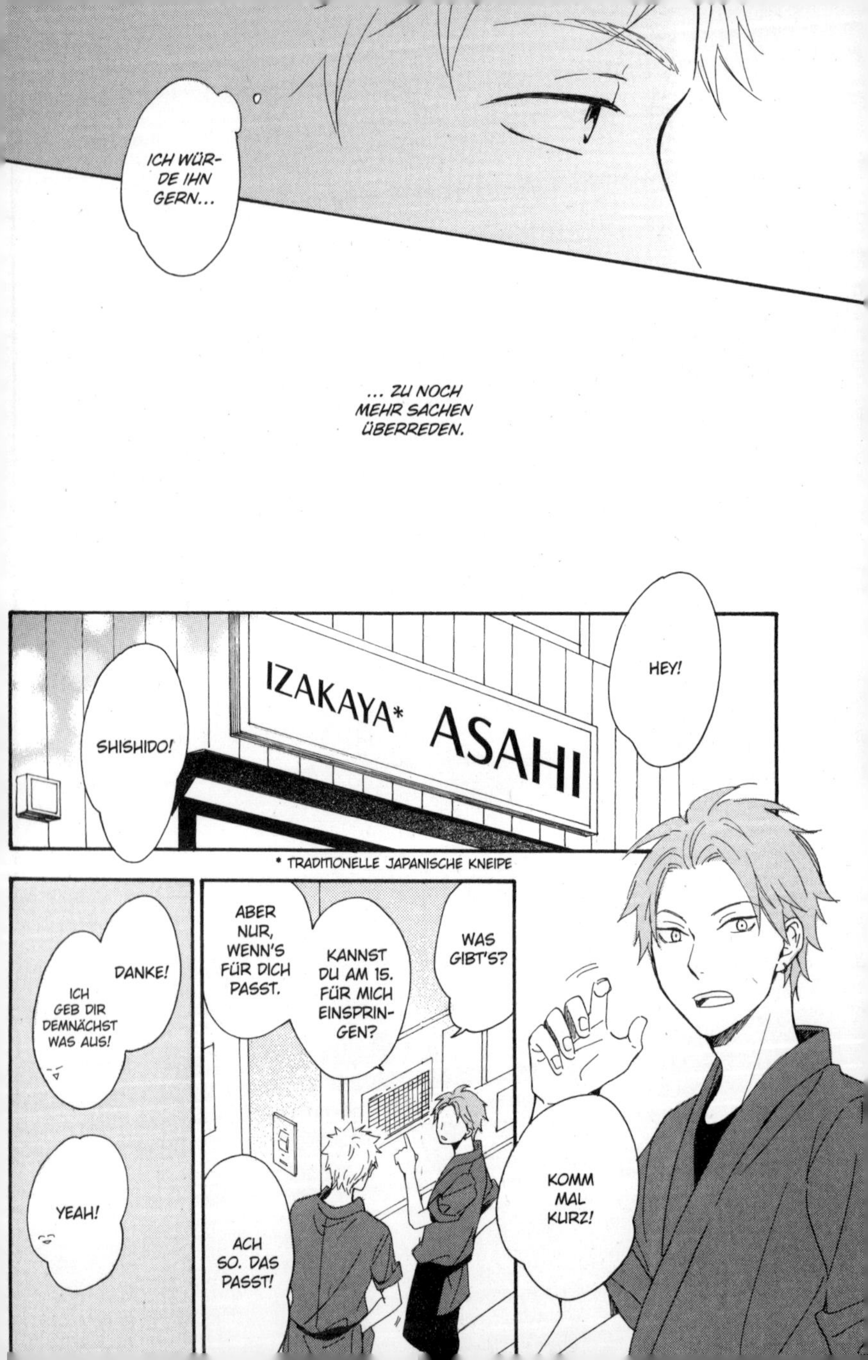

* TRADITIONELLE JAPANISCHE KNEIPE

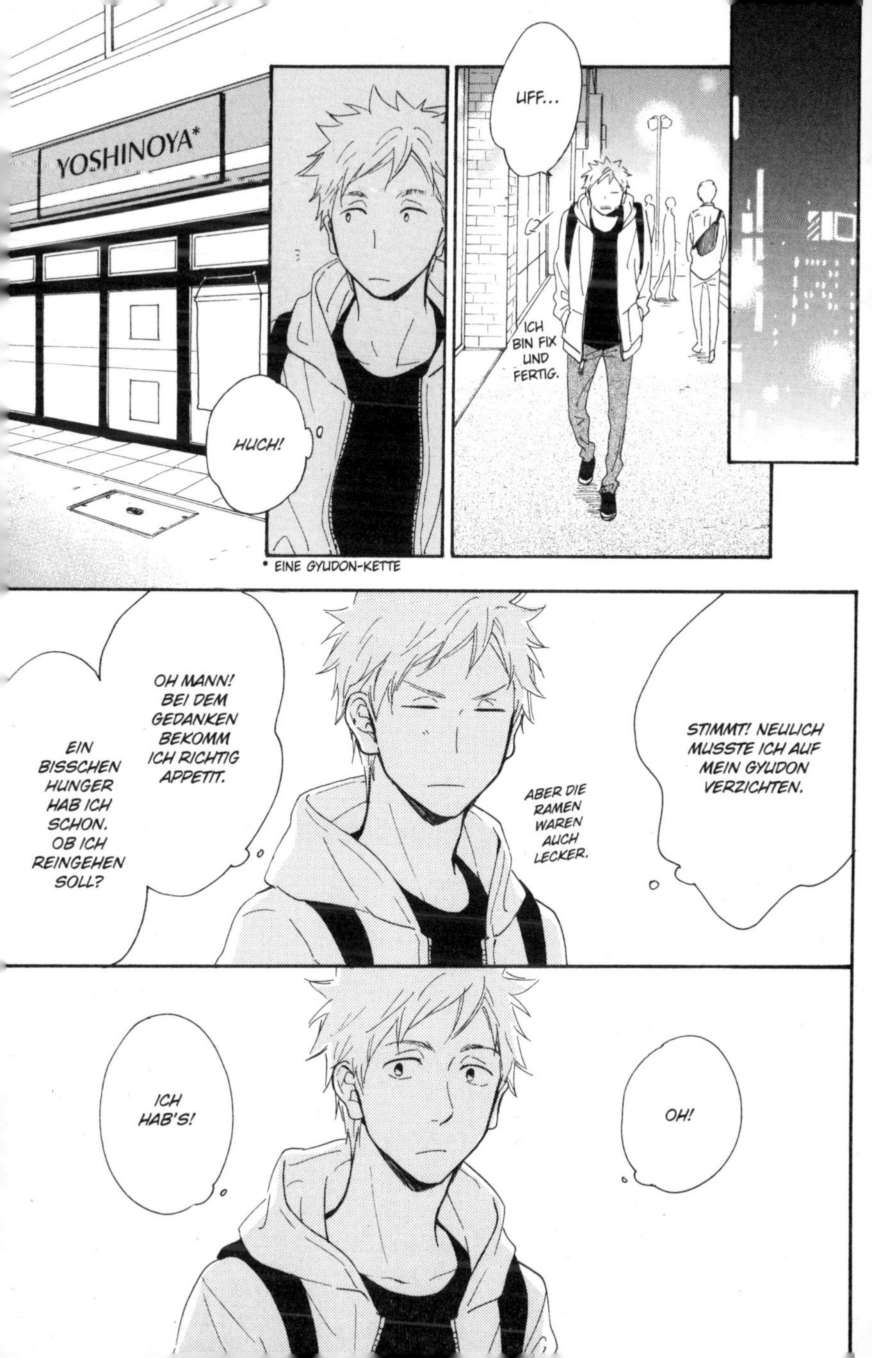

* EINE GYUDON-KETTE

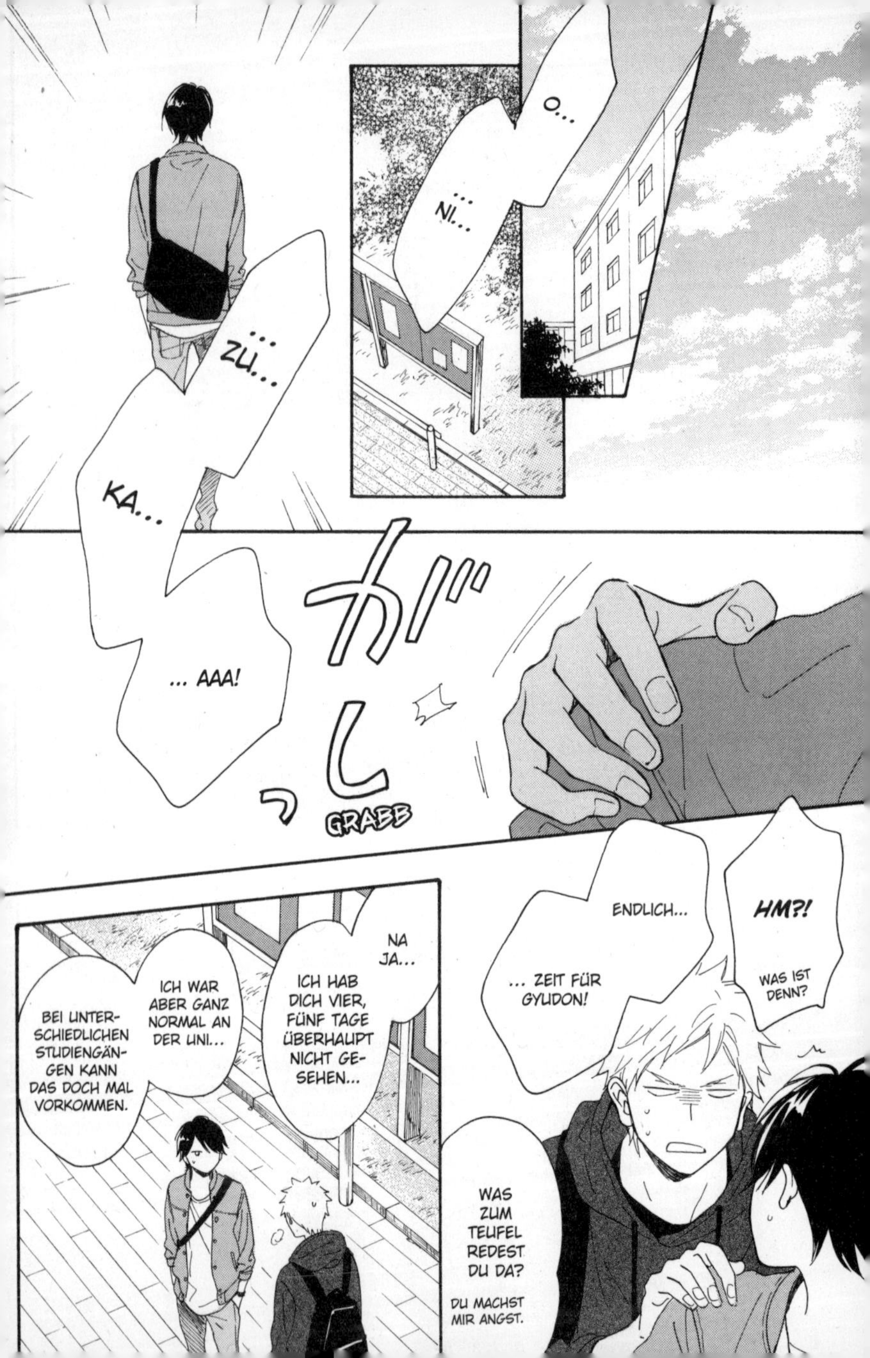
O...
... NI...
... ZU...
KA...
... AAA!
GRABB
HM?!
WAS IST DENN?
ENDLICH...
... ZEIT FÜR GYUDON!
WAS ZUM TEUFEL REDEST DU DA?
DU MACHST MIR ANGST.
NA JA...
ICH HAB DICH VIER, FÜNF TAGE ÜBERHAUPT NICHT GESEHEN...
ICH WAR ABER GANZ NORMAL AN DER UNI...
BEI UNTERSCHIEDLICHEN STUDIENGÄNGEN KANN DAS DOCH MAL VORKOMMEN.

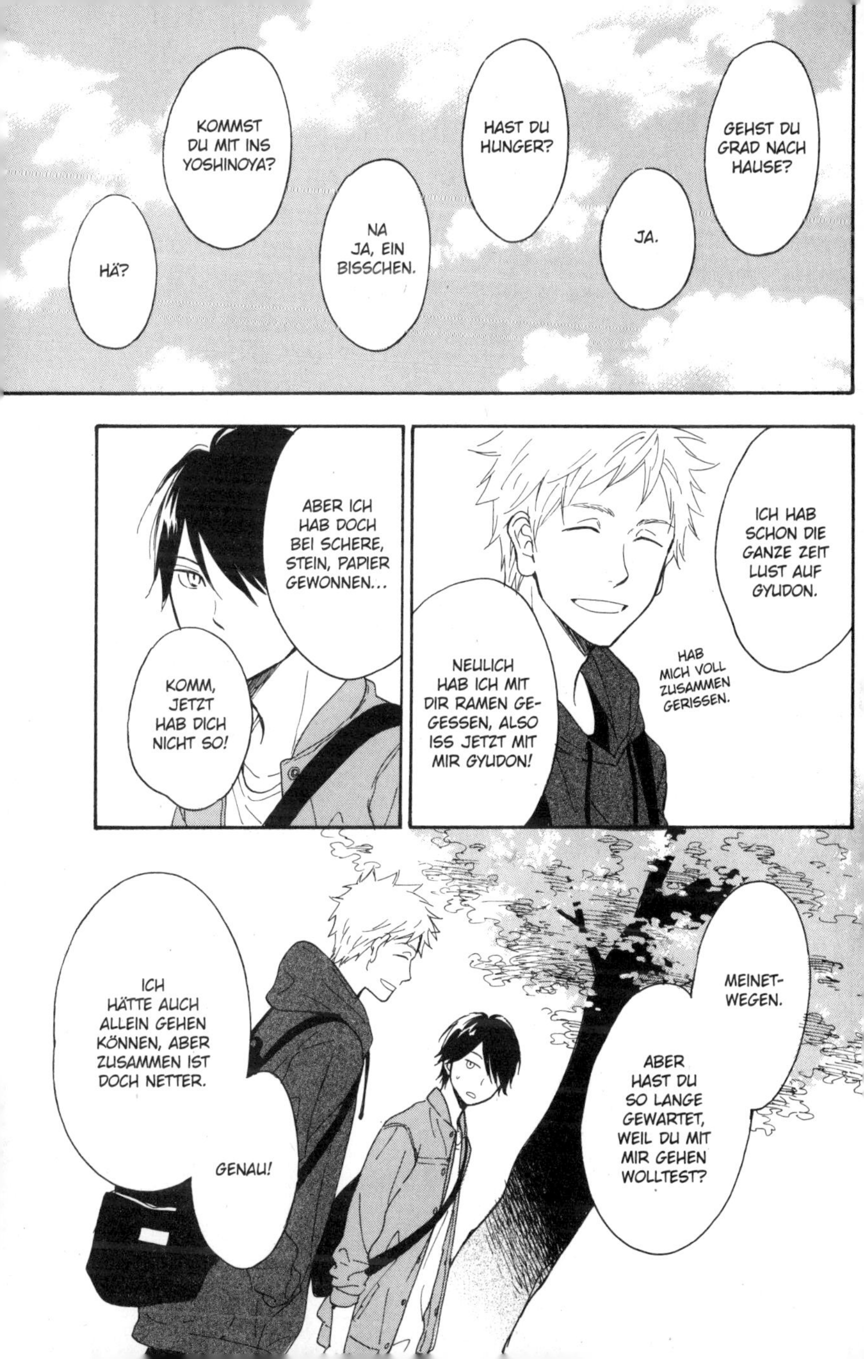
GEHST DU GRAD NACH HAUSE?
JA.
HAST DU HUNGER?
NA JA, EIN BISSCHEN.
KOMMST DU MIT INS YOSHINOYA?
HÄ?
ICH HAB SCHON DIE GANZE ZEIT LUST AUF GYUDON.
HAB MICH VOLL ZUSAMMEN GERISSEN.
NEULICH HAB ICH MIT DIR RAMEN GEGESSEN, ALSO ISS JETZT MIT MIR GYUDON!
ABER ICH HAB DOCH BEI SCHERE, STEIN, PAPIER GEWONNEN…
KOMM, JETZT HAB DICH NICHT SO!
MEINETWEGEN.
ABER HAST DU SO LANGE GEWARTET, WEIL DU MIT MIR GEHEN WOLLTEST?
ICH HÄTTE AUCH ALLEIN GEHEN KÖNNEN, ABER ZUSAMMEN IST DOCH NETTER.
GENAU!

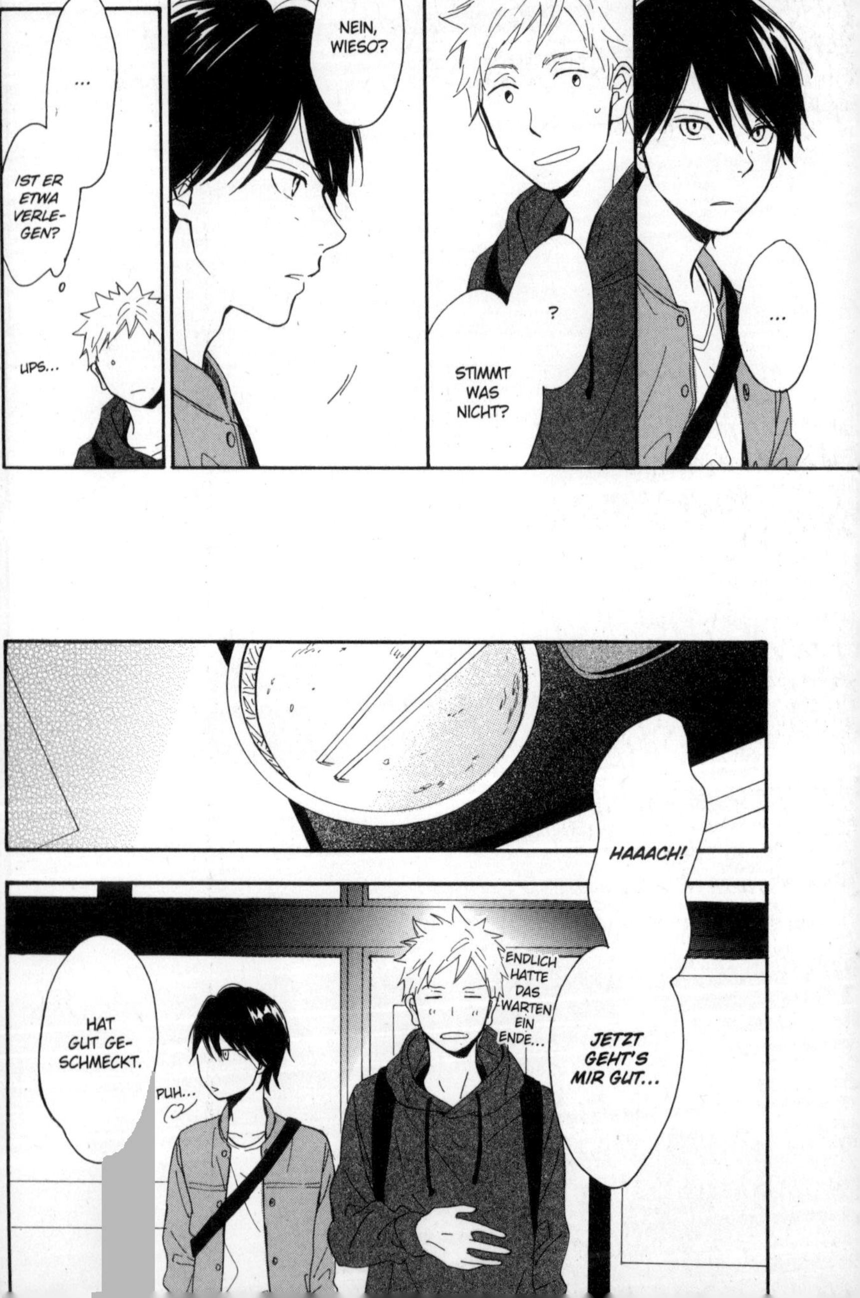
...
?
STIMMT WAS NICHT?
NEIN, WIESO?
...
IST ER ETWA VERLEGEN?
UPS...
HAAACH!
JETZT GEHT'S MIR GUT...
ENDLICH HATTE DAS WARTEN EIN ENDE...
HAT GUT GESCHMECKT.
PUH...

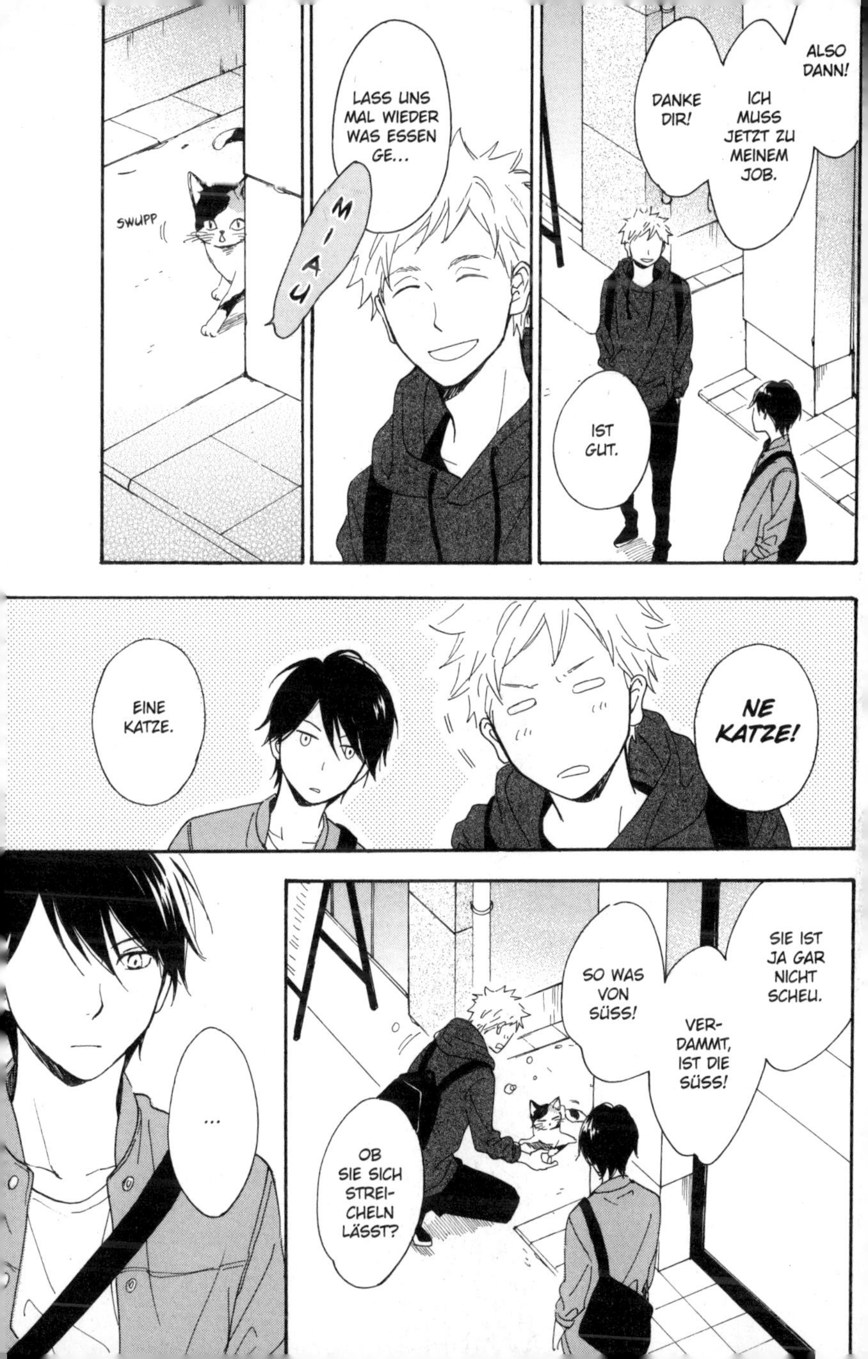
ALSO DANN!
ICH MUSS JETZT ZU MEINEM JOB.
DANKE DIR!
IST GUT.
LASS UNS MAL WIEDER WAS ESSEN GE...
MIAU
SWUPP
NE KATZE!
EINE KATZE.
SIE IST JA GAR NICHT SCHEU.
VER-DAMMT, IST DIE SÜSS!
SO WAS VON SÜSS!
OB SIE SICH STREI-CHELN LÄSST?
...

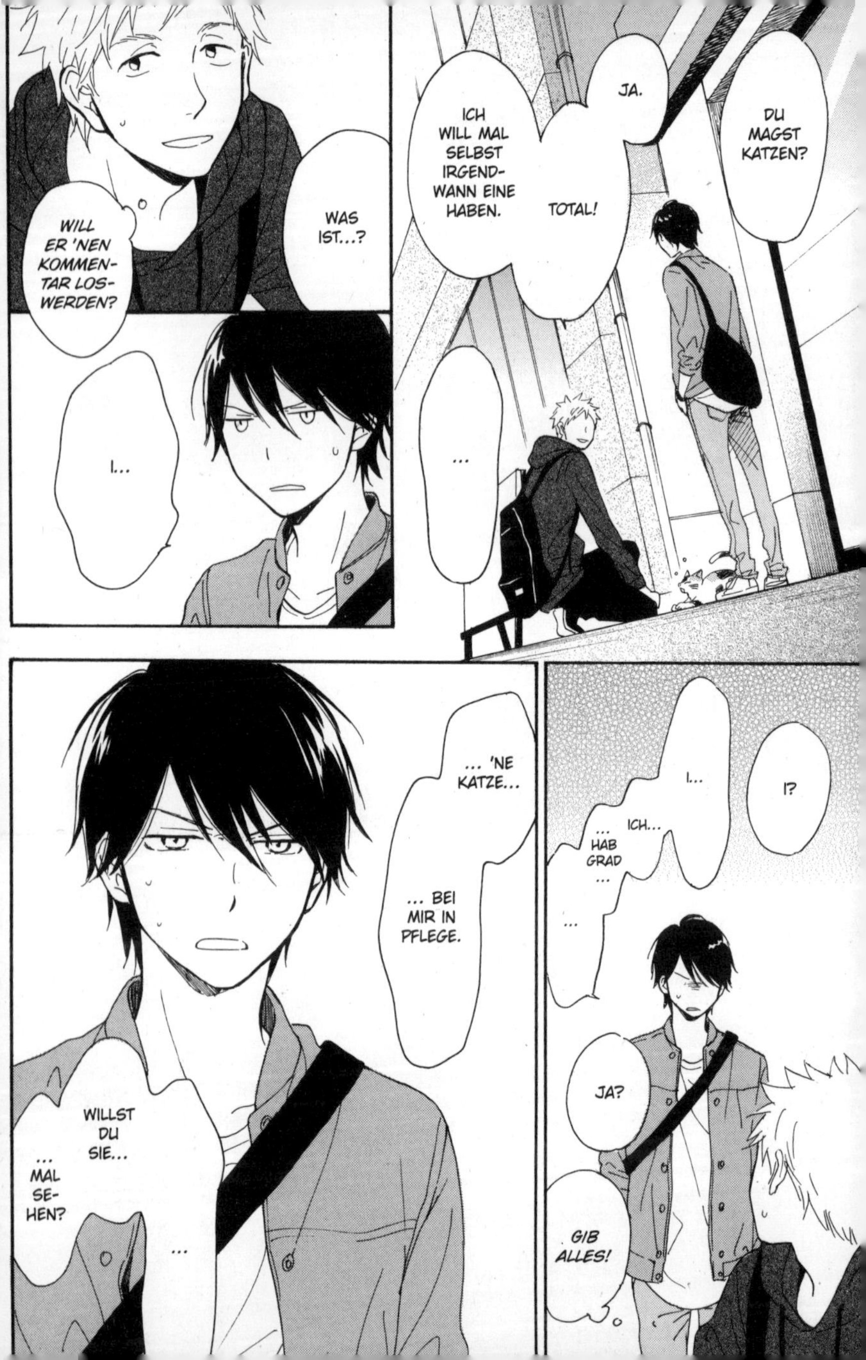
DU MAGST KATZEN?
JA.
TOTAL!
ICH WILL MAL SELBST IRGEND-WANN EINE HABEN.
...
WAS IST...?
WILL ER 'NEN KOMMEN-TAR LOS-WERDEN?
I...
I?
I...
ICH...
... HAB GRAD ...
...
JA?
GIB ALLES!
... 'NE KATZE...
... BEI MIR IN PFLEGE.
WILLST DU SIE...
... MAL SE-HEN?
...

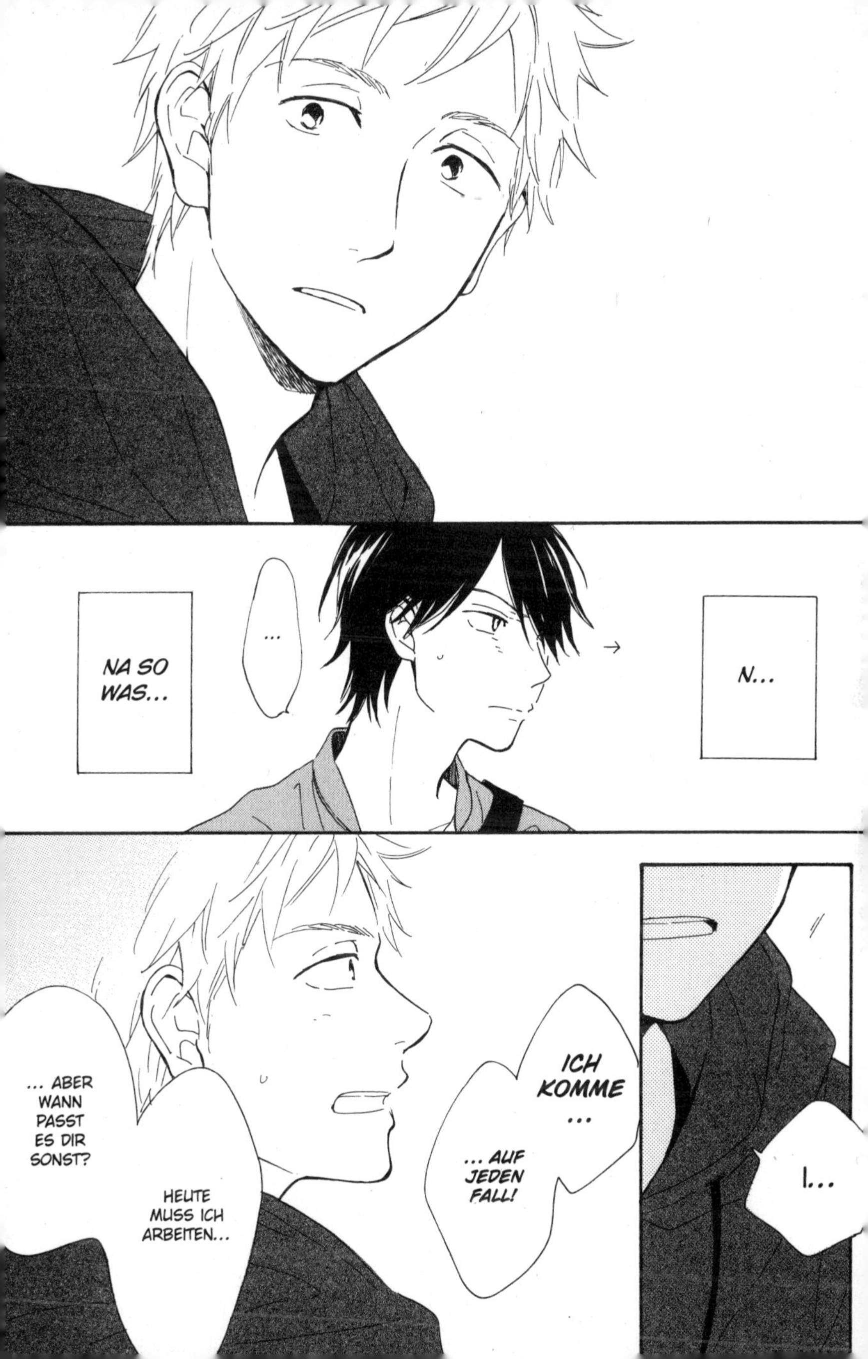
N...
...
NA SO WAS...
I...
ICH KOMME ...
... AUF JEDEN FALL!
HEUTE MUSS ICH ARBEITEN...
... ABER WANN PASST ES DIR SONST?

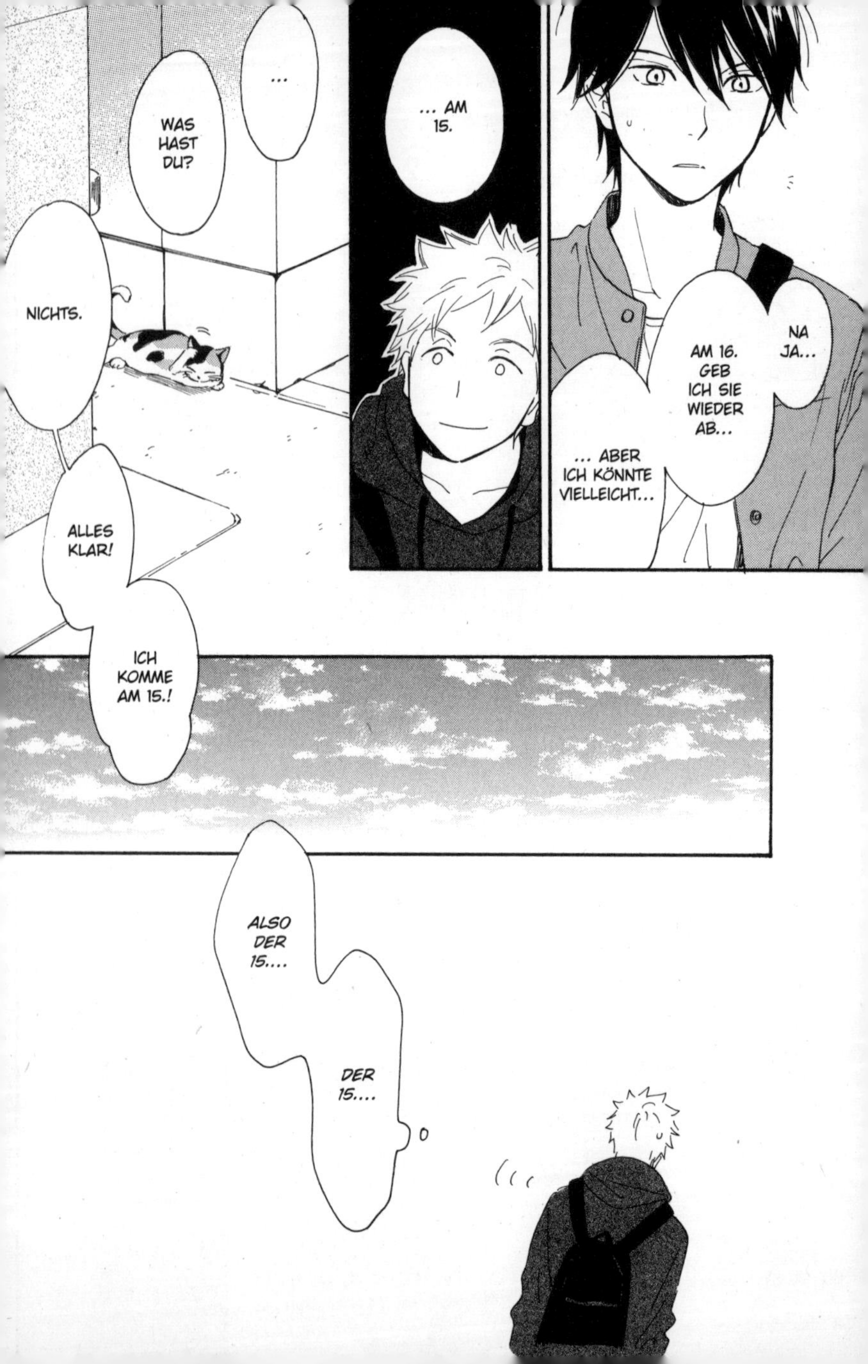
NA JA…
AM 16. GEB ICH SIE WIEDER AB…
… ABER ICH KÖNNTE VIELLEICHT…
… AM 15.
…
WAS HAST DU?
NICHTS.
ALLES KLAR!
ICH KOMME AM 15.!
ALSO DER 15.…
DER 15.…

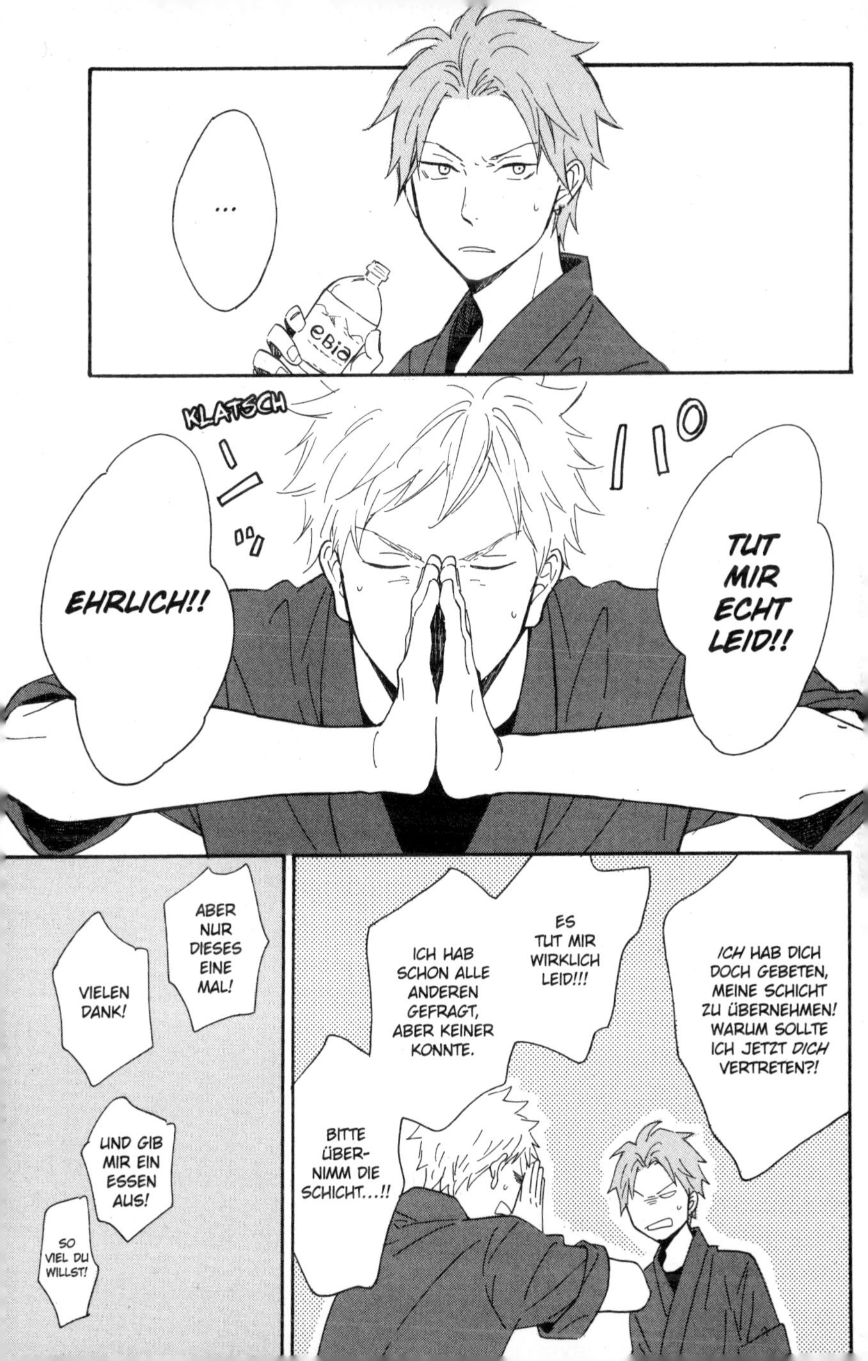
…
KLATSCH
TUT MIR ECHT LEID!!
EHRLICH!!
ICH HAB DICH DOCH GEBETEN, MEINE SCHICHT ZU ÜBERNEHMEN! WARUM SOLLTE ICH JETZT *DICH* VERTRETEN?!
ES TUT MIR WIRKLICH LEID!!!
ICH HAB SCHON ALLE ANDEREN GEFRAGT, ABER KEINER KONNTE.
BITTE ÜBERNIMM DIE SCHICHT…!!
ABER NUR DIESES EINE MAL!
VIELEN DANK!
UND GIB MIR EIN ESSEN AUS!
SO VIEL DU WILLST!

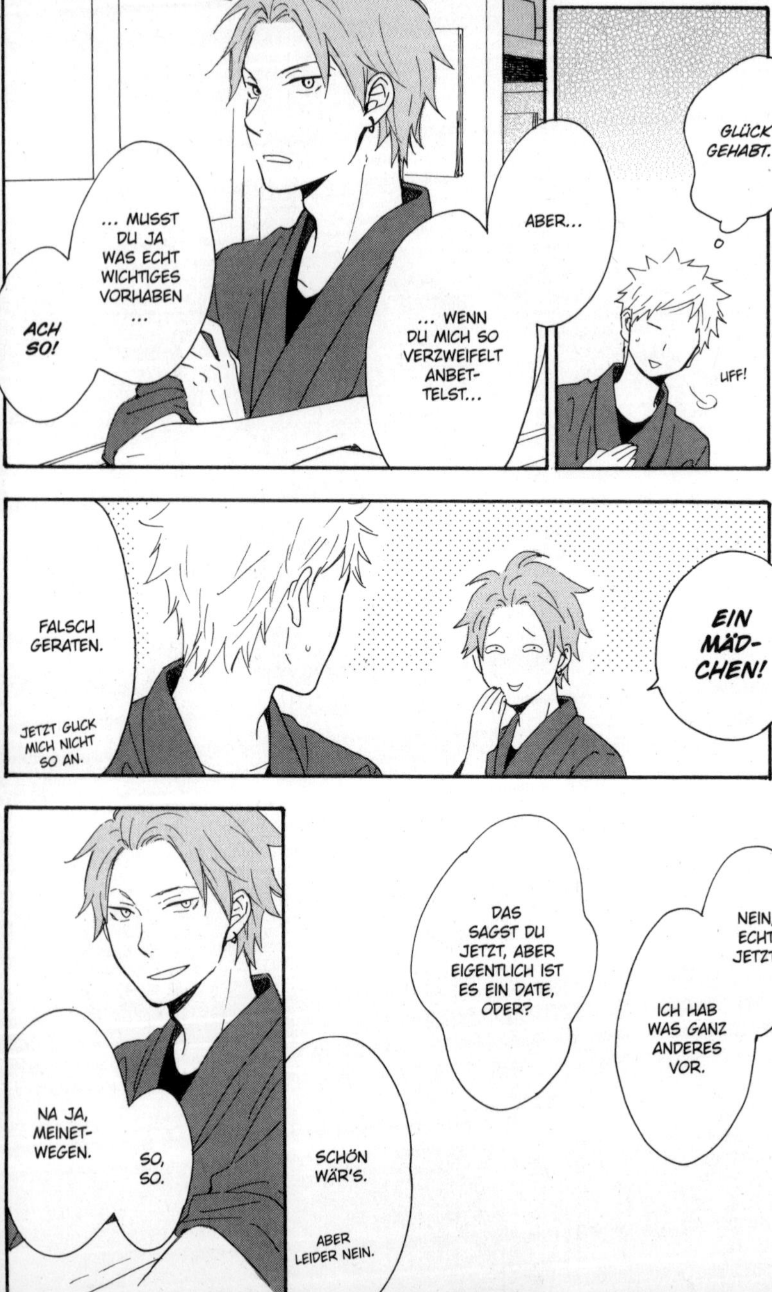
GLÜCK GEHABT…
UFF!
ABER…
… WENN DU MICH SO VERZWEIFELT ANBETTELST…
… MUSST DU JA WAS ECHT WICHTIGES VORHABEN …
ACH SO!
EIN MÄDCHEN!
FALSCH GERATEN.
JETZT GUCK MICH NICHT SO AN.
NEIN, ECHT JETZT.
ICH HAB WAS GANZ ANDERES VOR.
DAS SAGST DU JETZT, ABER EIGENTLICH IST ES EIN DATE, ODER?
SCHÖN WÄR'S.
ABER LEIDER NEIN.
SO, SO.
NA JA, MEINETWEGEN.

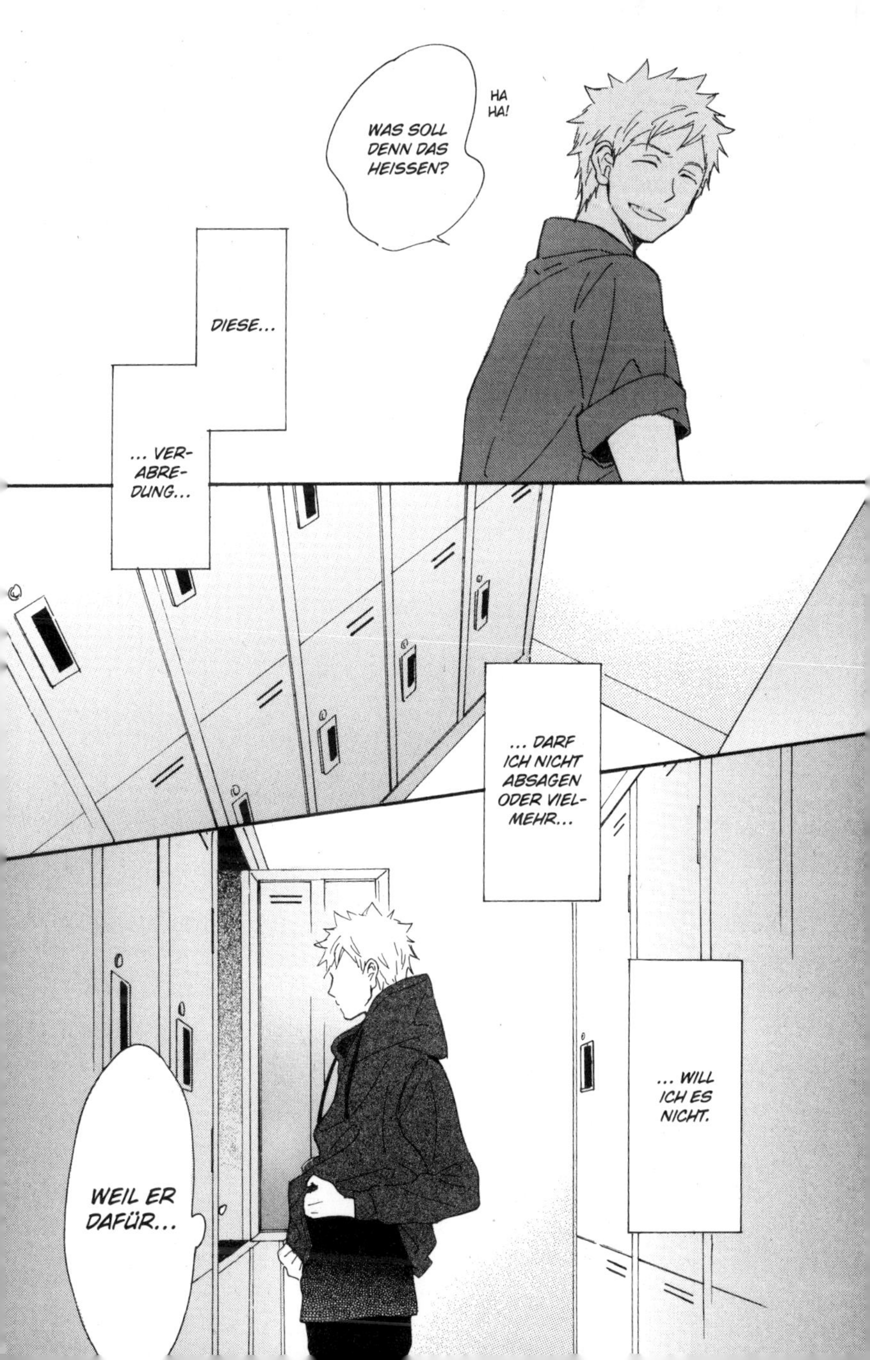
HA HA!
WAS SOLL DENN DAS HEISSEN?
DIESE...
... VER-ABRE-DUNG...
... DARF ICH NICHT ABSAGEN ODER VIEL-MEHR...
... WILL ICH ES NICHT.
WEIL ER DAFÜR...

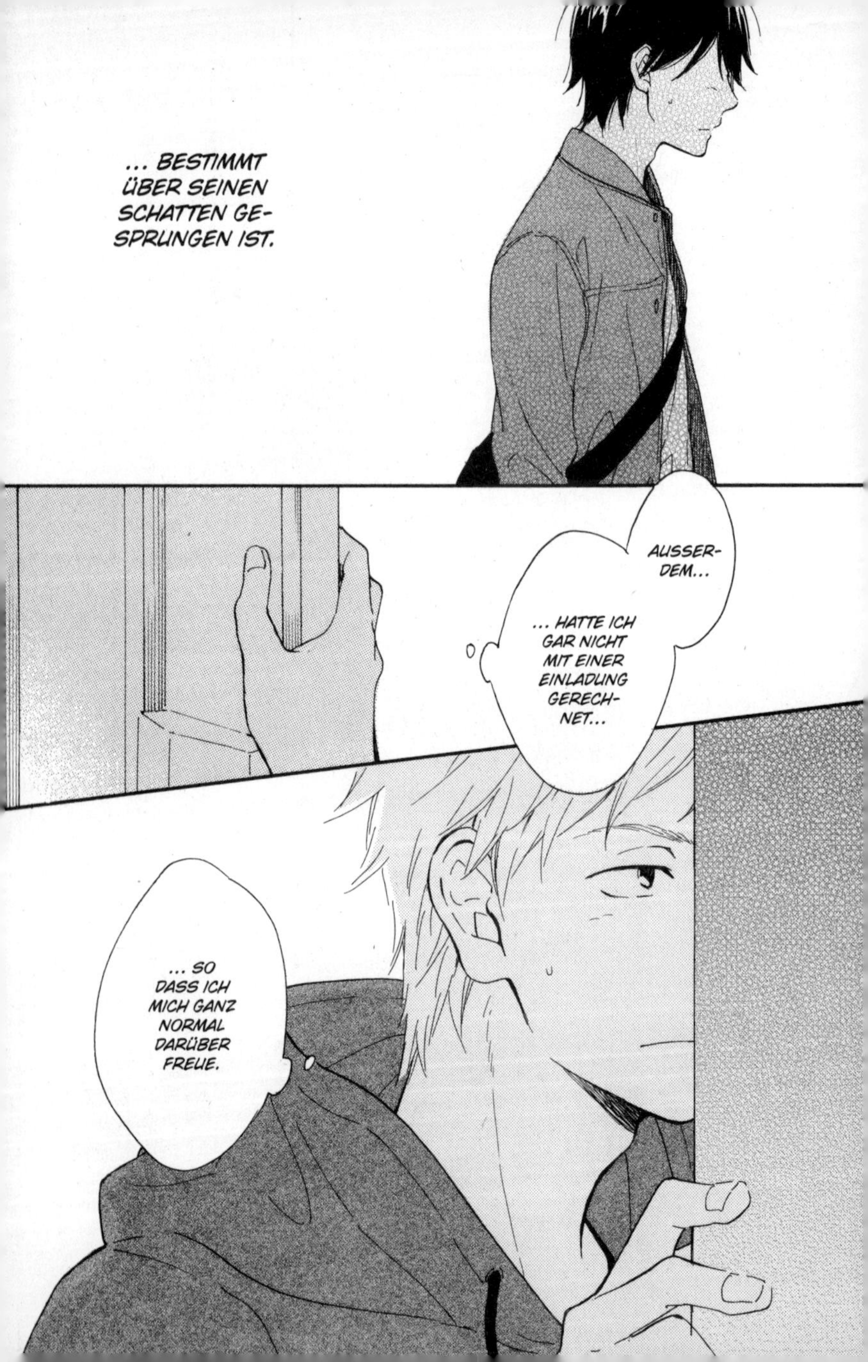
... BESTIMMT ÜBER SEINEN SCHATTEN GESPRUNGEN IST.
AUSSERDEM...
... HATTE ICH GAR NICHT MIT EINER EINLADUNG GERECHNET...
... SO DASS ICH MICH GANZ NORMAL DARÜBER FREUE.

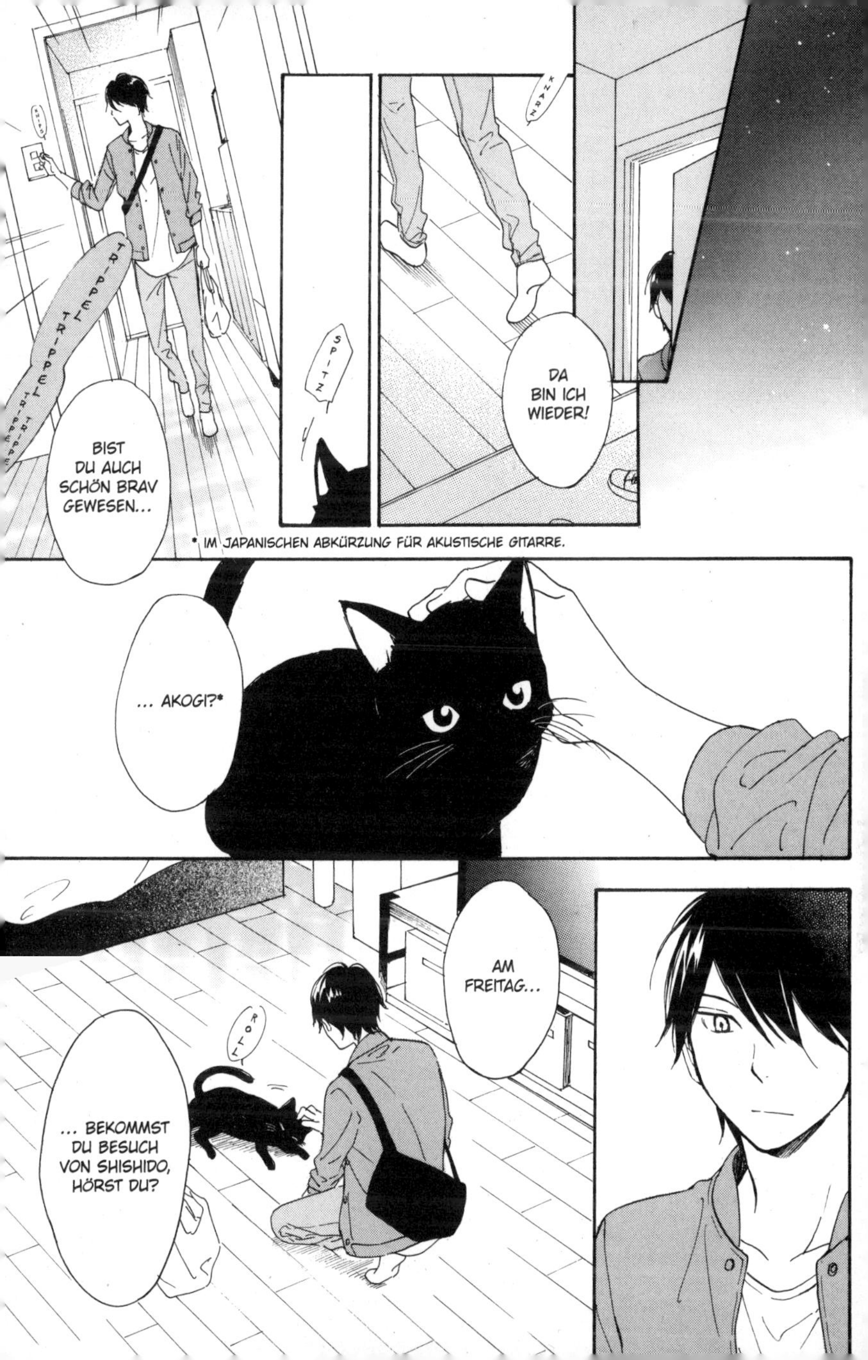

* IM JAPANISCHEN ABKÜRZUNG FÜR AKUSTISCHE GITARRE.

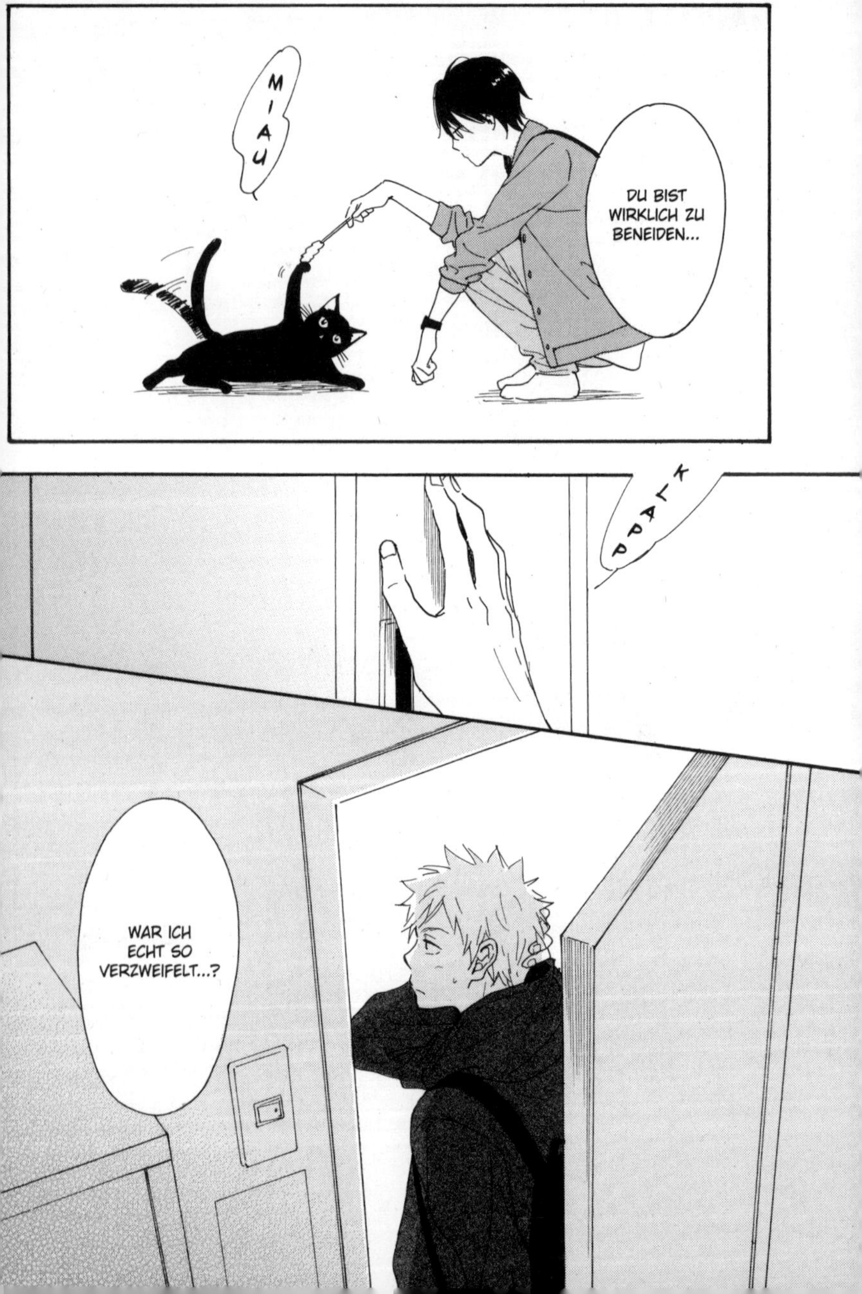
DU BIST WIRKLICH ZU BENEIDEN...
MIAU
KLAPP
WAR ICH ECHT SO VERZWEIFELT...?

KAPITEL 4

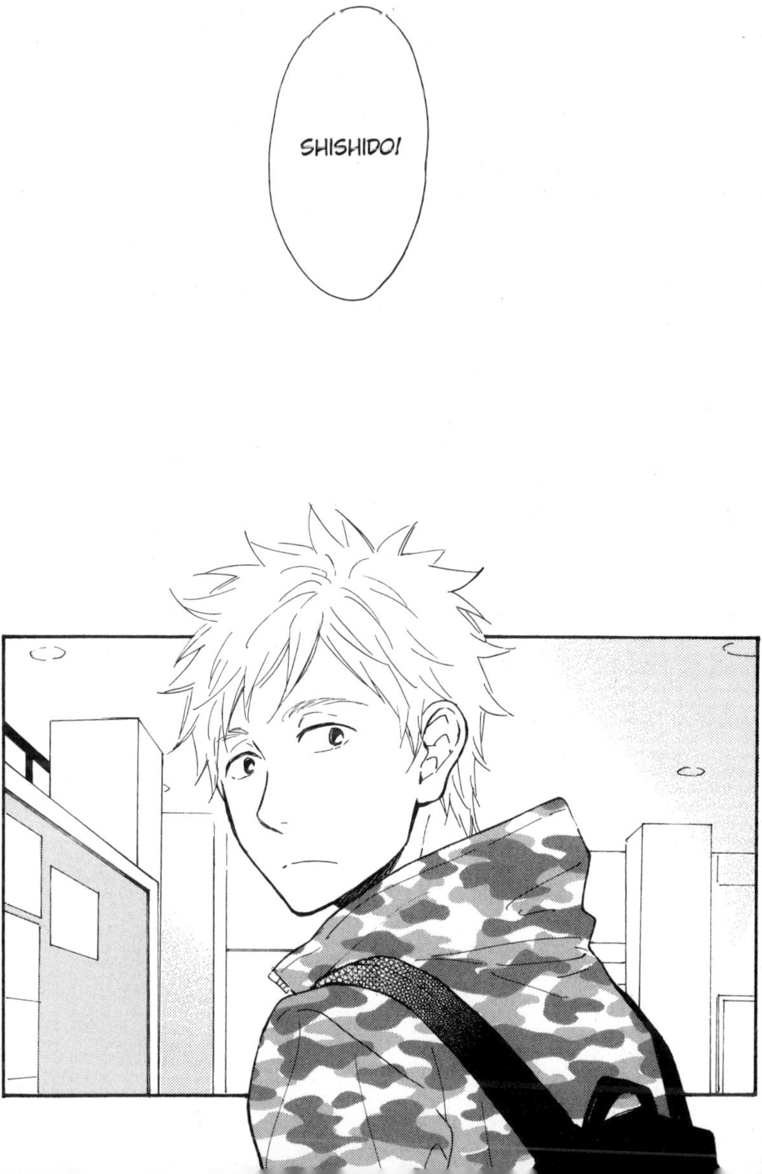

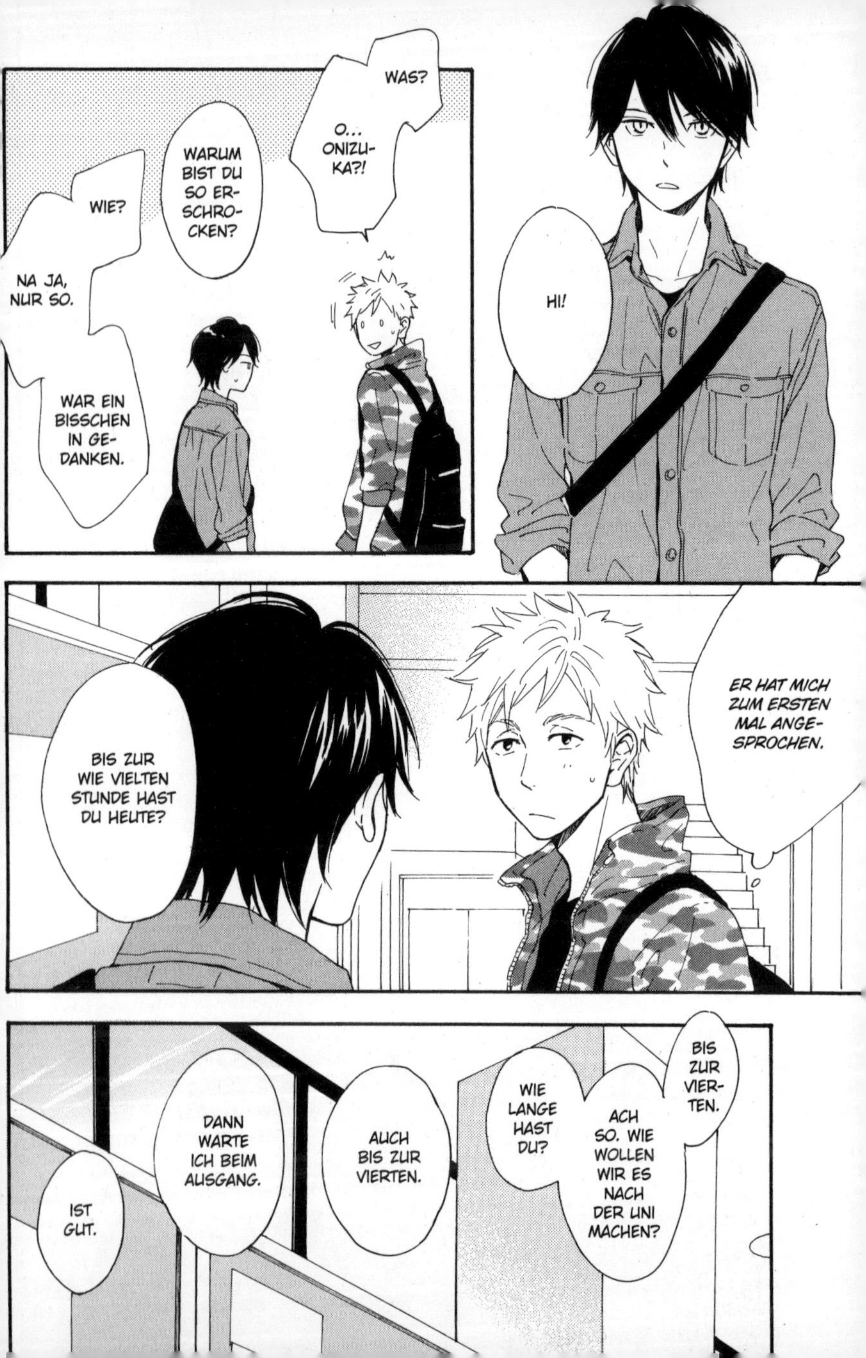
HI!
WAS?
O... ONIZUKA?!
WARUM BIST DU SO ER-SCHRO-CKEN?
WIE?
NA JA, NUR SO.
WAR EIN BISSCHEN IN GE-DANKEN.
ER HAT MICH ZUM ERSTEN MAL ANGE-SPROCHEN.
BIS ZUR WIE VIELTEN STUNDE HAST DU HEUTE?
BIS ZUR VIER-TEN.
WIE LANGE HAST DU?
ACH SO. WIE WOLLEN WIR ES NACH DER UNI MACHEN?
AUCH BIS ZUR VIERTEN.
DANN WARTE ICH BEIM AUSGANG.
IST GUT.

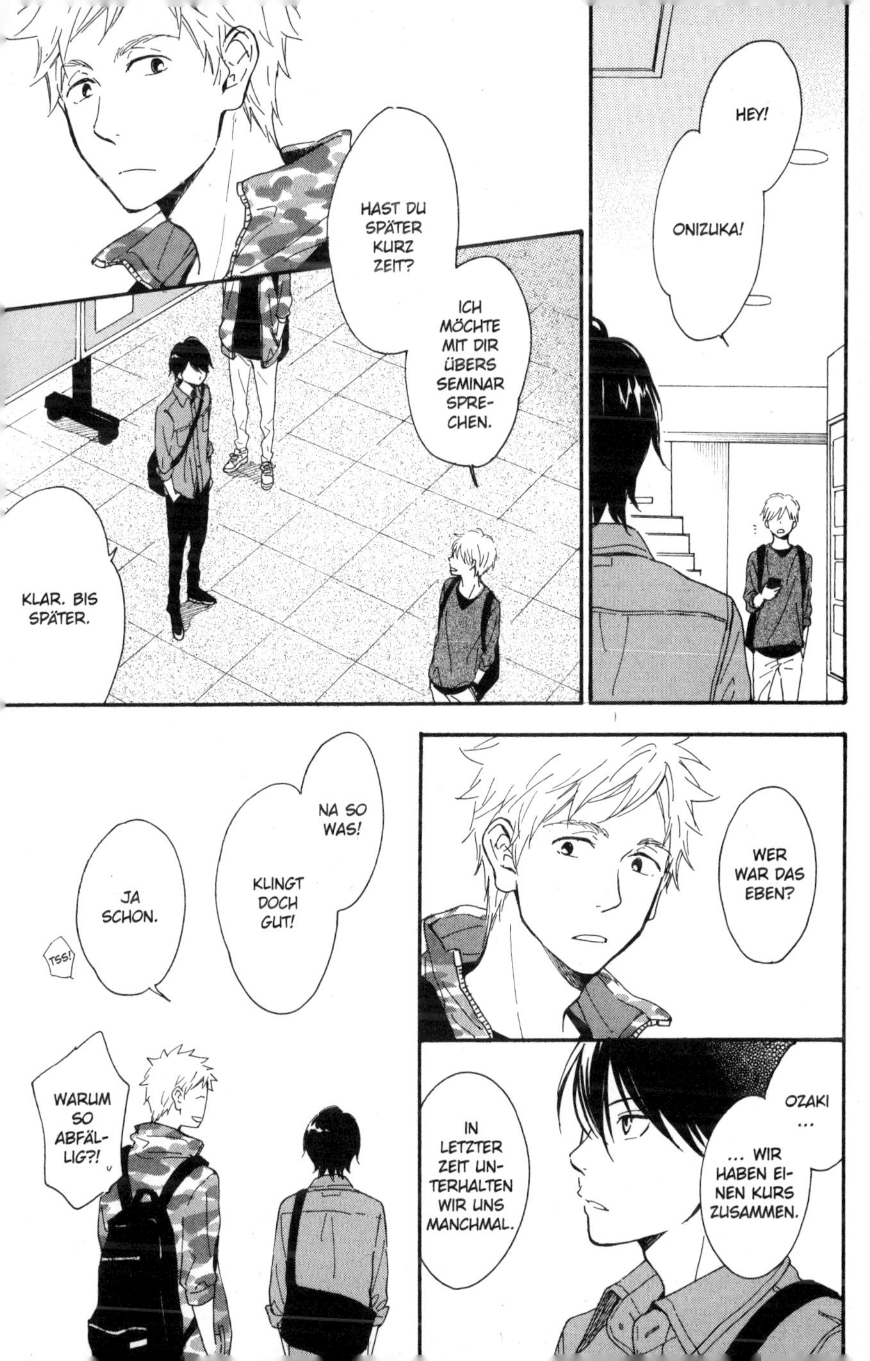
HEY!
ONIZUKA!
HAST DU SPÄTER KURZ ZEIT?
ICH MÖCHTE MIT DIR ÜBERS SEMINAR SPRE-CHEN.
KLAR. BIS SPÄTER.
WER WAR DAS EBEN?
OZAKI ...
... WIR HABEN EI-NEN KURS ZUSAMMEN.
IN LETZTER ZEIT UN-TERHALTEN WIR UNS MANCHMAL.
NA SO WAS!
KLINGT DOCH GUT!
JA SCHON.
TSS!
WARUM SO ABFÄL-LIG?!

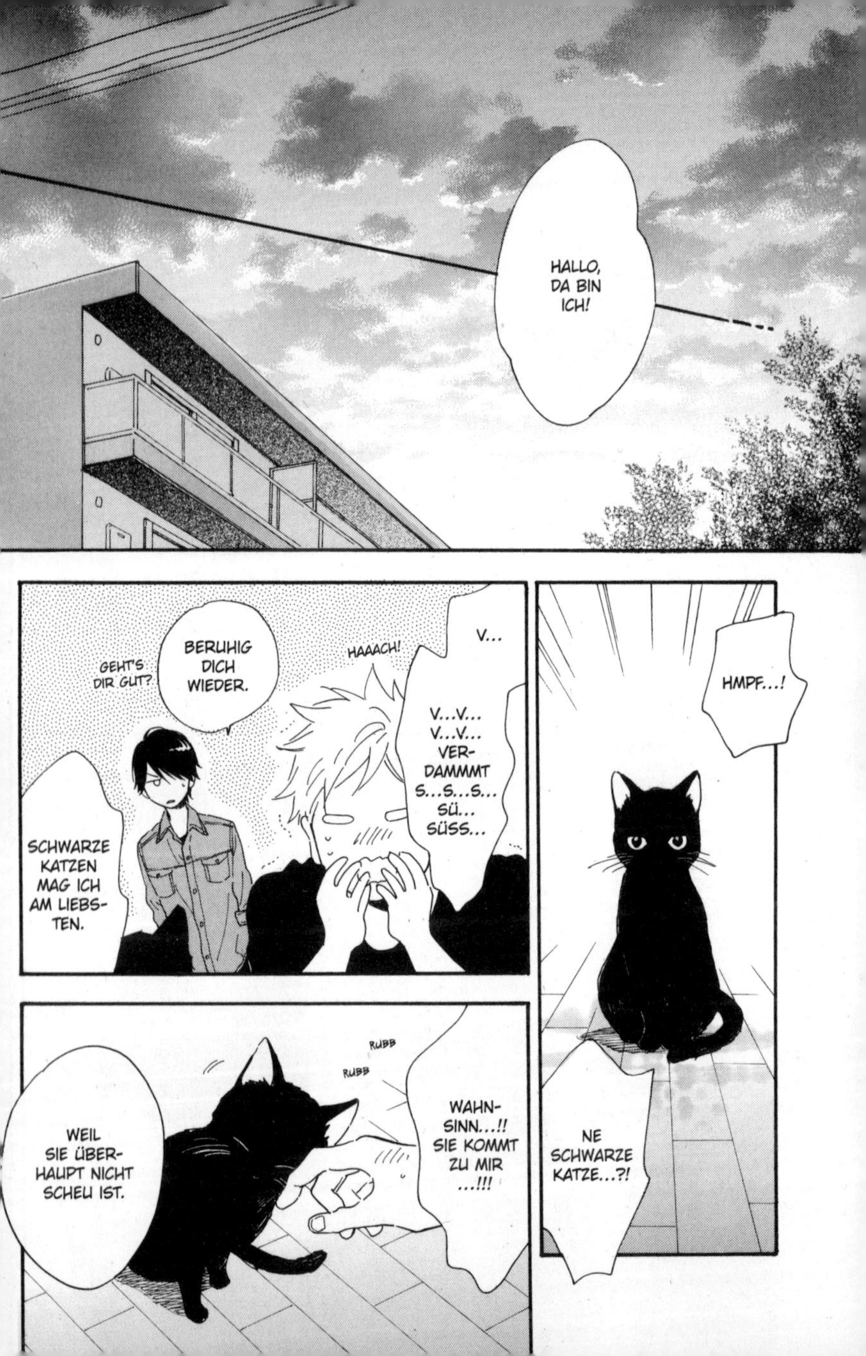
HALLO, DA BIN ICH!
HMPF…!
NE SCHWARZE KATZE…?!
V…
V…V… V…V… VER-DAMMMT S…S…S… SÜ… SÜSS…
HAAACH!
BERUHIG DICH WIEDER.
GEHT'S DIR GUT?
SCHWARZE KATZEN MAG ICH AM LIEBS-TEN.
RUBB
RUBB
WAHN-SINN…!! SIE KOMMT ZU MIR …!!!
WEIL SIE ÜBER-HAUPT NICHT SCHEU IST.

* JAPANISCHE ABKÜRZUNGEN FÜR E-GITARRE, BASS UND SCHLAGZEUG.

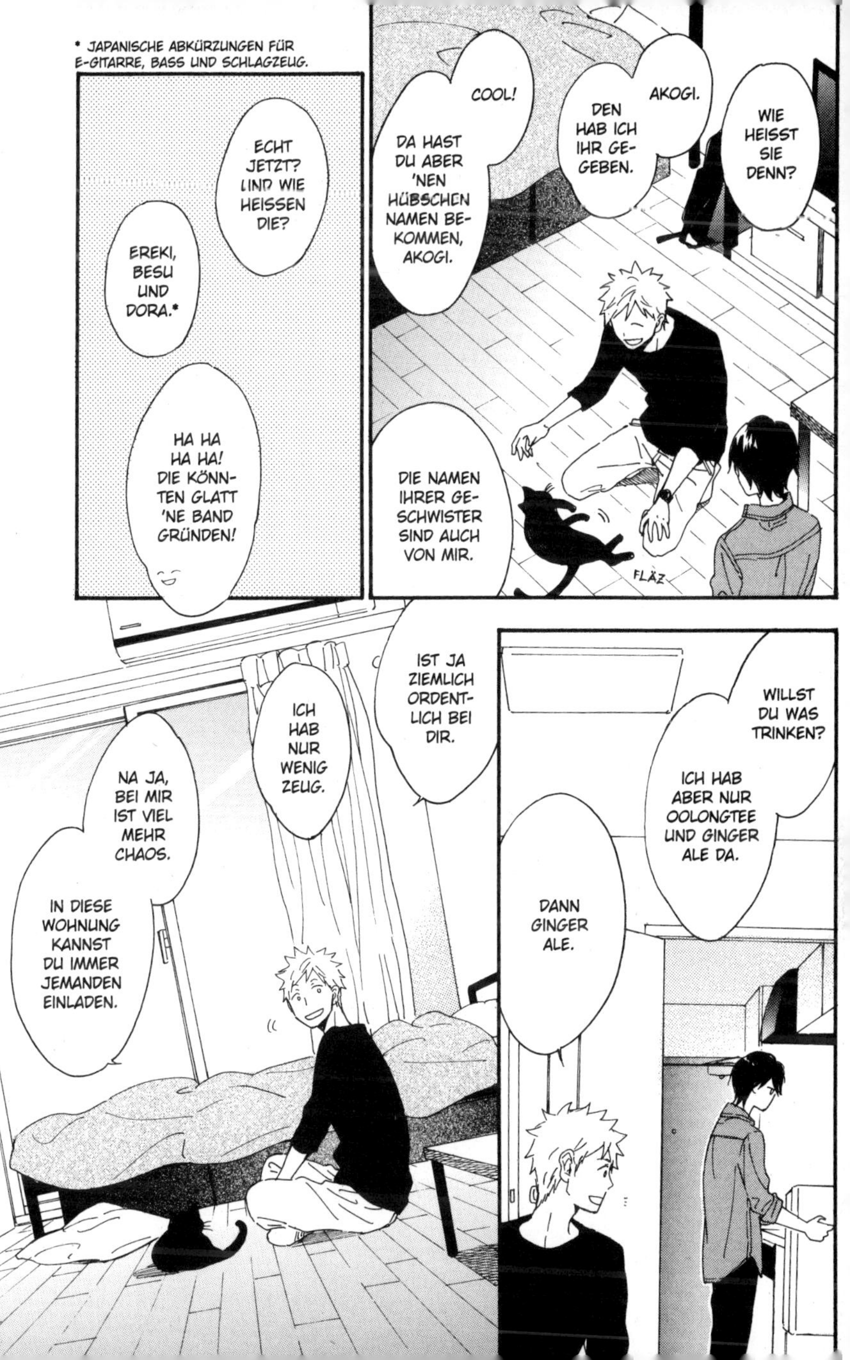

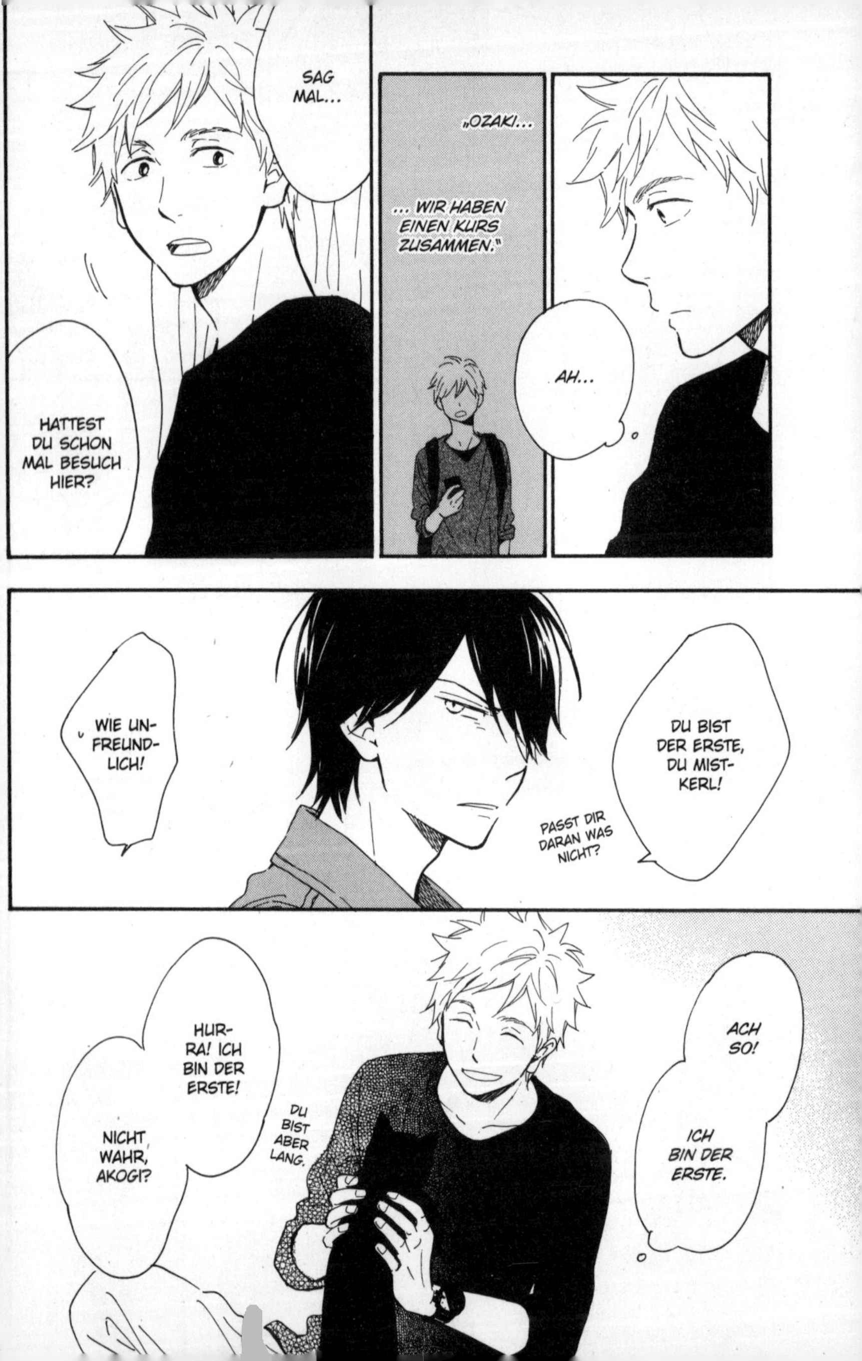
SAG MAL…
HATTEST DU SCHON MAL BESUCH HIER?
„OZAKI…
… WIR HABEN EINEN KURS ZUSAMMEN."
AH…
DU BIST DER ERSTE, DU MIST-KERL!
PASST DIR DARAN WAS NICHT?
WIE UN-FREUND-LICH!
ACH SO!
ICH BIN DER ERSTE.
HUR-RA! ICH BIN DER ERSTE!
NICHT WAHR, AKOGI?
DU BIST ABER LANG.

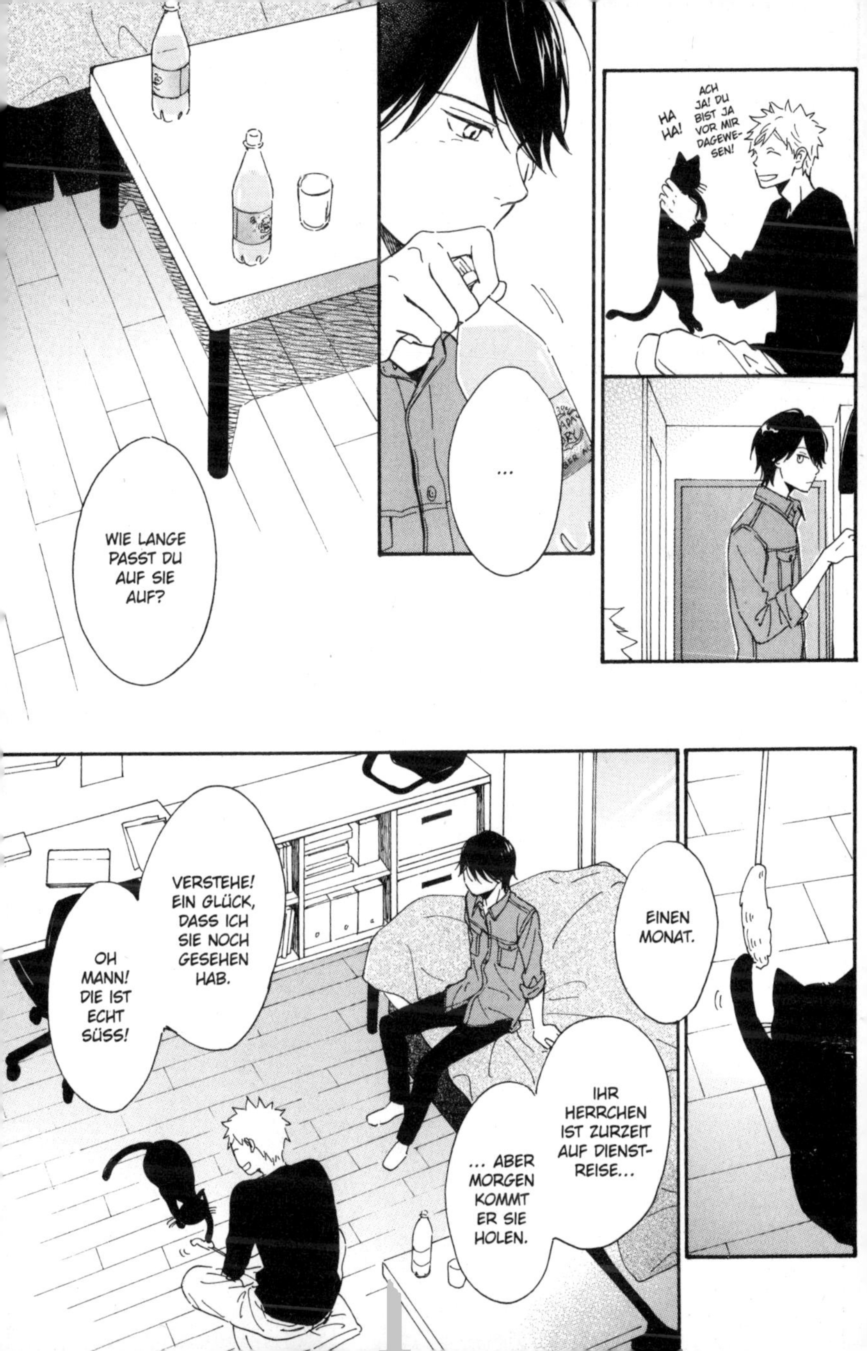
ACH JA! DU BIST JA VOR MIR DAGEWESEN!
HA HA!
...
WIE LANGE PASST DU AUF SIE AUF?
EINEN MONAT.
IHR HERRCHEN IST ZURZEIT AUF DIENST-REISE...
... ABER MORGEN KOMMT ER SIE HOLEN.
VERSTEHE! EIN GLÜCK, DASS ICH SIE NOCH GESEHEN HAB.
OH MANN! DIE IST ECHT SÜSS!

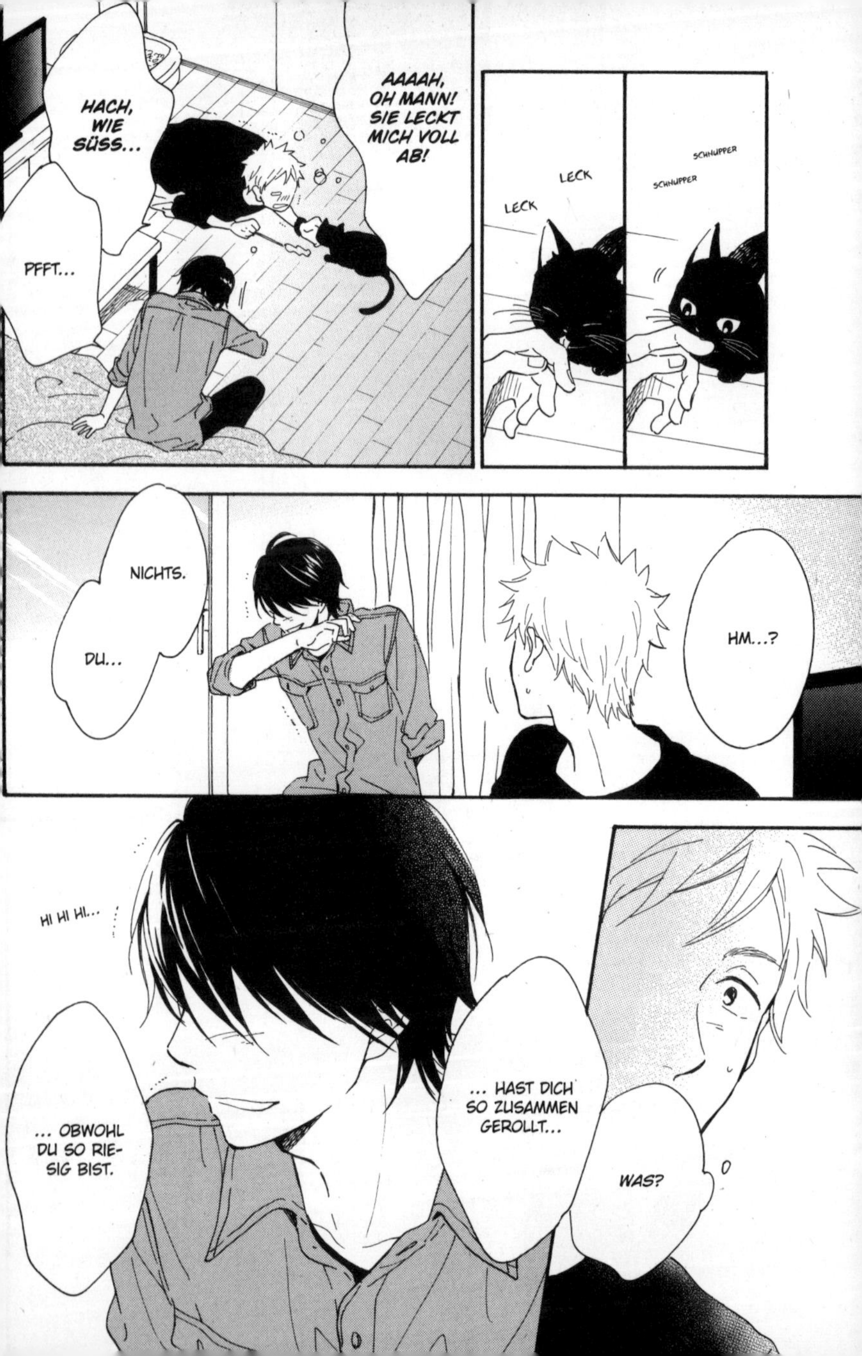
SCHNUPPER
SCHNUPPER
LECK
LECK
AAAAH, OH MANN! SIE LECKT MICH VOLL AB!
HACH, WIE SÜSS...
PFFT...
HM...?
NICHTS.
DU...
WAS?
... HAST DICH SO ZUSAMMEN GEROLLT...
... OBWOHL DU SO RIE-SIG BIST.
HI HI HI...

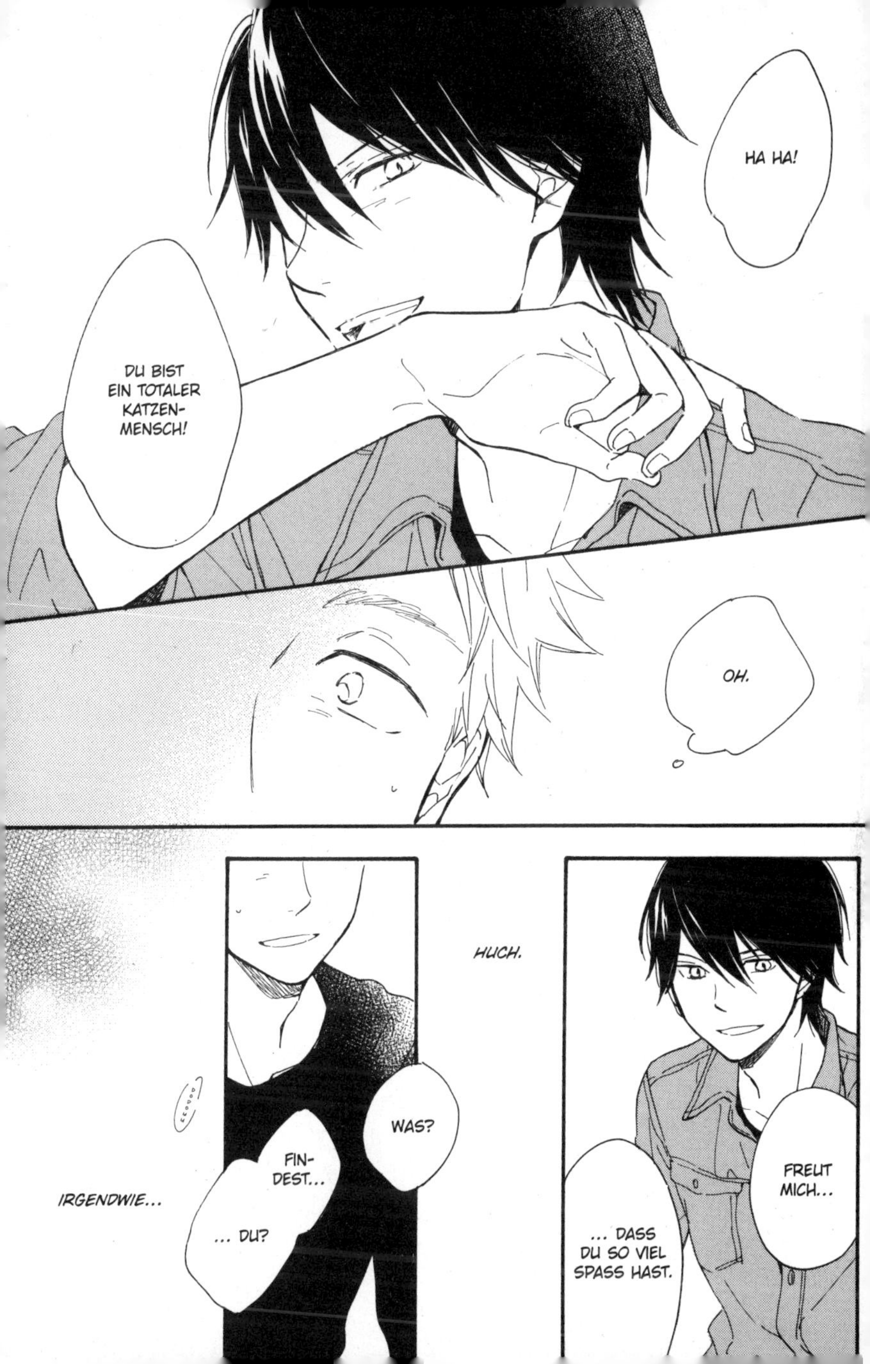
HA HA!
DU BIST EIN TOTALER KATZEN-MENSCH!
OH.
FREUT MICH...
... DASS DU SO VIEL SPASS HAST.
HUCH.
WAS?
FIN-DEST...
... DU?
IRGENDWIE...

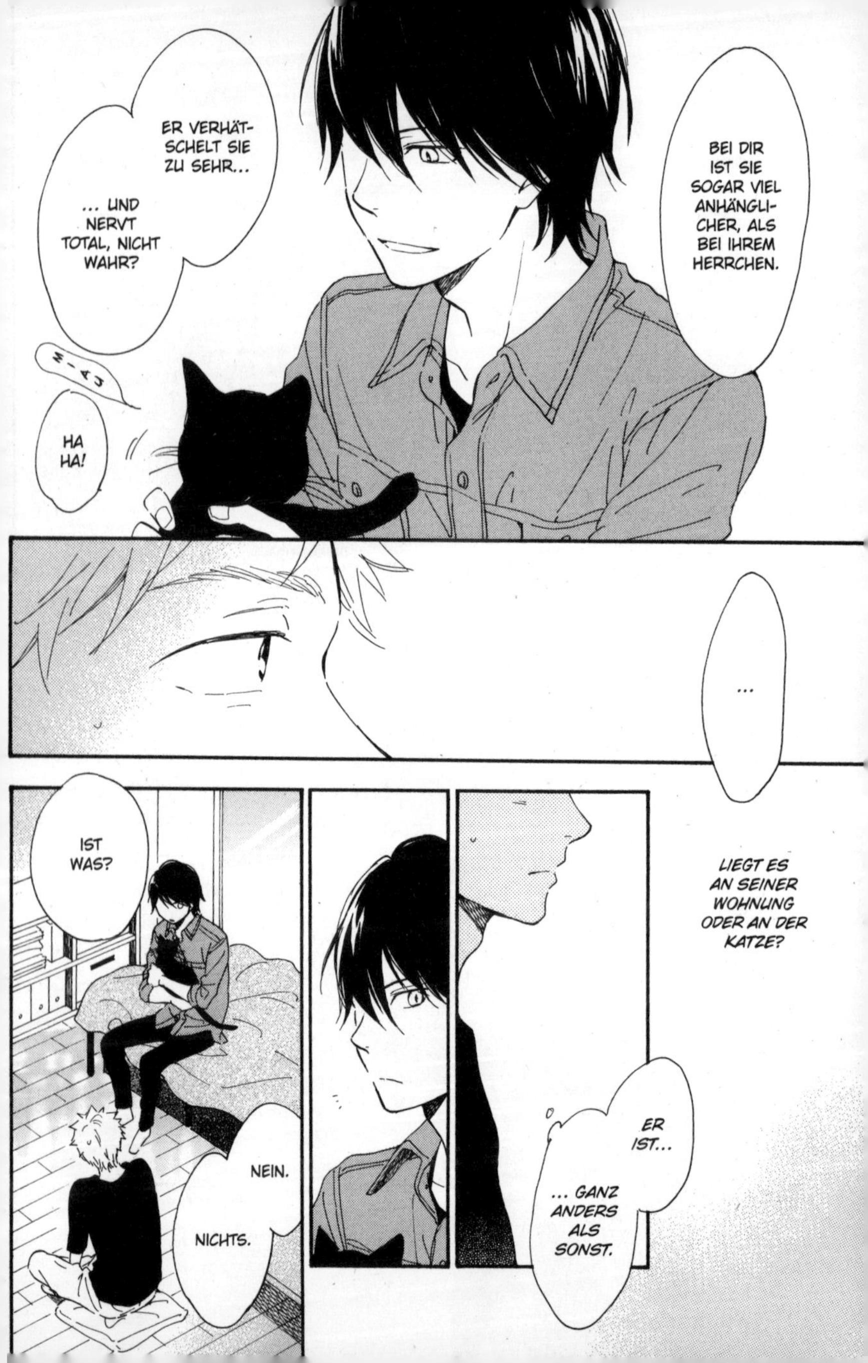
BEI DIR IST SIE SOGAR VIEL ANHÄNGLICHER, ALS BEI IHREM HERRCHEN.
ER VERHÄTSCHELT SIE ZU SEHR…
… UND NERVT TOTAL, NICHT WAHR?
HA HA!
…
LIEGT ES AN SEINER WOHNUNG ODER AN DER KATZE?
ER IST…
… GANZ ANDERS ALS SONST.
IST WAS?
NEIN.
NICHTS.

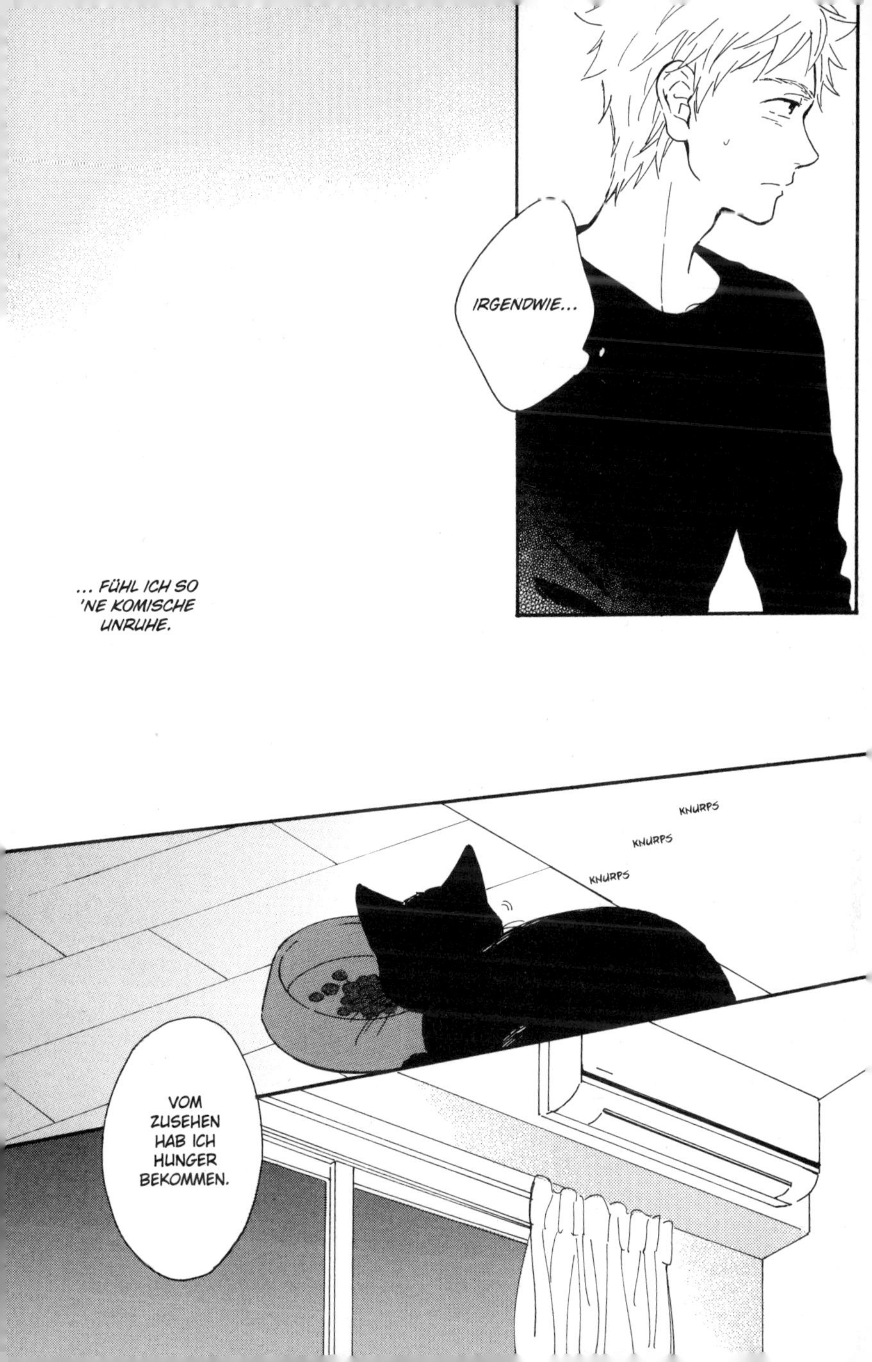
IRGENDWIE…
… FÜHL ICH SO 'NE KOMISCHE UNRUHE.
KNURPS
KNURPS
KNURPS
VOM ZUSEHEN HAB ICH HUNGER BEKOMMEN.

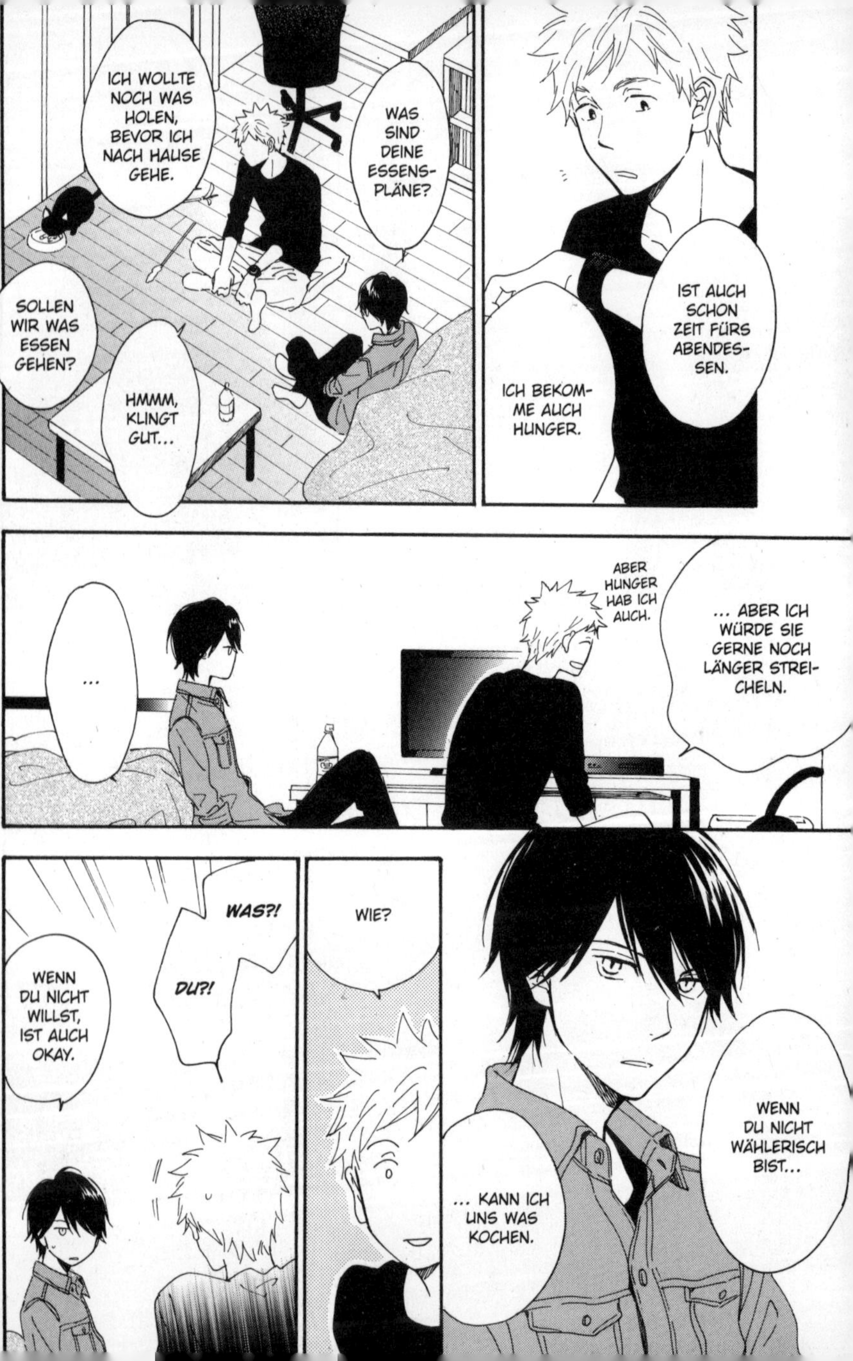
IST AUCH SCHON ZEIT FÜRS ABENDESSEN.
ICH BEKOMME AUCH HUNGER.
WAS SIND DEINE ESSENSPLÄNE?
ICH WOLLTE NOCH WAS HOLEN, BEVOR ICH NACH HAUSE GEHE.
SOLLEN WIR WAS ESSEN GEHEN?
HMMM, KLINGT GUT…
… ABER ICH WÜRDE SIE GERNE NOCH LÄNGER STREICHELN.
ABER HUNGER HAB ICH AUCH.
…
WENN DU NICHT WÄHLERISCH BIST…
… KANN ICH UNS WAS KOCHEN.
WIE?
WAS?!
DU?!
WENN DU NICHT WILLST, IST AUCH OKAY.

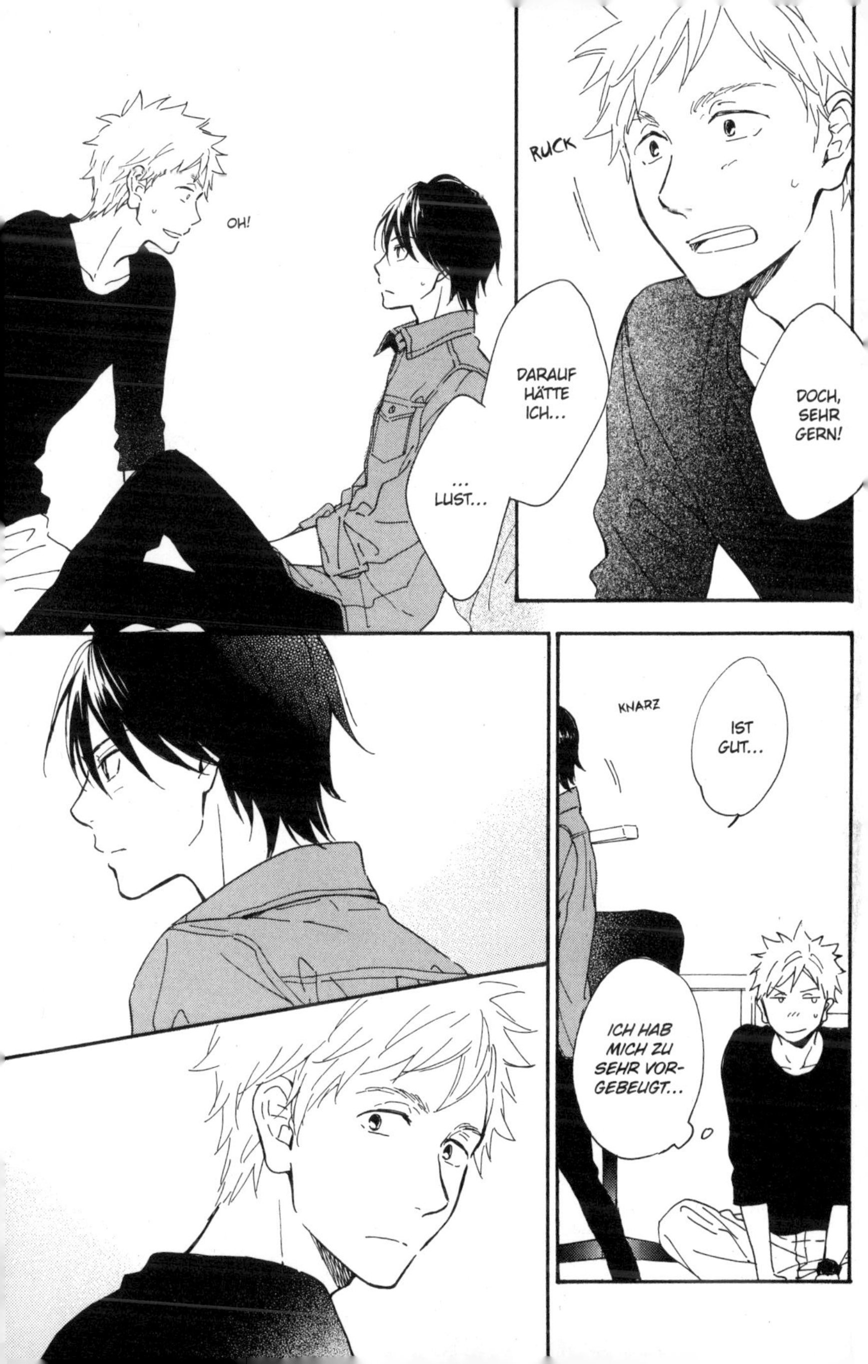
RUCK
DOCH, SEHR GERN!
DARAUF HÄTTE ICH…
… LUST…
OH!
KNARZ
IST GUT…
ICH HAB MICH ZU SEHR VOR-GEBEUGT…

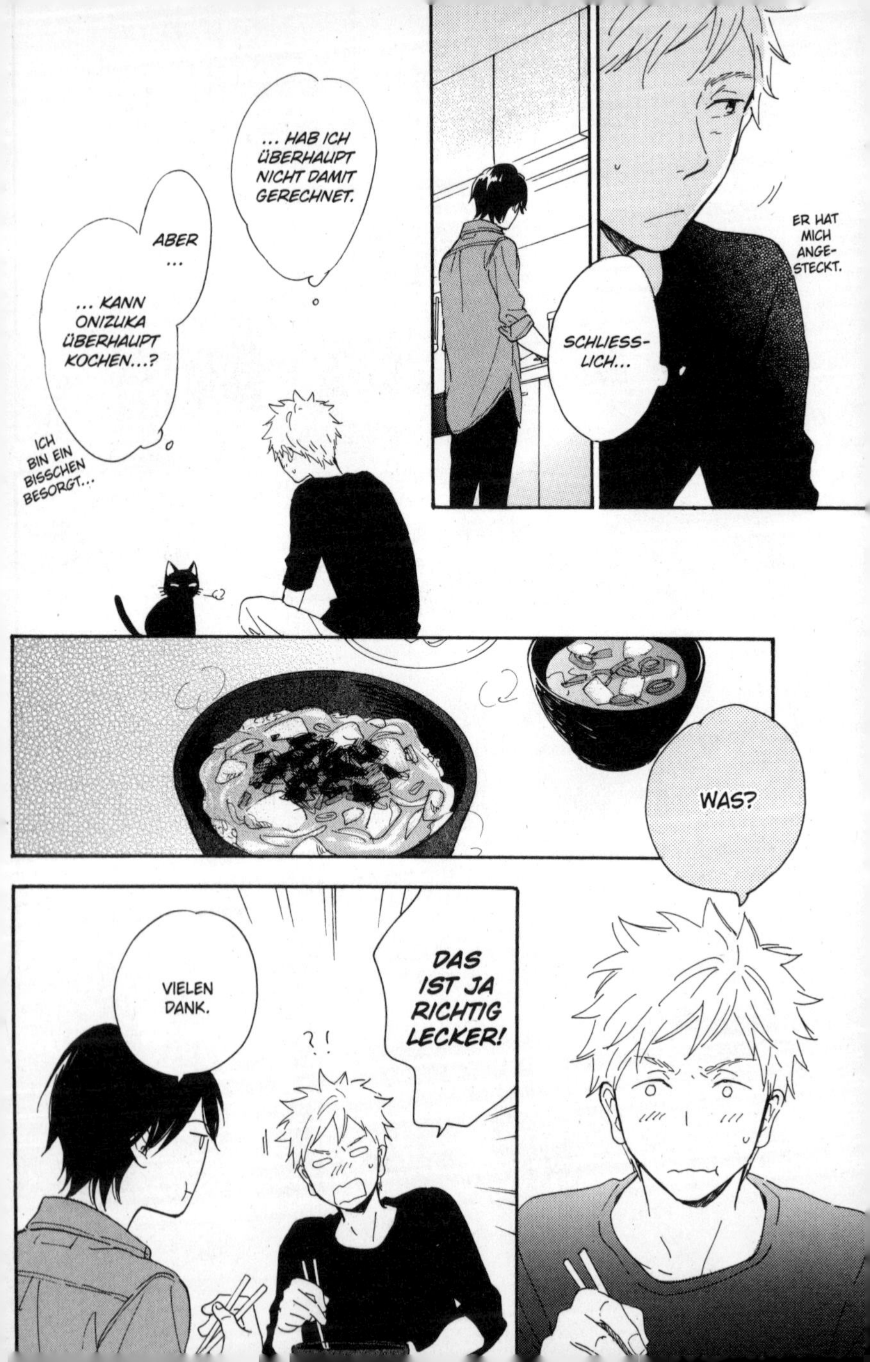
ER HAT MICH ANGE-STECKT.
SCHLIESS-LICH...
... HAB ICH ÜBERHAUPT NICHT DAMIT GERECHNET.
ABER ...
... KANN ONIZUKA ÜBERHAUPT KOCHEN...?
ICH BIN EIN BISSCHEN BESORGT...
WAS?
DAS IST JA RICHTIG LECKER!
?!
VIELEN DANK.

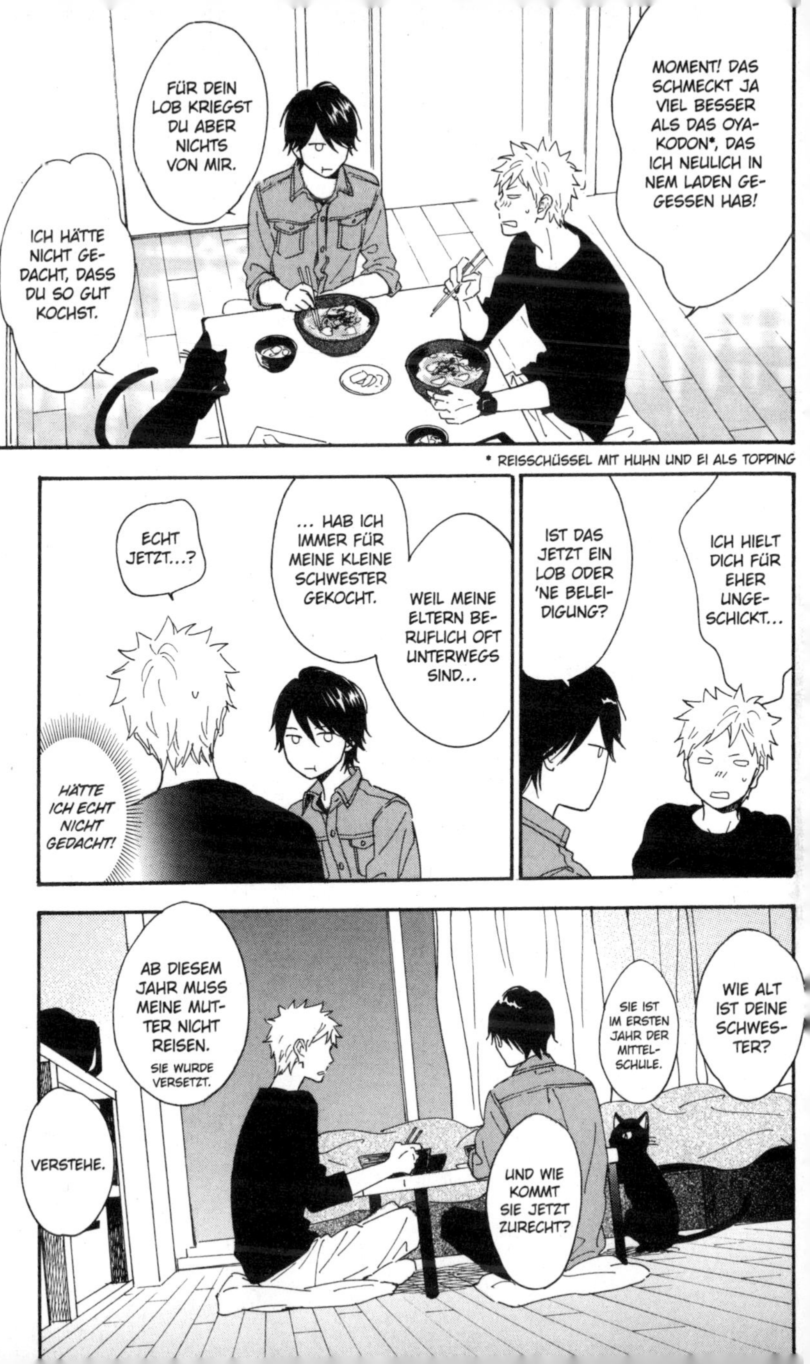

* REISSCHÜSSEL MIT HUHN UND EI ALS TOPPING

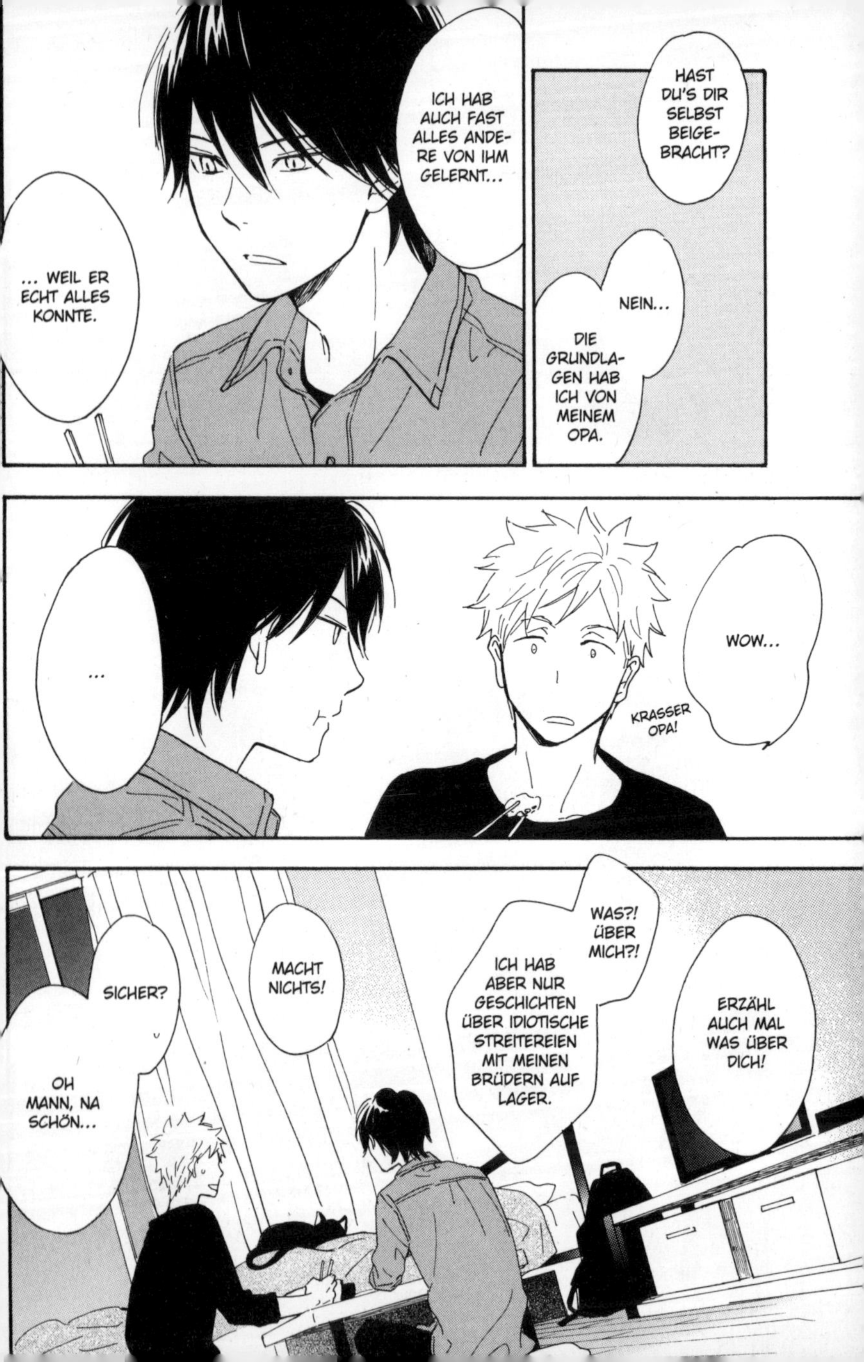
HAST DU'S DIR SELBST BEIGEBRACHT?
NEIN...
DIE GRUNDLAGEN HAB ICH VON MEINEM OPA.
ICH HAB AUCH FAST ALLES ANDERE VON IHM GELERNT...
... WEIL ER ECHT ALLES KONNTE.
WOW...
KRASSER OPA!
...
ERZÄHL AUCH MAL WAS ÜBER DICH!
WAS?! ÜBER MICH?!
ICH HAB ABER NUR GESCHICHTEN ÜBER IDIOTISCHE STREITEREIEN MIT MEINEN BRÜDERN AUF LAGER.
MACHT NICHTS!
SICHER?
OH MANN, NA SCHÖN...

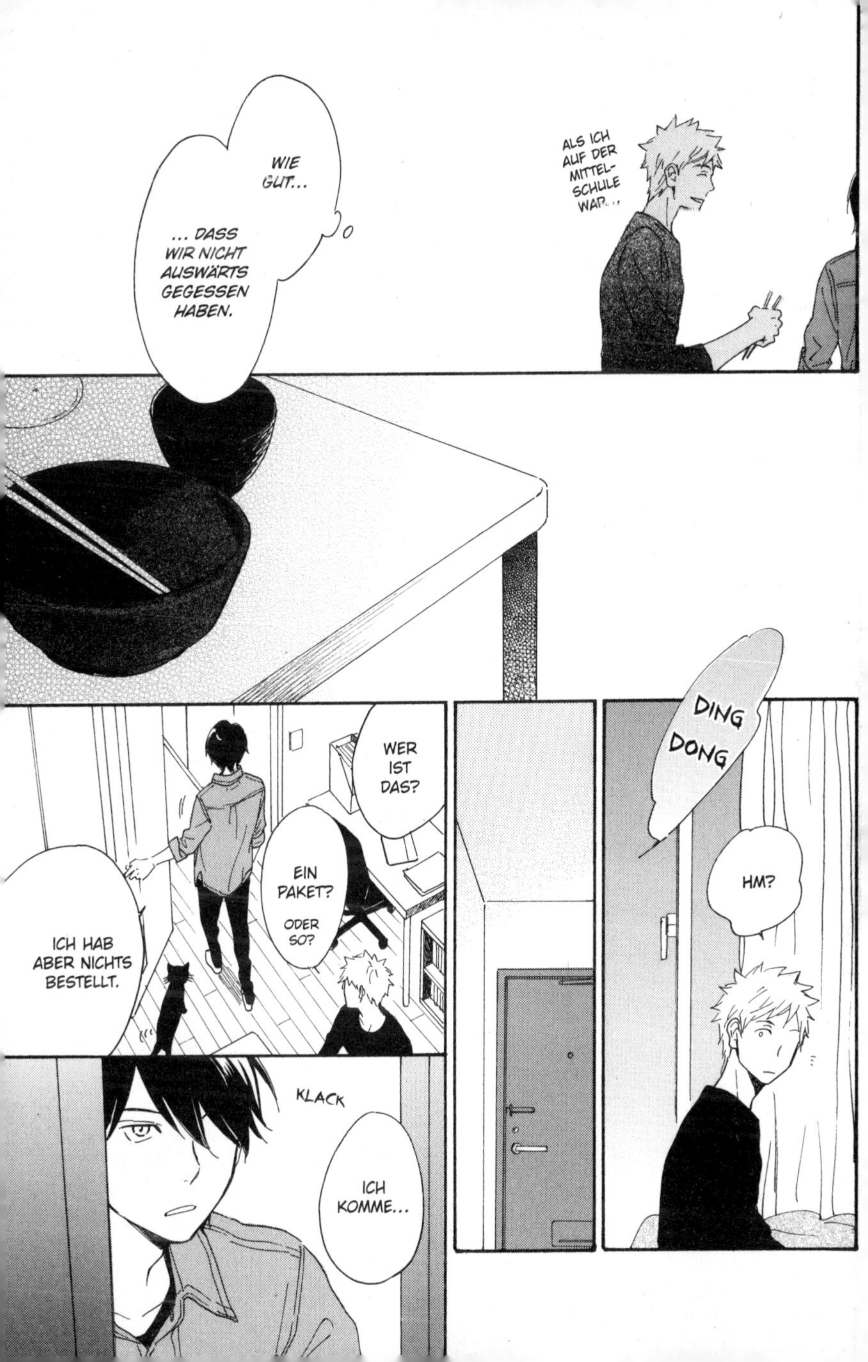
ALS ICH AUF DER MITTEL-SCHULE WAR...
WIE GUT...
... DASS WIR NICHT AUSWÄRTS GEGESSEN HABEN.
DING DONG
HM?
WER IST DAS?
EIN PAKET?
ODER SO?
ICH HAB ABER NICHTS BESTELLT.
KLACK
ICH KOMME...

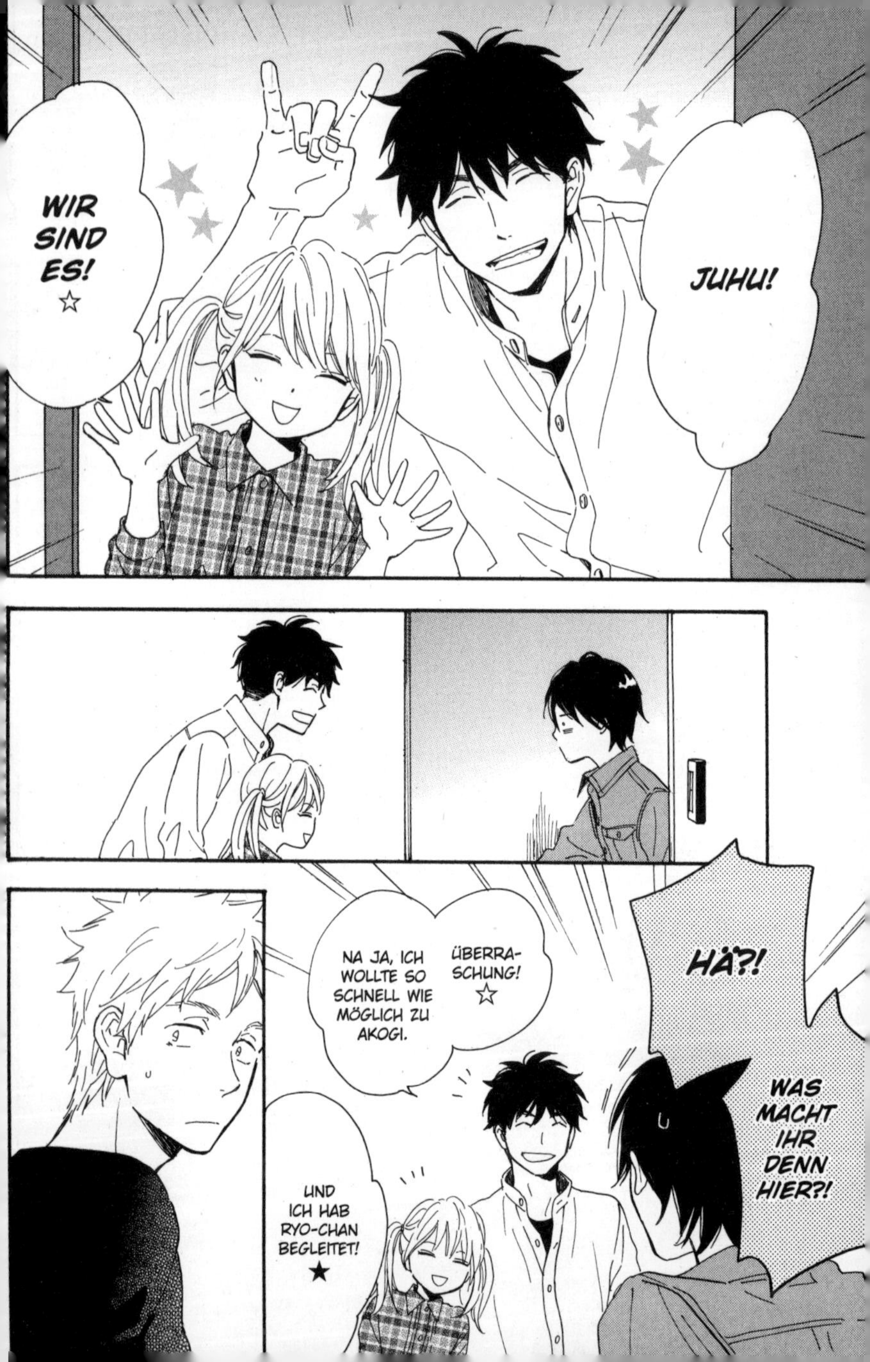
JUHU!
WIR SIND ES! ☆
HÄ?!
WAS MACHT IHR DENN HIER?!
ÜBERRASCHUNG! ☆
NA JA, ICH WOLLTE SO SCHNELL WIE MÖGLICH ZU AKOGI.
UND ICH HAB RYO-CHAN BEGLEITET! ★

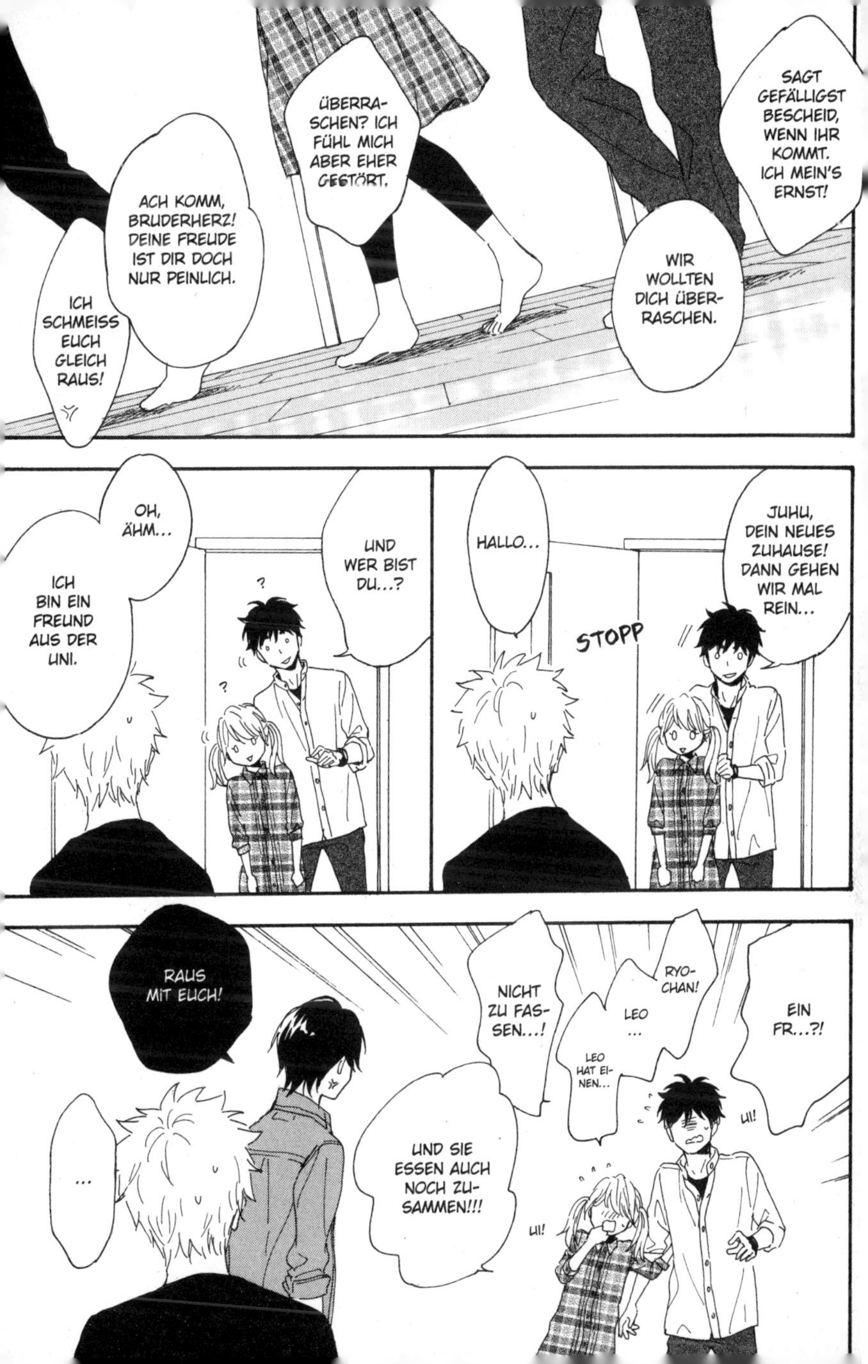
SAGT GEFÄLLIGST BESCHEID, WENN IHR KOMMT. ICH MEIN'S ERNST!
WIR WOLLTEN DICH ÜBERRASCHEN.
ÜBERRASCHEN? ICH FÜHL MICH ABER EHER GESTÖRT.
ACH KOMM, BRUDERHERZ! DEINE FREUDE IST DIR DOCH NUR PEINLICH.
ICH SCHMEISS EUCH GLEICH RAUS!
JUHU, DEIN NEUES ZUHAUSE! DANN GEHEN WIR MAL REIN...
STOPP
HALLO...
UND WER BIST DU...?
OH, ÄHM...
ICH BIN EIN FREUND AUS DER UNI.
EIN FR...?!
RYO-CHAN!
LEO ...
LEO HAT EI-NEN...
NICHT ZU FAS-SEN...!
UI!
UND SIE ESSEN AUCH NOCH ZU-SAMMEN!!!
UI!
RAUS MIT EUCH!
...

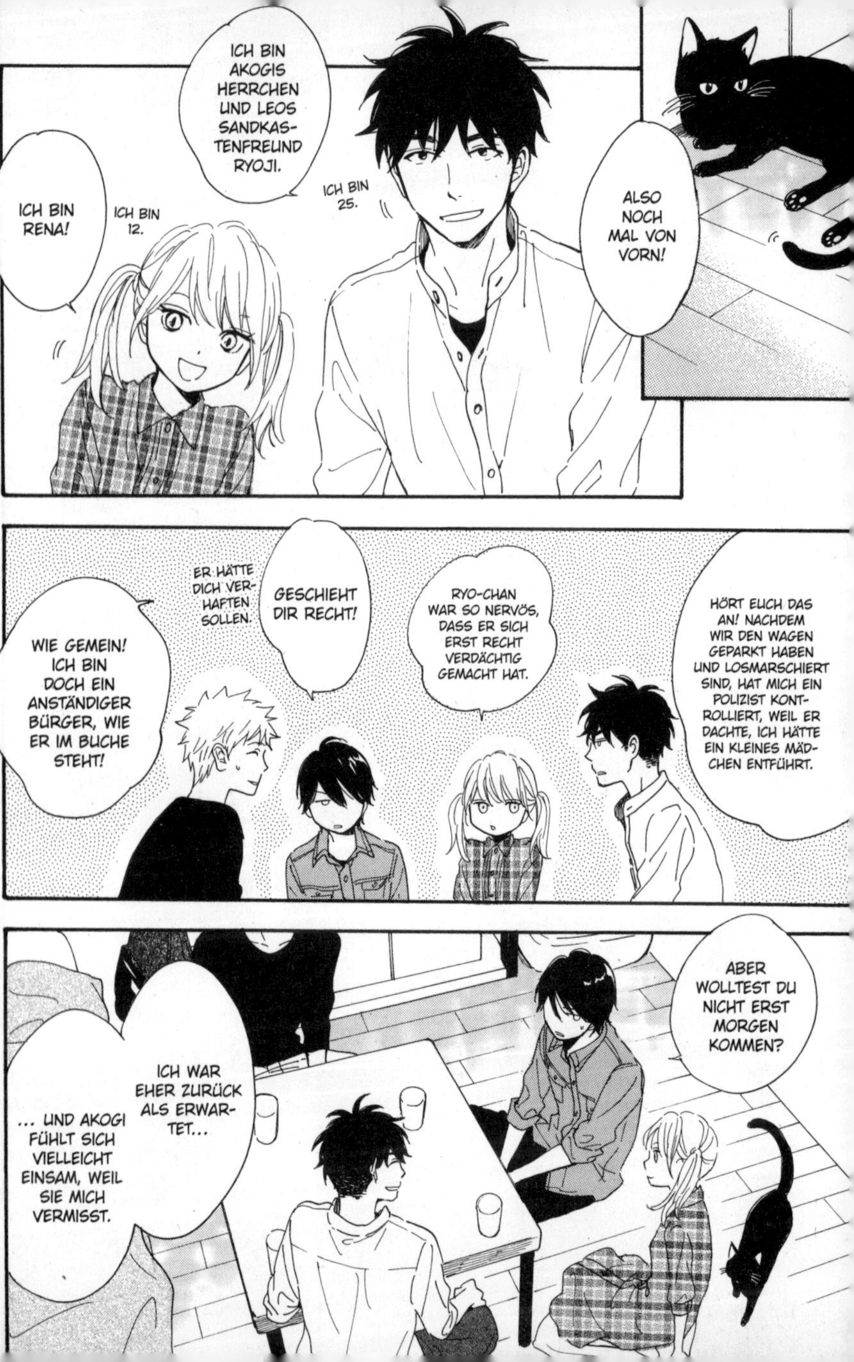
ALSO NOCH MAL VON VORN!
ICH BIN AKOGIS HERRCHEN UND LEOS SANDKASTENFREUND RYOJI.
ICH BIN 25.
ICH BIN RENA!
ICH BIN 12.
HÖRT EUCH DAS AN! NACHDEM WIR DEN WAGEN GEPARKT HABEN UND LOSMARSCHIERT SIND, HAT MICH EIN POLIZIST KONTROLLIERT, WEIL ER DACHTE, ICH HÄTTE EIN KLEINES MÄDCHEN ENTFÜHRT.
RYO-CHAN WAR SO NERVÖS, DASS ER SICH ERST RECHT VERDÄCHTIG GEMACHT HAT.
GESCHIEHT DIR RECHT!
ER HÄTTE DICH VERHAFTEN SOLLEN.
WIE GEMEIN! ICH BIN DOCH EIN ANSTÄNDIGER BÜRGER, WIE ER IM BUCHE STEHT!
ABER WOLLTEST DU NICHT ERST MORGEN KOMMEN?
ICH WAR EHER ZURÜCK ALS ERWARTET…
… UND AKOGI FÜHLT SICH VIELLEICHT EINSAM, WEIL SIE MICH VERMISST.

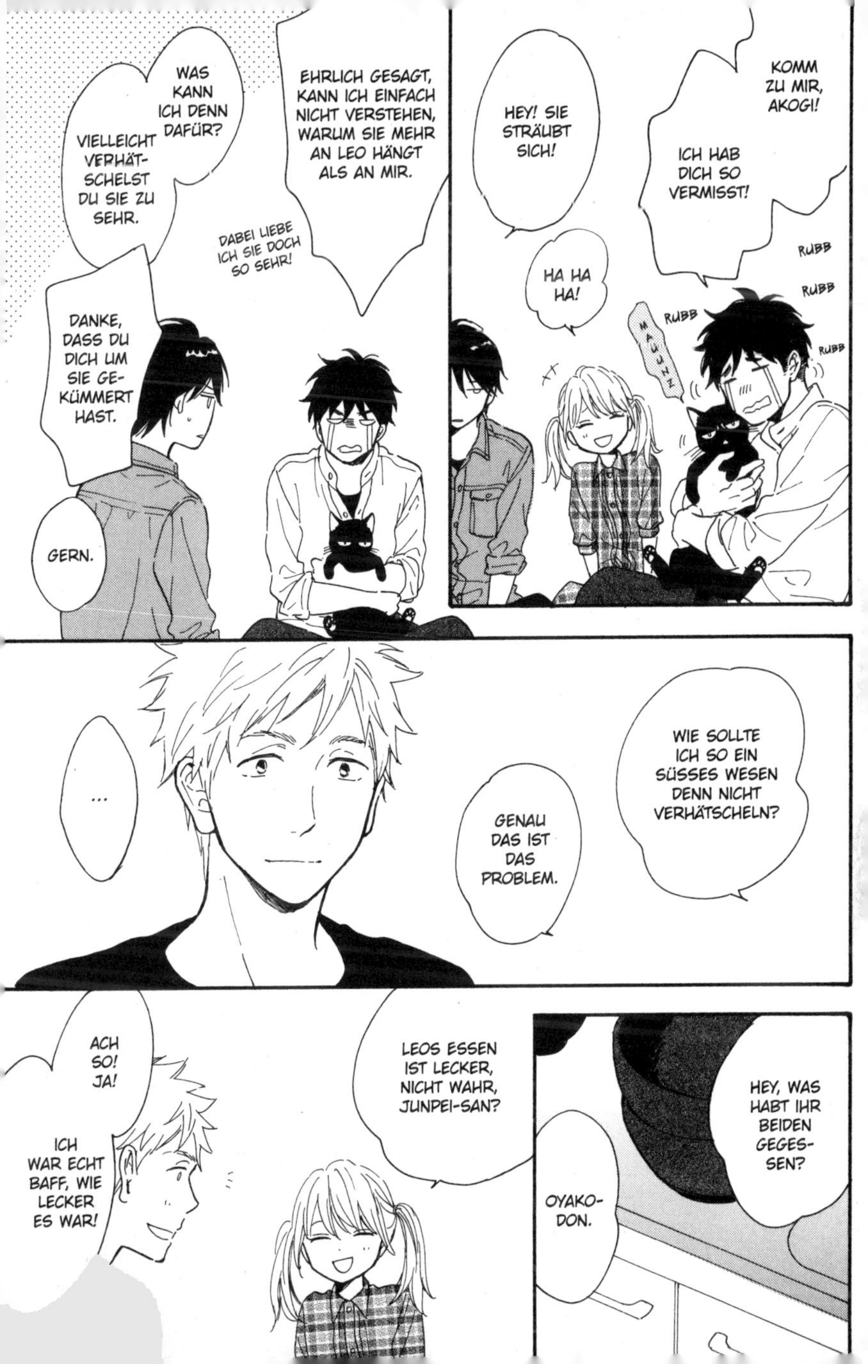
KOMM ZU MIR, AKOGI!
ICH HAB DICH SO VERMISST!
RUBB
RUBB
RUBB
RUBB
MAUUNZ
HEY! SIE STRÄUBT SICH!
HA HA HA!
EHRLICH GESAGT, KANN ICH EINFACH NICHT VERSTEHEN, WARUM SIE MEHR AN LEO HÄNGT ALS AN MIR.
DABEI LIEBE ICH SIE DOCH SO SEHR!
WAS KANN ICH DENN DAFÜR?
VIELLEICHT VERHÄT-SCHELST DU SIE ZU SEHR.
DANKE, DASS DU DICH UM SIE GE-KÜMMERT HAST.
GERN.
WIE SOLLTE ICH SO EIN SÜSSES WESEN DENN NICHT VERHÄTSCHELN?
GENAU DAS IST DAS PROBLEM.
...
HEY, WAS HABT IHR BEIDEN GEGES-SEN?
OYAKO-DON.
LEOS ESSEN IST LECKER, NICHT WAHR, JUNPEI-SAN?
ACH SO! JA!
ICH WAR ECHT BAFF, WIE LECKER ES WAR!

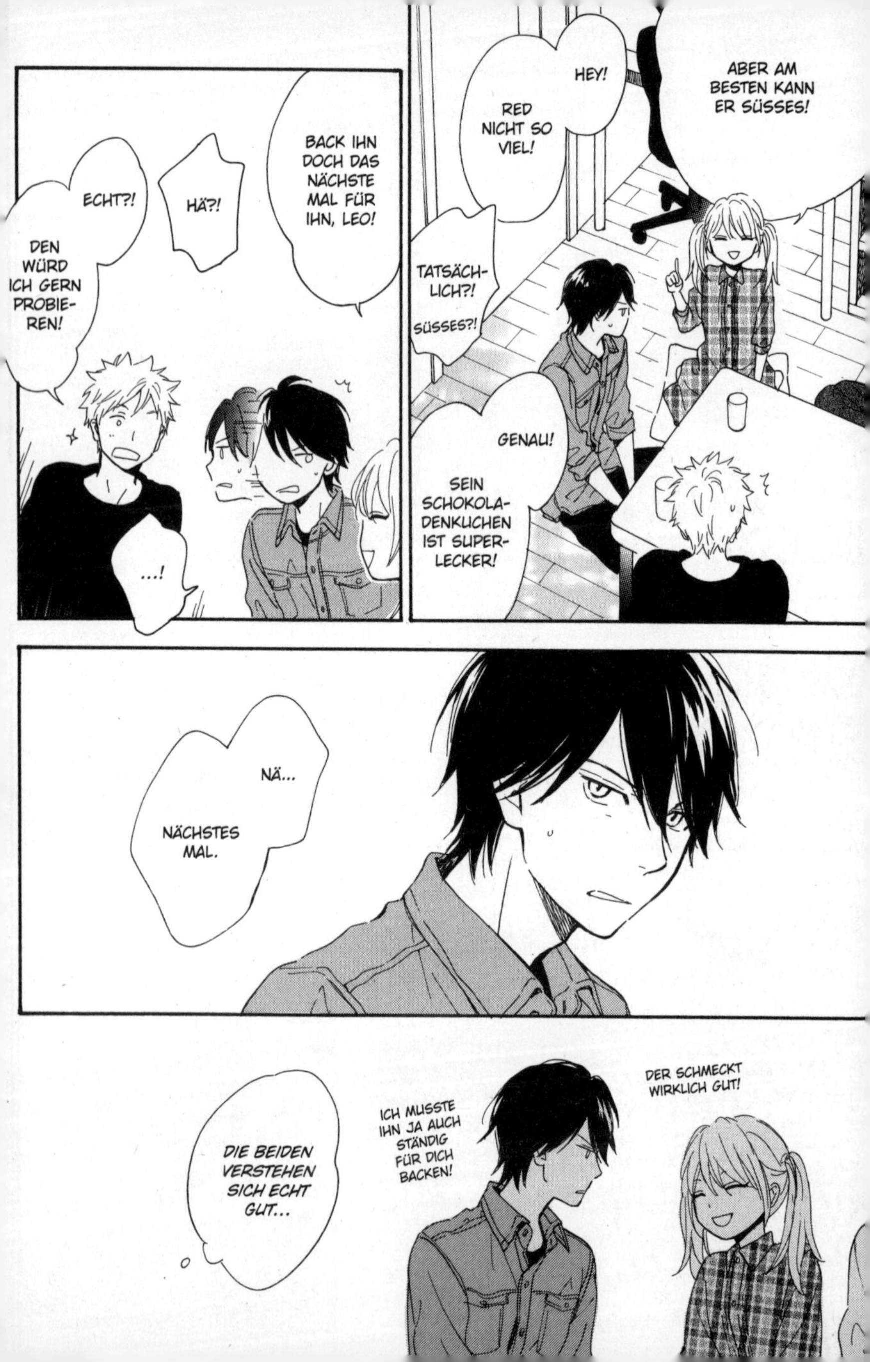
ABER AM BESTEN KANN ER SÜSSES!
HEY! RED NICHT SO VIEL!
TATSÄCHLICH?! SÜSSES?!
GENAU! SEIN SCHOKOLADENKUCHEN IST SUPERLECKER!
BACK IHN DOCH DAS NÄCHSTE MAL FÜR IHN, LEO!
HÄ?!
ECHT?! DEN WÜRD ICH GERN PROBIEREN!
...!
NÄ... NÄCHSTES MAL.
DER SCHMECKT WIRKLICH GUT!
ICH MUSSTE IHN JA AUCH STÄNDIG FÜR DICH BACKEN!
DIE BEIDEN VERSTEHEN SICH ECHT GUT...

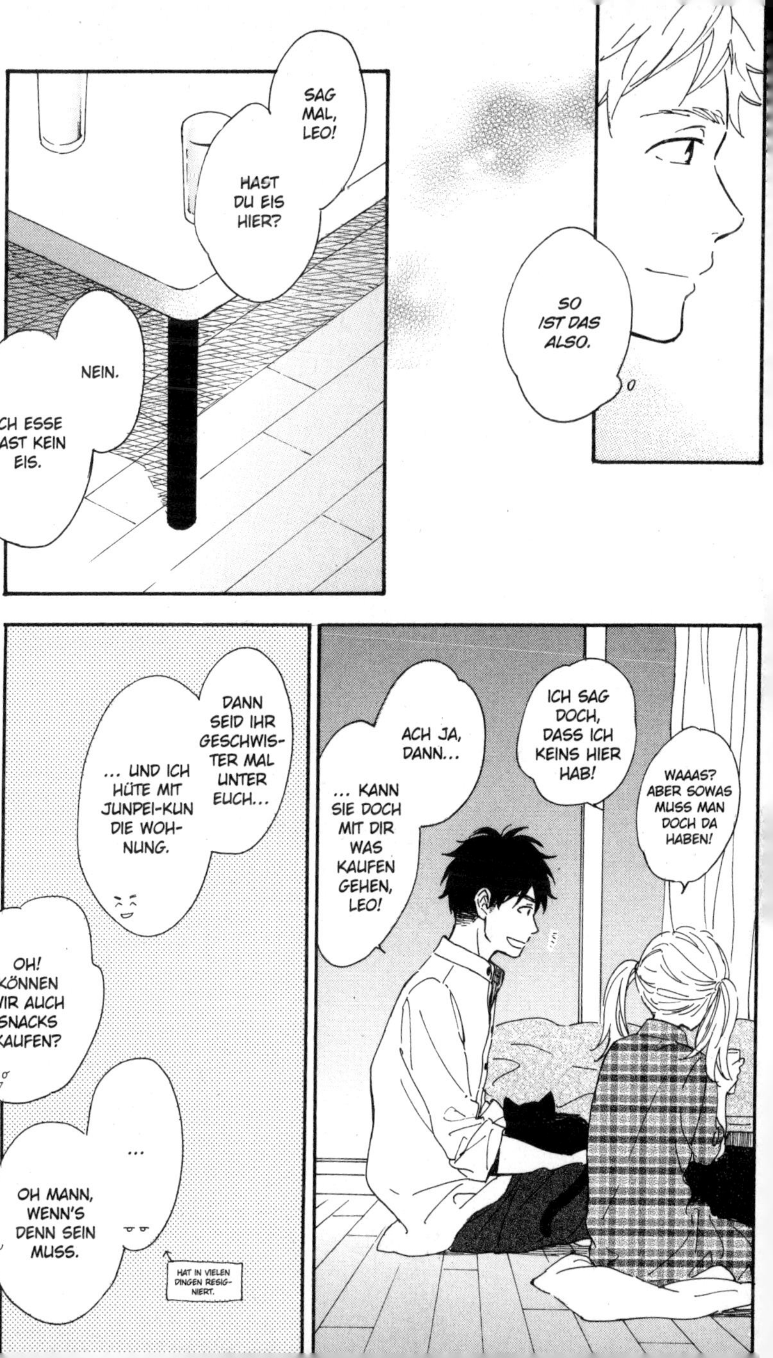
SO IST DAS ALSO.
SAG MAL, LEO!
HAST DU EIS HIER?
NEIN.
ICH ESSE FAST KEIN EIS.
WAAAS? ABER SOWAS MUSS MAN DOCH DA HABEN!
ICH SAG DOCH, DASS ICH KEINS HIER HAB!
ACH JA, DANN…
… KANN SIE DOCH MIT DIR WAS KAUFEN GEHEN, LEO!
DANN SEID IHR GESCHWISTER MAL UNTER EUCH…
… UND ICH HÜTE MIT JUNPEI-KUN DIE WOHNUNG.
OH! KÖNNEN WIR AUCH SNACKS KAUFEN?
…
OH MANN, WENN'S DENN SEIN MUSS.
HAT IN VIELEN DINGEN RESIGNIERT.

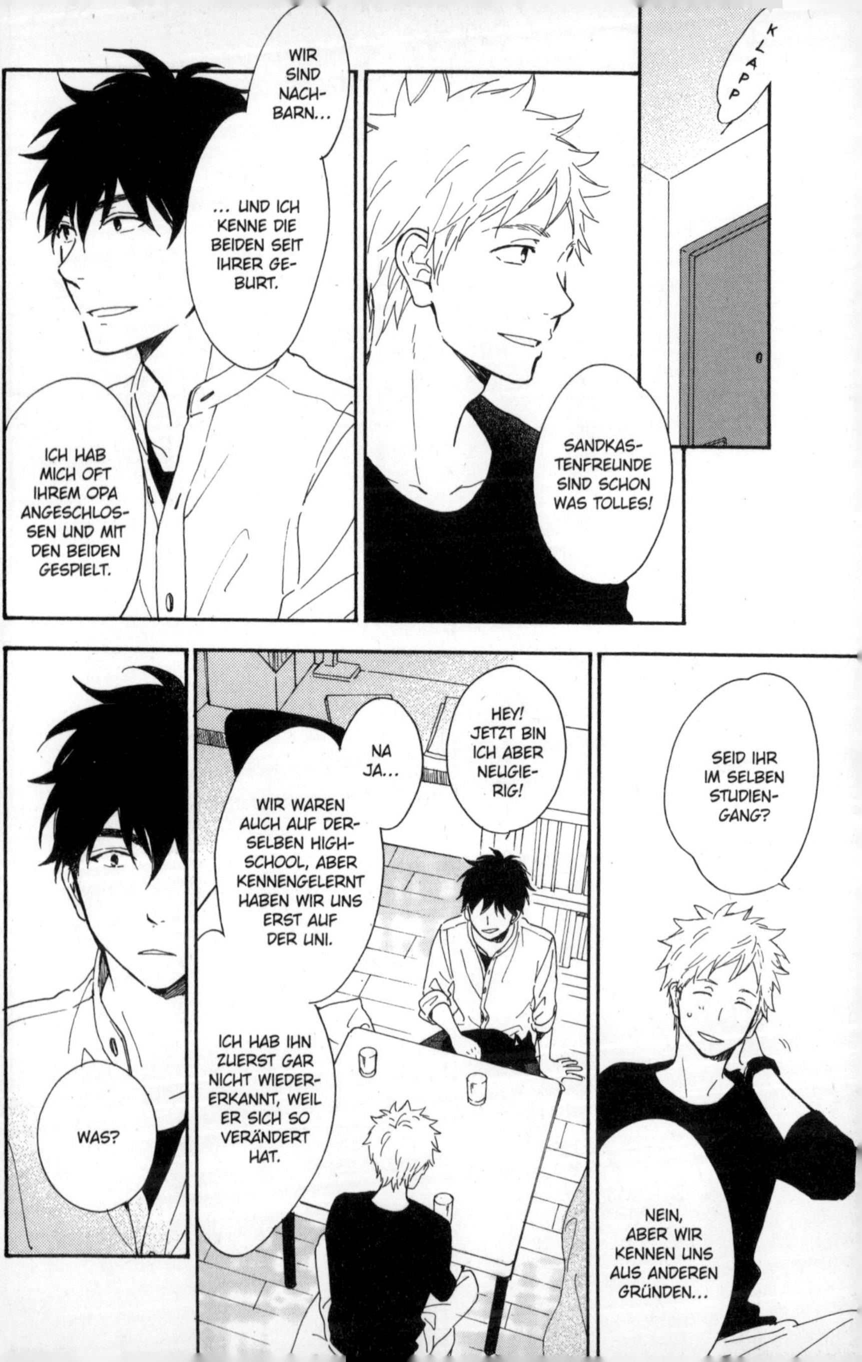
KLAPP
WIR SIND NACHBARN…
… UND ICH KENNE DIE BEIDEN SEIT IHRER GEBURT.
ICH HAB MICH OFT IHREM OPA ANGESCHLOSSEN UND MIT DEN BEIDEN GESPIELT.
SANDKASTENFREUNDE SIND SCHON WAS TOLLES!
SEID IHR IM SELBEN STUDIENGANG?
NEIN, ABER WIR KENNEN UNS AUS ANDEREN GRÜNDEN…
HEY! JETZT BIN ICH ABER NEUGIERIG!
NA JA…
WIR WAREN AUCH AUF DERSELBEN HIGHSCHOOL, ABER KENNENGELERNT HABEN WIR UNS ERST AUF DER UNI.
ICH HAB IHN ZUERST GAR NICHT WIEDERERKANNT, WEIL ER SICH SO VERÄNDERT HAT.
WAS?

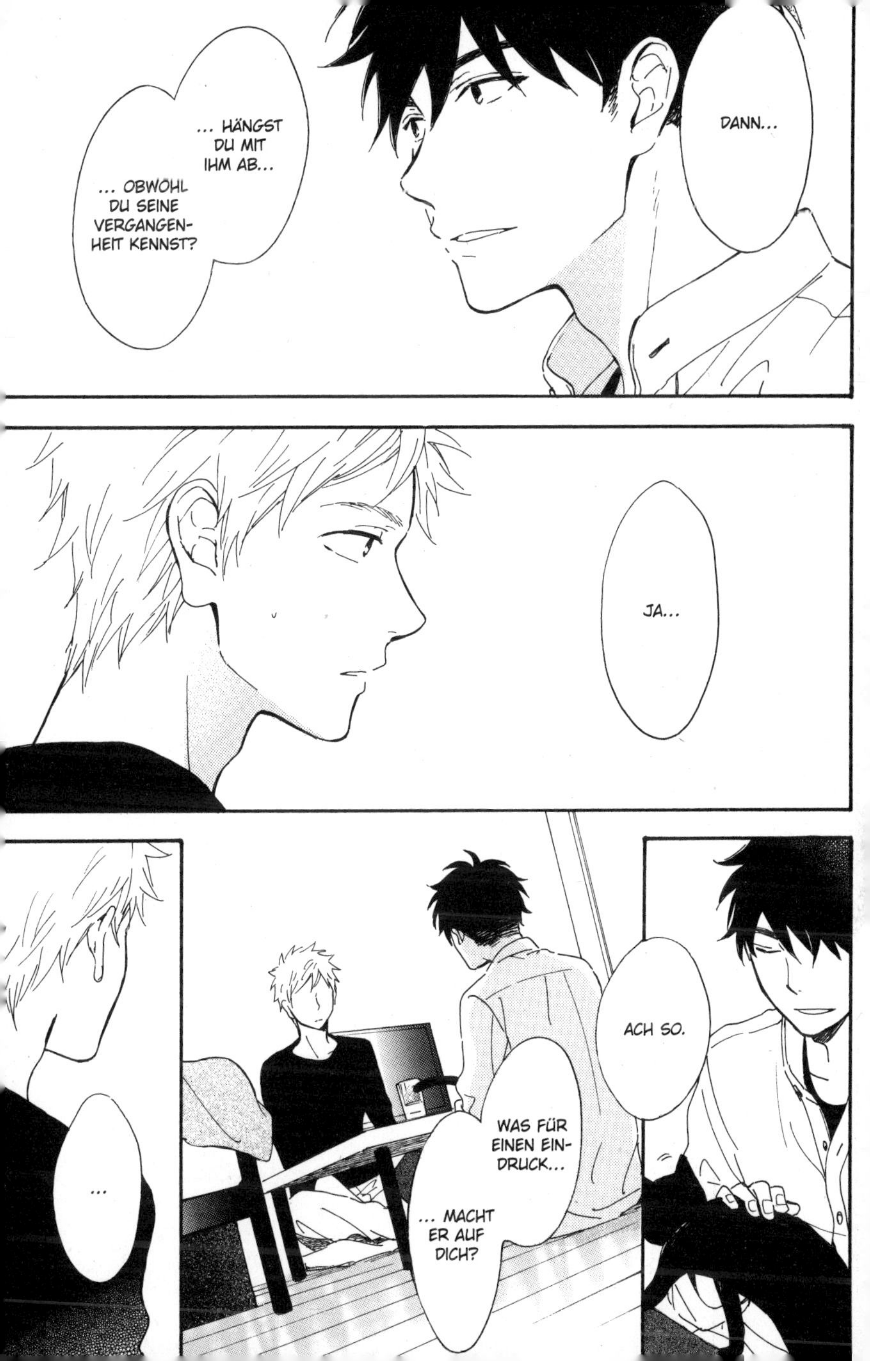
DANN…
… HÄNGST DU MIT IHM AB…
… OBWOHL DU SEINE VERGANGEN-HEIT KENNST?
JA…
ACH SO.
WAS FÜR EINEN EIN-DRUCK…
… MACHT ER AUF DICH?
…

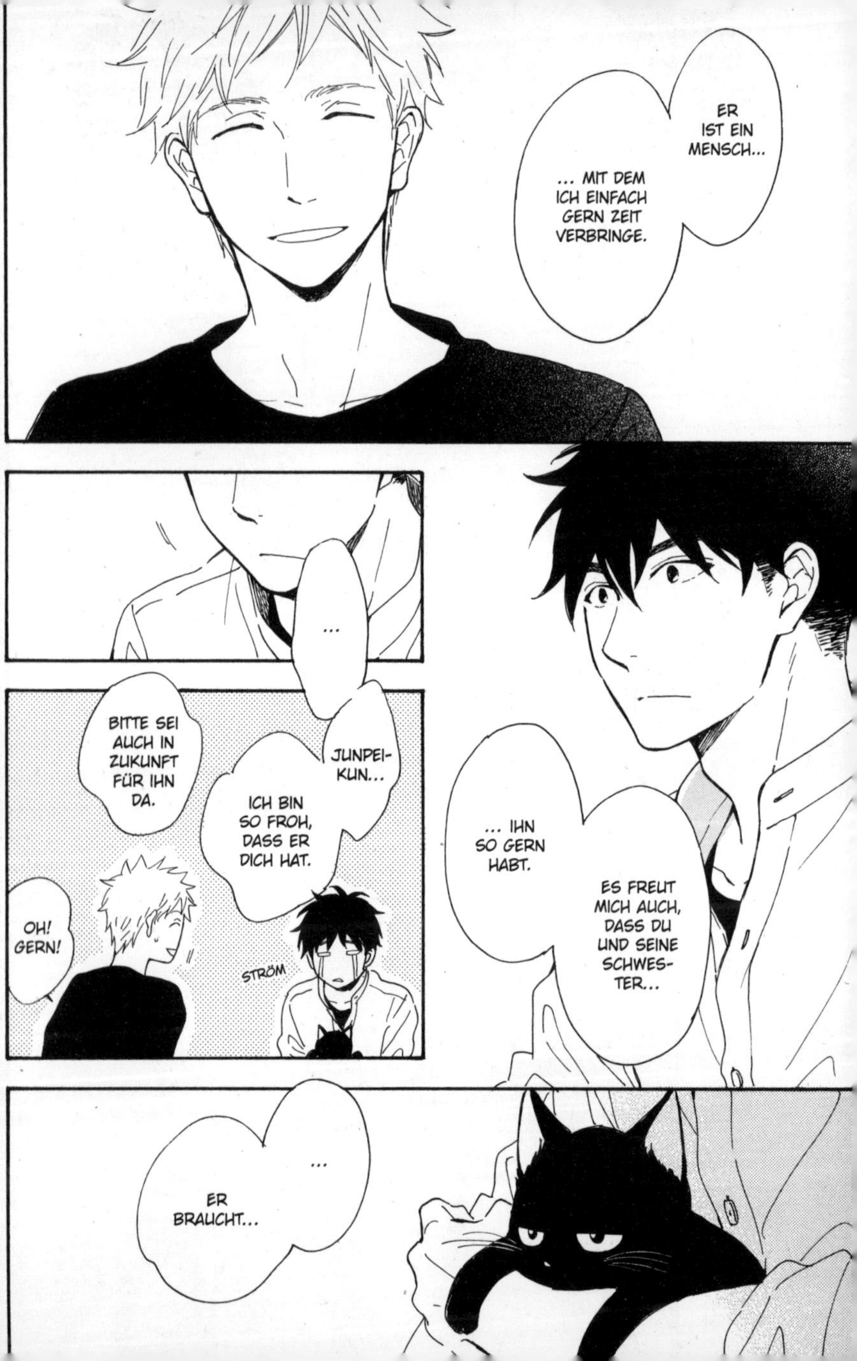
ER IST EIN MENSCH...
... MIT DEM ICH EINFACH GERN ZEIT VERBRINGE.
...
ES FREUT MICH AUCH, DASS DU UND SEINE SCHWESTER...
... IHN SO GERN HABT.
JUNPEI-KUN...
ICH BIN SO FROH, DASS ER DICH HAT.
BITTE SEI AUCH IN ZUKUNFT FÜR IHN DA.
STRÖM
OH! GERN!
...
ER BRAUCHT...

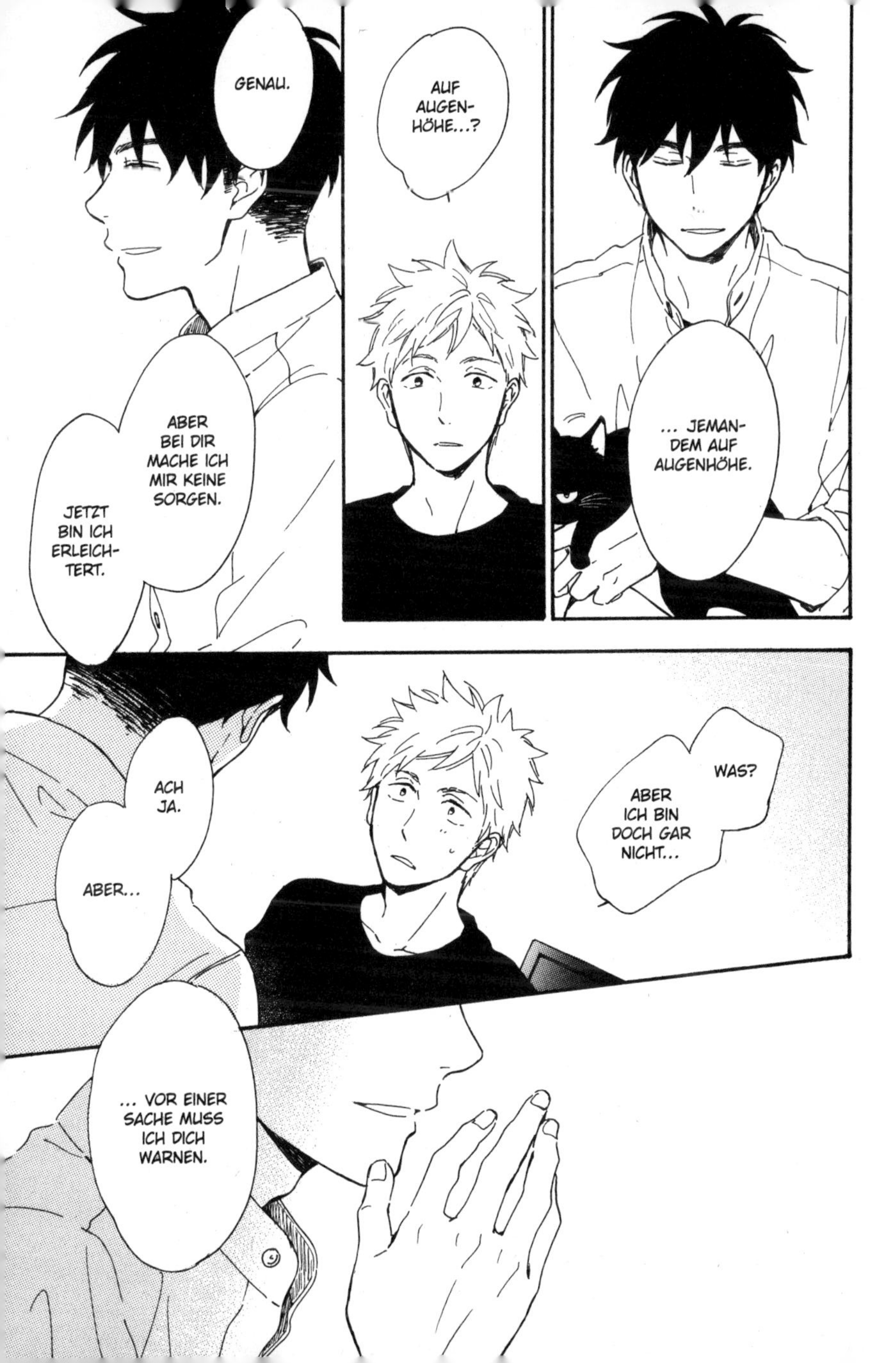
… JEMANDEM AUF AUGENHÖHE.
AUF AUGENHÖHE…?
GENAU.
ABER BEI DIR MACHE ICH MIR KEINE SORGEN.
JETZT BIN ICH ERLEICHTERT.
WAS?
ABER ICH BIN DOCH GAR NICHT…
ACH JA.
ABER…
… VOR EINER SACHE MUSS ICH DICH WARNEN.

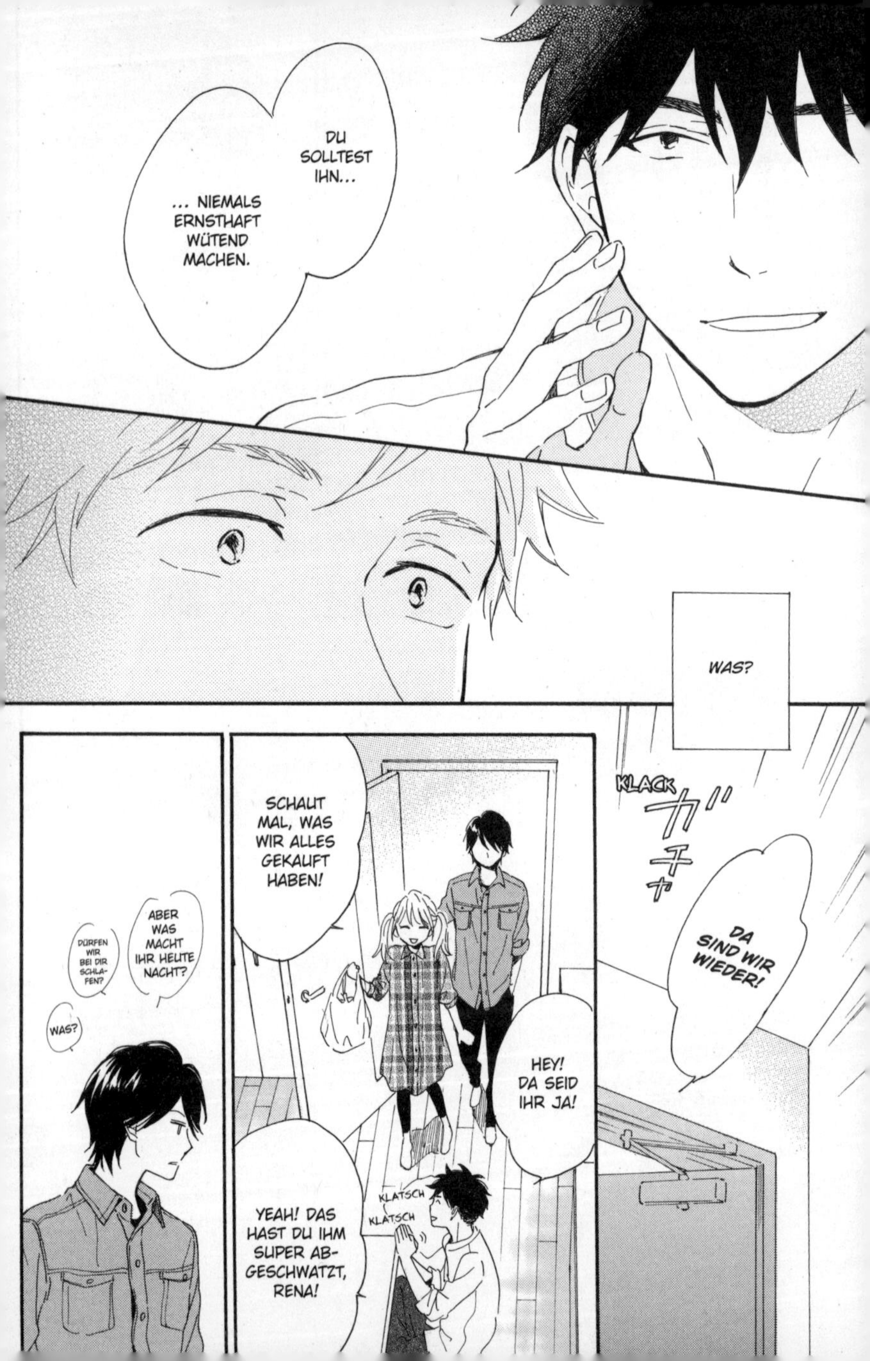
DU SOLLTEST IHN…
… NIEMALS ERNSTHAFT WÜTEND MACHEN.
WAS?
KLACK
ガチャ
DA SIND WIR WIEDER!
HEY! DA SEID IHR JA!
SCHAUT MAL, WAS WIR ALLES GEKAUFT HABEN!
KLATSCH KLATSCH
YEAH! DAS HAST DU IHM SUPER AB-GESCHWATZT, RENA!
ABER WAS MACHT IHR HEUTE NACHT?
DÜRFEN WIR BEI DIR SCHLA-FEN?
WAS?

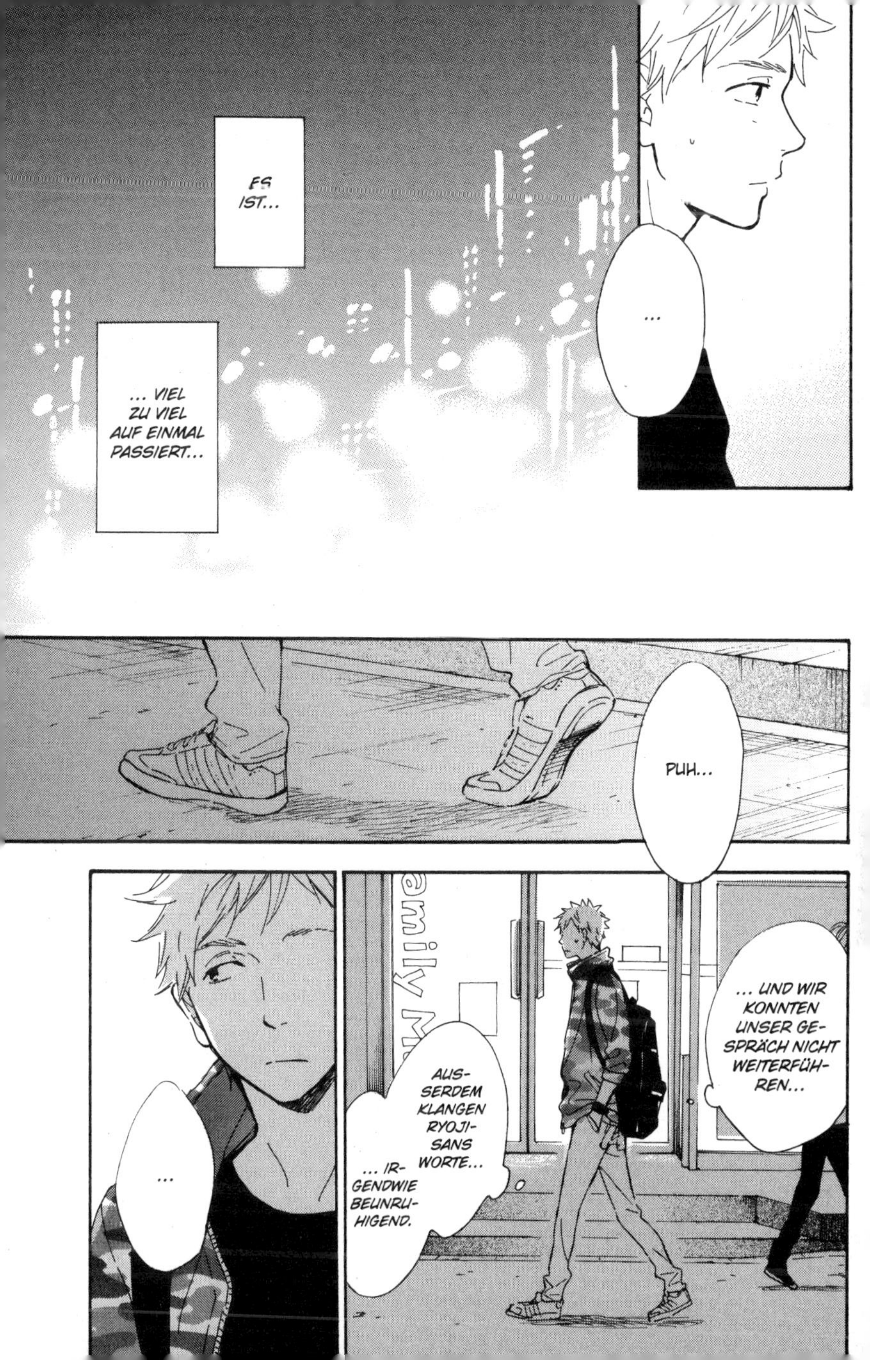
...
ES IST...
... VIEL ZU VIEL AUF EINMAL PASSIERT...
PUH...
... UND WIR KONNTEN UNSER GESPRÄCH NICHT WEITERFÜHREN...
AUSSERDEM KLANGEN RYOJI-SANS WORTE...
... IRGENDWIE BEUNRUHIGEND.
...

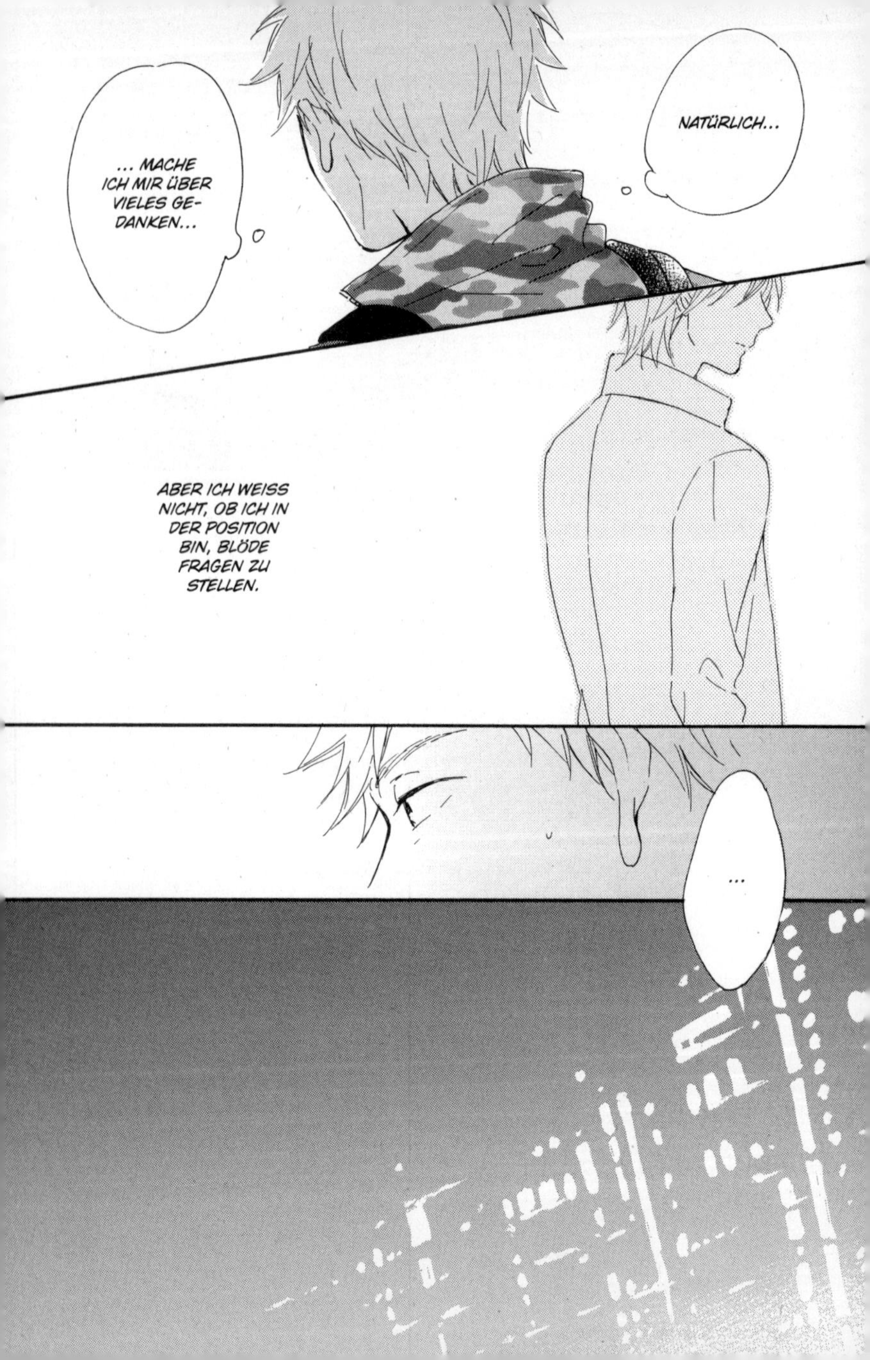
NATÜRLICH...
... MACHE ICH MIR ÜBER VIELES GE-DANKEN...
ABER ICH WEISS NICHT, OB ICH IN DER POSITION BIN, BLÖDE FRAGEN ZU STELLEN.
...

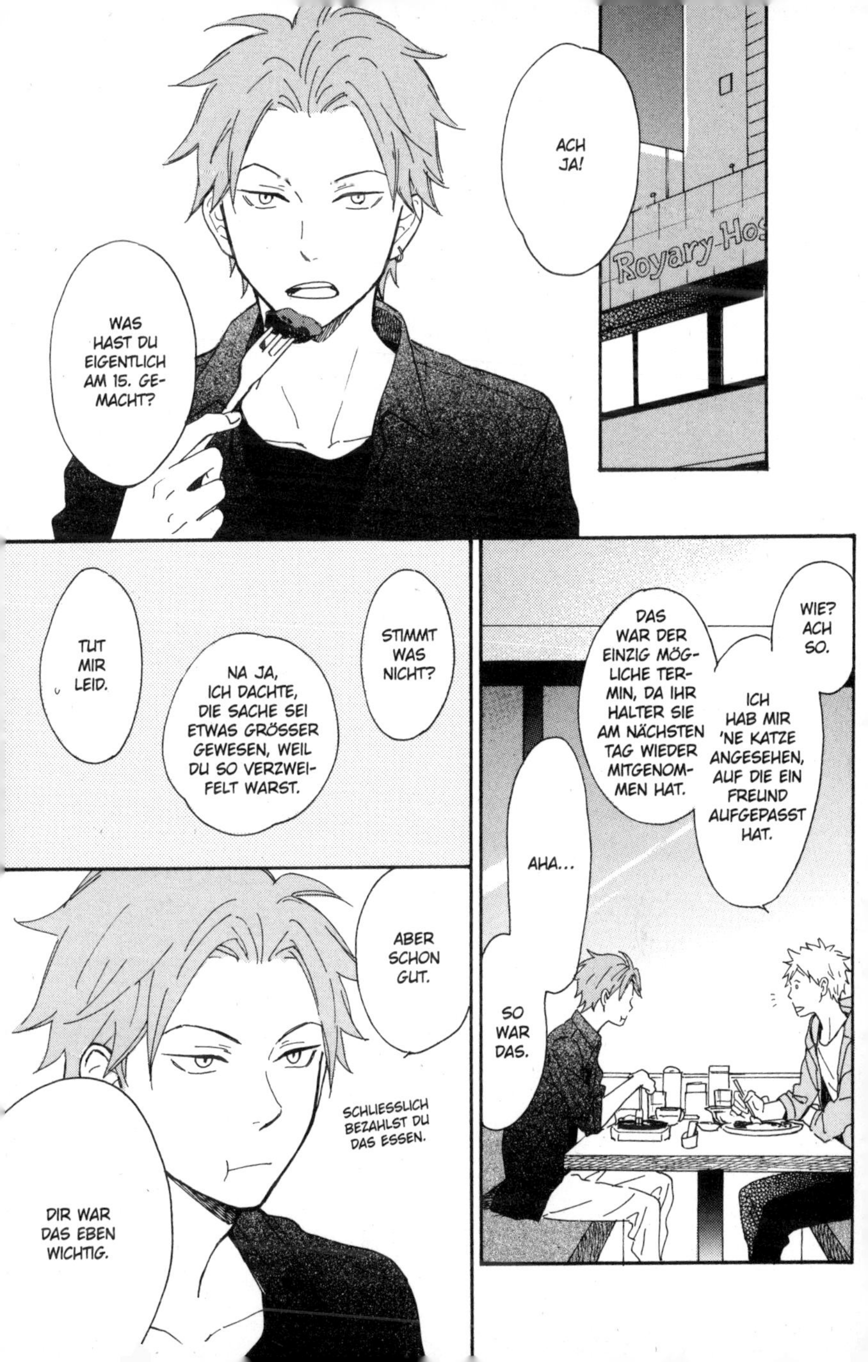
ACH JA!
WAS HAST DU EIGENTLICH AM 15. GE-MACHT?
WIE? ACH SO.
ICH HAB MIR 'NE KATZE ANGESEHEN, AUF DIE EIN FREUND AUFGEPASST HAT.
DAS WAR DER EINZIG MÖG-LICHE TER-MIN, DA IHR HALTER SIE AM NÄCHSTEN TAG WIEDER MITGENOM-MEN HAT.
AHA…
SO WAR DAS.
STIMMT WAS NICHT?
NA JA, ICH DACHTE, DIE SACHE SEI ETWAS GRÖSSER GEWESEN, WEIL DU SO VERZWEI-FELT WARST.
TUT MIR LEID.
ABER SCHON GUT.
SCHLIESSLICH BEZAHLST DU DAS ESSEN.
DIR WAR DAS EBEN WICHTIG.

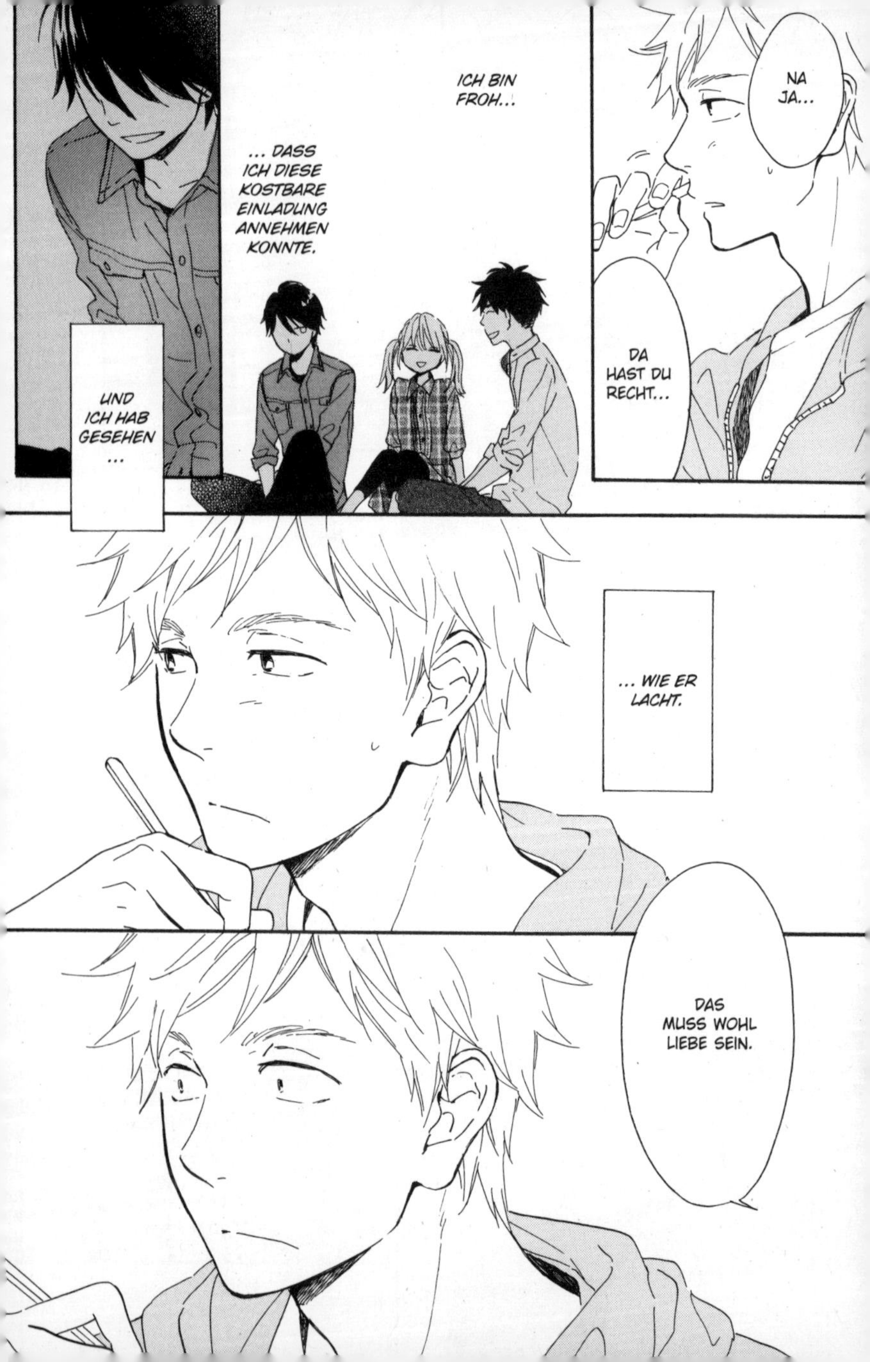
NA JA…
DA HAST DU RECHT…
ICH BIN FROH…
… DASS ICH DIESE KOSTBARE EINLADUNG ANNEHMEN KONNTE.
UND ICH HAB GESEHEN …
… WIE ER LACHT.
DAS MUSS WOHL LIEBE SEIN.

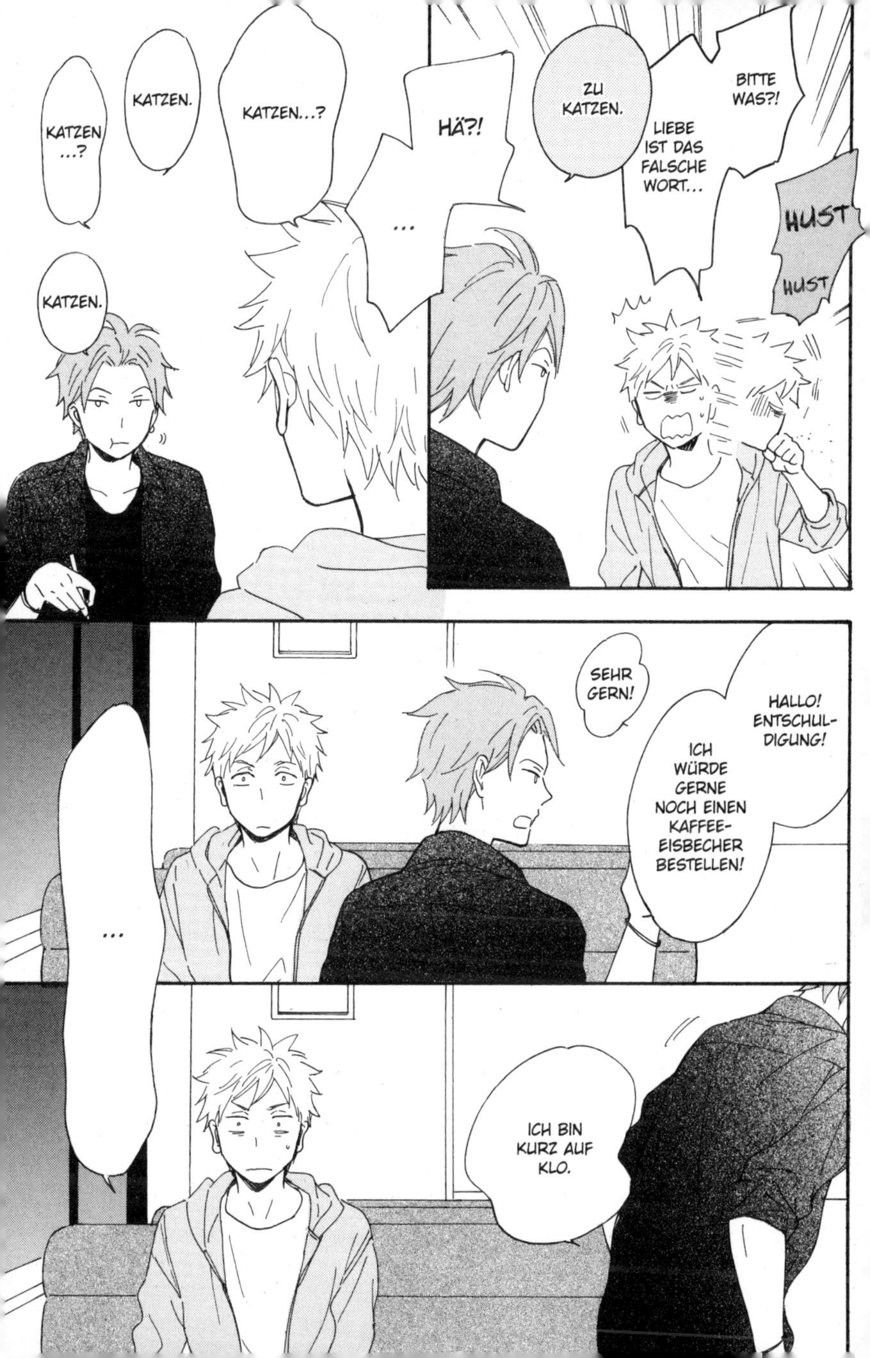
BITTE WAS?!
LIEBE IST DAS FALSCHE WORT…
ZU KATZEN.
HUST
HUST
HÄ?!
…
KATZEN…?
KATZEN.
KATZEN …?
KATZEN.
HALLO! ENTSCHULDIGUNG!
ICH WÜRDE GERNE NOCH EINEN KAFFEE-EISBECHER BESTELLEN!
SEHR GERN!
…
ICH BIN KURZ AUF KLO.

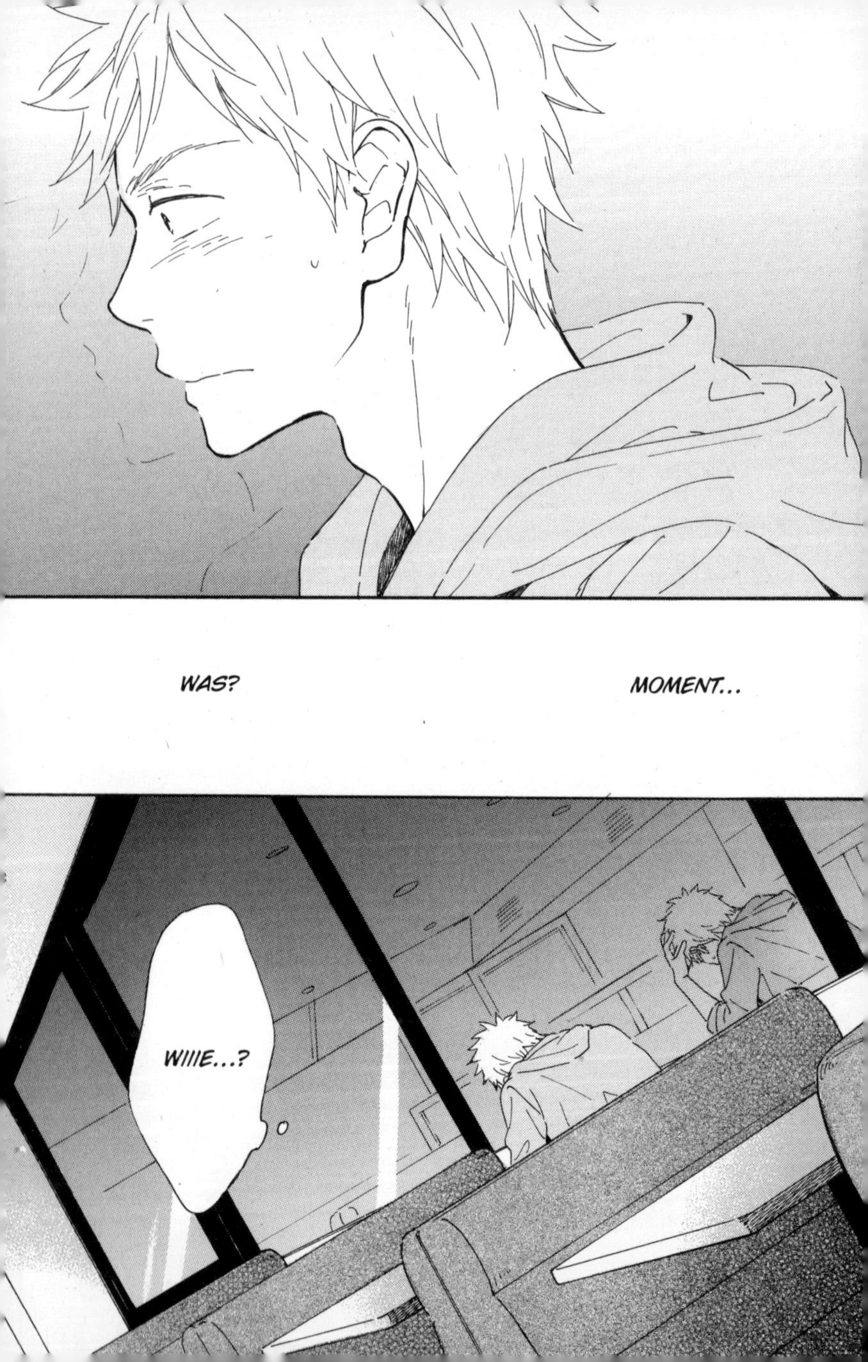
MOMENT...
WAS?
WIIIE...?

The two Lions

KAPITEL 5

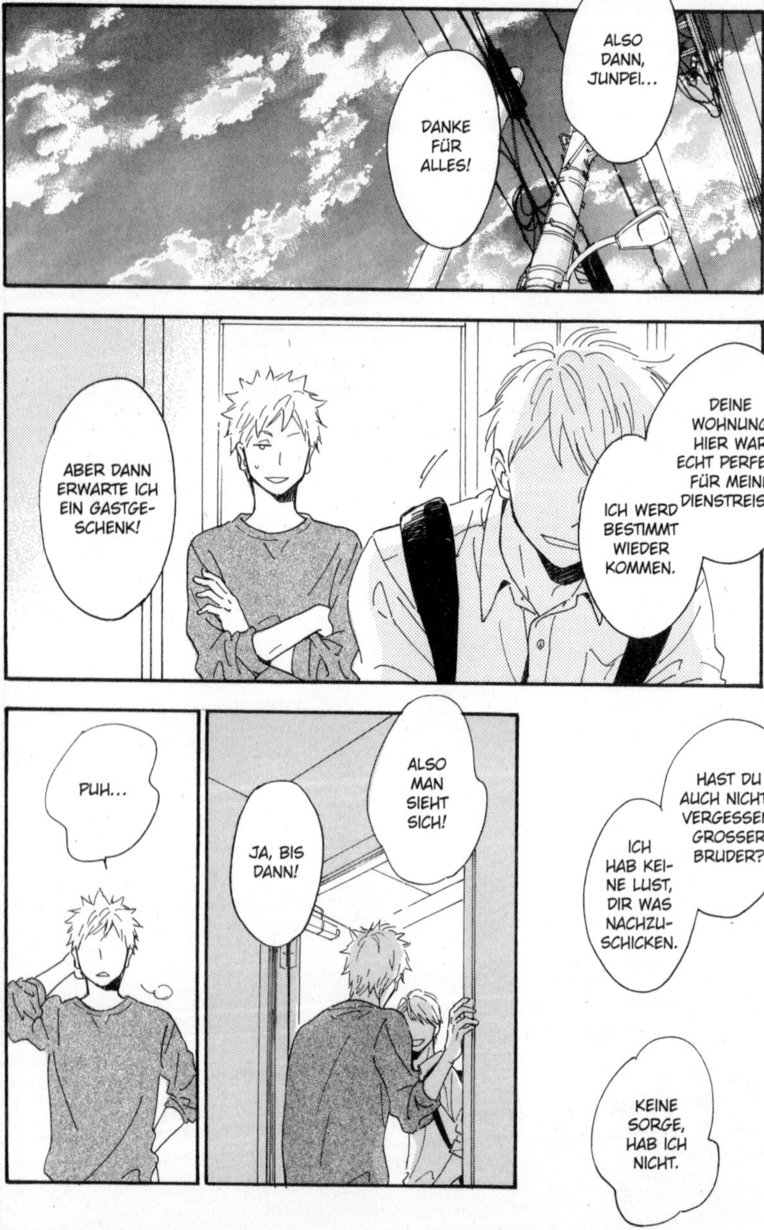

ALSO DANN, JUNPEI…
DANKE FÜR ALLES!
DEINE WOHNUNG HIER WAR ECHT PERFEKT FÜR MEINE DIENSTREISE!
ICH WERD BESTIMMT WIEDER KOMMEN.
ABER DANN ERWARTE ICH EIN GASTGESCHENK!
HAST DU AUCH NICHTS VERGESSEN, GROSSER BRUDER?
ICH HAB KEINE LUST, DIR WAS NACHZUSCHICKEN.
KEINE SORGE, HAB ICH NICHT.
ALSO MAN SIEHT SICH!
JA, BIS DANN!
PUH…

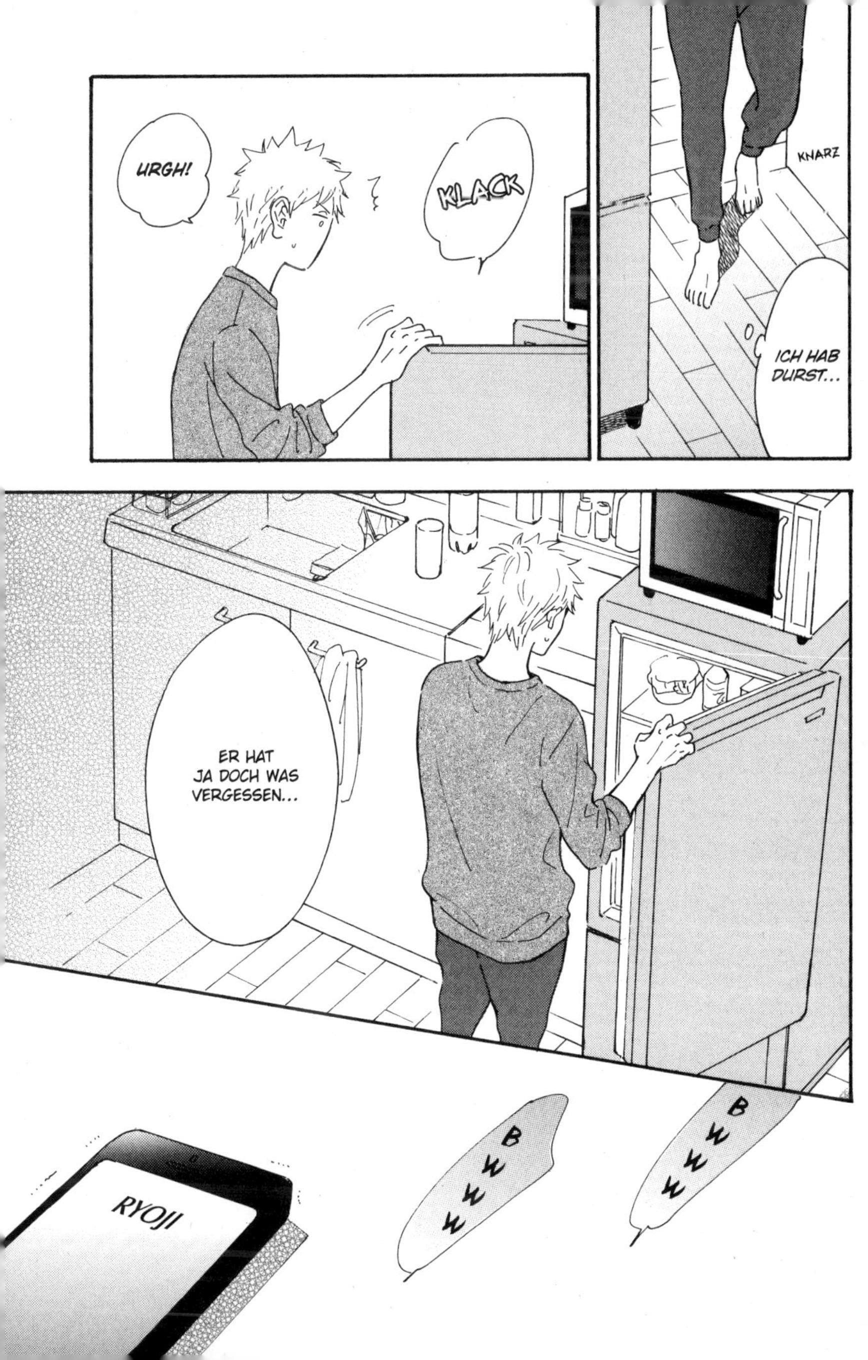
KNARZ
ICH HAB DURST…
KLACK
URGH!
ER HAT JA DOCH WAS VERGESSEN…
BWWW
BWWW
RYOJI

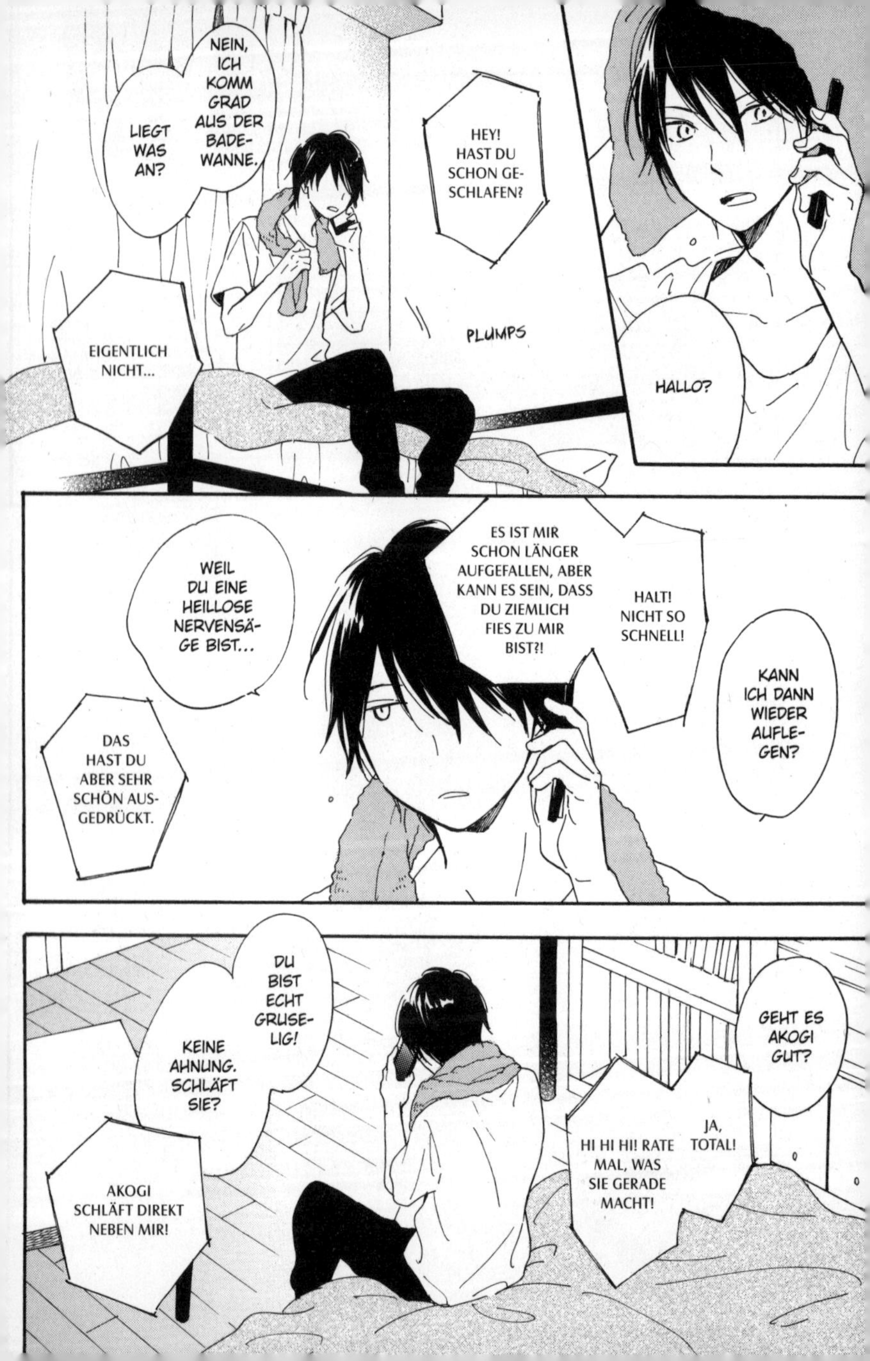
HALLO?
HEY! HAST DU SCHON GE-SCHLAFEN?
PLUMPS
NEIN, ICH KOMM GRAD AUS DER BADE-WANNE.
LIEGT WAS AN?
EIGENTLICH NICHT...
KANN ICH DANN WIEDER AUFLE-GEN?
HALT! NICHT SO SCHNELL!
ES IST MIR SCHON LÄNGER AUFGEFALLEN, ABER KANN ES SEIN, DASS DU ZIEMLICH FIES ZU MIR BIST?!
WEIL DU EINE HEILLOSE NERVENSÄ-GE BIST...
DAS HAST DU ABER SEHR SCHÖN AUS-GEDRÜCKT.
GEHT ES AKOGI GUT?
JA, TOTAL!
HI HI HI! RATE MAL, WAS SIE GERADE MACHT!
DU BIST ECHT GRUSE-LIG!
KEINE AHNUNG. SCHLÄFT SIE?
AKOGI SCHLÄFT DIREKT NEBEN MIR!

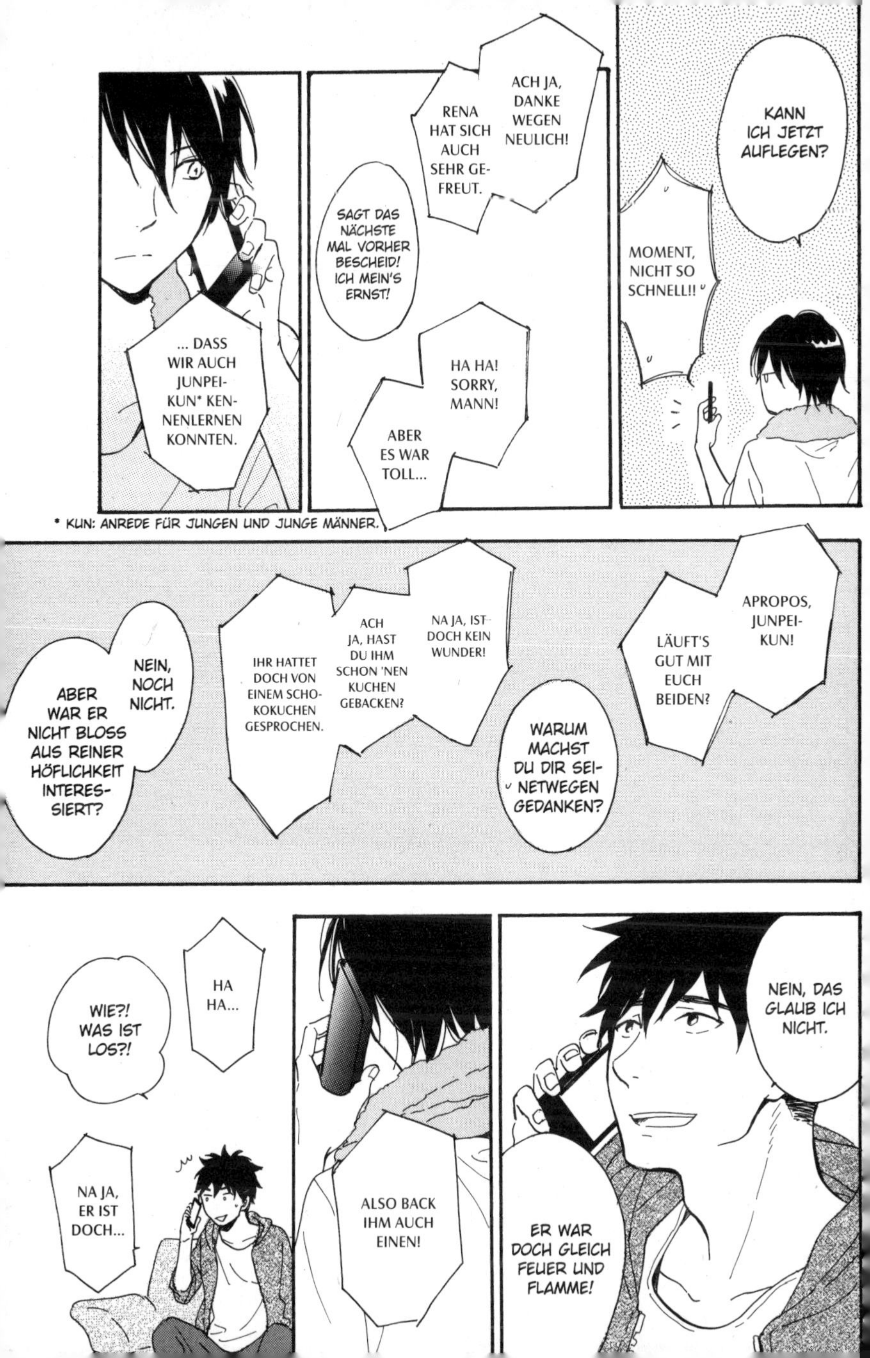

* KUN: ANREDE FÜR JUNGEN UND JUNGE MÄNNER.

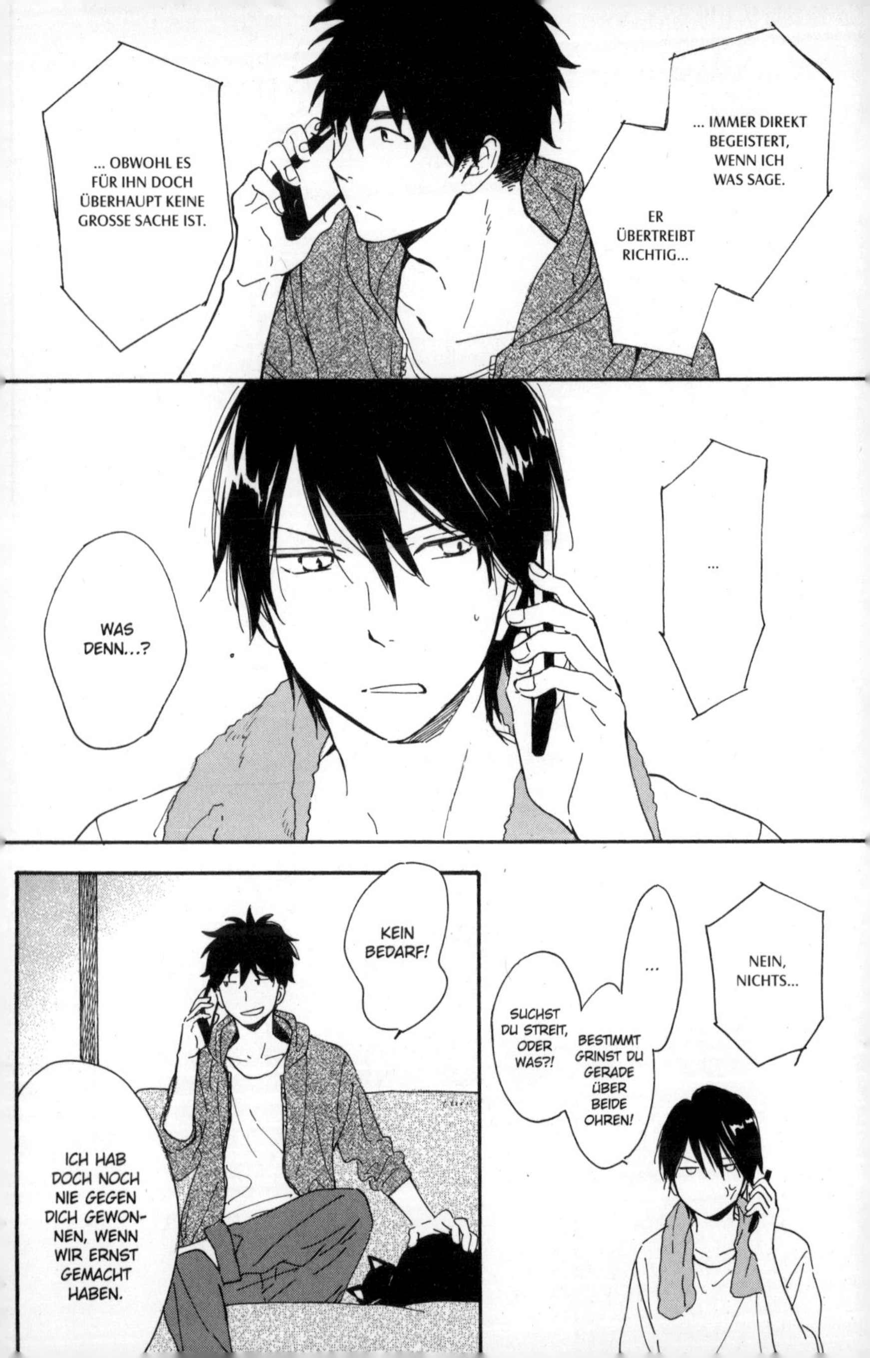
ER ÜBERTREIBT RICHTIG...
... IMMER DIREKT BEGEISTERT, WENN ICH WAS SAGE.
... OBWOHL ES FÜR IHN DOCH ÜBERHAUPT KEINE GROSSE SACHE IST.
...
WAS DENN...?
NEIN, NICHTS...
...
BESTIMMT GRINST DU GERADE ÜBER BEIDE OHREN!
SUCHST DU STREIT, ODER WAS?!
KEIN BEDARF!
ICH HAB DOCH NOCH NIE GEGEN DICH GEWONNEN, WENN WIR ERNST GEMACHT HABEN.

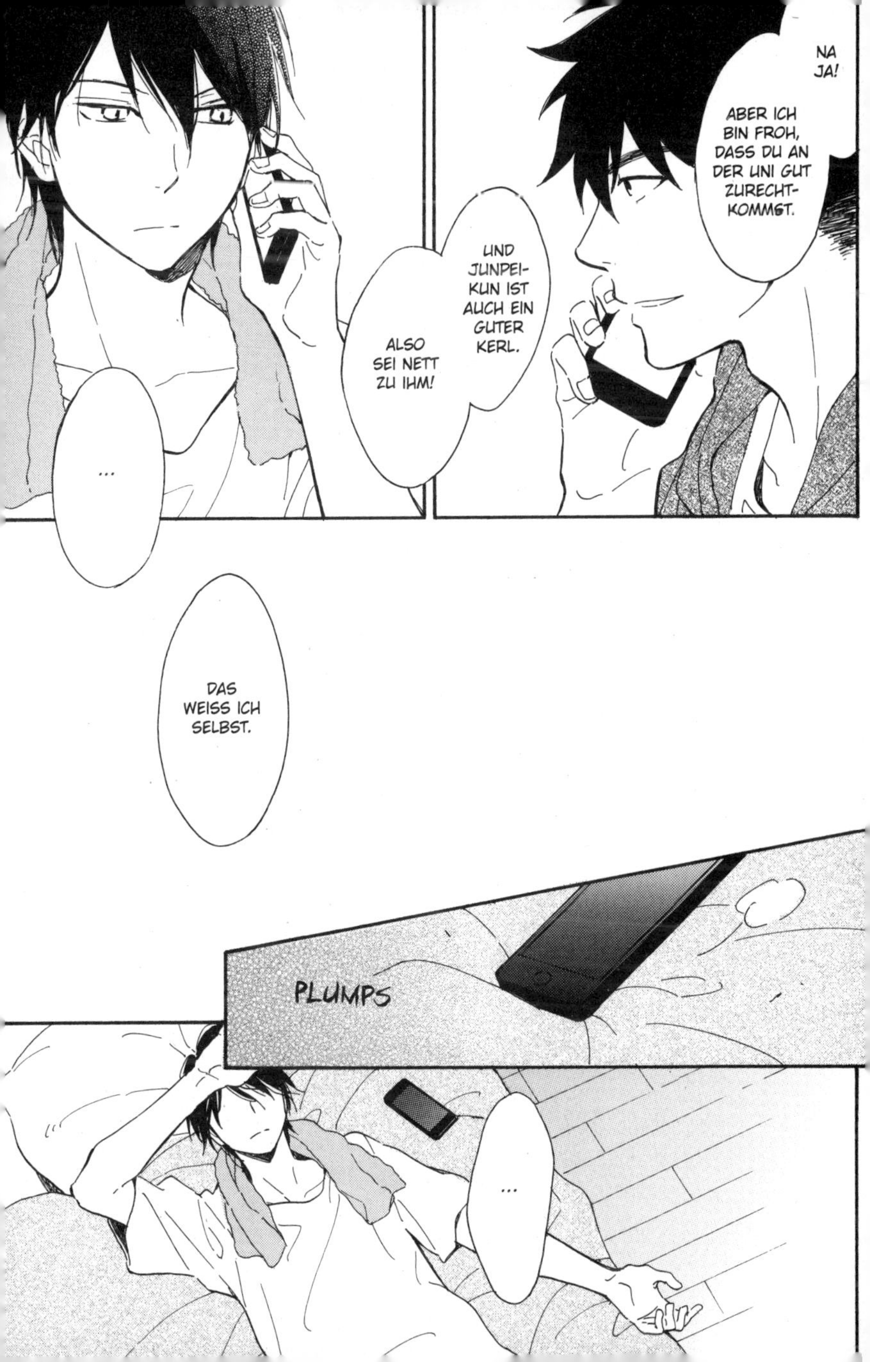
NA JA!
ABER ICH BIN FROH, DASS DU AN DER UNI GUT ZURECHTKOMMST.
UND JUNPEI-KUN IST AUCH EIN GUTER KERL.
ALSO SEI NETT ZU IHM!
...
DAS WEISS ICH SELBST.
PLUMPS
...

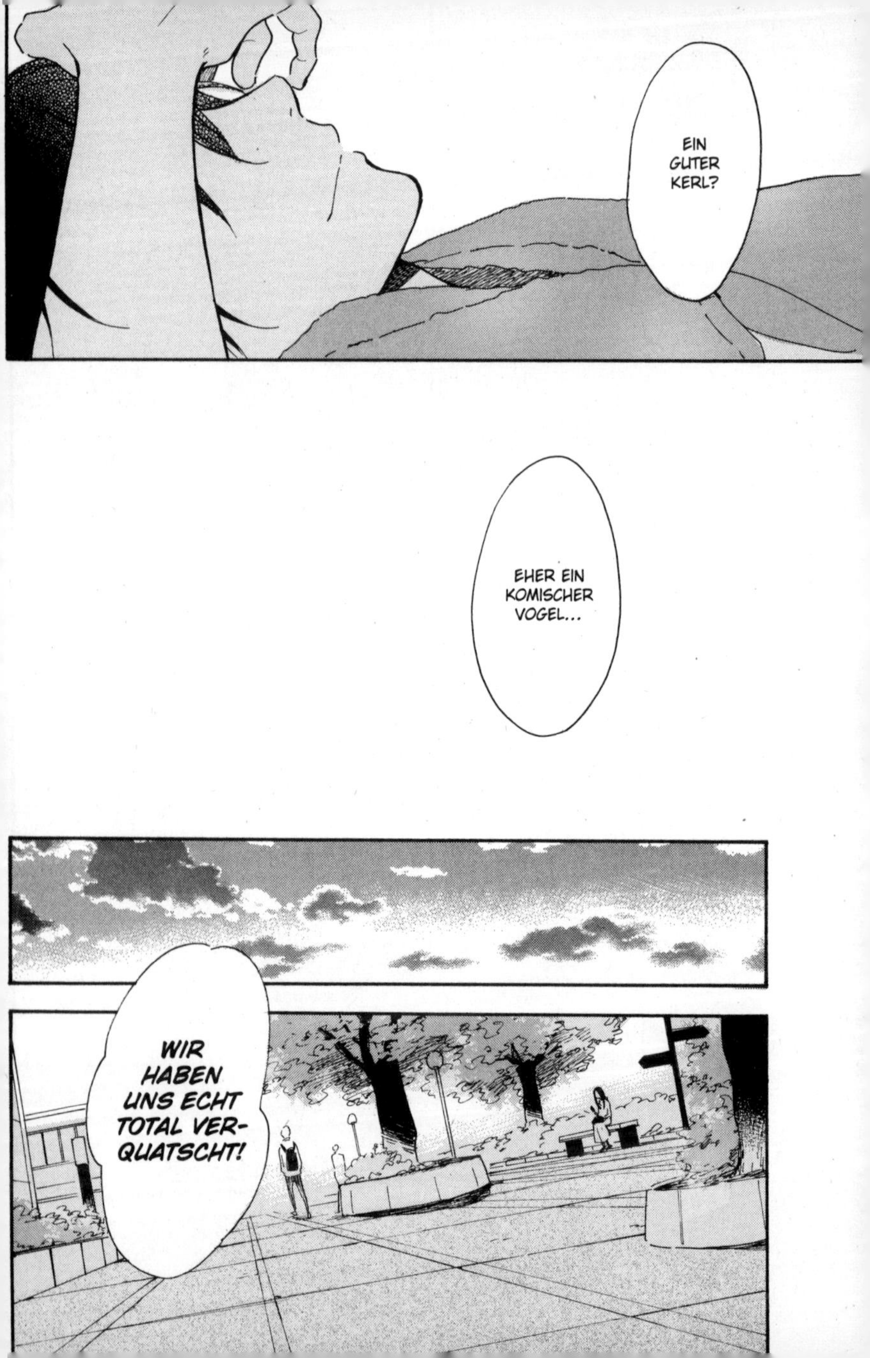
EIN GUTER KERL?
EHER EIN KOMISCHER VOGEL...
WIR HABEN UNS ECHT TOTAL VER-QUATSCHT!

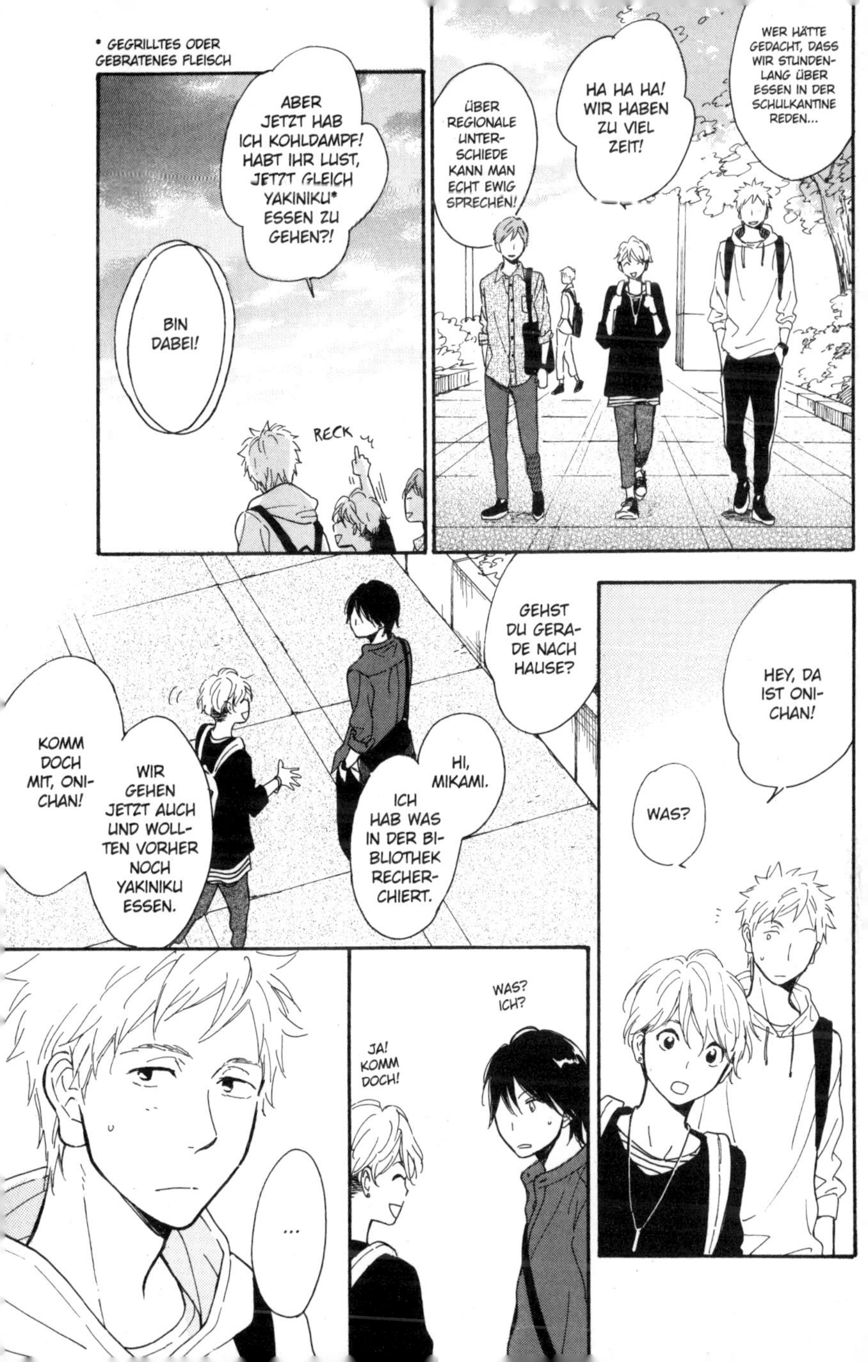

* GEGRILLTES ODER GEBRATENES FLEISCH

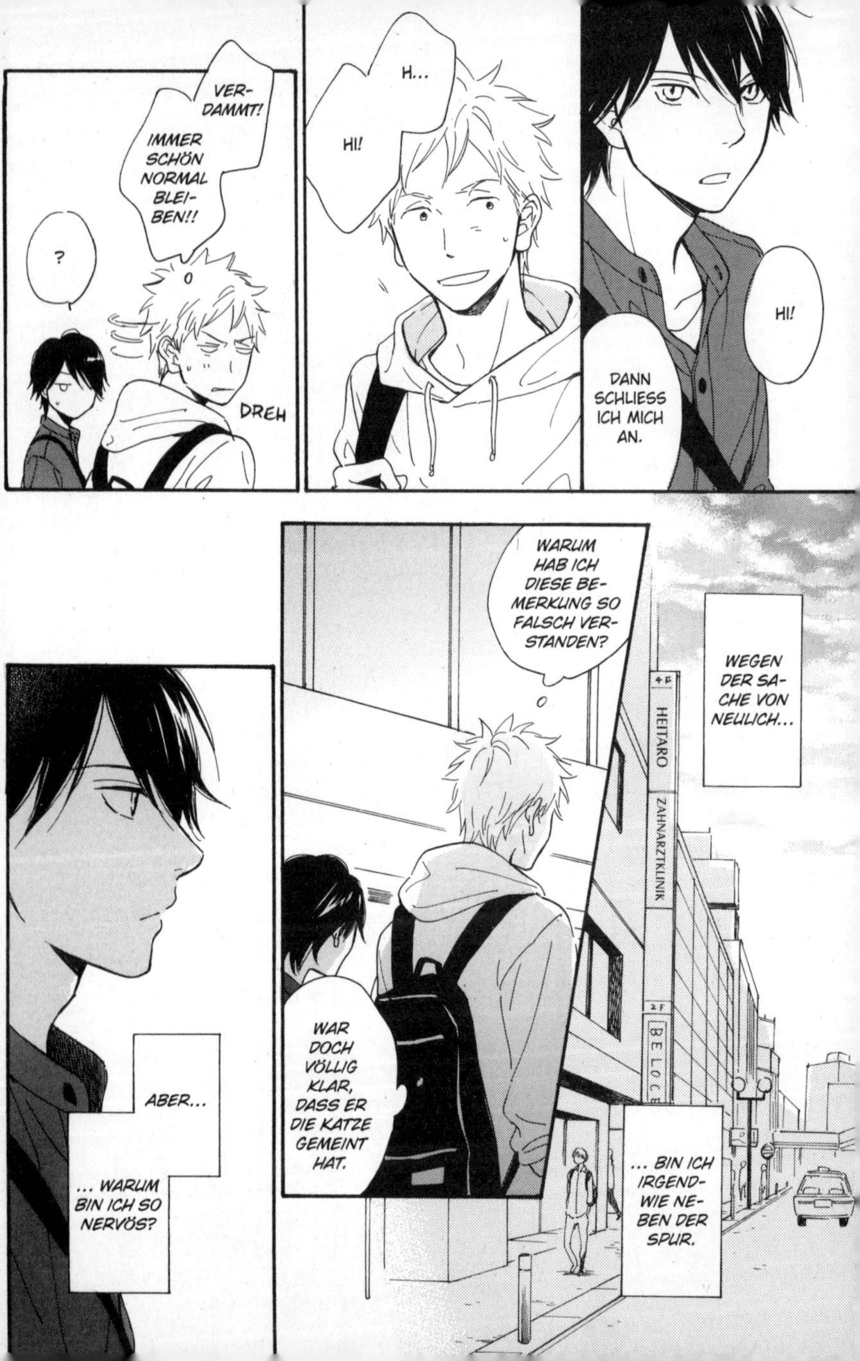
HI!
DANN SCHLIESS ICH MICH AN.
H...
HI!
VERDAMMT!
IMMER SCHÖN NORMAL BLEIBEN!!
?
DREH
WEGEN DER SACHE VON NEULICH...
HEITARO
ZAHNARZTKLINIK
... BIN ICH IRGENDWIE NEBEN DER SPUR.
WARUM HAB ICH DIESE BEMERKUNG SO FALSCH VERSTANDEN?
WAR DOCH VÖLLIG KLAR, DASS ER DIE KATZE GEMEINT HAT.
ABER...
... WARUM BIN ICH SO NERVÖS?

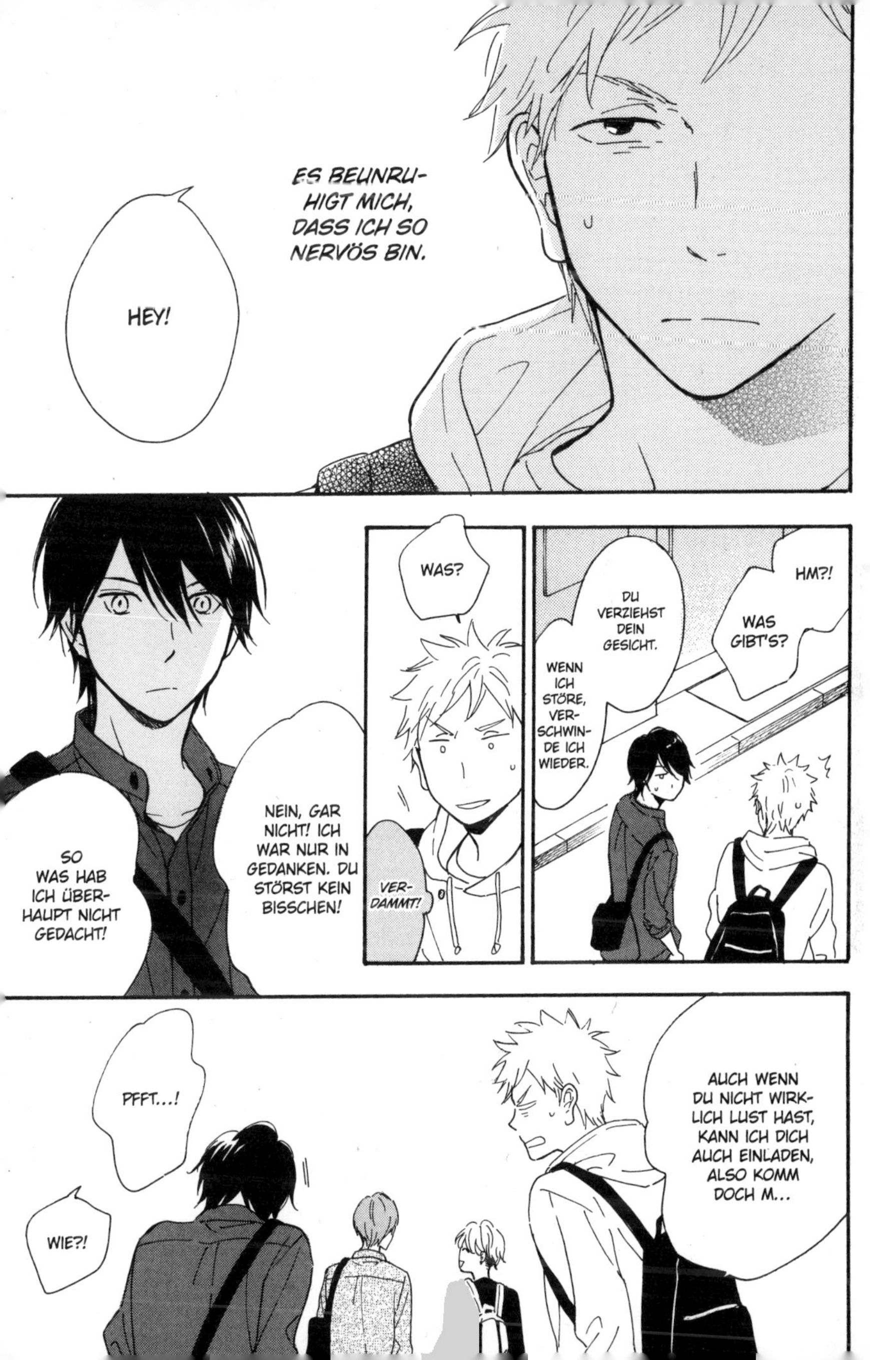
ES BEUNRUHIGT MICH, DASS ICH SO NERVÖS BIN.
HEY!
HM?!
WAS GIBT'S?
DU VERZIEHST DEIN GESICHT.
WENN ICH STÖRE, VERSCHWINDE ICH WIEDER.
WAS?
VERDAMMT!
NEIN, GAR NICHT! ICH WAR NUR IN GEDANKEN. DU STÖRST KEIN BISSCHEN!
SO WAS HAB ICH ÜBERHAUPT NICHT GEDACHT!
AUCH WENN DU NICHT WIRKLICH LUST HAST, KANN ICH DICH AUCH EINLADEN, ALSO KOMM DOCH M...
PFFT...!
WIE?!

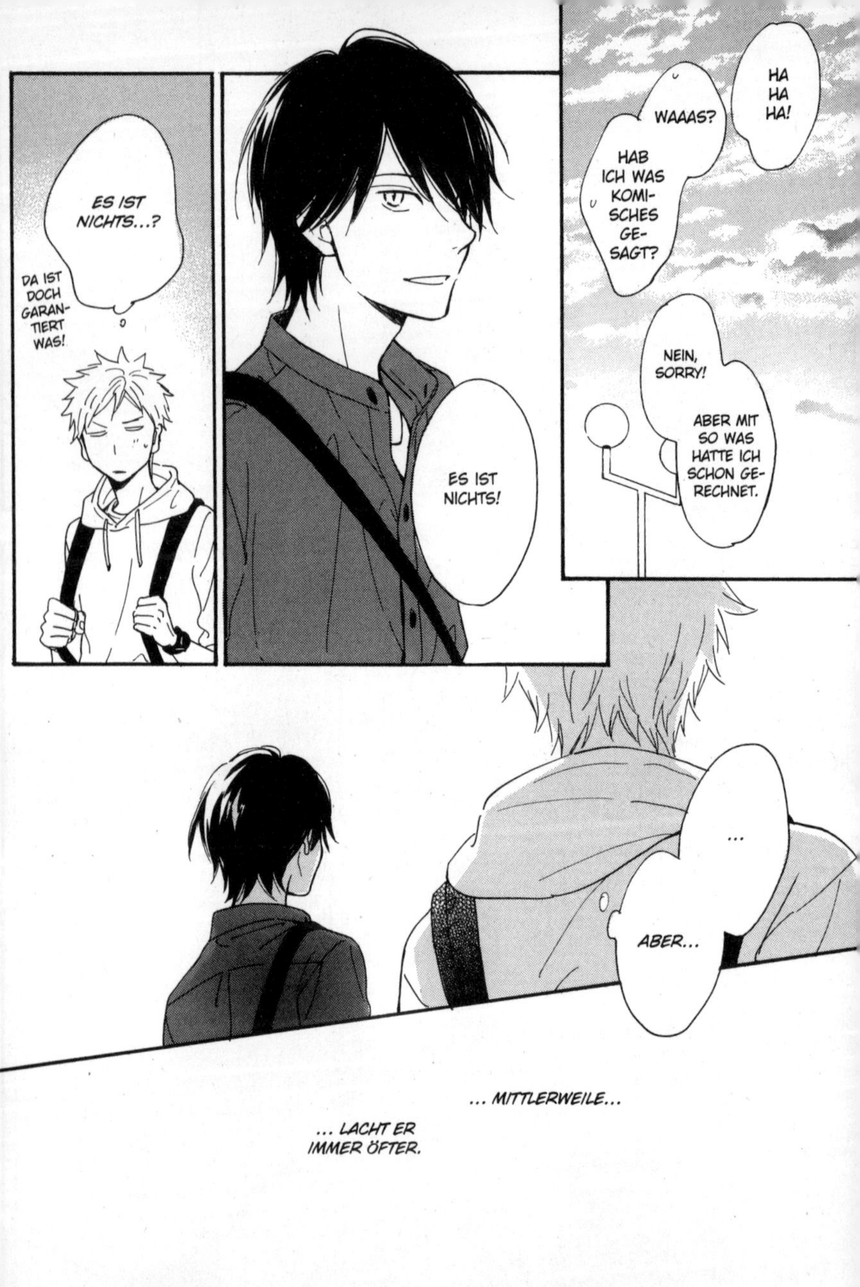
HA HA HA!
WAAAS?
HAB ICH WAS KOMISCHES GESAGT?
NEIN, SORRY!
ABER MIT SO WAS HATTE ICH SCHON GERECHNET.
ES IST NICHTS!
ES IST NICHTS...?
DA IST DOCH GARANTIERT WAS!
...
ABER...
... MITTLERWEILE...
... LACHT ER IMMER ÖFTER.

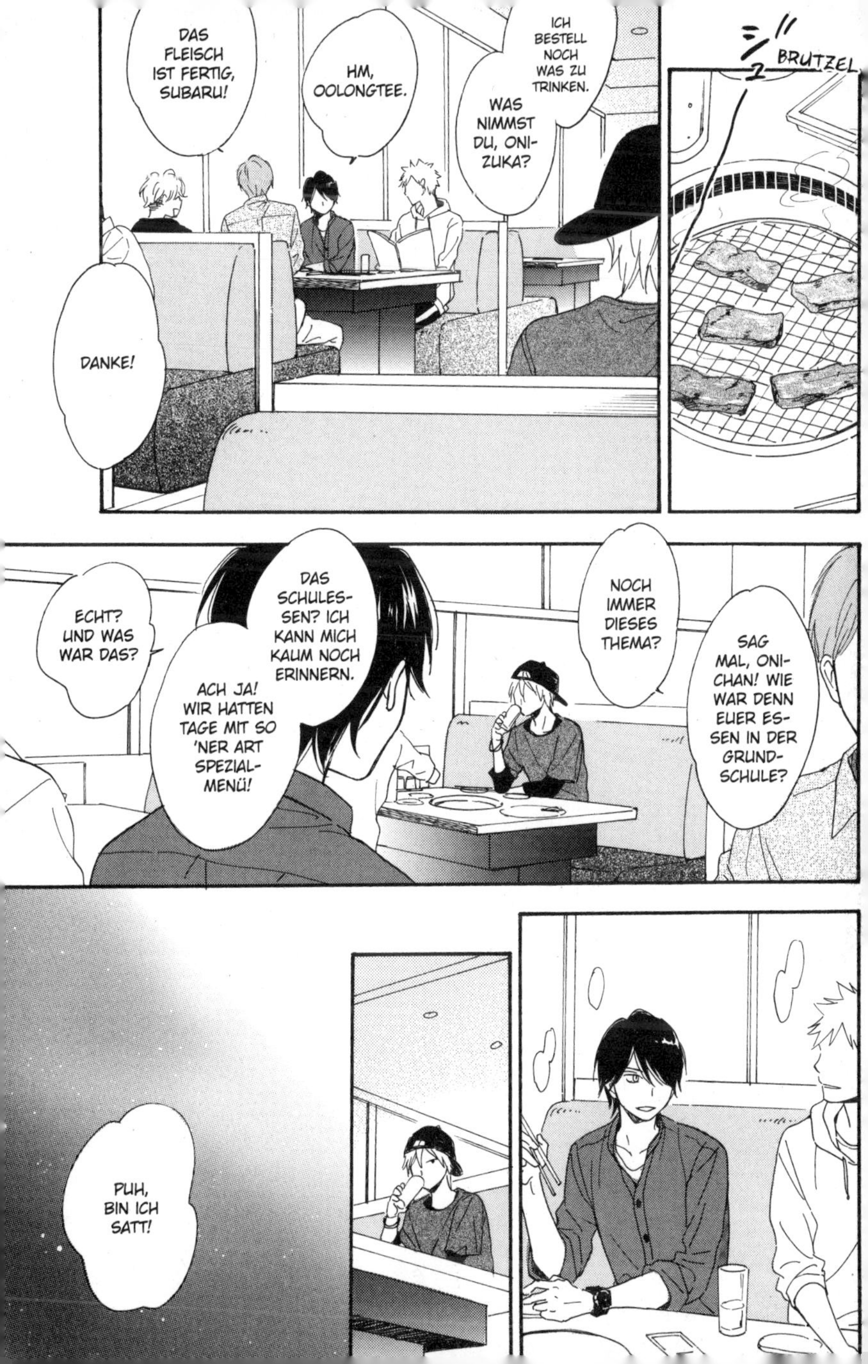
BRUTZEL
ICH BESTELL NOCH WAS ZU TRINKEN.
WAS NIMMST DU, ONI-ZUKA?
HM, OOLONGTEE.
DAS FLEISCH IST FERTIG, SUBARU!
DANKE!
SAG MAL, ONI-CHAN! WIE WAR DENN EUER ES-SEN IN DER GRUND-SCHULE?
NOCH IMMER DIESES THEMA?
DAS SCHULES-SEN? ICH KANN MICH KAUM NOCH ERINNERN.
ACH JA! WIR HATTEN TAGE MIT SO 'NER ART SPEZIAL-MENÜ!
ECHT? UND WAS WAR DAS?
PUH, BIN ICH SATT!

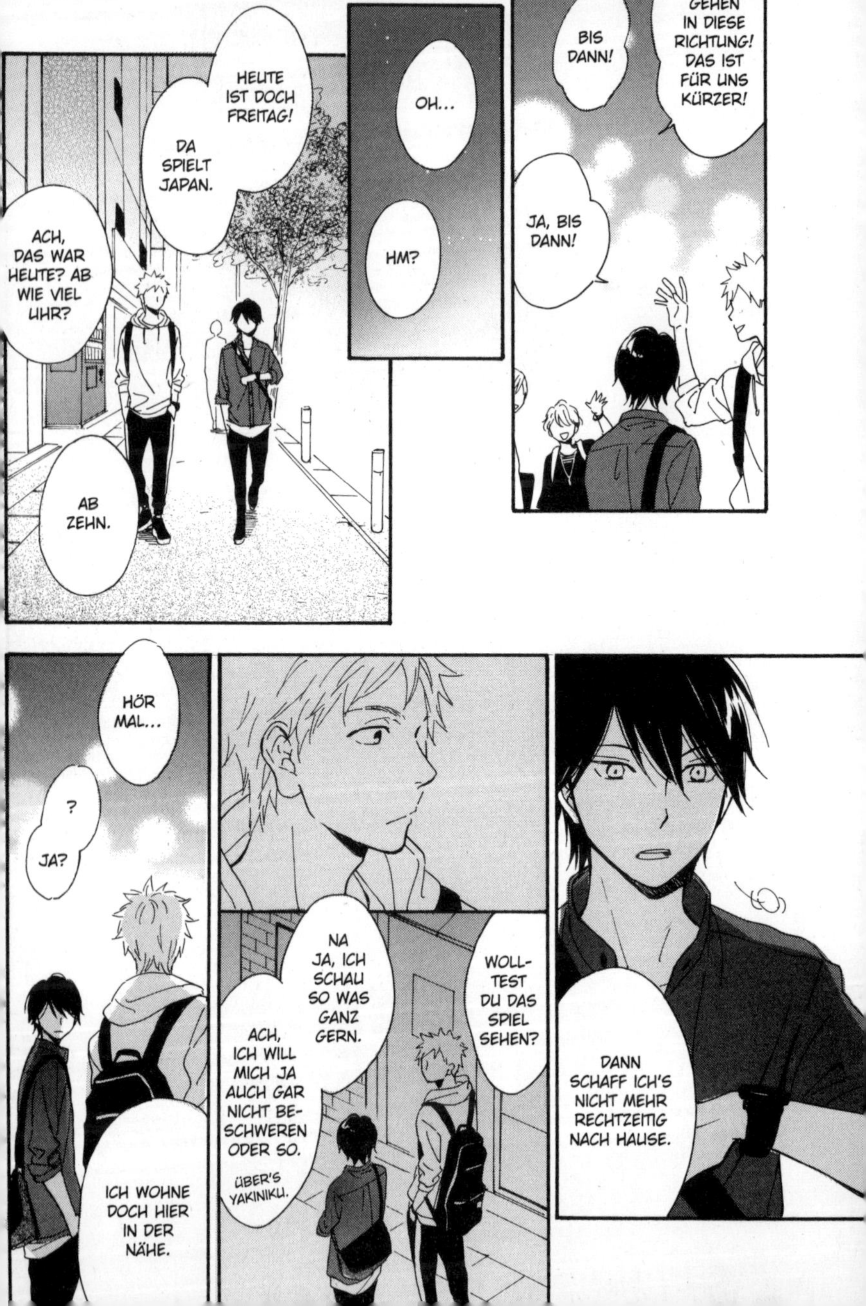
WIR GEHEN IN DIESE RICHTUNG! DAS IST FÜR UNS KÜRZER!
BIS DANN!
JA, BIS DANN!
OH...
HM?
HEUTE IST DOCH FREITAG!
DA SPIELT JAPAN.
ACH, DAS WAR HEUTE? AB WIE VIEL UHR?
AB ZEHN.
DANN SCHAFF ICH'S NICHT MEHR RECHTZEITIG NACH HAUSE.
WOLL-TEST DU DAS SPIEL SEHEN?
NA JA, ICH SCHAU SO WAS GANZ GERN.
ACH, ICH WILL MICH JA AUCH GAR NICHT BE-SCHWEREN ODER SO.
ÜBER'S YAKINIKU.
HÖR MAL...
?
JA?
ICH WOHNE DOCH HIER IN DER NÄHE.

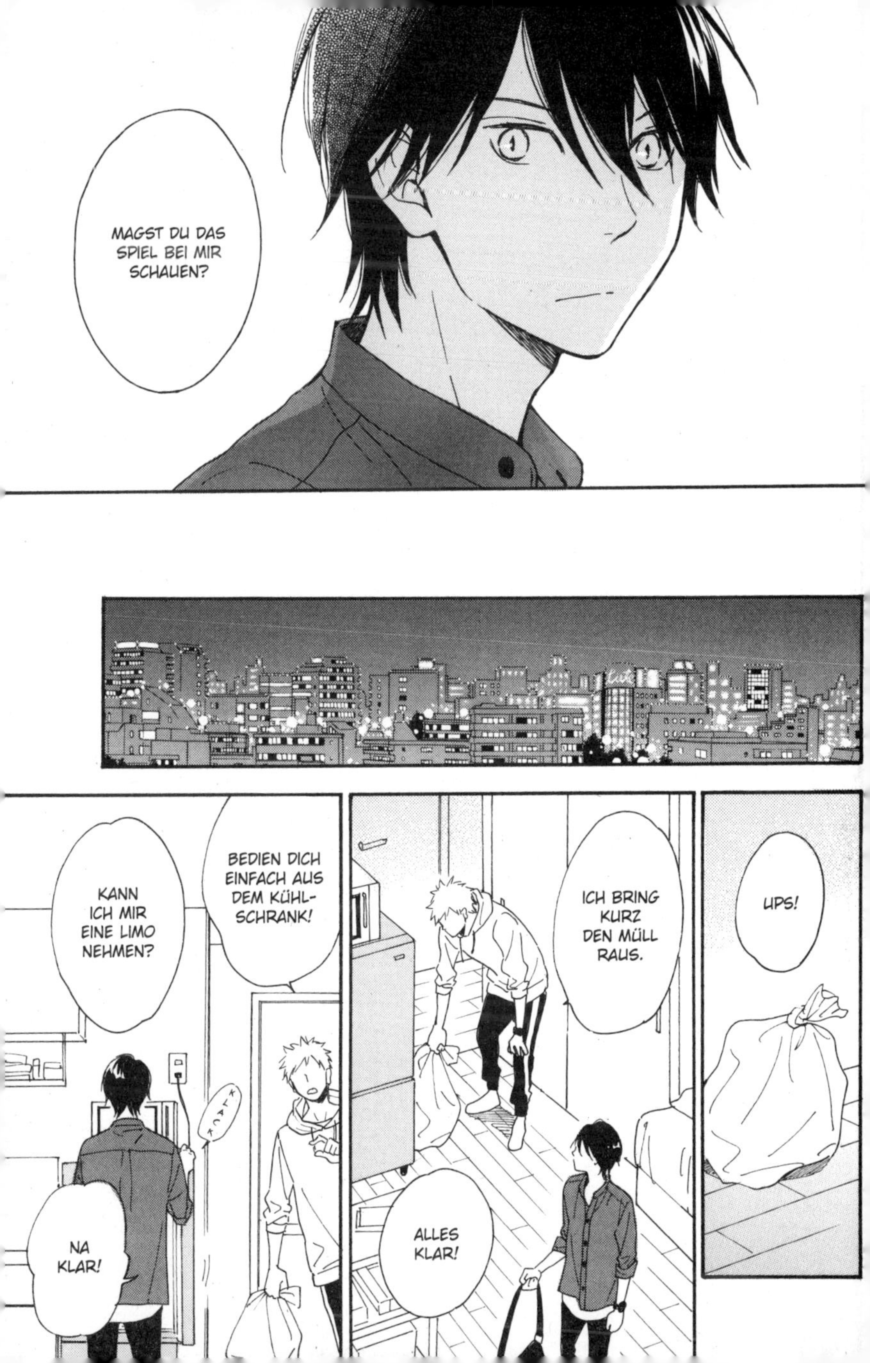
MAGST DU DAS SPIEL BEI MIR SCHAUEN?
UPS!
ICH BRING KURZ DEN MÜLL RAUS.
ALLES KLAR!
BEDIEN DICH EINFACH AUS DEM KÜHL-SCHRANK!
KANN ICH MIR EINE LIMO NEHMEN?
KLACK
NA KLAR!

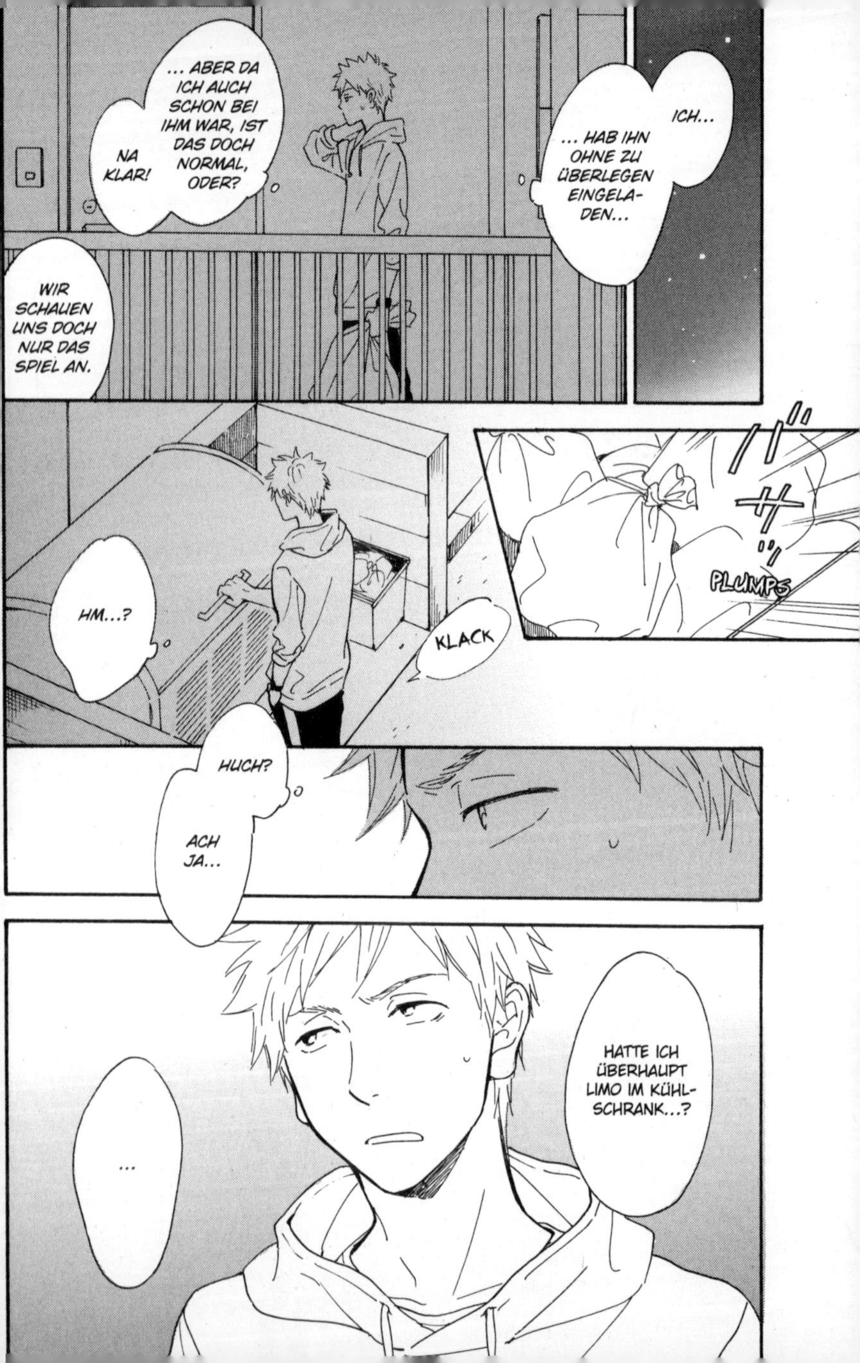
ICH…
… HAB IHN OHNE ZU ÜBERLEGEN EINGELA-DEN…
… ABER DA ICH AUCH SCHON BEI IHM WAR, IST DAS DOCH NORMAL, ODER?
NA KLAR!
WIR SCHAUEN UNS DOCH NUR DAS SPIEL AN.
PLUMPS
KLACK
HM…?
HUCH?
ACH JA…
HATTE ICH ÜBERHAUPT LIMO IM KÜHL-SCHRANK…?
…

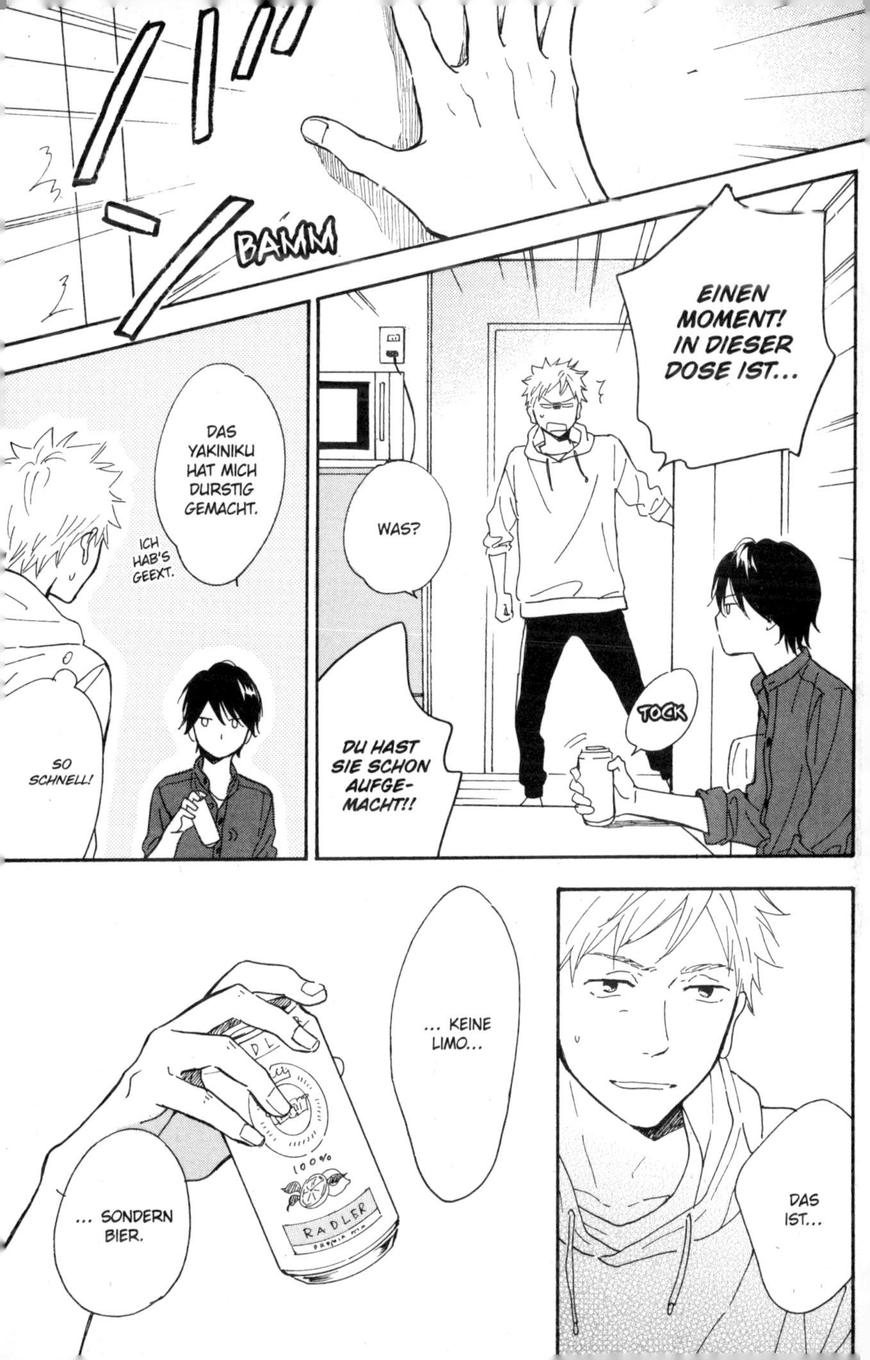
BAMM
EINEN MOMENT! IN DIESER DOSE IST…
WAS?
DAS YAKINIKU HAT MICH DURSTIG GEMACHT.
ICH HAB'S GEEXT.
DU HAST SIE SCHON AUFGE-MACHT!!
TOCK
SO SCHNELL!
DAS IST…
… KEINE LIMO…
… SONDERN BIER.
100%
RADLER

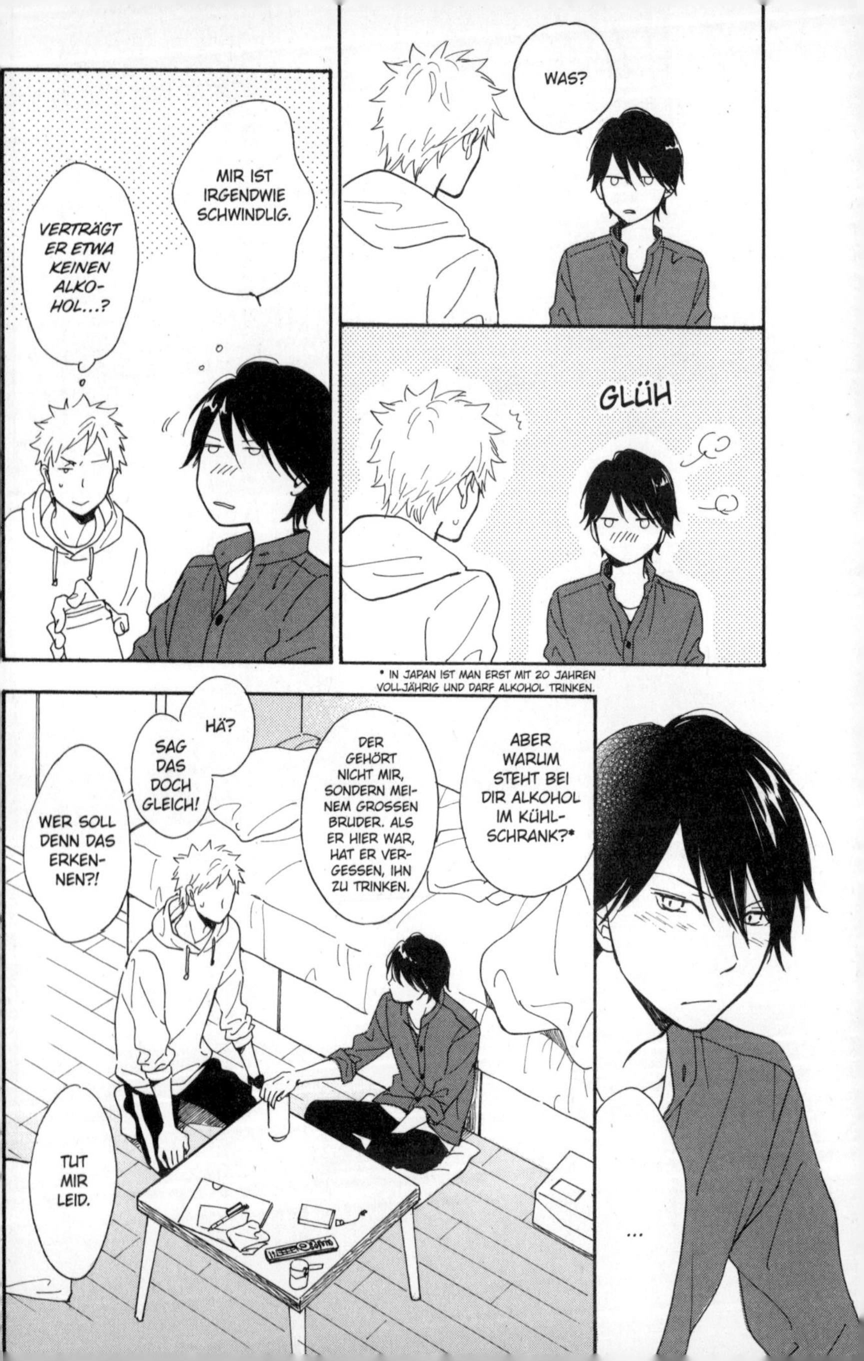

* IN JAPAN IST MAN ERST MIT 20 JAHREN VOLLJÄHRIG UND DARF ALKOHOL TRINKEN.

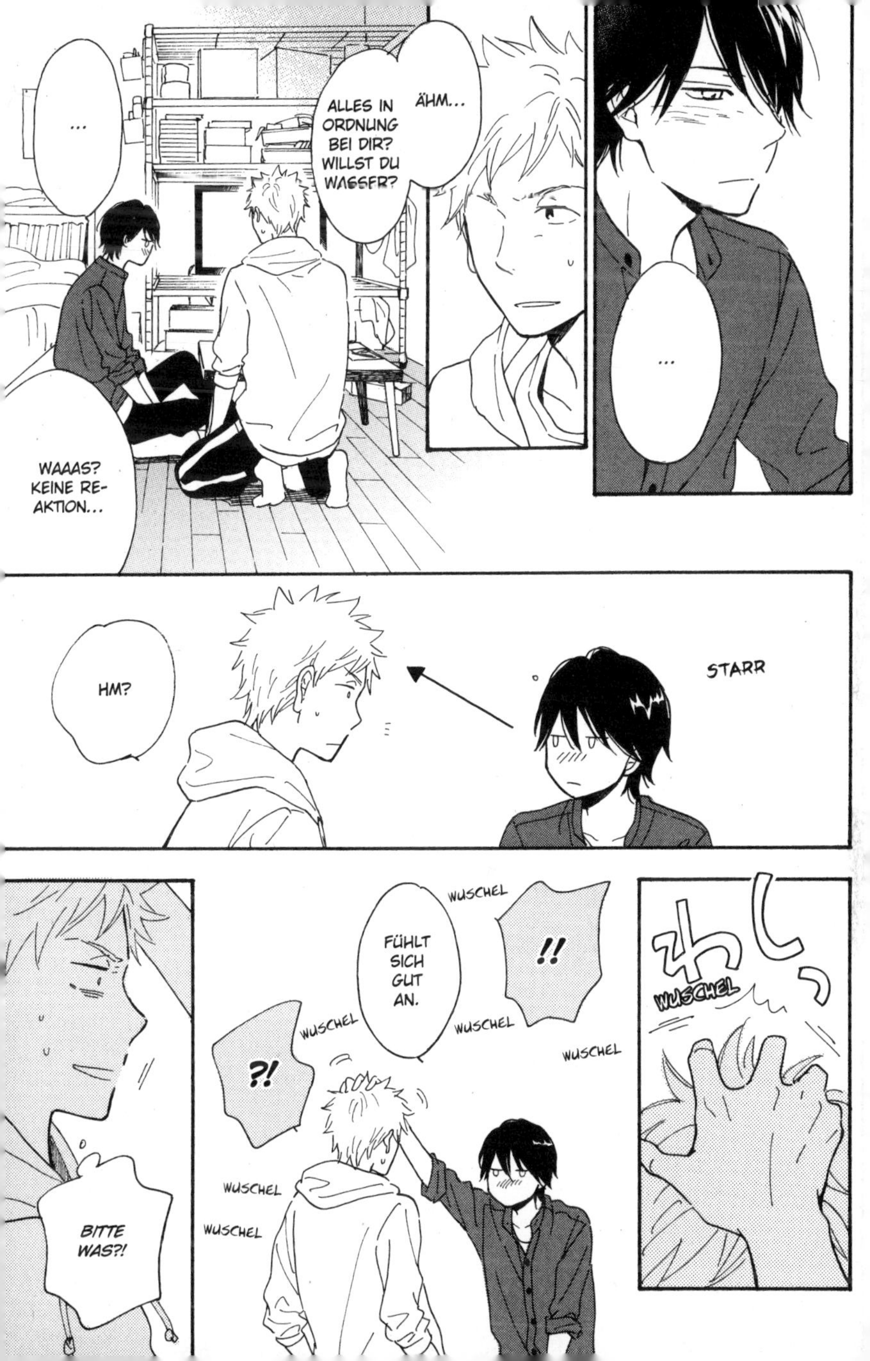
...
ÄHM...
ALLES IN ORDNUNG BEI DIR? WILLST DU WASSER?
...
WAAAS? KEINE RE-AKTION...
STARR
HM?
わしっ
WUSCHEL
WUSCHEL
!!
WUSCHEL
WUSCHEL
FÜHLT SICH GUT AN.
WUSCHEL
?!
WUSCHEL
WUSCHEL
BITTE WAS?!

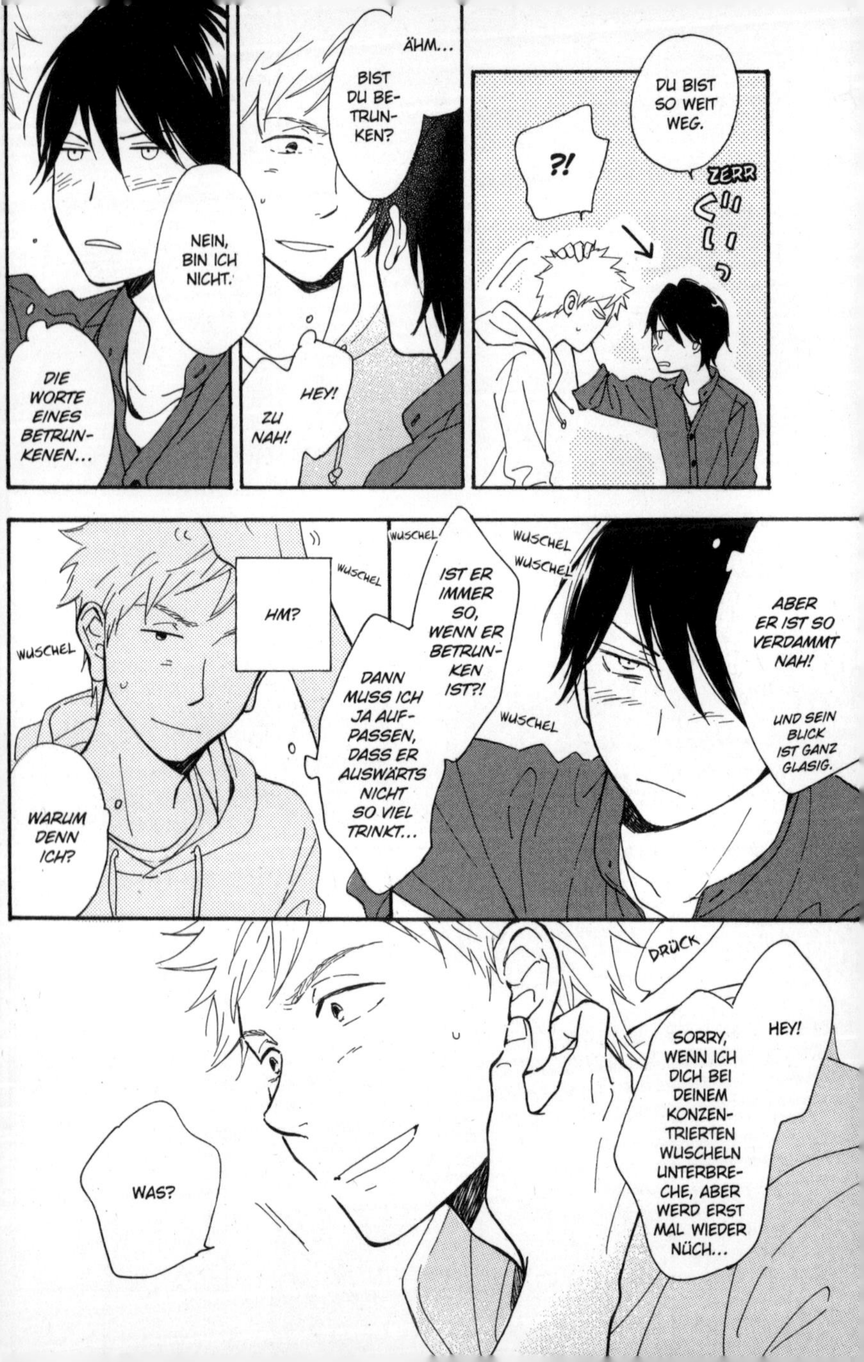
DU BIST SO WEIT WEG.
ZERR
?!
ÄHM…
BIST DU BETRUNKEN?
HEY!
ZU NAH!
NEIN, BIN ICH NICHT.
DIE WORTE EINES BETRUNKENEN…
ABER ER IST SO VERDAMMT NAH!
UND SEIN BLICK IST GANZ GLASIG.
WUSCHEL
WUSCHEL
WUSCHEL
IST ER IMMER SO, WENN ER BETRUNKEN IST?!
WUSCHEL
WUSCHEL
DANN MUSS ICH JA AUFPASSEN, DASS ER AUSWÄRTS NICHT SO VIEL TRINKT…
HM?
WUSCHEL
WARUM DENN ICH?
HEY!
DRÜCK
SORRY, WENN ICH DICH BEI DEINEM KONZENTRIERTEN WUSCHELN UNTERBRECHE, ABER WERD ERST MAL WIEDER NÜCH…
WAS?

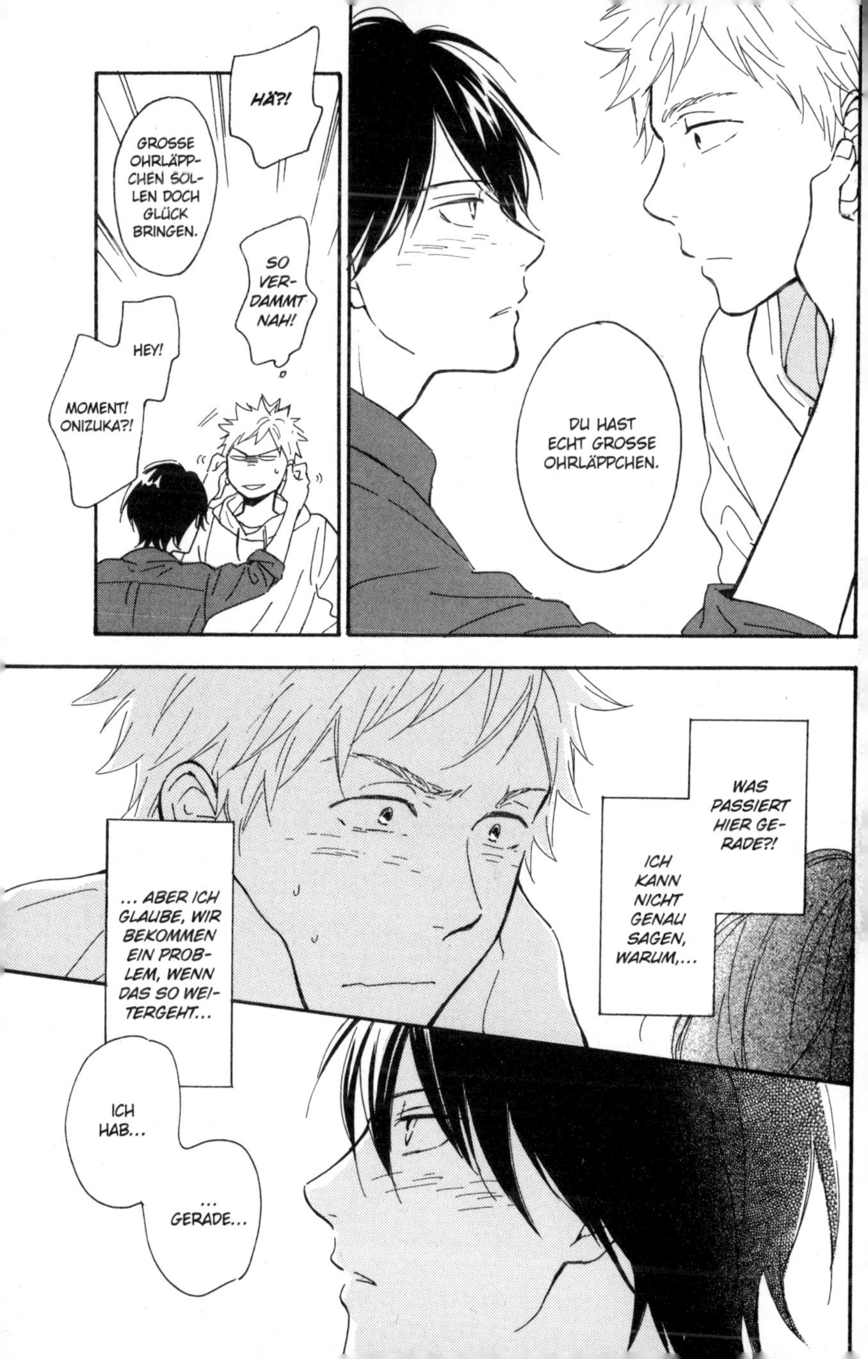
DU HAST ECHT GROSSE OHRLÄPPCHEN.
HÄ?!
GROSSE OHRLÄPP-CHEN SOL-LEN DOCH GLÜCK BRINGEN.
SO VER-DAMMT NAH!
HEY!
MOMENT! ONIZUKA?!
WAS PASSIERT HIER GE-RADE?!
ICH KANN NICHT GENAU SAGEN, WARUM,…
… ABER ICH GLAUBE, WIR BEKOMMEN EIN PROB-LEM, WENN DAS SO WEI-TERGEHT…
ICH HAB…
… GERADE…

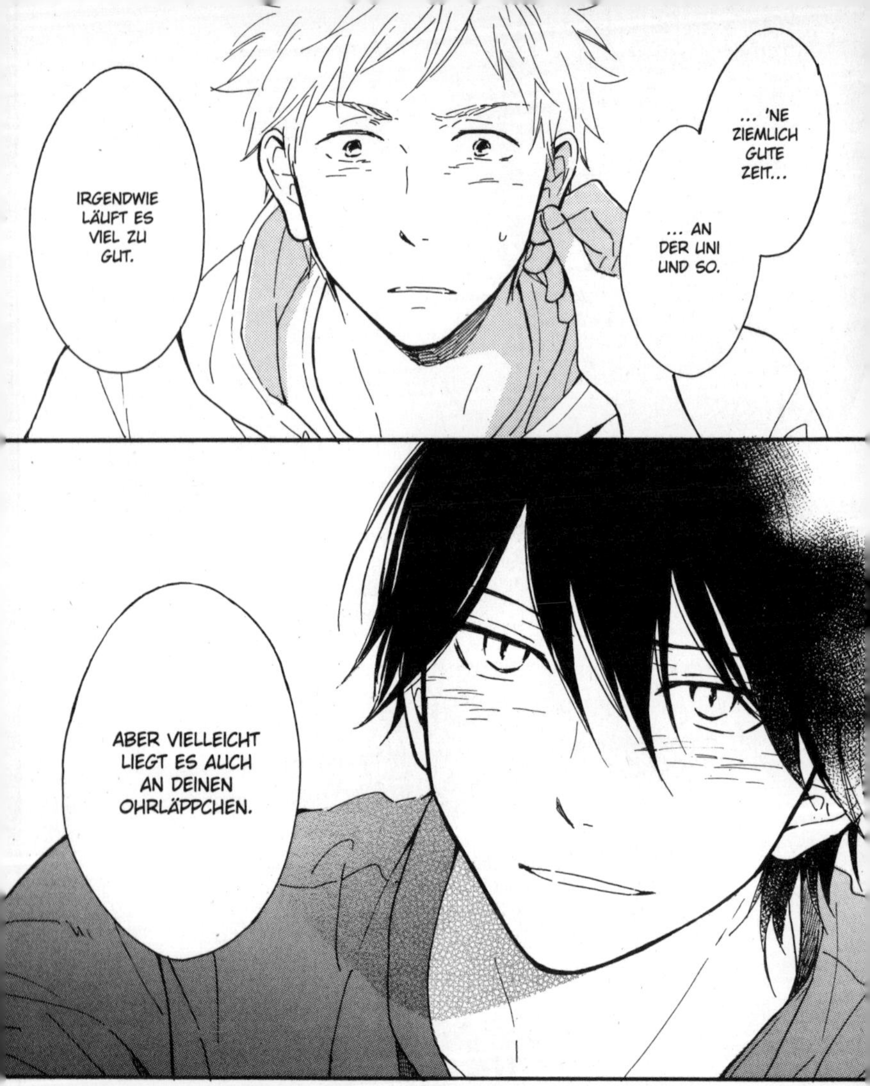

„DAS MUSS WOHL LIEBE SEIN."

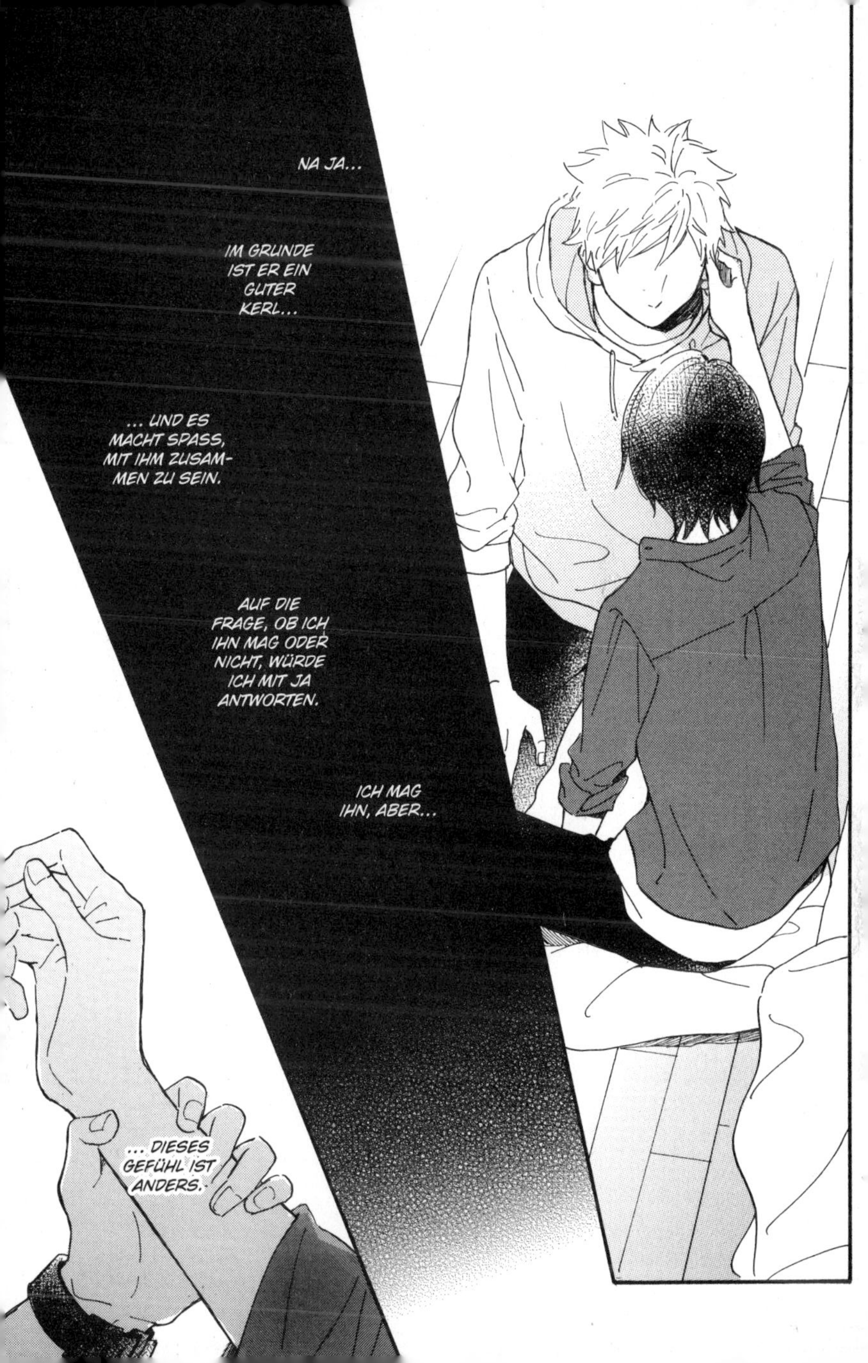
NA JA...
IM GRUNDE IST ER EIN GUTER KERL...
... UND ES MACHT SPASS, MIT IHM ZUSAMMEN ZU SEIN.
AUF DIE FRAGE, OB ICH IHN MAG ODER NICHT, WÜRDE ICH MIT JA ANTWORTEN.
ICH MAG IHN, ABER...
... DIESES GEFÜHL IST ANDERS.

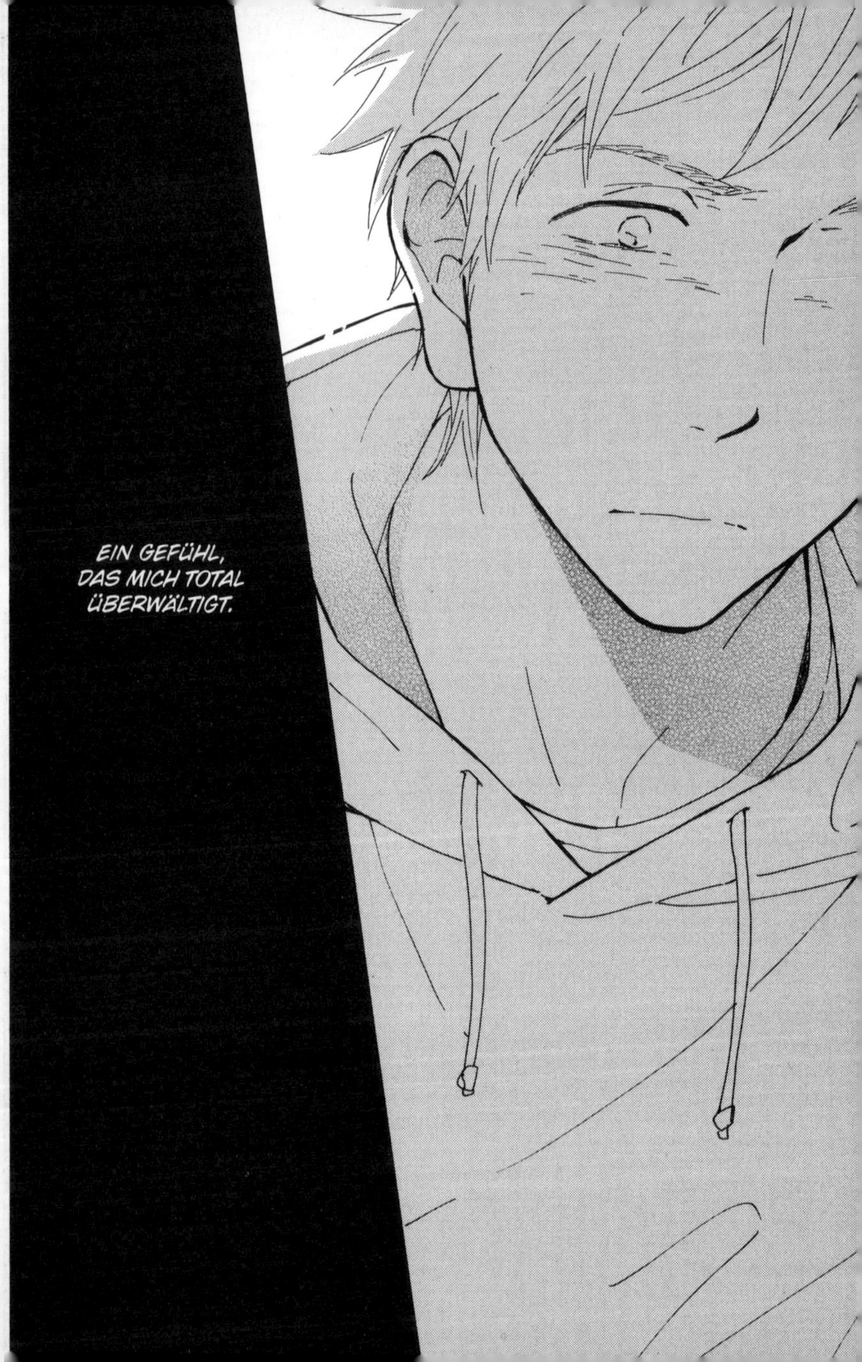
EIN GEFÜHL,
DAS MICH TOTAL
ÜBERWÄLTIGT.

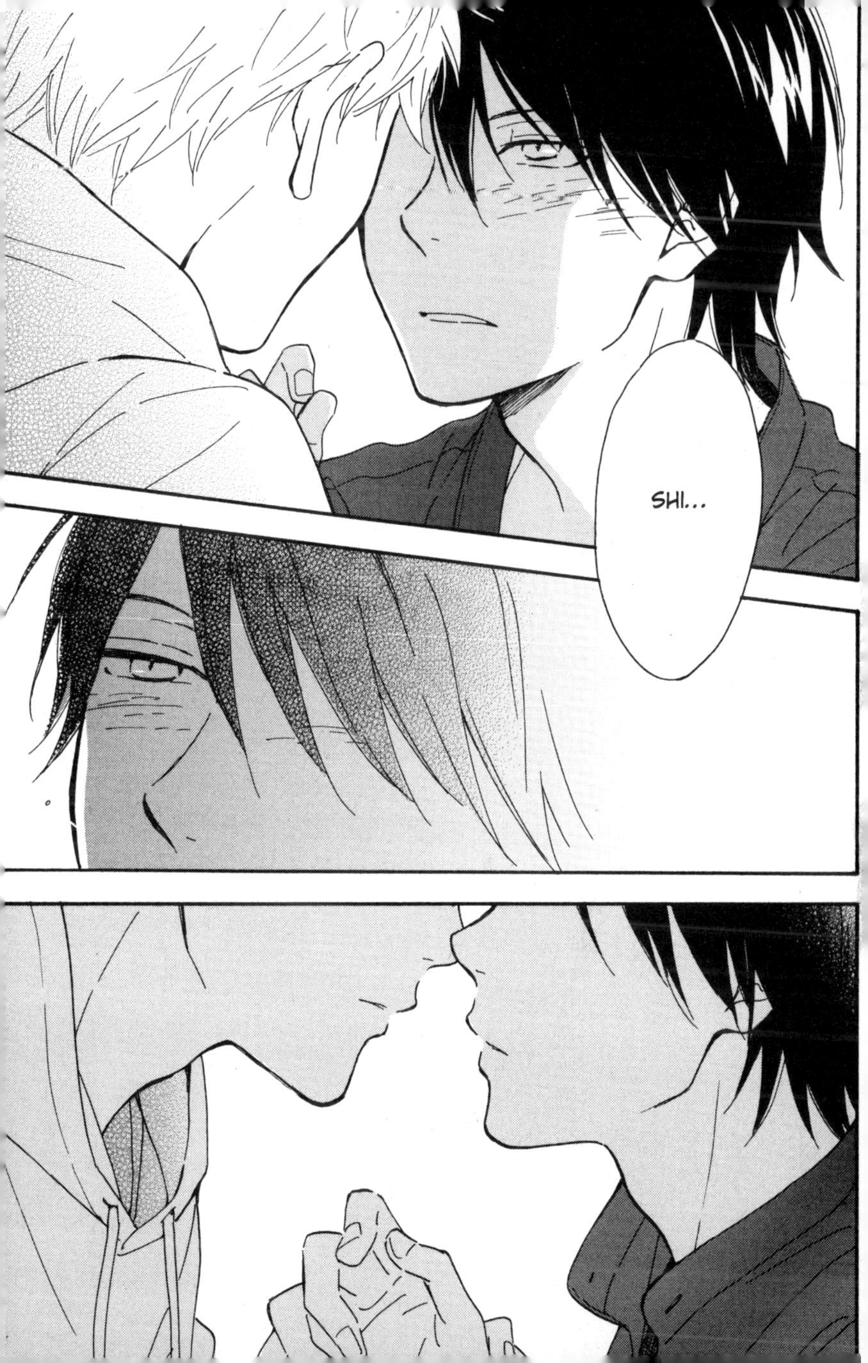
SHI...

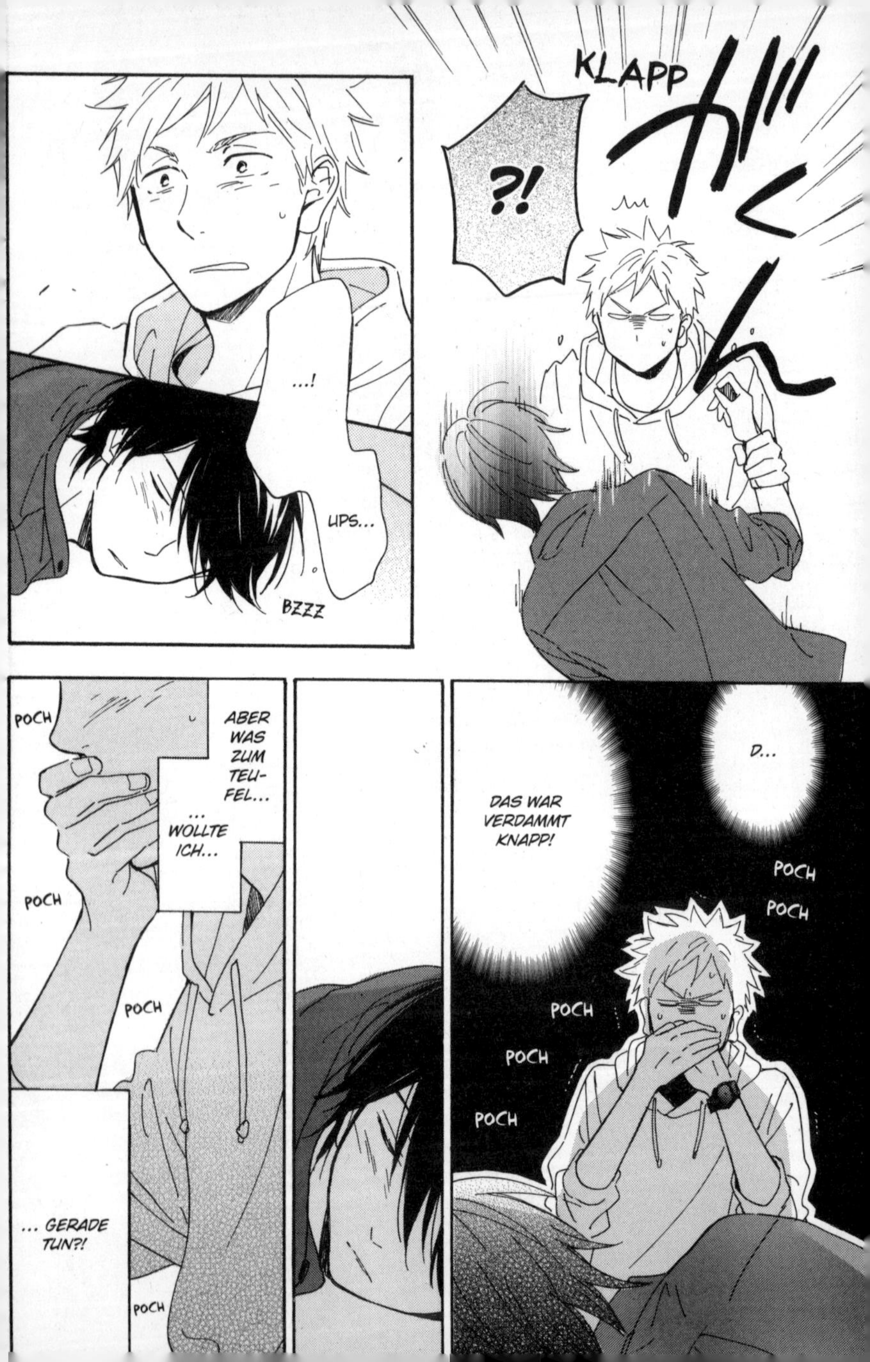
KLAPP
がくん
?!
...!
UPS...
BZZZ
D...
DAS WAR VERDAMMT KNAPP!
POCH
POCH
POCH
POCH
POCH
ABER WAS ZUM TEU-FEL...
... WOLLTE ICH...
... GERADE TUN?!
POCH
POCH
POCH
POCH

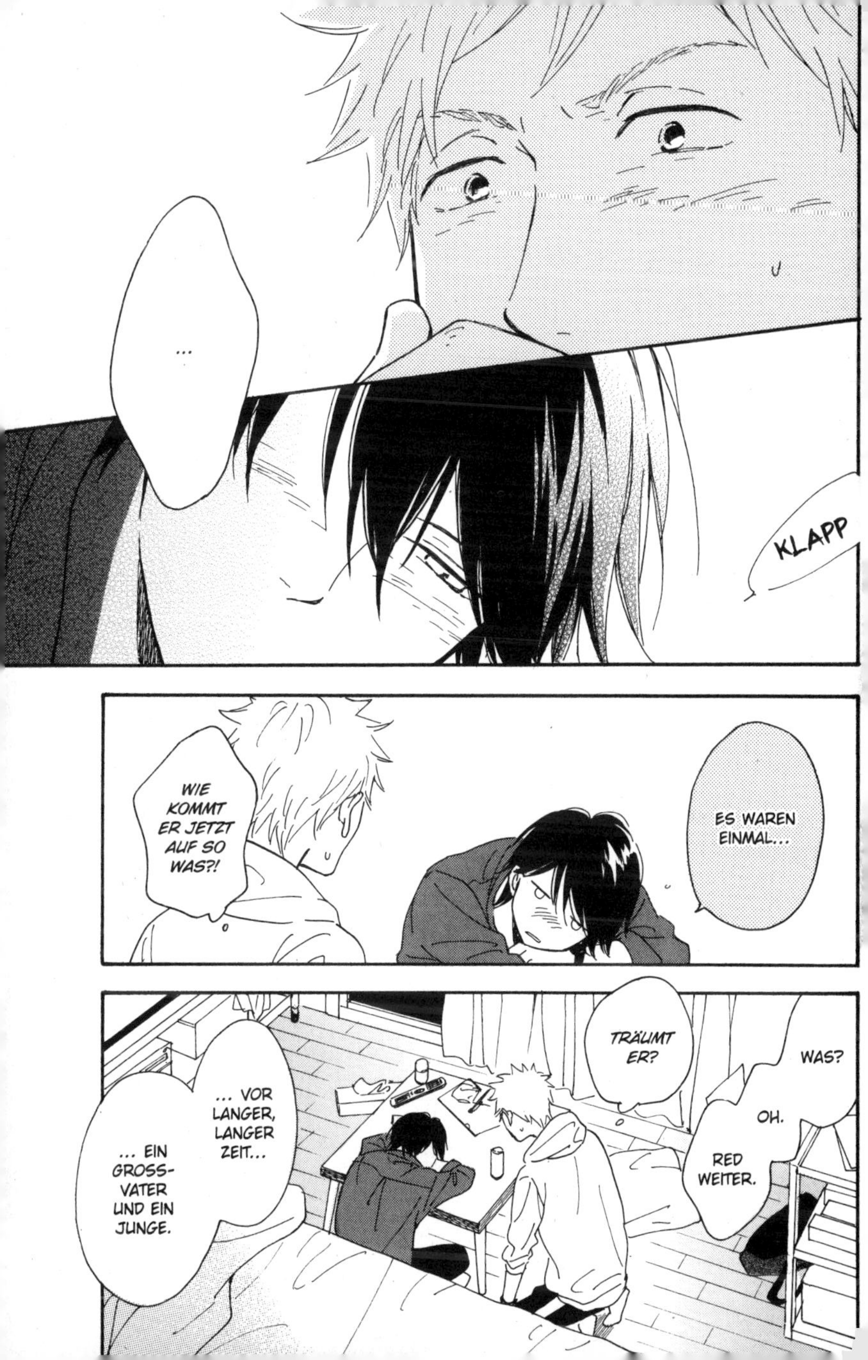
KLAPP
...
ES WAREN EINMAL...
WIE KOMMT ER JETZT AUF SO WAS?!
WAS?
OH.
RED WEITER.
TRÄUMT ER?
... VOR LANGER, LANGER ZEIT...
... EIN GROSS-VATER UND EIN JUNGE.

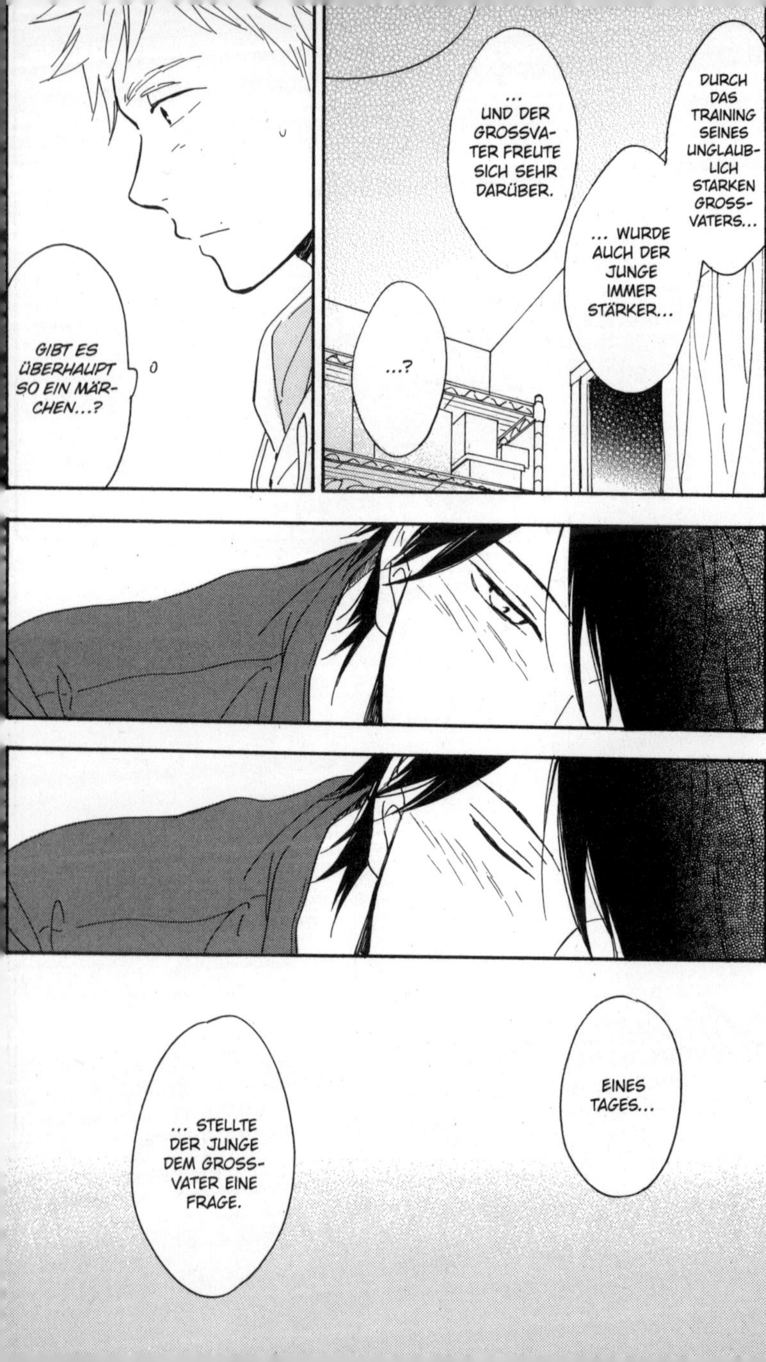
DURCH DAS TRAINING SEINES UNGLAUBLICH STARKEN GROSSVATERS…
… WURDE AUCH DER JUNGE IMMER STÄRKER…
… UND DER GROSSVATER FREUTE SICH SEHR DARÜBER.
…?
GIBT ES ÜBERHAUPT SO EIN MÄRCHEN…?
EINES TAGES…
… STELLTE DER JUNGE DEM GROSSVATER EINE FRAGE.

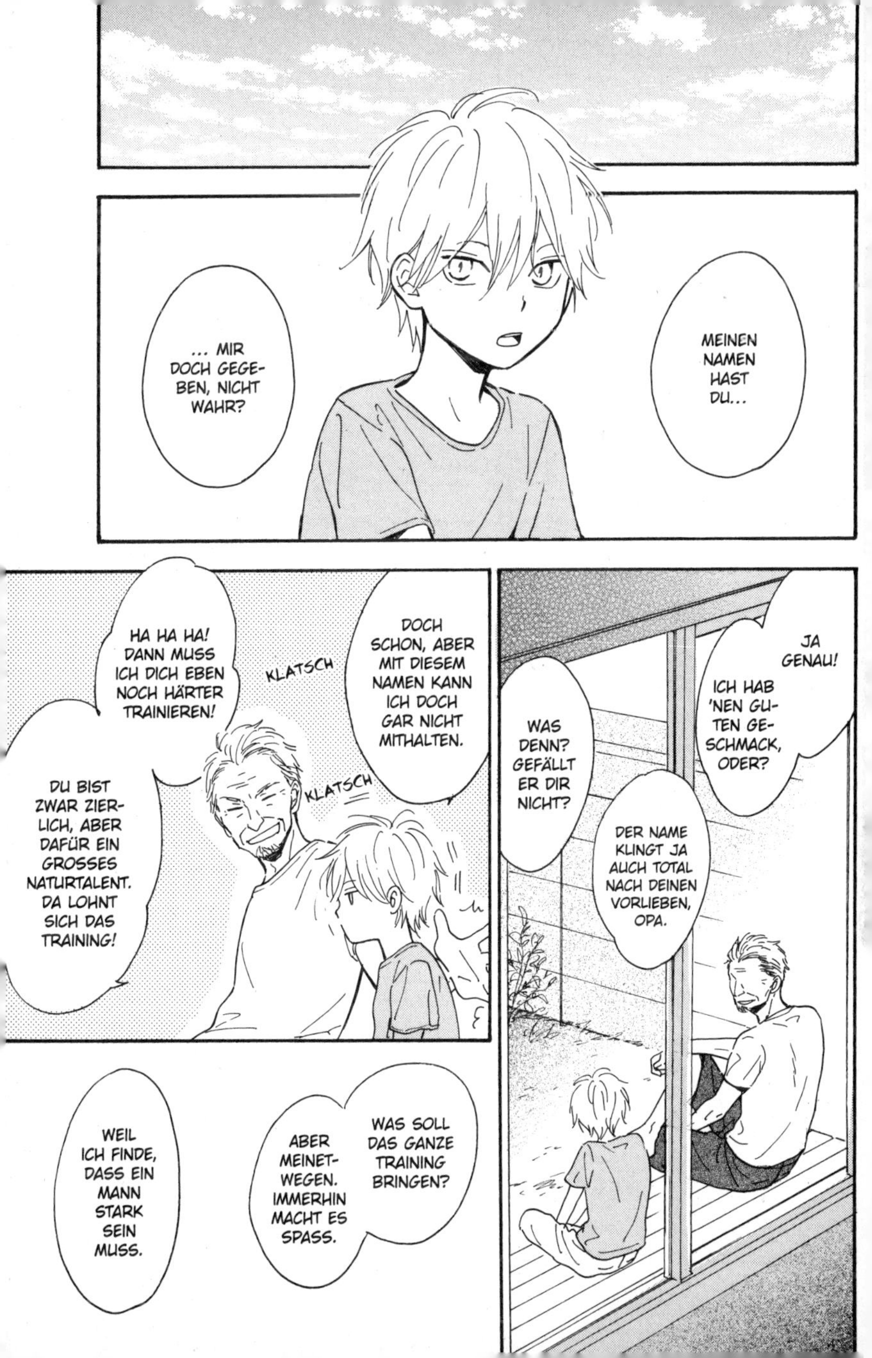
MEINEN NAMEN HAST DU…
… MIR DOCH GEGEBEN, NICHT WAHR?
JA GENAU!
ICH HAB 'NEN GUTEN GESCHMACK, ODER?
DER NAME KLINGT JA AUCH TOTAL NACH DEINEN VORLIEBEN, OPA.
WAS DENN? GEFÄLLT ER DIR NICHT?
DOCH SCHON, ABER MIT DIESEM NAMEN KANN ICH DOCH GAR NICHT MITHALTEN.
KLATSCH
KLATSCH
HA HA HA! DANN MUSS ICH DICH EBEN NOCH HÄRTER TRAINIEREN!
DU BIST ZWAR ZIERLICH, ABER DAFÜR EIN GROSSES NATURTALENT. DA LOHNT SICH DAS TRAINING!
WAS SOLL DAS GANZE TRAINING BRINGEN?
ABER MEINETWEGEN. IMMERHIN MACHT ES SPASS.
WEIL ICH FINDE, DASS EIN MANN STARK SEIN MUSS.

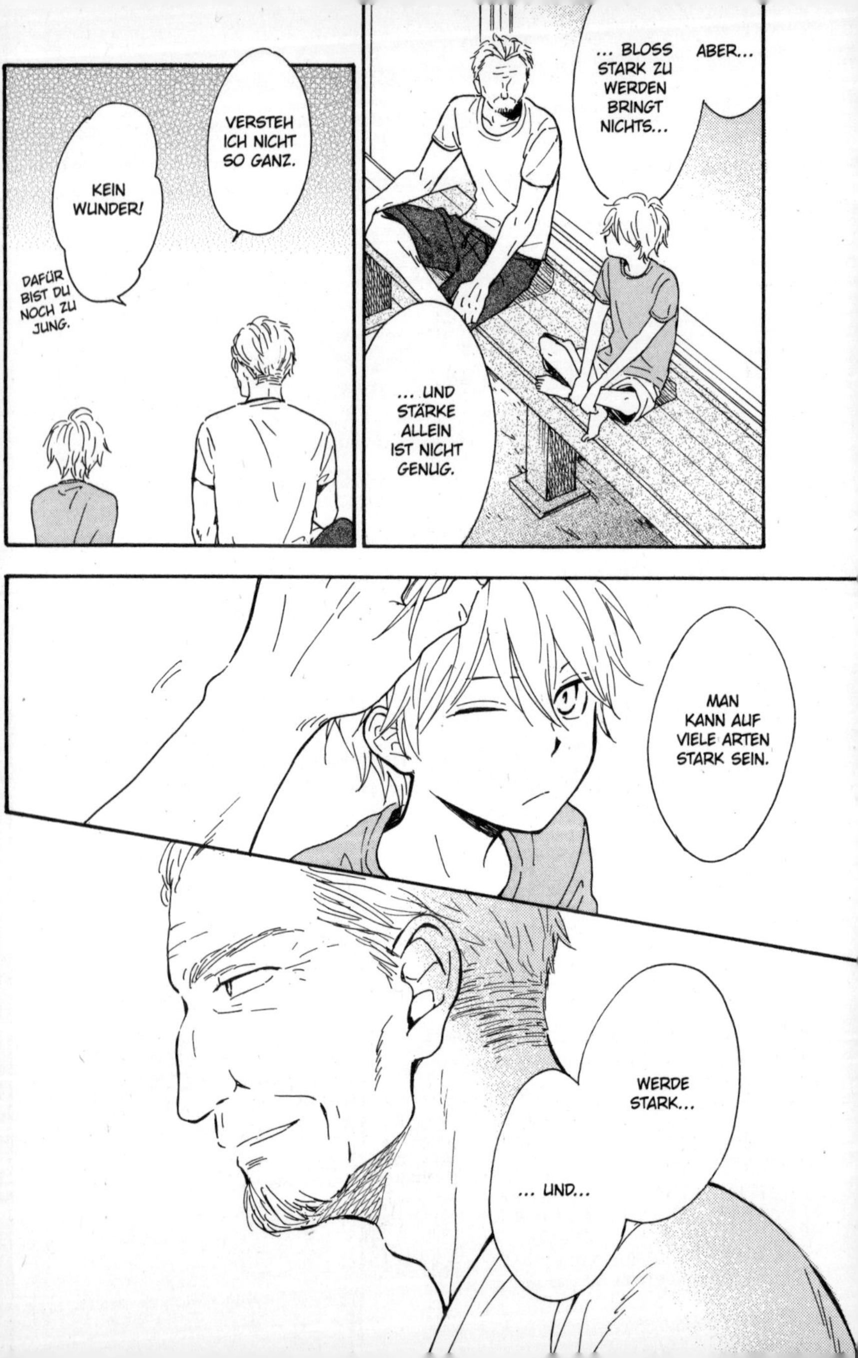
ABER…
… BLOSS STARK ZU WERDEN BRINGT NICHTS…
… UND STÄRKE ALLEIN IST NICHT GENUG.
VERSTEH ICH NICHT SO GANZ.
KEIN WUNDER!
DAFÜR BIST DU NOCH ZU JUNG.
MAN KANN AUF VIELE ARTEN STARK SEIN.
WERDE STARK…
… UND…

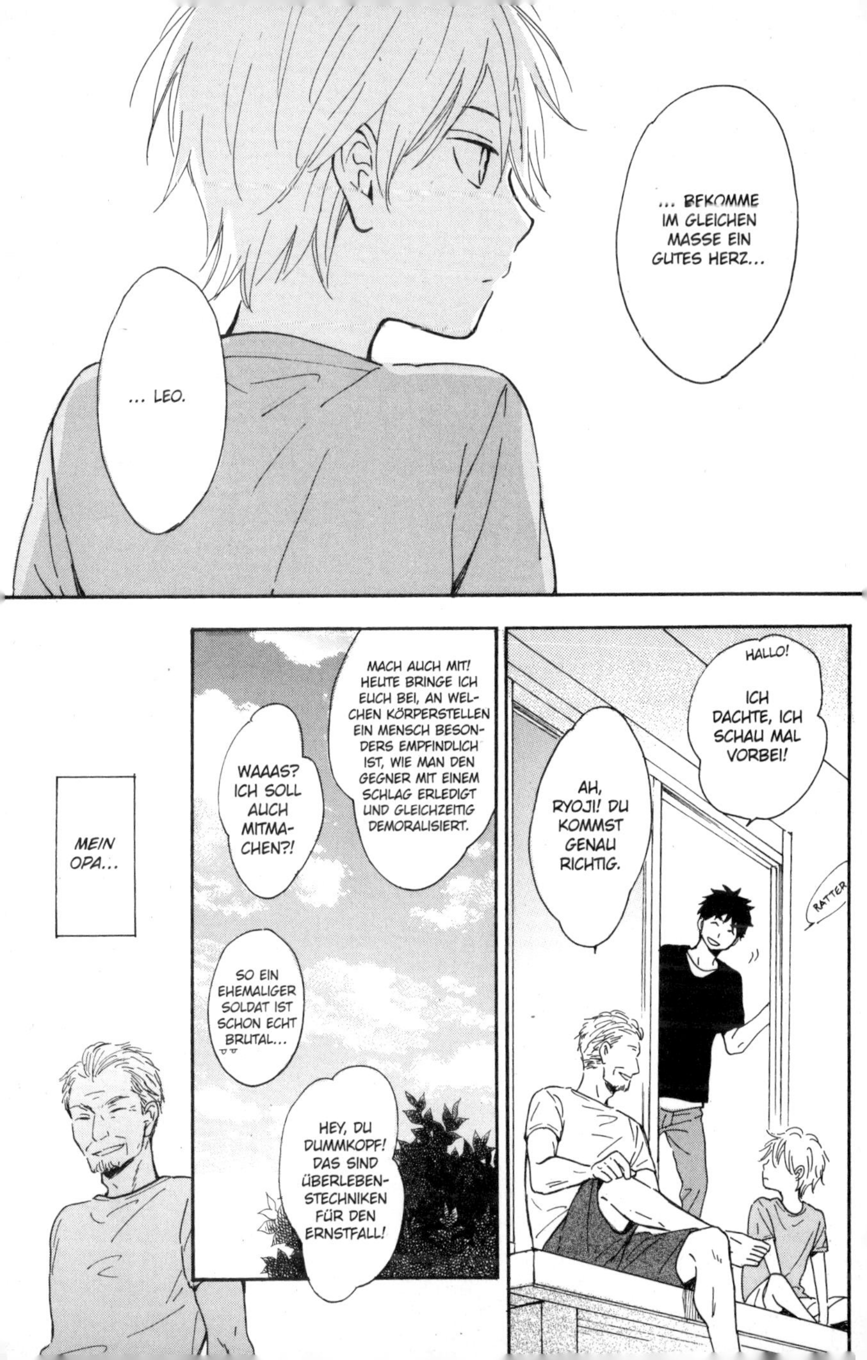
... BEKOMME IM GLEICHEN MASSE EIN GUTES HERZ...
... LEO.
HALLO! ICH DACHTE, ICH SCHAU MAL VORBEI!
AH, RYOJI! DU KOMMST GENAU RICHTIG.
RATTER
MACH AUCH MIT! HEUTE BRINGE ICH EUCH BEI, AN WELCHEN KÖRPERSTELLEN EIN MENSCH BESONDERS EMPFINDLICH IST, WIE MAN DEN GEGNER MIT EINEM SCHLAG ERLEDIGT UND GLEICHZEITIG DEMORALISIERT.
WAAAS? ICH SOLL AUCH MITMACHEN?!
SO EIN EHEMALIGER SOLDAT IST SCHON ECHT BRUTAL...
HEY, DU DUMMKOPF! DAS SIND ÜBERLEBENSTECHNIKEN FÜR DEN ERNSTFALL!
MEIN OPA...

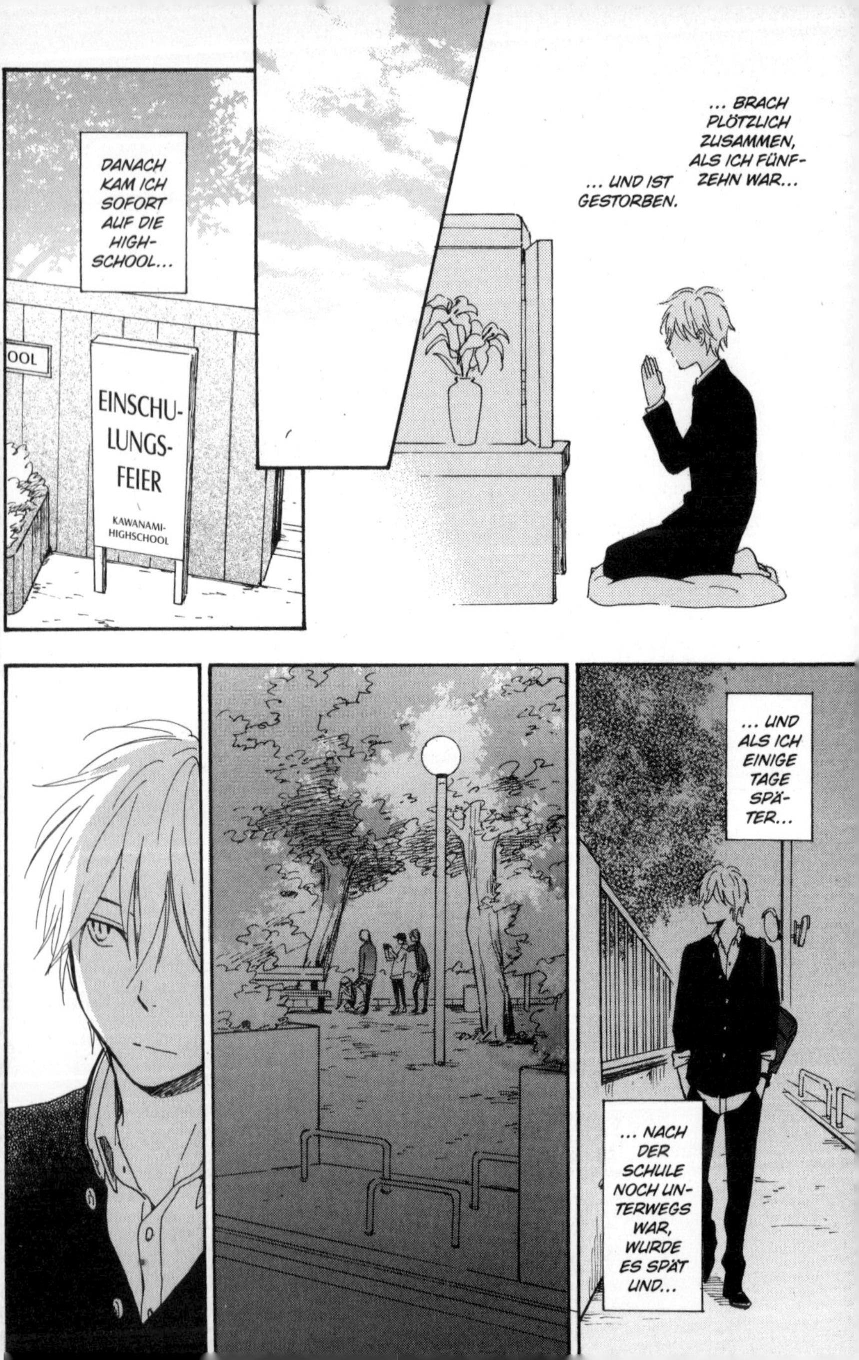
... BRACH PLÖTZLICH ZUSAMMEN, ALS ICH FÜNFZEHN WAR...
... UND IST GESTORBEN.
DANACH KAM ICH SOFORT AUF DIE HIGHSCHOOL...
EINSCHULUNGSFEIER
KAWANAMI-HIGHSCHOOL
... UND ALS ICH EINIGE TAGE SPÄTER...
... NACH DER SCHULE NOCH UNTERWEGS WAR, WURDE ES SPÄT UND...

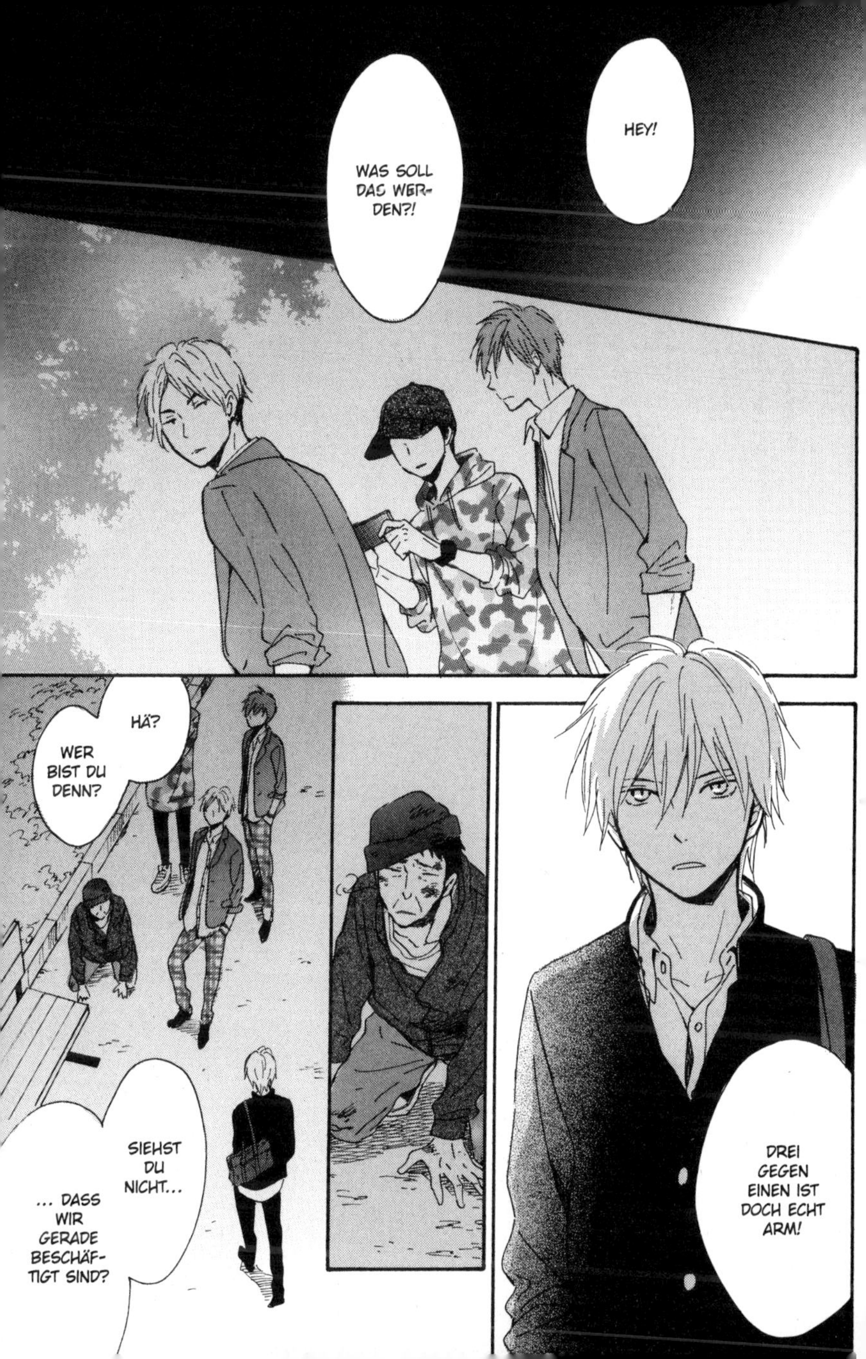
HEY!
WAS SOLL DAS WER-DEN?!
DREI GEGEN EINEN IST DOCH ECHT ARM!
HÄ?
WER BIST DU DENN?
SIEHST DU NICHT...
... DASS WIR GERADE BESCHÄF-TIGT SIND?

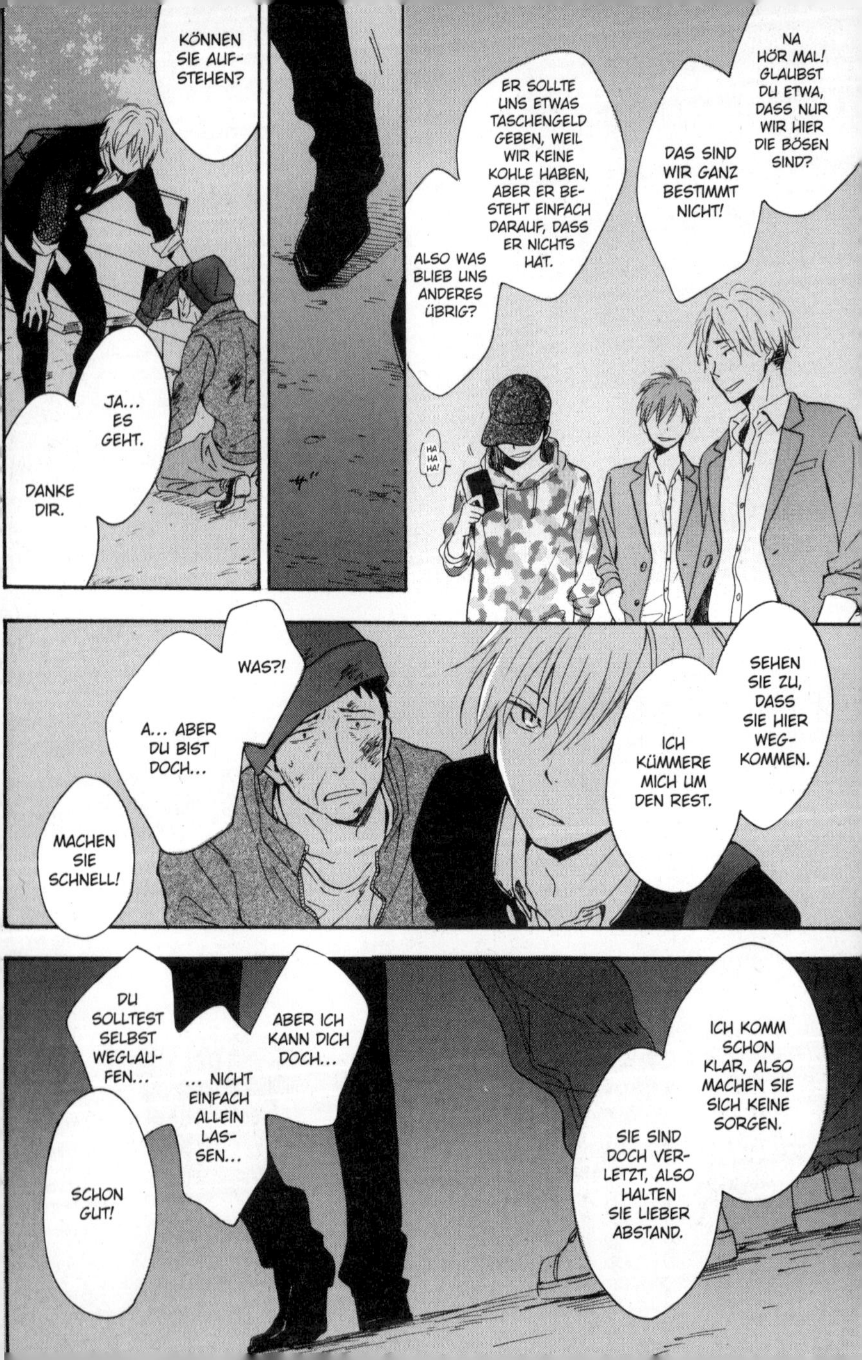
NA HÖR MAL! GLAUBST DU ETWA, DASS NUR WIR HIER DIE BÖSEN SIND?
DAS SIND WIR GANZ BESTIMMT NICHT!
ER SOLLTE UNS ETWAS TASCHENGELD GEBEN, WEIL WIR KEINE KOHLE HABEN, ABER ER BESTEHT EINFACH DARAUF, DASS ER NICHTS HAT.
ALSO WAS BLIEB UNS ANDERES ÜBRIG?
HA HA HA!
KÖNNEN SIE AUFSTEHEN?
JA... ES GEHT.
DANKE DIR.
SEHEN SIE ZU, DASS SIE HIER WEGKOMMEN.
ICH KÜMMERE MICH UM DEN REST.
WAS?!
A... ABER DU BIST DOCH...
MACHEN SIE SCHNELL!
ICH KOMM SCHON KLAR, ALSO MACHEN SIE SICH KEINE SORGEN.
SIE SIND DOCH VERLETZT, ALSO HALTEN SIE LIEBER ABSTAND.
ABER ICH KANN DICH DOCH...
... NICHT EINFACH ALLEIN LASSEN...
DU SOLLTEST SELBST WEGLAUFEN...
SCHON GUT!

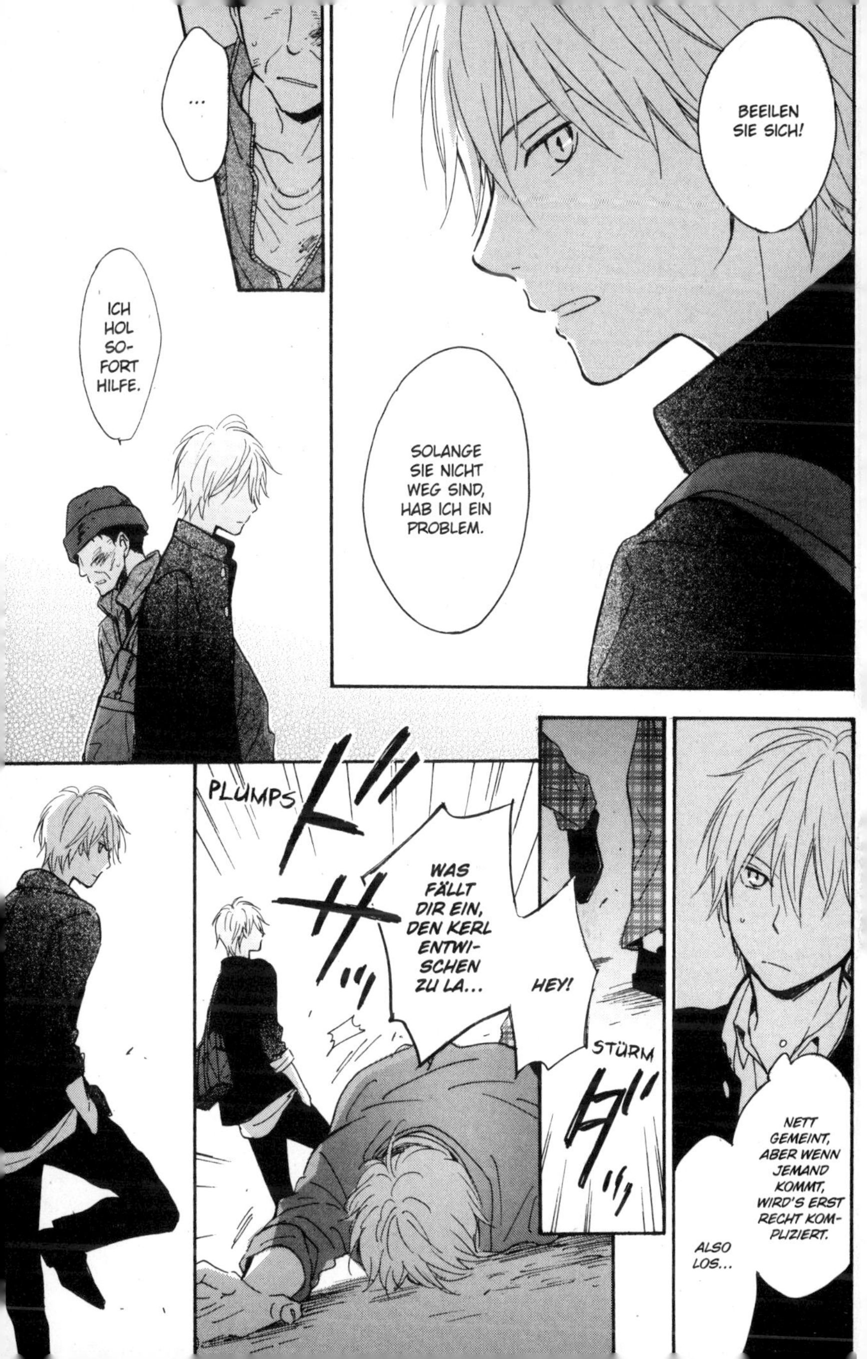

BEEILEN SIE SICH!
SOLANGE SIE NICHT WEG SIND, HAB ICH EIN PROBLEM.
…
ICH HOL SO-FORT HILFE.
NETT GEMEINT, ABER WENN JEMAND KOMMT, WIRD'S ERST RECHT KOM-PLIZIERT.
ALSO LOS…
STÜRM
HEY!
WAS FÄLLT DIR EIN, DEN KERL ENTWI-SCHEN ZU LA…
PLUMPS

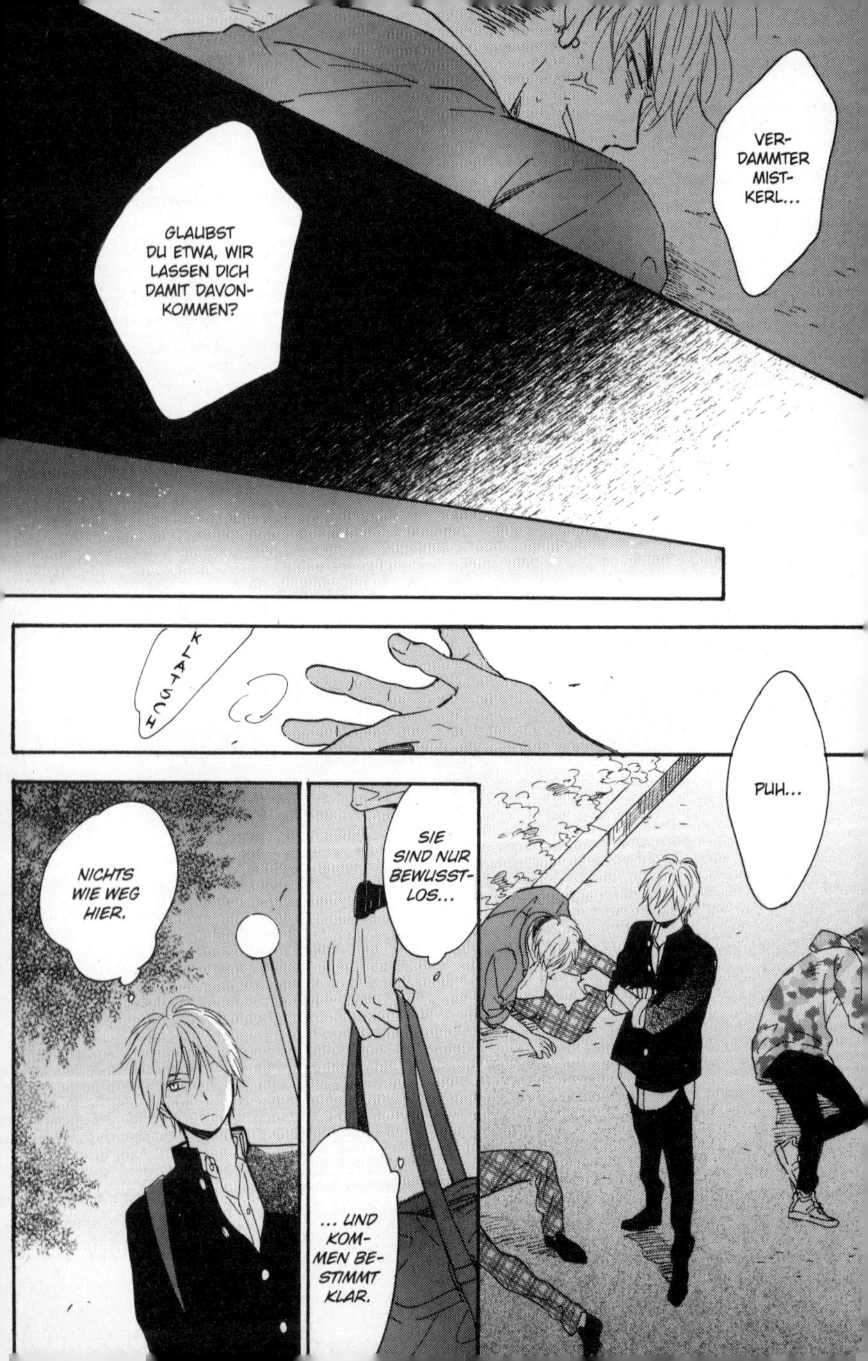
VER-
DAMMTER
MIST-
KERL...
GLAUBST
DU ETWA, WIR
LASSEN DICH
DAMIT DAVON-
KOMMEN?
KLATSCH
PUH...
SIE
SIND NUR
BEWUSST-
LOS...
... UND
KOM-
MEN BE-
STIMMT
KLAR.
NICHTS
WIE WEG
HIER.

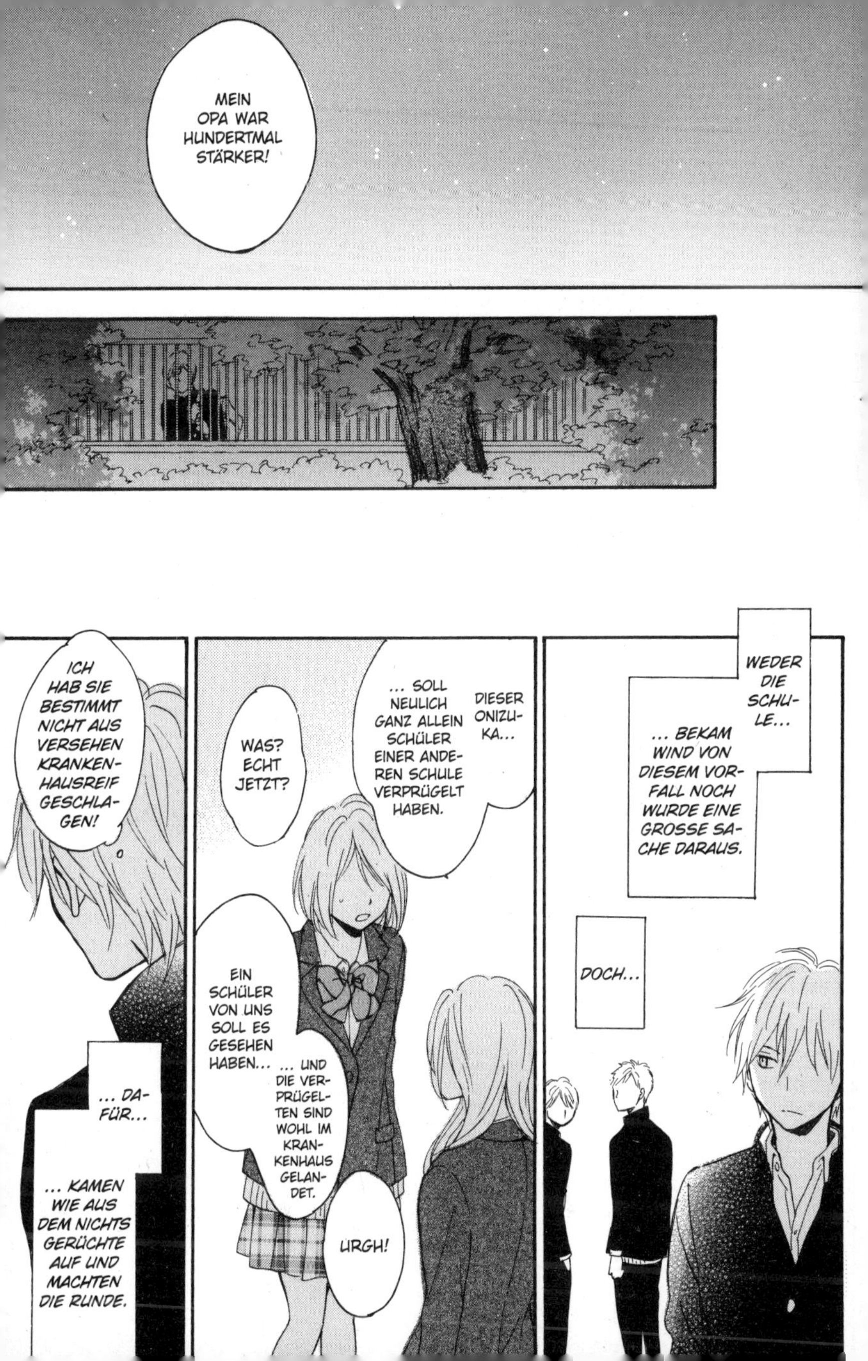
MEIN OPA WAR HUNDERTMAL STÄRKER!
WEDER DIE SCHULE...
... BEKAM WIND VON DIESEM VORFALL NOCH WURDE EINE GROSSE SACHE DARAUS.
DOCH...
DIESER ONIZUKA...
... SOLL NEULICH GANZ ALLEIN SCHÜLER EINER ANDEREN SCHULE VERPRÜGELT HABEN.
WAS? ECHT JETZT?
EIN SCHÜLER VON UNS SOLL ES GESEHEN HABEN...
... UND DIE VERPRÜGELTEN SIND WOHL IM KRANKENHAUS GELANDET.
URGH!
ICH HAB SIE BESTIMMT NICHT AUS VERSEHEN KRANKENHAUSREIF GESCHLAGEN!
... DAFÜR...
... KAMEN WIE AUS DEM NICHTS GERÜCHTE AUF UND MACHTEN DIE RUNDE.

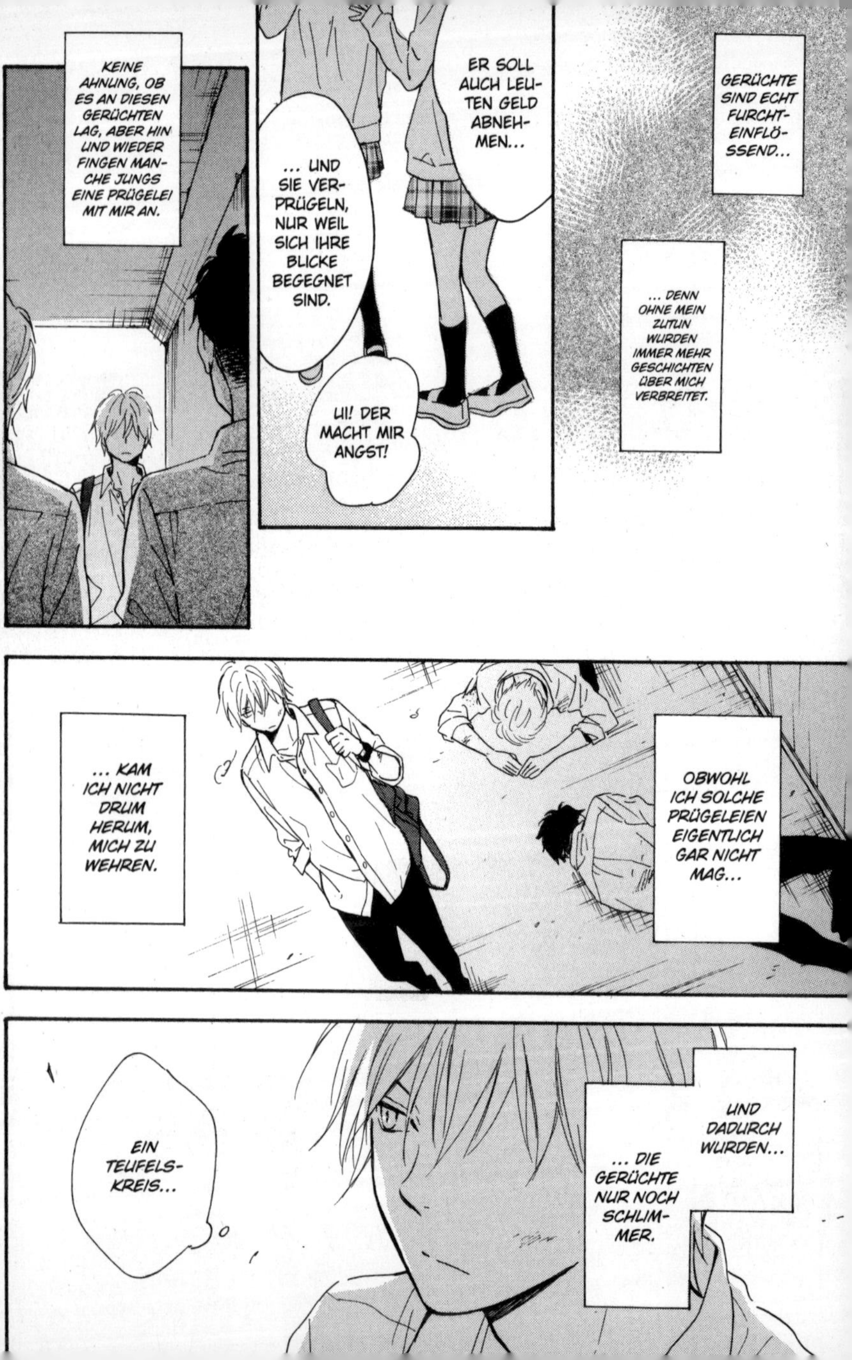
GERÜCHTE SIND ECHT FURCHTEINFLÖSSEND…
… DENN OHNE MEIN ZUTUN WURDEN IMMER MEHR GESCHICHTEN ÜBER MICH VERBREITET.
ER SOLL AUCH LEUTEN GELD ABNEHMEN…
… UND SIE VERPRÜGELN, NUR WEIL SICH IHRE BLICKE BEGEGNET SIND.
UI! DER MACHT MIR ANGST!
KEINE AHNUNG, OB ES AN DIESEN GERÜCHTEN LAG, ABER HIN UND WIEDER FINGEN MANCHE JUNGS EINE PRÜGELEI MIT MIR AN.
OBWOHL ICH SOLCHE PRÜGELEIEN EIGENTLICH GAR NICHT MAG…
… KAM ICH NICHT DRUM HERUM, MICH ZU WEHREN.
UND DADURCH WURDEN…
… DIE GERÜCHTE NUR NOCH SCHLIMMER.
EIN TEUFELSKREIS…

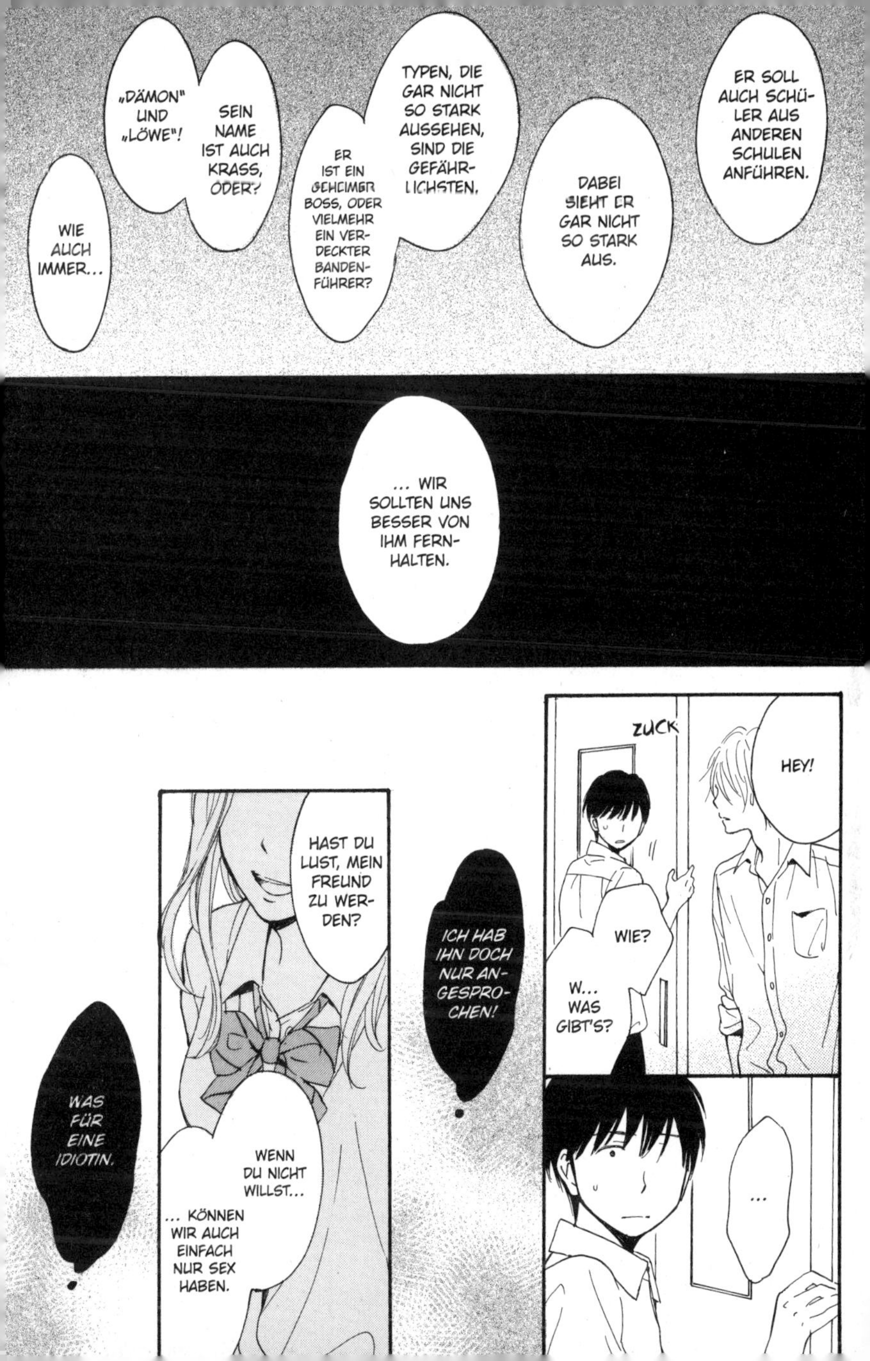
ER SOLL AUCH SCHÜLER AUS ANDEREN SCHULEN ANFÜHREN.
DABEI SIEHT ER GAR NICHT SO STARK AUS.
TYPEN, DIE GAR NICHT SO STARK AUSSEHEN, SIND DIE GEFÄHRLICHSTEN.
ER IST EIN GEHEIMER BOSS, ODER VIELMEHR EIN VERDECKTER BANDENFÜHRER?
SEIN NAME IST AUCH KRASS, ODER?
„DÄMON" UND „LÖWE"!
WIE AUCH IMMER...
... WIR SOLLTEN UNS BESSER VON IHM FERNHALTEN.
ZUCK
HEY!
WIE?
W... WAS GIBT'S?
...
ICH HAB IHN DOCH NUR ANGESPROCHEN!
HAST DU LUST, MEIN FREUND ZU WERDEN?
WENN DU NICHT WILLST...
... KÖNNEN WIR AUCH EINFACH NUR SEX HABEN.
WAS FÜR EINE IDIOTIN.

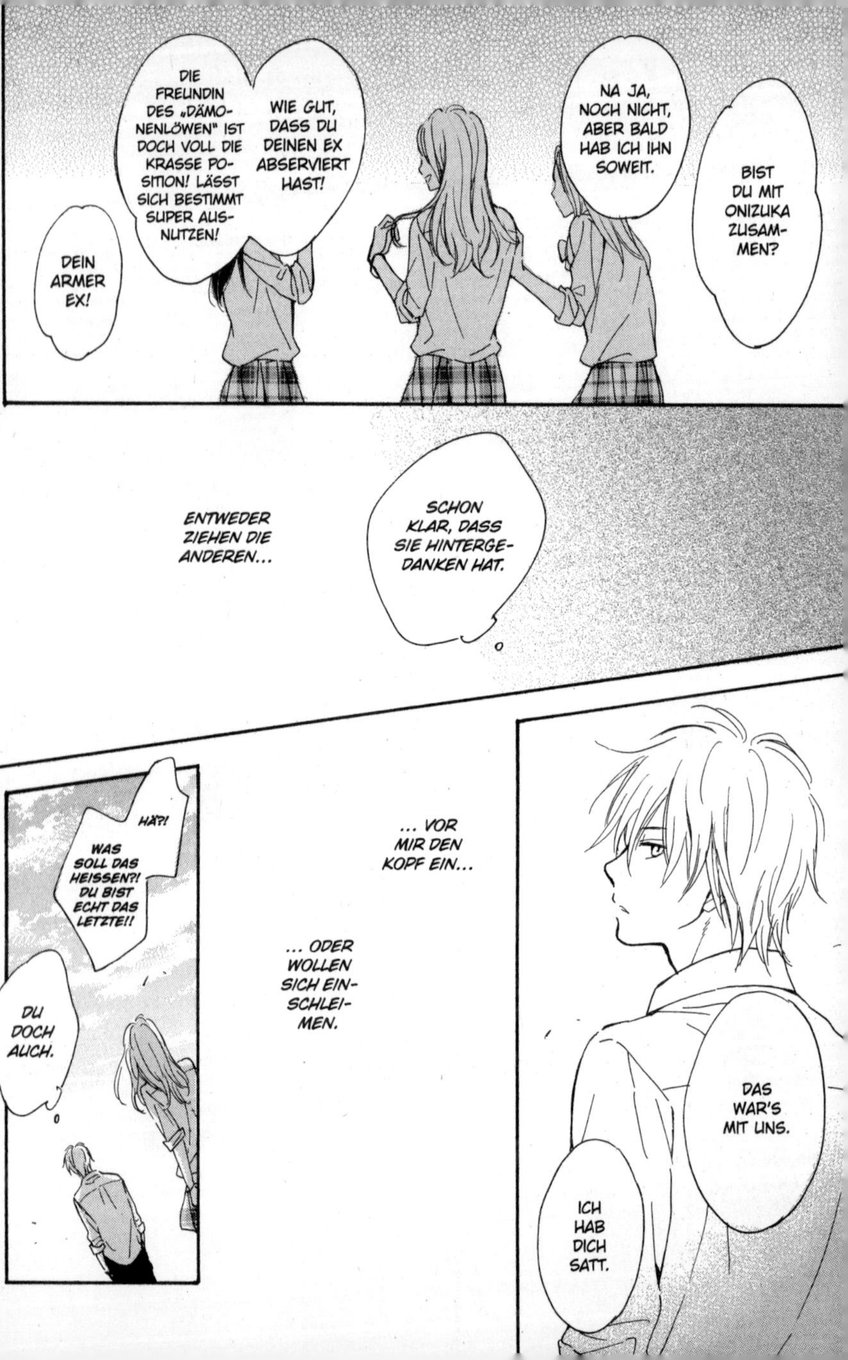
BIST DU MIT ONIZUKA ZUSAMMEN?
NA JA, NOCH NICHT, ABER BALD HAB ICH IHN SOWEIT.
WIE GUT, DASS DU DEINEN EX ABSERVIERT HAST!
DIE FREUNDIN DES „DÄMONENLÖWEN" IST DOCH VOLL DIE KRASSE POSITION! LÄSST SICH BESTIMMT SUPER AUSNUTZEN!
DEIN ARMER EX!
SCHON KLAR, DASS SIE HINTERGEDANKEN HAT.
ENTWEDER ZIEHEN DIE ANDEREN…
… VOR MIR DEN KOPF EIN…
… ODER WOLLEN SICH EINSCHLEIMEN.
DAS WAR'S MIT UNS.
ICH HAB DICH SATT.
HÄ?!
WAS SOLL DAS HEISSEN?! DU BIST ECHT DAS LETZTE!!
DU DOCH AUCH.

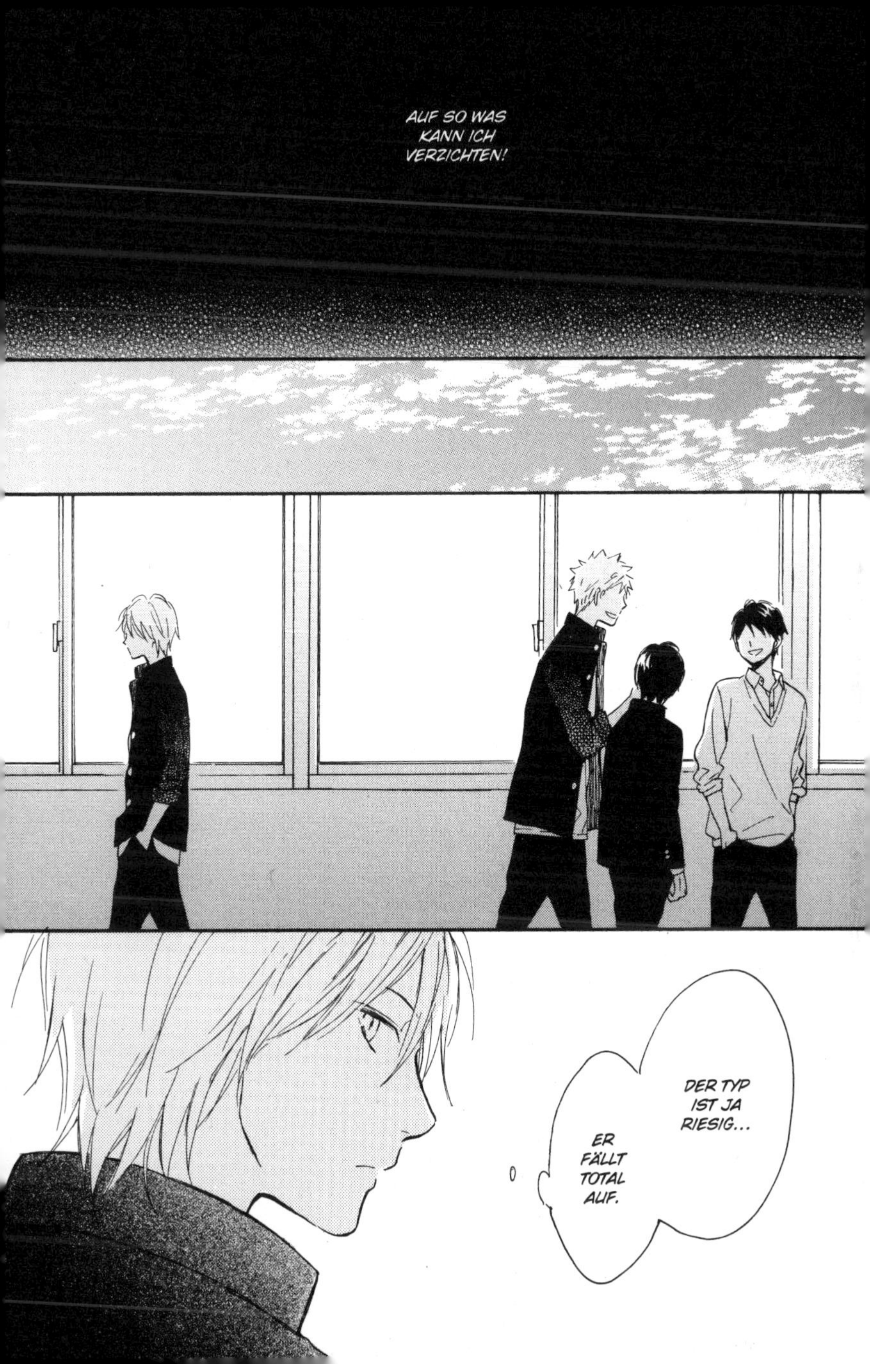
AUF SO WAS KANN ICH VERZICHTEN!
DER TYP IST JA RIESIG...
ER FÄLLT TOTAL AUF.

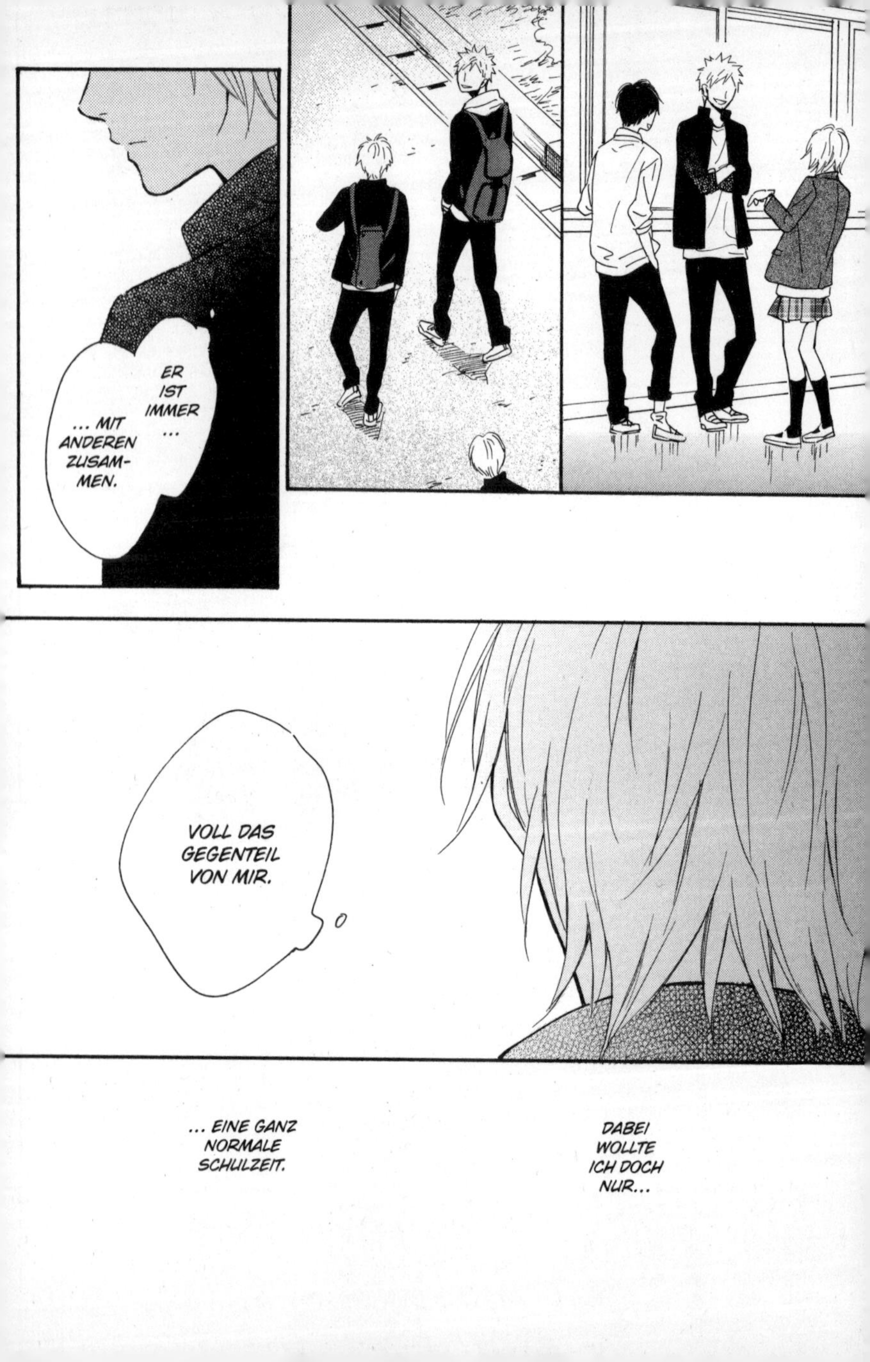
ER IST IMMER ...
... MIT ANDEREN ZUSAMMEN.
VOLL DAS GEGENTEIL VON MIR.
DABEI WOLLTE ICH DOCH NUR...
... EINE GANZ NORMALE SCHULZEIT.

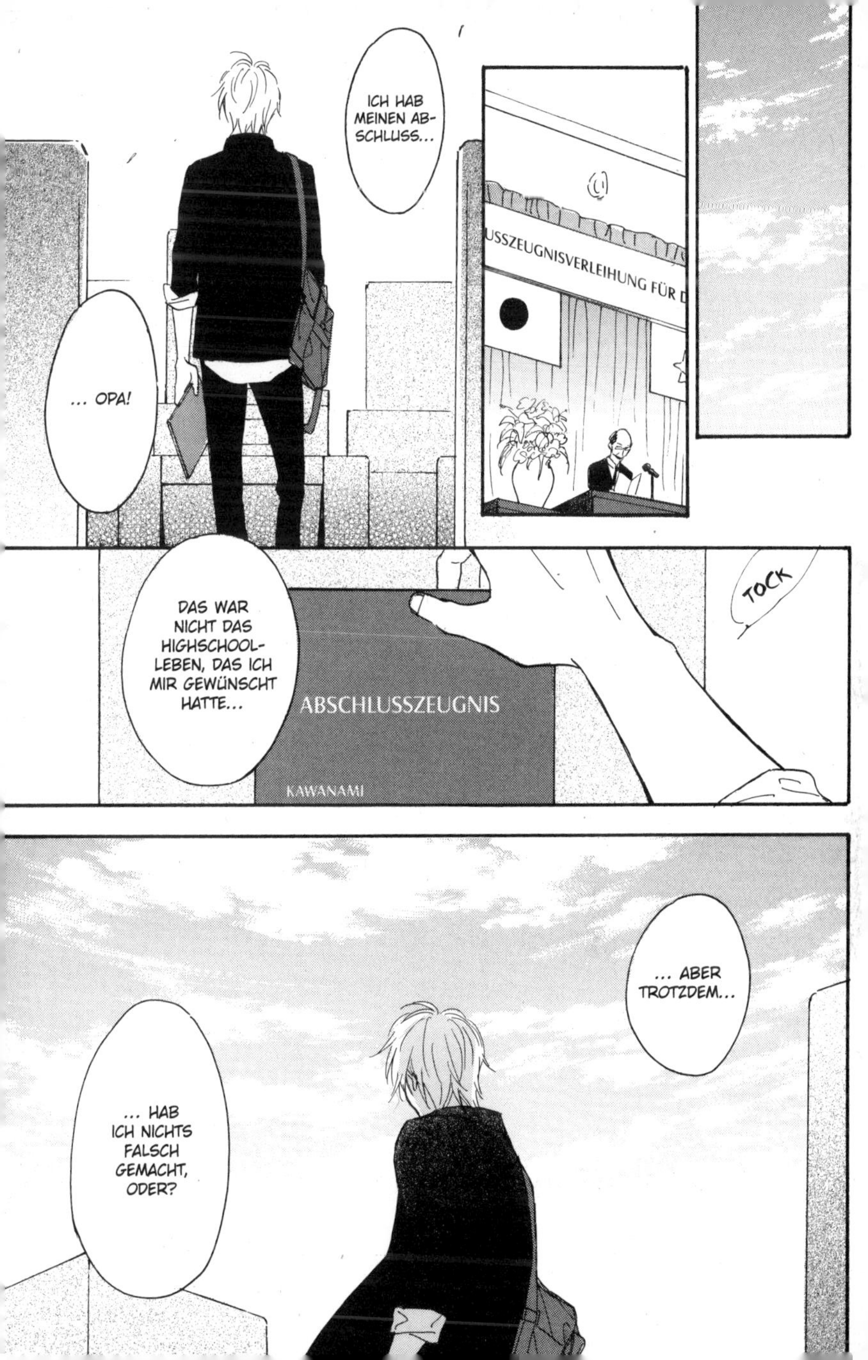
ICH HAB MEINEN ABSCHLUSS…
… OPA!
USSZEUGNISVERLEIHUNG FÜR D
TOCK
ABSCHLUSSZEUGNIS
KAWANAMI
DAS WAR NICHT DAS HIGHSCHOOL-LEBEN, DAS ICH MIR GEWÜNSCHT HATTE…
… ABER TROTZDEM…
… HAB ICH NICHTS FALSCH GEMACHT, ODER?

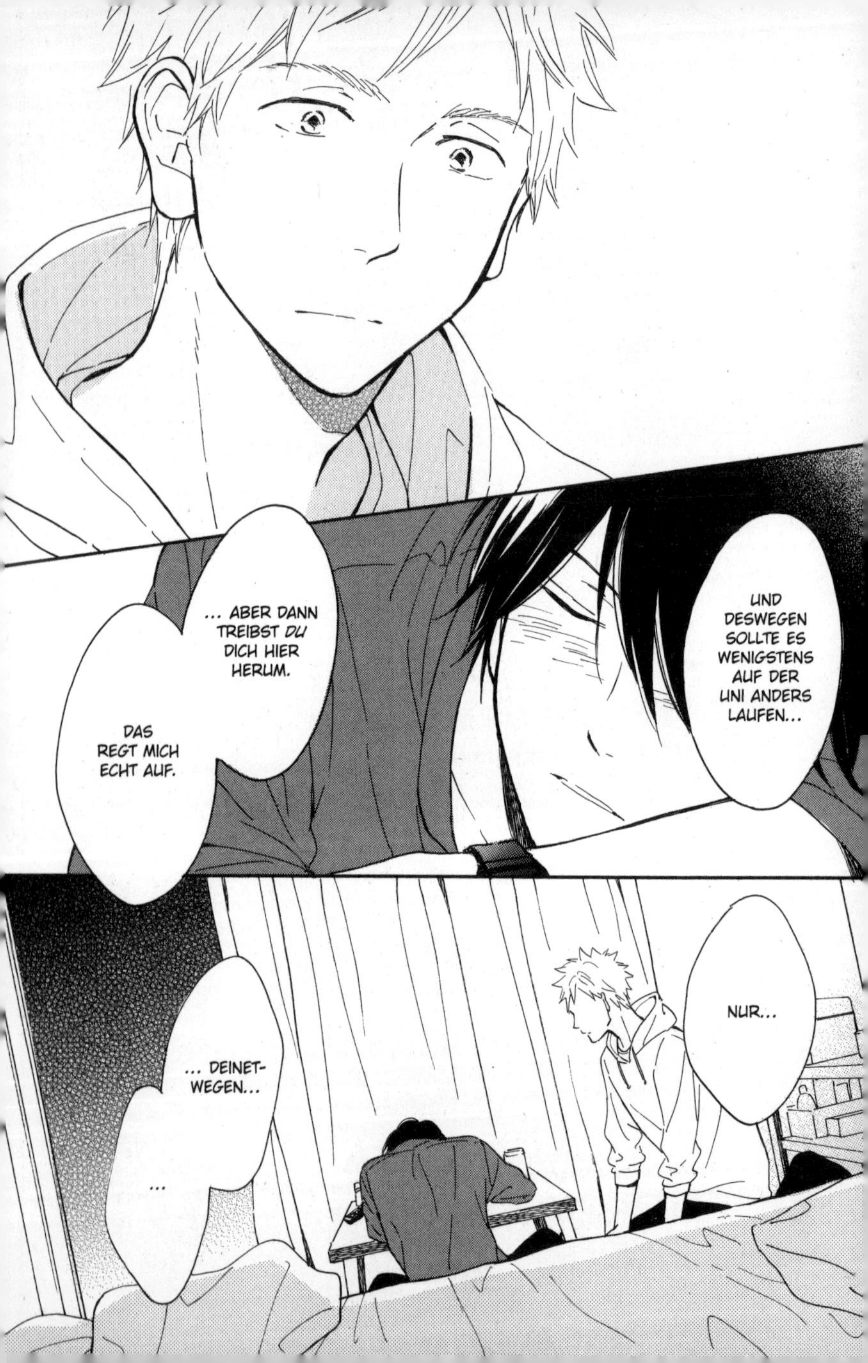
UND DESWEGEN SOLLTE ES WENIGSTENS AUF DER UNI ANDERS LAUFEN…
… ABER DANN TREIBST *DU* DICH HIER HERUM.
DAS REGT MICH ECHT AUF.
NUR…
… DEINET-WEGEN…
…

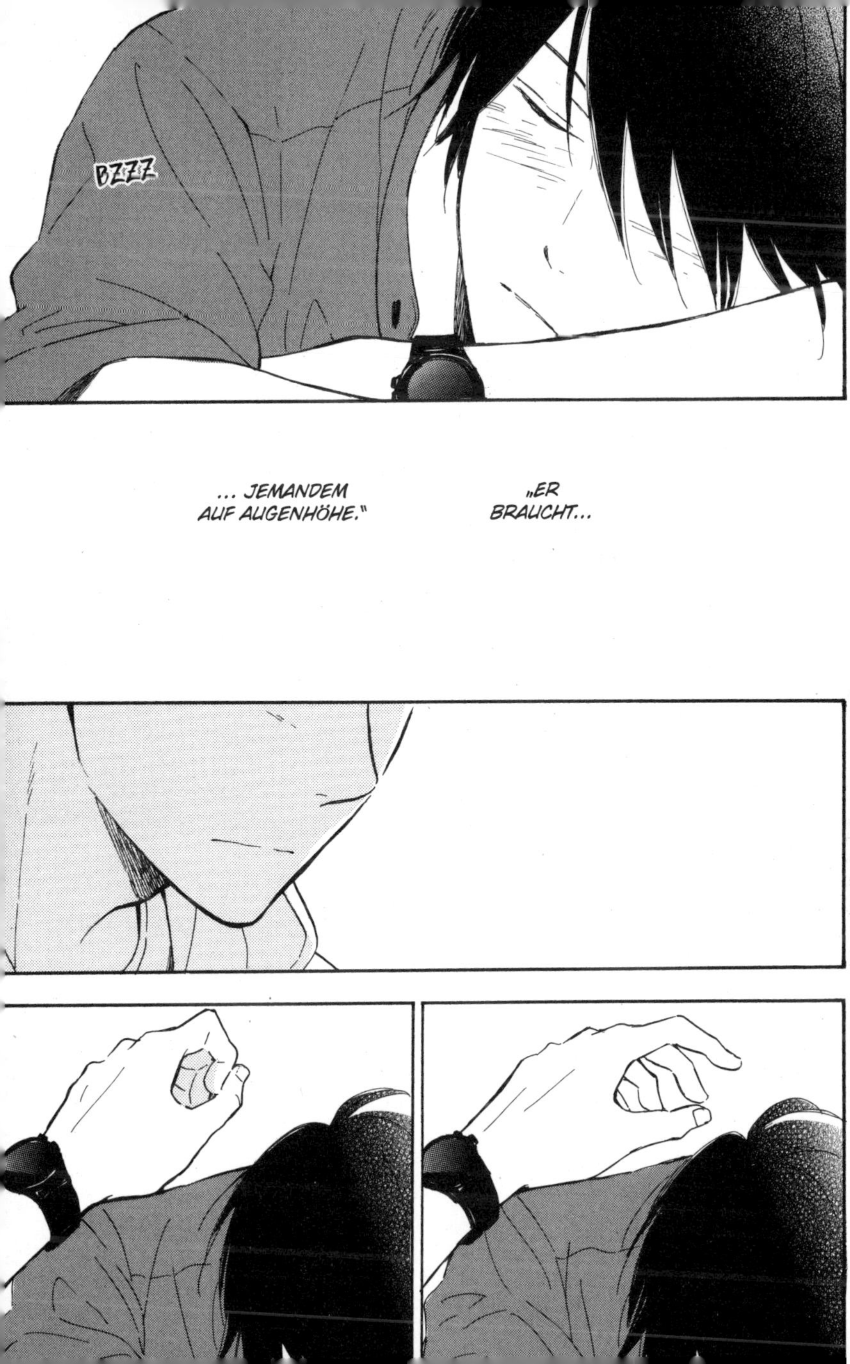
BZZZ
„ER BRAUCHT…
… JEMANDEM AUF AUGENHÖHE.“

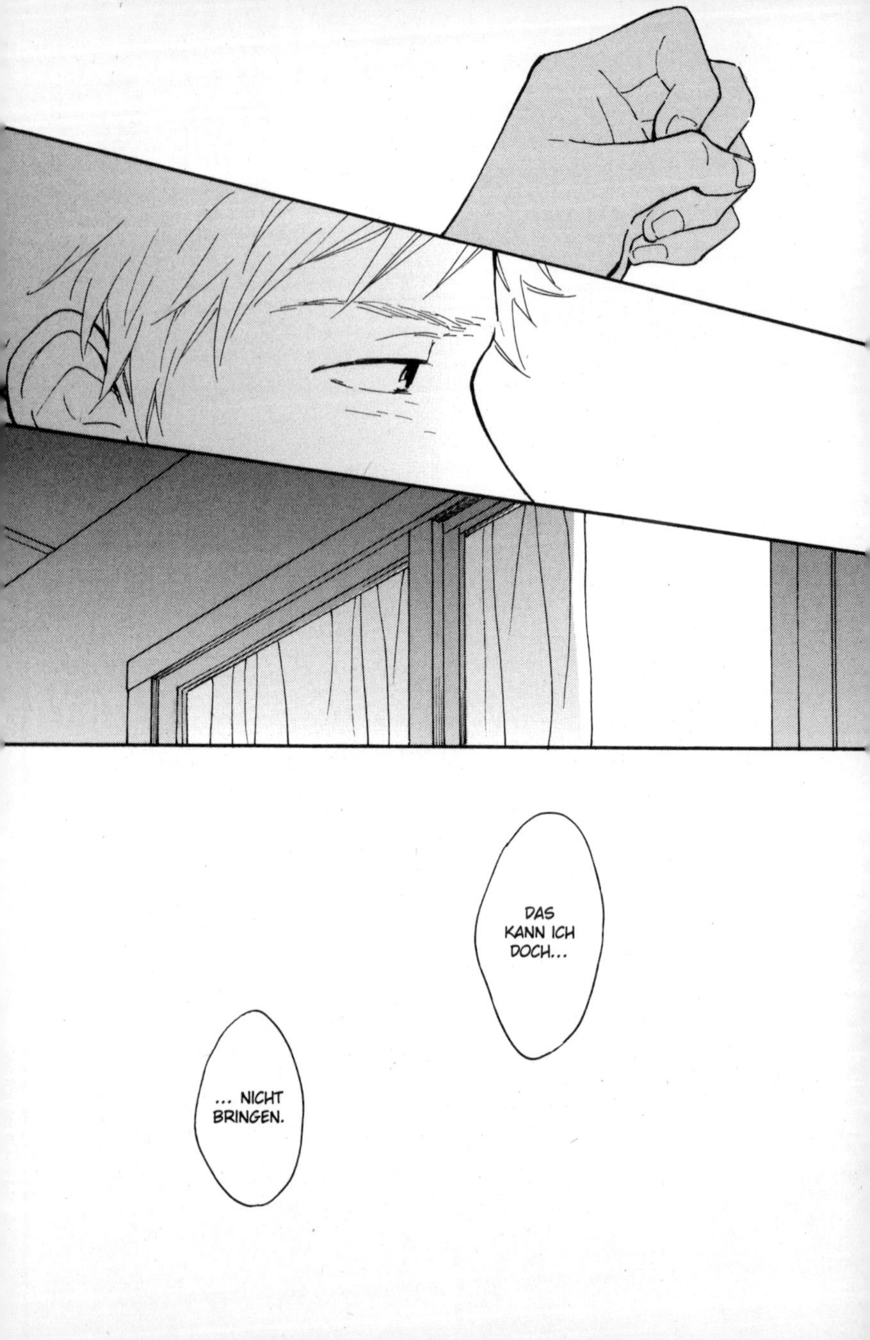
DAS KANN ICH DOCH...
... NICHT BRINGEN.

KAPITEL 6

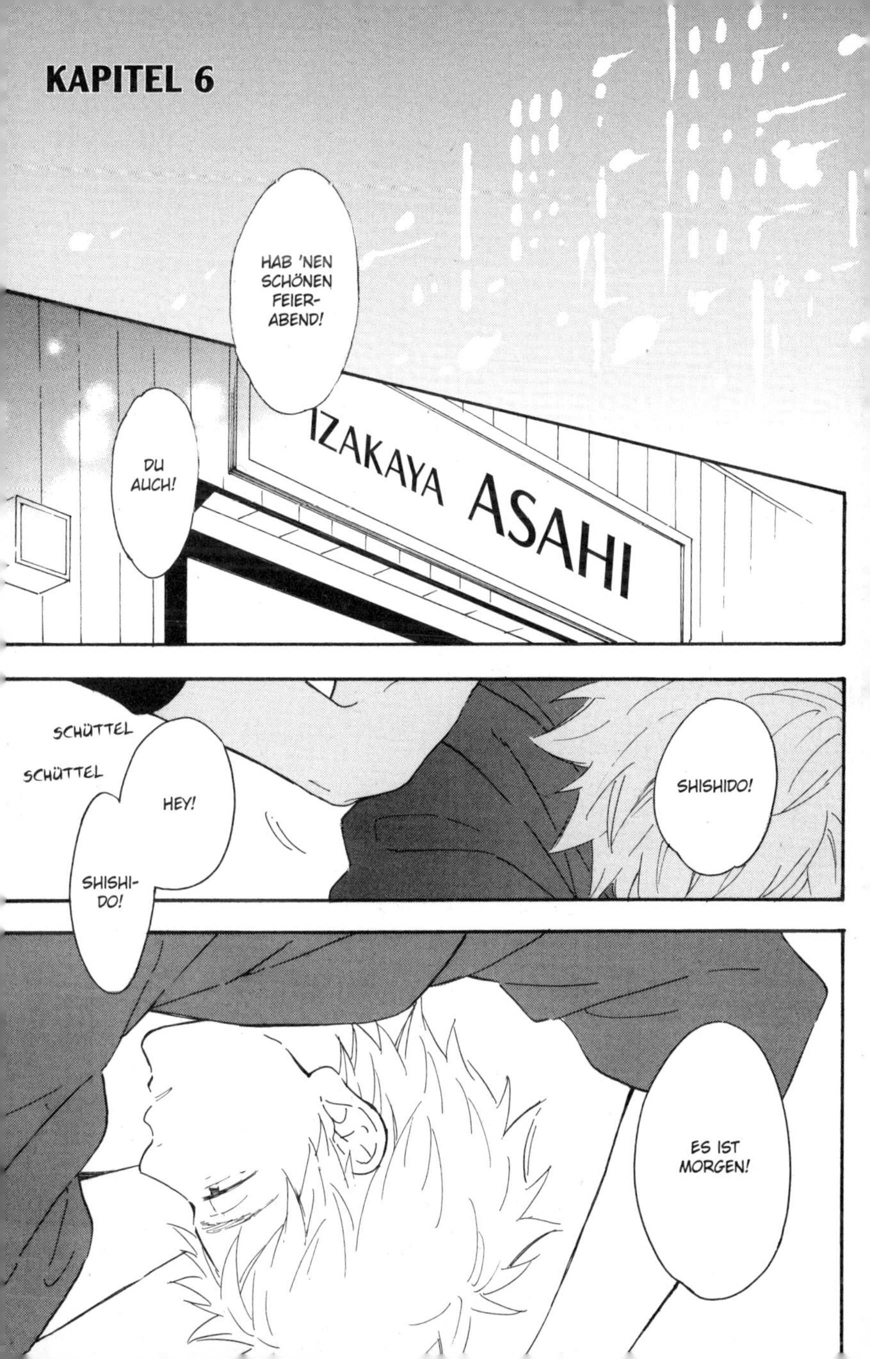
HAB 'NEN SCHÖNEN FEIER-ABEND!
DU AUCH!
IZAKAYA ASAHI
SHISHIDO!
SCHÜTTEL SCHÜTTEL
HEY!
SHISHI-DO!
ES IST MORGEN!

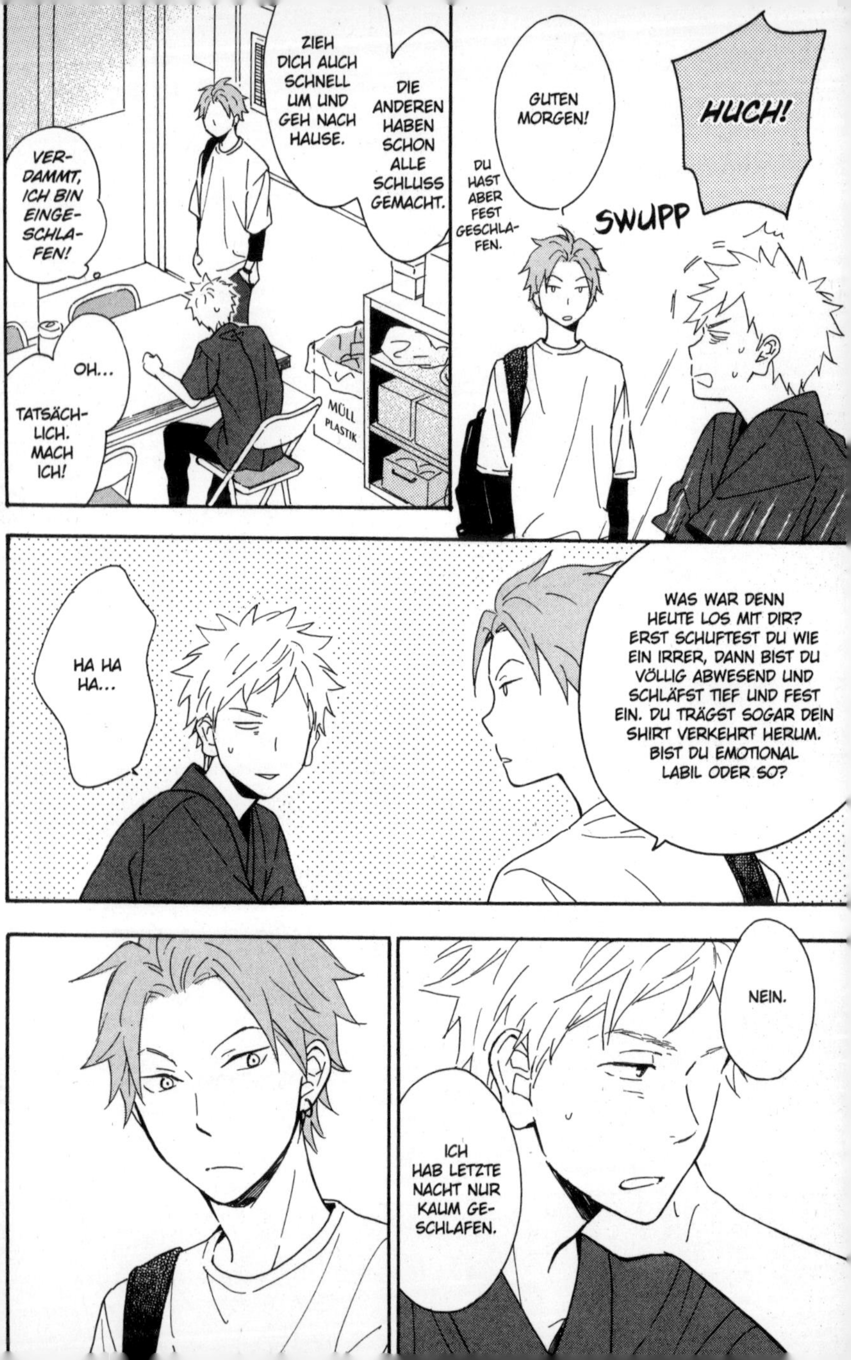
HUCH!
SWUPP
GUTEN MORGEN!
DU HAST ABER FEST GESCHLA-FEN.
ZIEH DICH AUCH SCHNELL UM UND GEH NACH HAUSE.
DIE ANDEREN HABEN SCHON ALLE SCHLUSS GEMACHT.
VER-DAMMT, ICH BIN EINGE-SCHLA-FEN!
OH...
TATSÄCH-LICH. MACH ICH!
MÜLL PLASTIK
WAS WAR DENN HEUTE LOS MIT DIR? ERST SCHUFTEST DU WIE EIN IRRER, DANN BIST DU VÖLLIG ABWESEND UND SCHLÄFST TIEF UND FEST EIN. DU TRÄGST SOGAR DEIN SHIRT VERKEHRT HERUM. BIST DU EMOTIONAL LABIL ODER SO?
HA HA HA...
NEIN.
ICH HAB LETZTE NACHT NUR KAUM GE-SCHLAFEN.

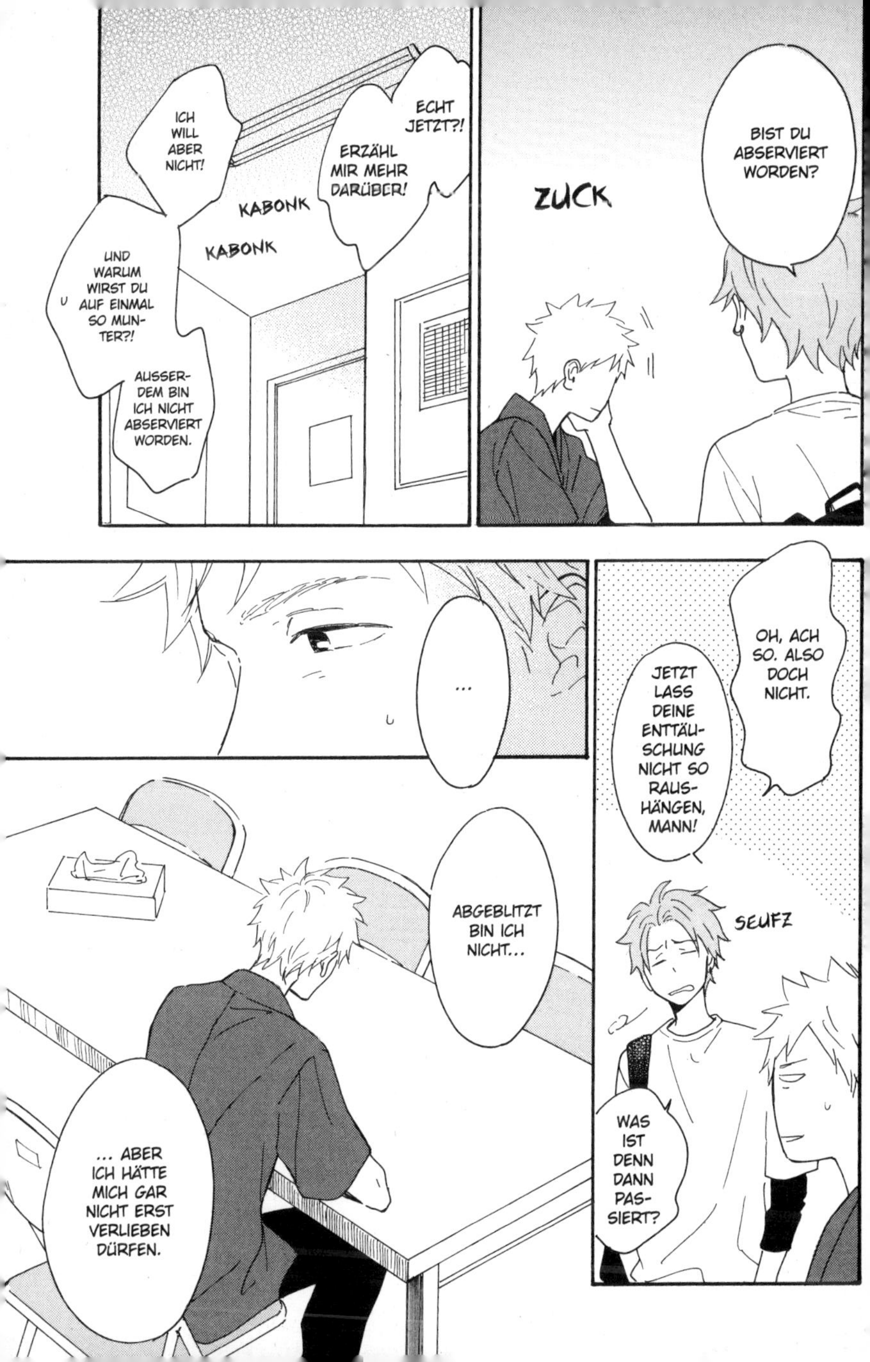
BIST DU ABSERVIERT WORDEN?
ZUCK
ECHT JETZT?!
ERZÄHL MIR MEHR DARÜBER!
ICH WILL ABER NICHT!
KABONK
KABONK
UND WARUM WIRST DU AUF EINMAL SO MUNTER?!
AUSSERDEM BIN ICH NICHT ABSERVIERT WORDEN.
OH, ACH SO. ALSO DOCH NICHT.
JETZT LASS DEINE ENTTÄUSCHUNG NICHT SO RAUSHÄNGEN, MANN!
…
SEUFZ
WAS IST DENN DANN PASSIERT?
ABGEBLITZT BIN ICH NICHT…
… ABER ICH HÄTTE MICH GAR NICHT ERST VERLIEBEN DÜRFEN.

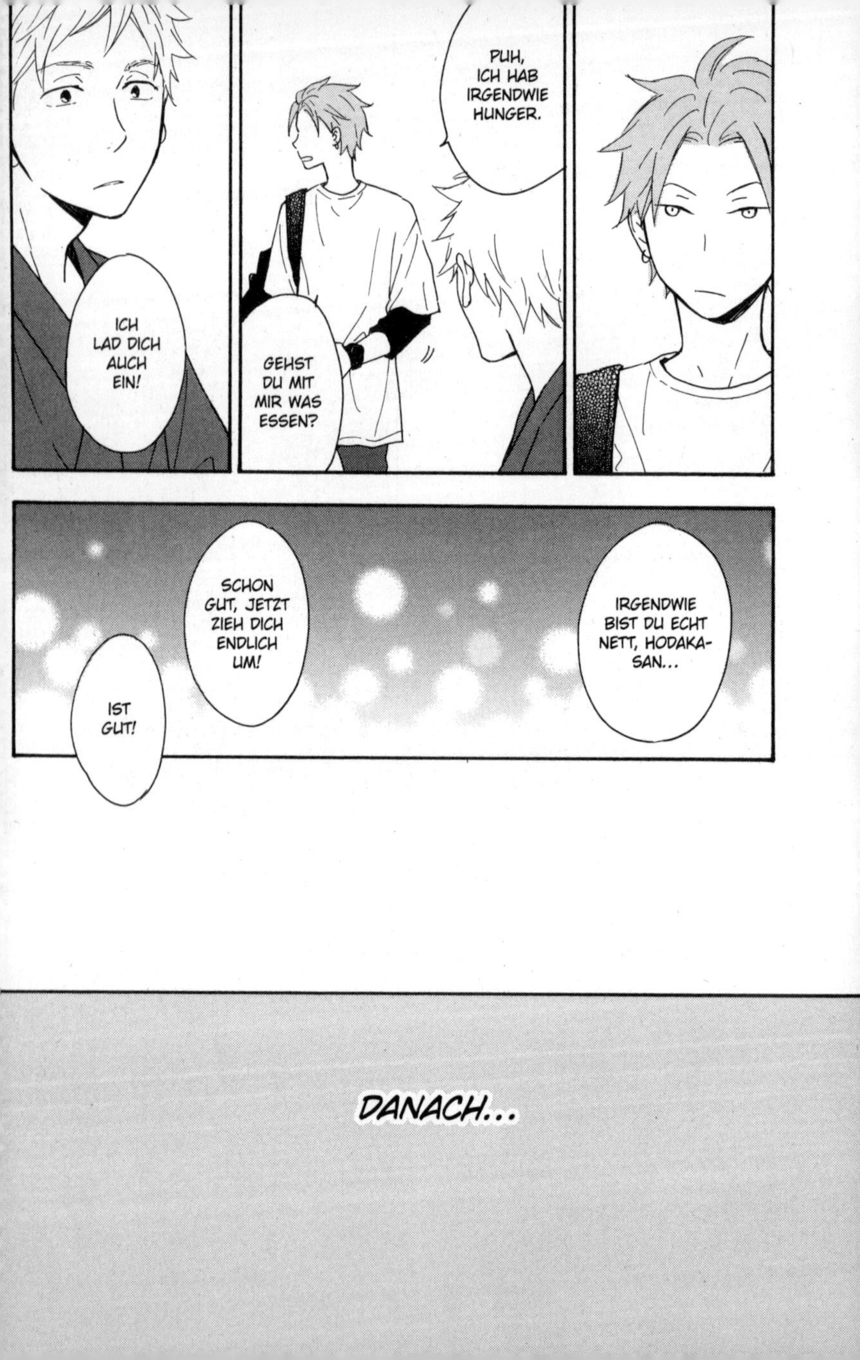
PUH, ICH HAB IRGENDWIE HUNGER.
GEHST DU MIT MIR WAS ESSEN?
ICH LAD DICH AUCH EIN!
IRGENDWIE BIST DU ECHT NETT, HODAKA-SAN…
SCHON GUT, JETZT ZIEH DICH ENDLICH UM!
IST GUT!
DANACH…

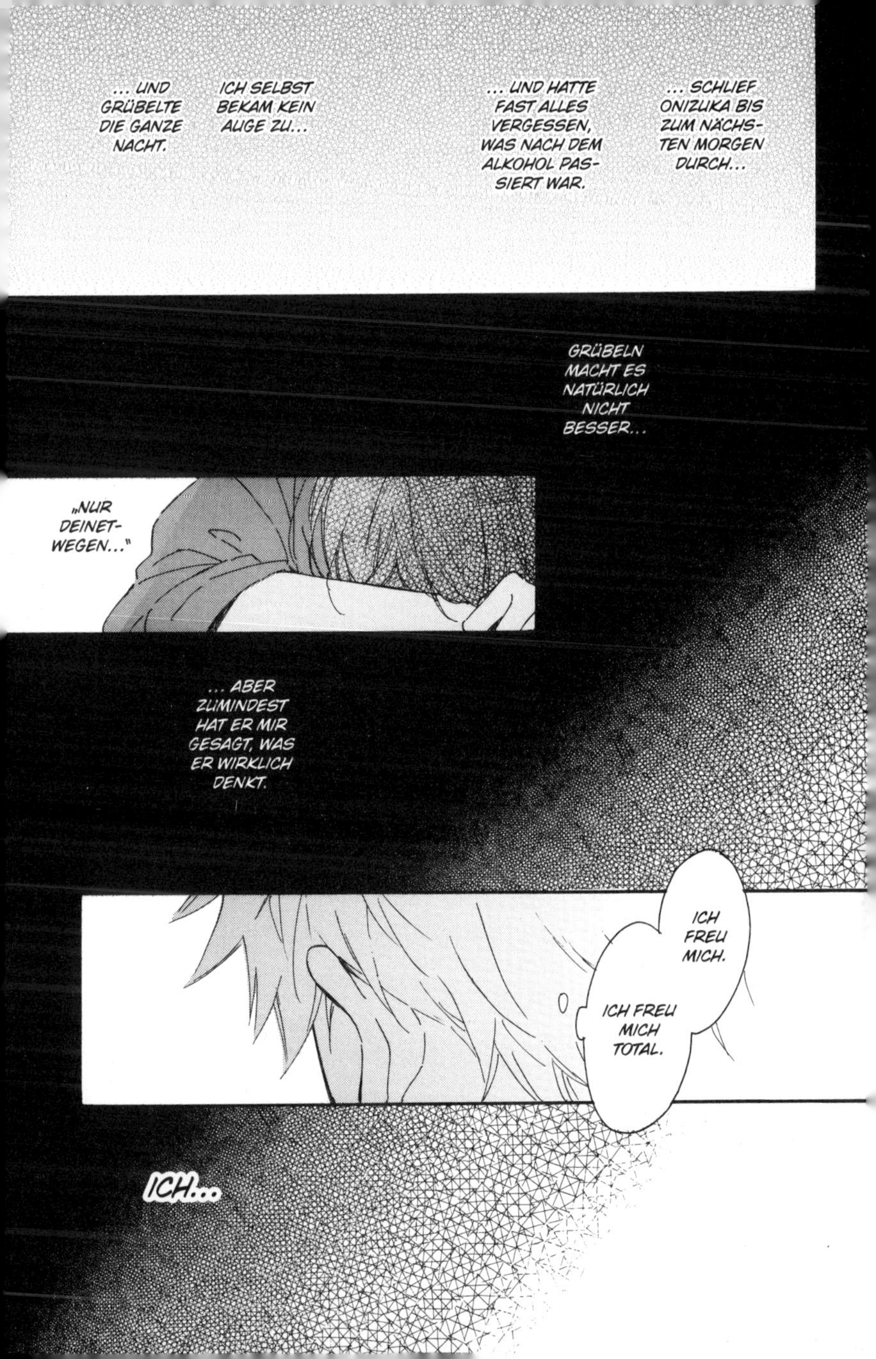
... SCHLIEF ONIZUKA BIS ZUM NÄCHSTEN MORGEN DURCH...
... UND HATTE FAST ALLES VERGESSEN, WAS NACH DEM ALKOHOL PASSIERT WAR.
ICH SELBST BEKAM KEIN AUGE ZU...
... UND GRÜBELTE DIE GANZE NACHT.
GRÜBELN MACHT ES NATÜRLICH NICHT BESSER...
„NUR DEINETWEGEN..."
... ABER ZUMINDEST HAT ER MIR GESAGT, WAS ER WIRKLICH DENKT.
ICH FREU MICH.
ICH FREU MICH TOTAL.
ICH...

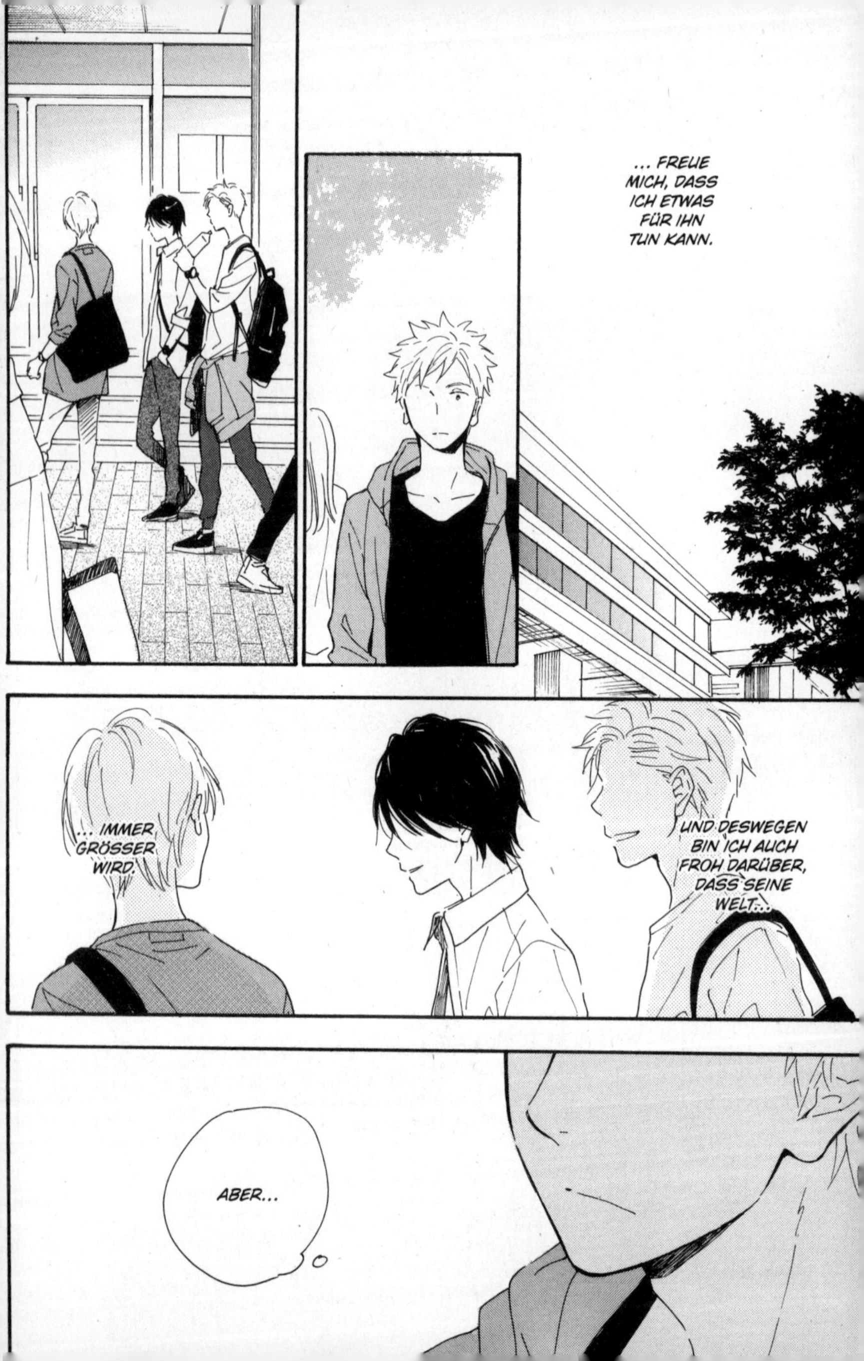
... FREUE MICH, DASS ICH ETWAS FÜR IHN TUN KANN.
UND DESWEGEN BIN ICH AUCH FROH DARÜBER, DASS SEINE WELT...
... IMMER GRÖSSER WIRD.
ABER...

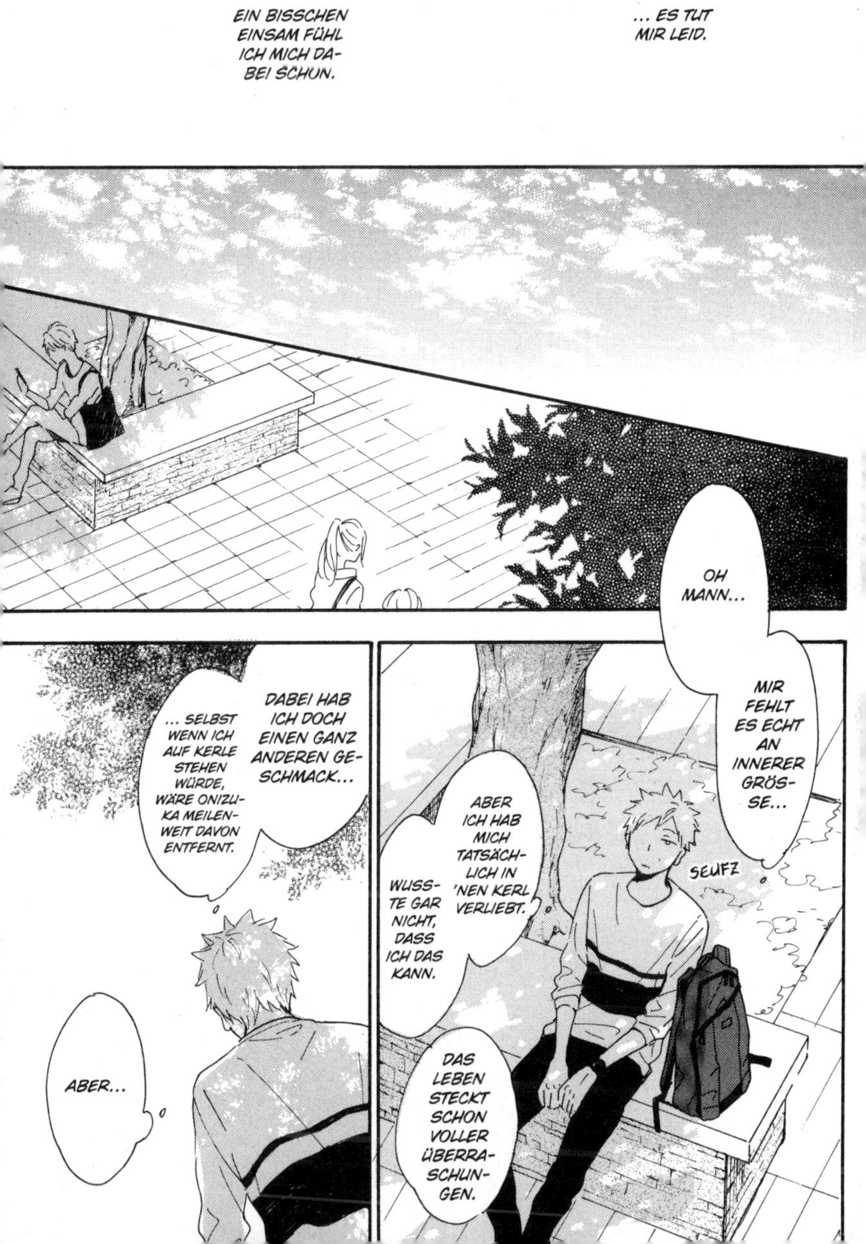
... ES TUT MIR LEID.
EIN BISSCHEN EINSAM FÜHL ICH MICH DABEI SCHON.
OH MANN...
MIR FEHLT ES ECHT AN INNERER GRÖSSE...
SEUFZ
ABER ICH HAB MICH TATSÄCHLICH IN 'NEN KERL VERLIEBT.
WUSSTE GAR NICHT, DASS ICH DAS KANN.
DAS LEBEN STECKT SCHON VOLLER ÜBERRASCHUNGEN.
DABEI HAB ICH DOCH EINEN GANZ ANDEREN GESCHMACK...
... SELBST WENN ICH AUF KERLE STEHEN WÜRDE, WÄRE ONIZUKA MEILENWEIT DAVON ENTFERNT.
ABER...

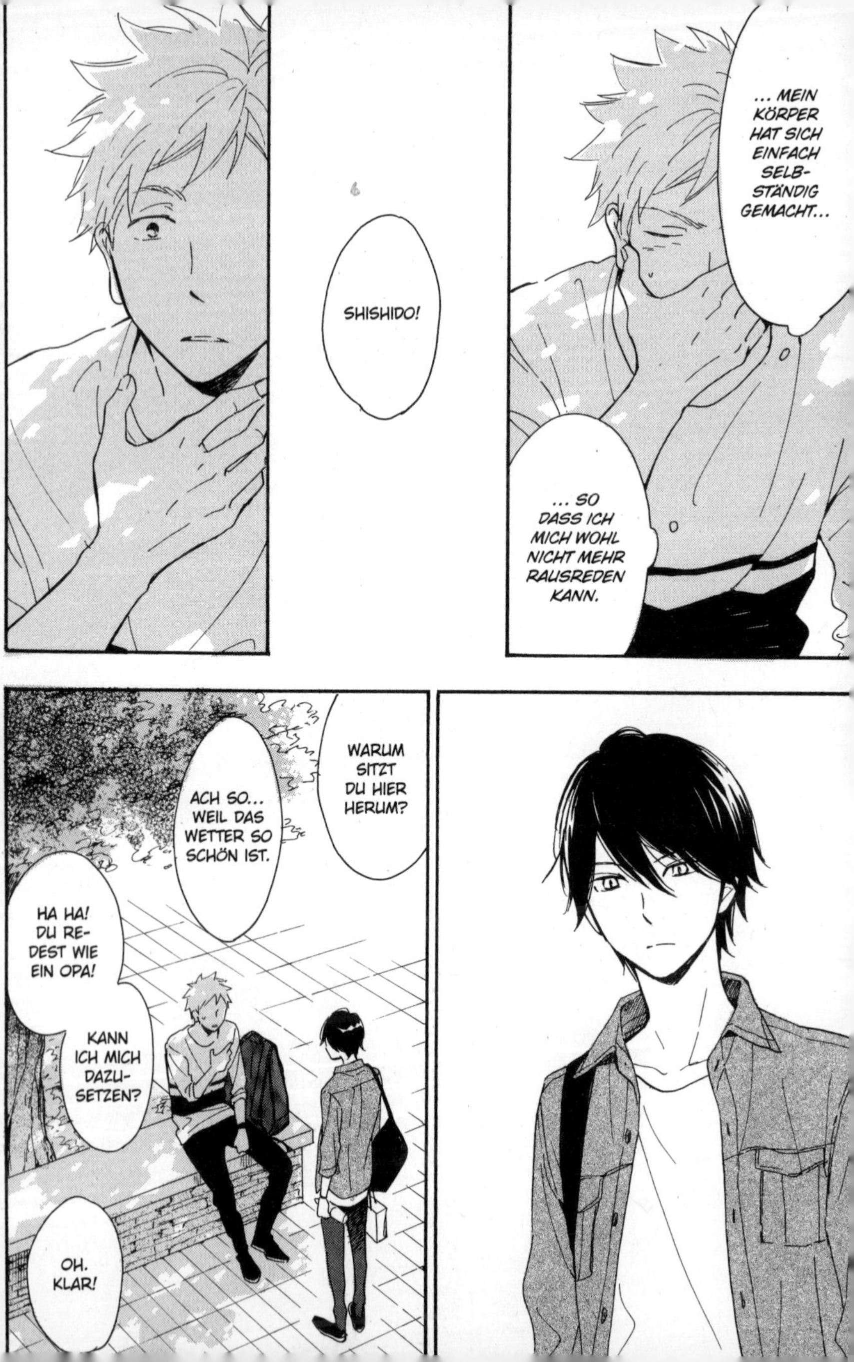

... MEIN KÖRPER HAT SICH EINFACH SELBSTÄNDIG GEMACHT...
... SO DASS ICH MICH WOHL NICHT MEHR RAUSREDEN KANN.
SHISHIDO!
WARUM SITZT DU HIER HERUM?
ACH SO... WEIL DAS WETTER SO SCHÖN IST.
HA HA! DU REDEST WIE EIN OPA!
KANN ICH MICH DAZUSETZEN?
OH. KLAR!

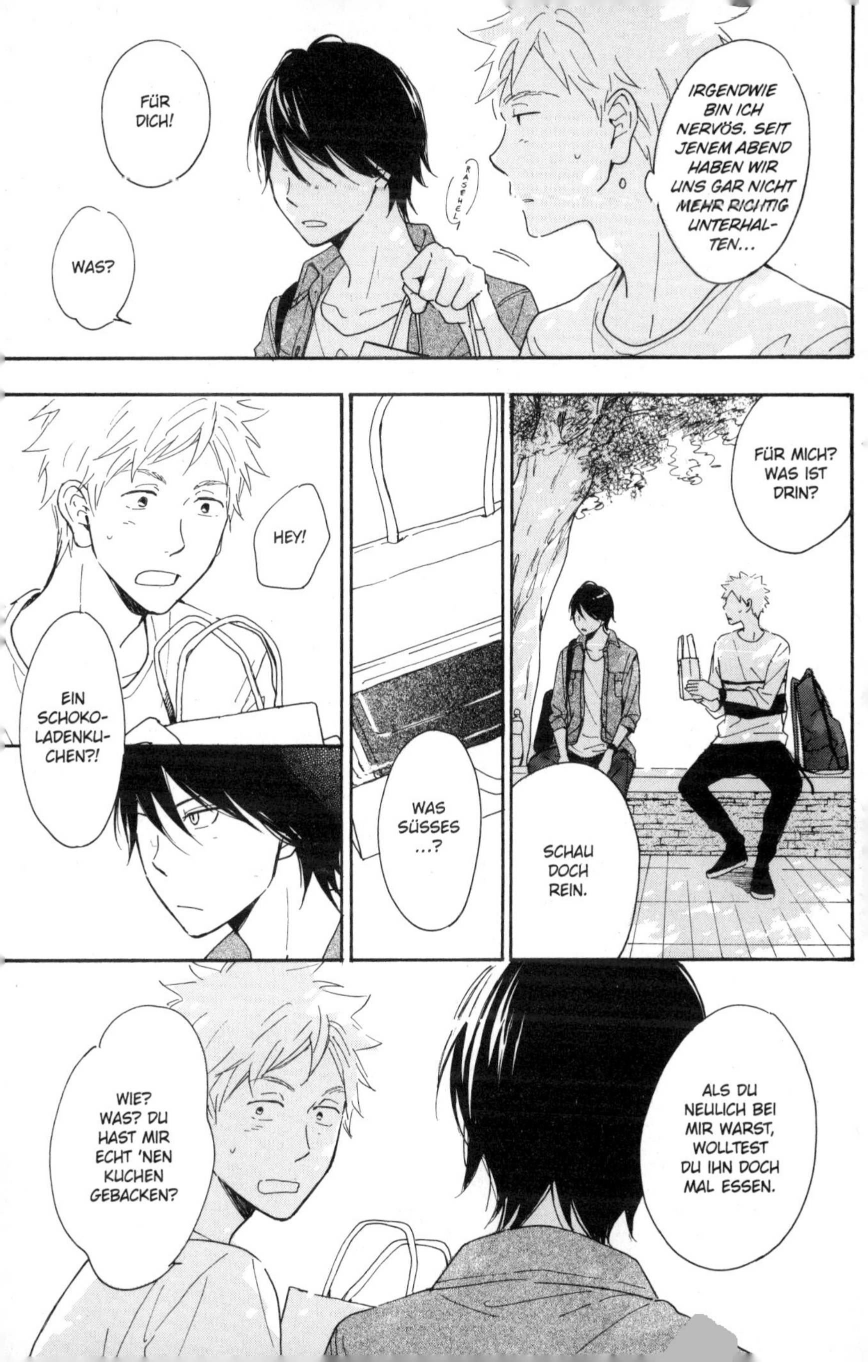
IRGENDWIE BIN ICH NERVÖS. SEIT JENEM ABEND HABEN WIR UNS GAR NICHT MEHR RICHTIG UNTERHALTEN...
RASCHEL
FÜR DICH!
WAS?
FÜR MICH? WAS IST DRIN?
SCHAU DOCH REIN.
WAS SÜSSES ...?
HEY!
EIN SCHOKOLADENKUCHEN?!
ALS DU NEULICH BEI MIR WARST, WOLLTEST DU IHN DOCH MAL ESSEN.
WIE? WAS? DU HAST MIR ECHT 'NEN KUCHEN GEBACKEN?

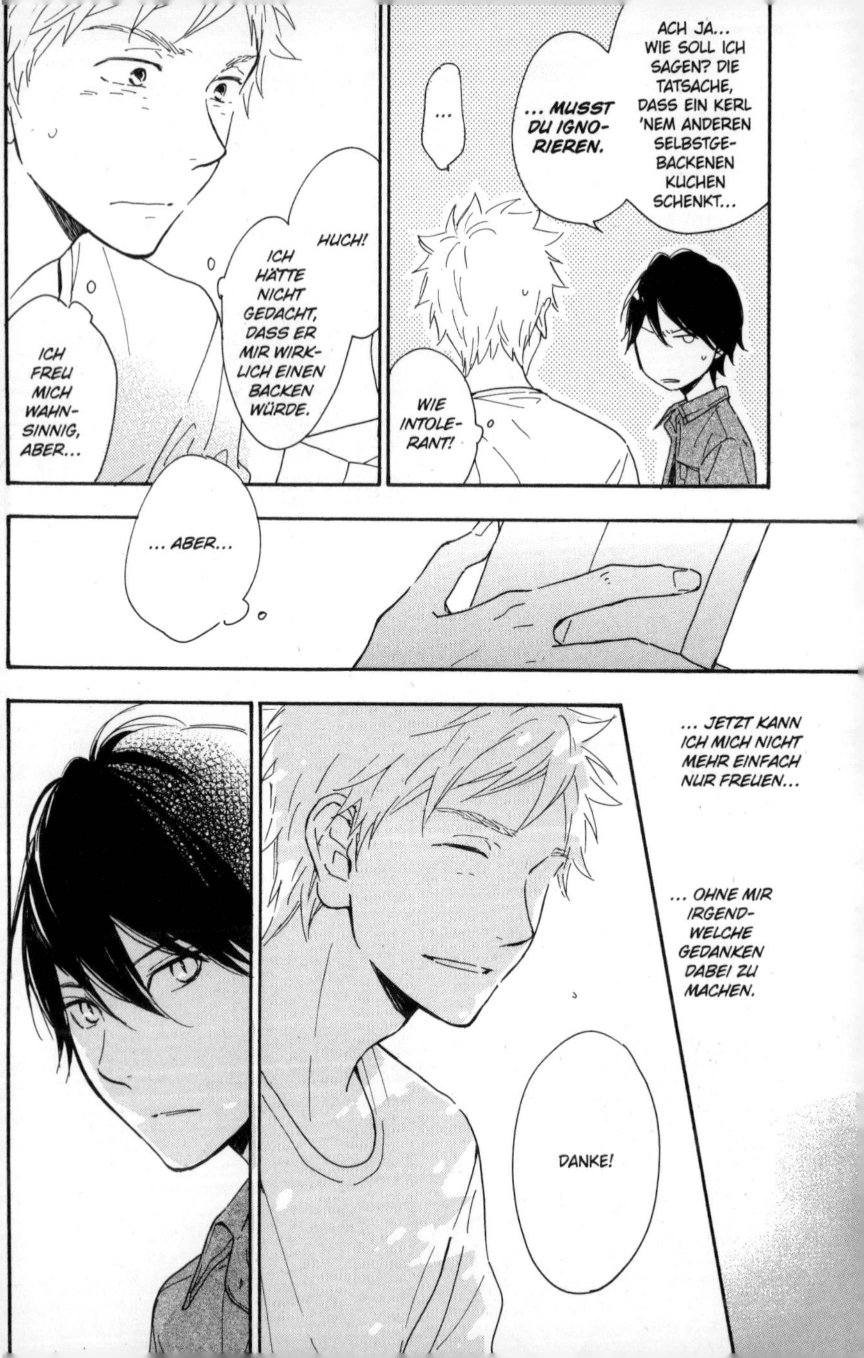

ACH JA… WIE SOLL ICH SAGEN? DIE TATSACHE, DASS EIN KERL 'NEM ANDEREN SELBSTGEBACKENEN KUCHEN SCHENKT…
… MUSST DU IGNORIEREN.
…
WIE INTOLERANT!
HUCH!
ICH HÄTTE NICHT GEDACHT, DASS ER MIR WIRKLICH EINEN BACKEN WÜRDE.
ICH FREU MICH WAHNSINNIG, ABER…
… ABER…
… JETZT KANN ICH MICH NICHT MEHR EINFACH NUR FREUEN…
… OHNE MIR IRGENDWELCHE GEDANKEN DABEI ZU MACHEN.
DANKE!

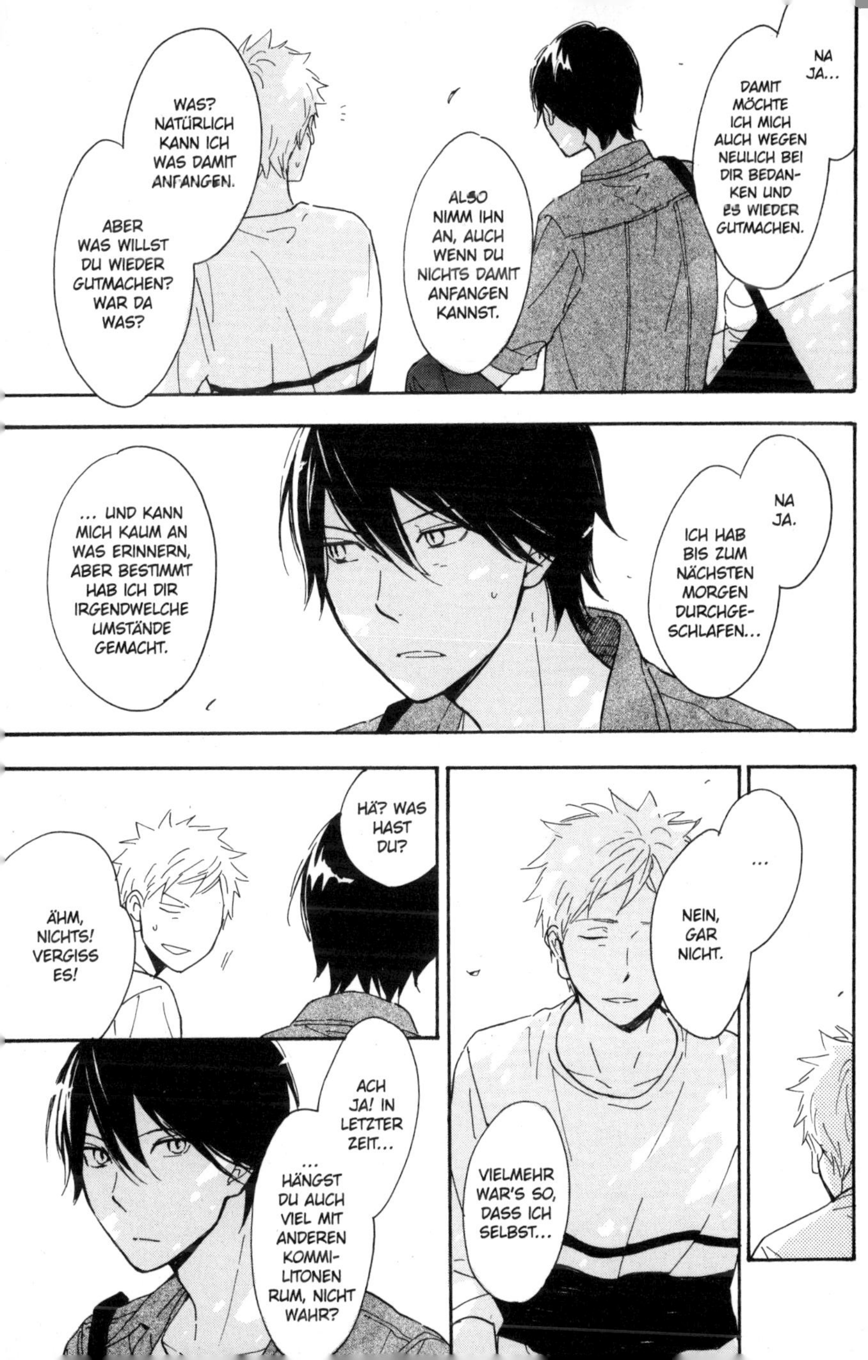
NA JA…
DAMIT MÖCHTE ICH MICH AUCH WEGEN NEULICH BEI DIR BEDANKEN UND ES WIEDER GUTMACHEN.
ALSO NIMM IHN AN, AUCH WENN DU NICHTS DAMIT ANFANGEN KANNST.
WAS? NATÜRLICH KANN ICH WAS DAMIT ANFANGEN.
ABER WAS WILLST DU WIEDER GUTMACHEN? WAR DA WAS?
NA JA.
ICH HAB BIS ZUM NÄCHSTEN MORGEN DURCHGE-SCHLAFEN…
… UND KANN MICH KAUM AN WAS ERINNERN, ABER BESTIMMT HAB ICH DIR IRGENDWELCHE UMSTÄNDE GEMACHT.
…
NEIN, GAR NICHT.
VIELMEHR WAR'S SO, DASS ICH SELBST…
HÄ? WAS HAST DU?
ÄHM, NICHTS! VERGISS ES!
ACH JA! IN LETZTER ZEIT…
… HÄNGST DU AUCH VIEL MIT ANDEREN KOMMILITONEN RUM, NICHT WAHR?

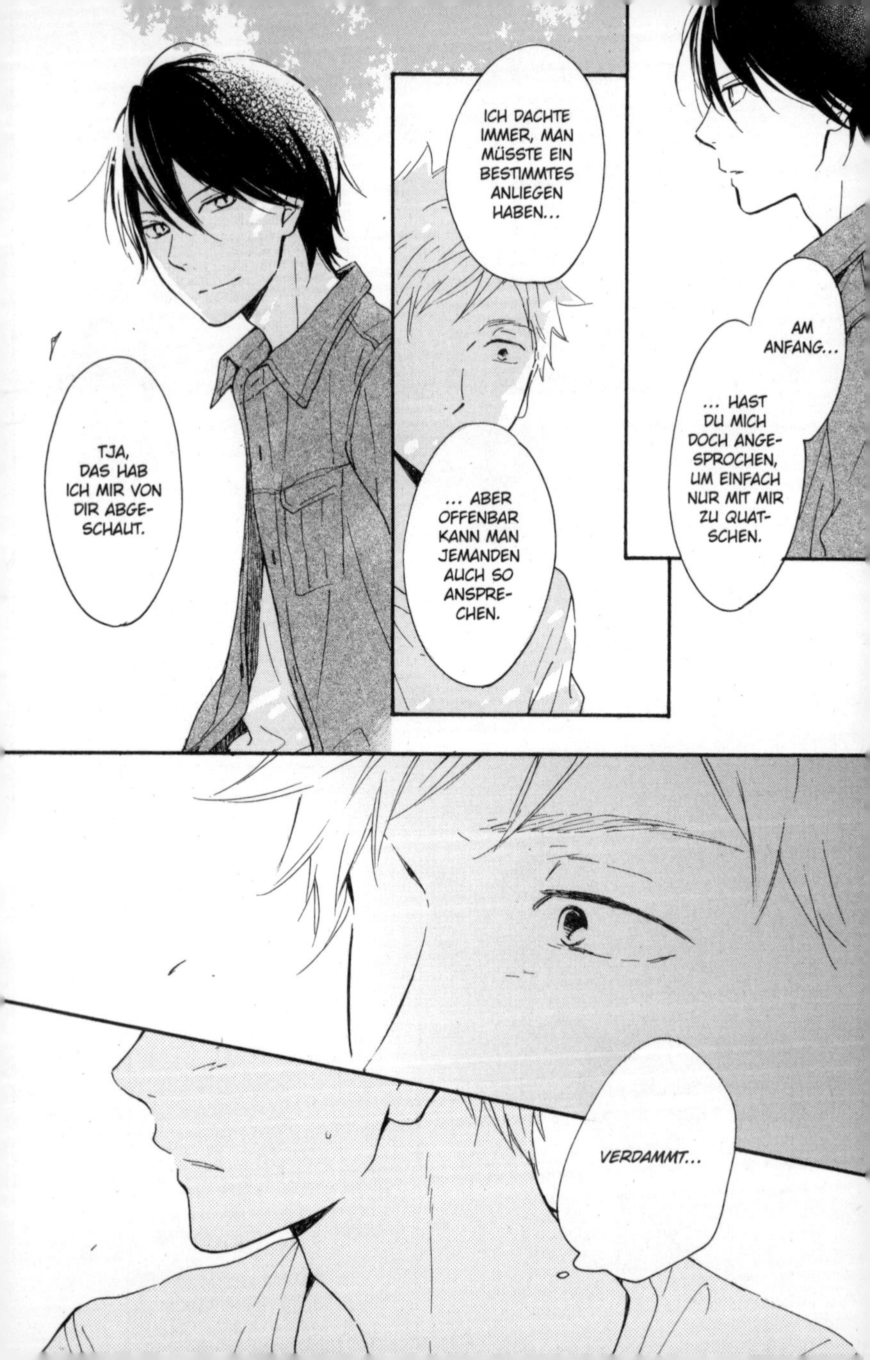
AM ANFANG...
... HAST DU MICH DOCH ANGE-SPROCHEN, UM EINFACH NUR MIT MIR ZU QUAT-SCHEN.
ICH DACHTE IMMER, MAN MÜSSTE EIN BESTIMMTES ANLIEGEN HABEN...
... ABER OFFENBAR KANN MAN JEMANDEN AUCH SO ANSPRE-CHEN.
TJA, DAS HAB ICH MIR VON DIR ABGE-SCHAUT.
VERDAMMT...

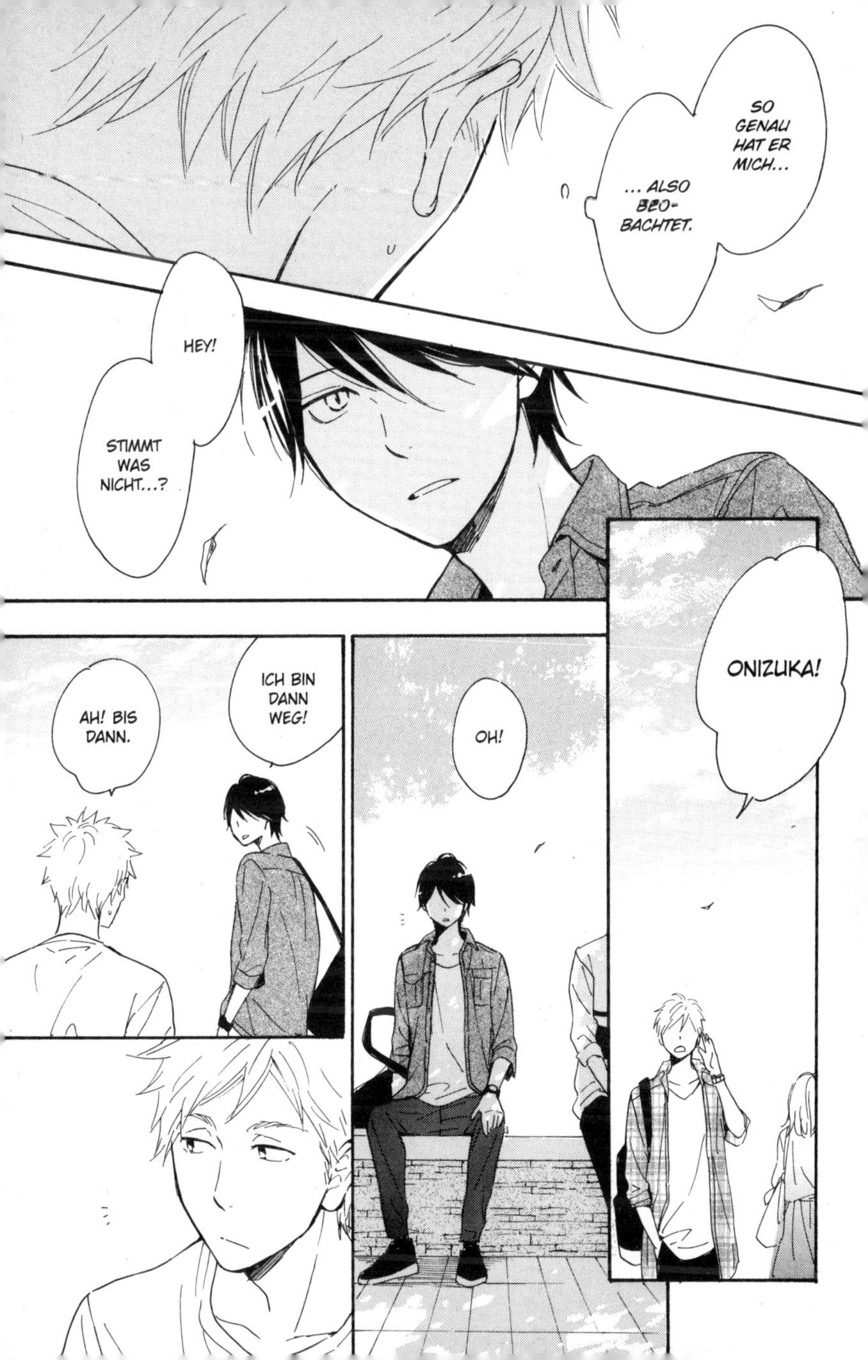

SO GENAU HAT ER MICH…
… ALSO BEO-BACHTET.
HEY!
STIMMT WAS NICHT…?
ONIZUKA!
OH!
ICH BIN DANN WEG!
AH! BIS DANN.

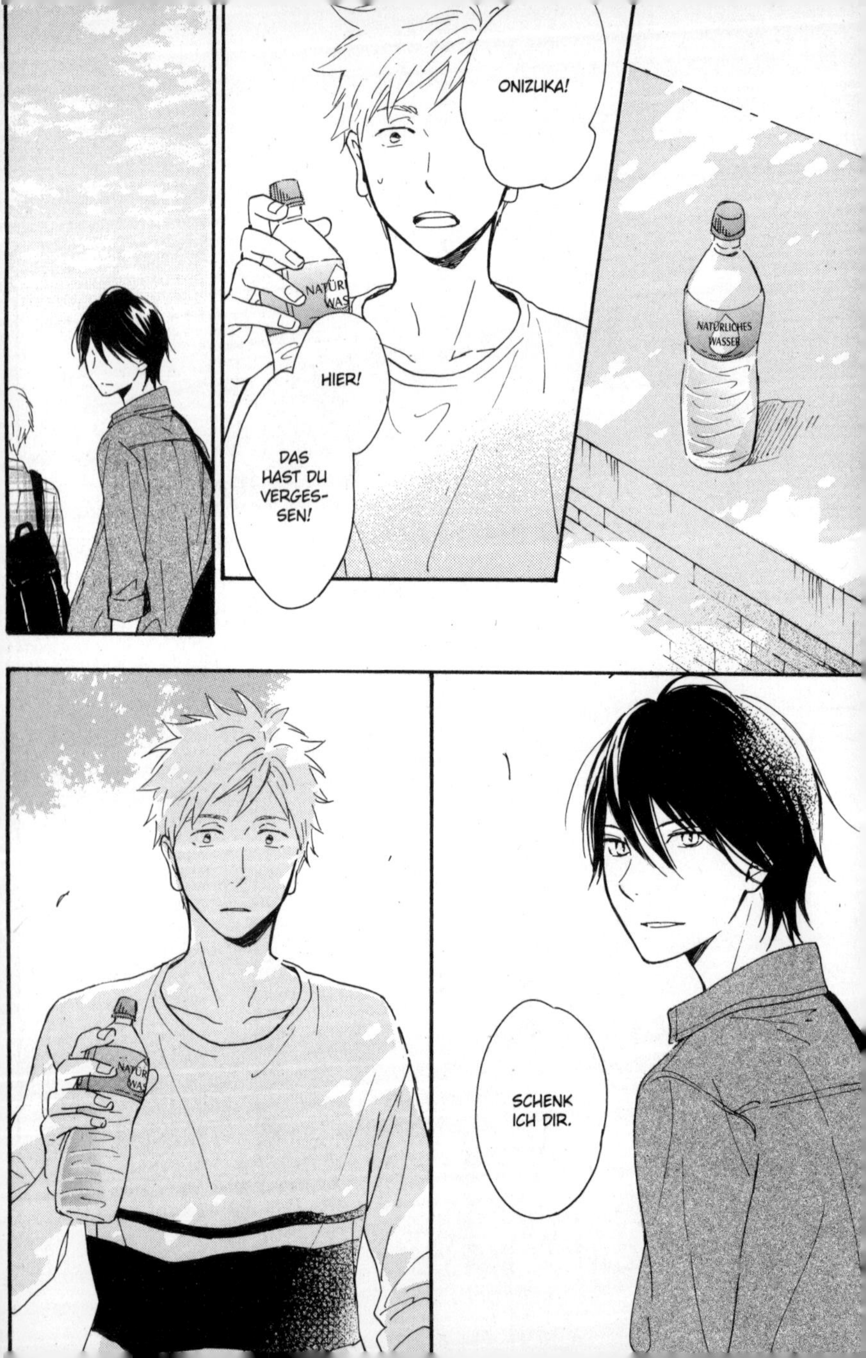
NATÜRLICHES WASSER
ONIZUKA!
HIER!
DAS HAST DU VERGES-SEN!
SCHENK ICH DIR.

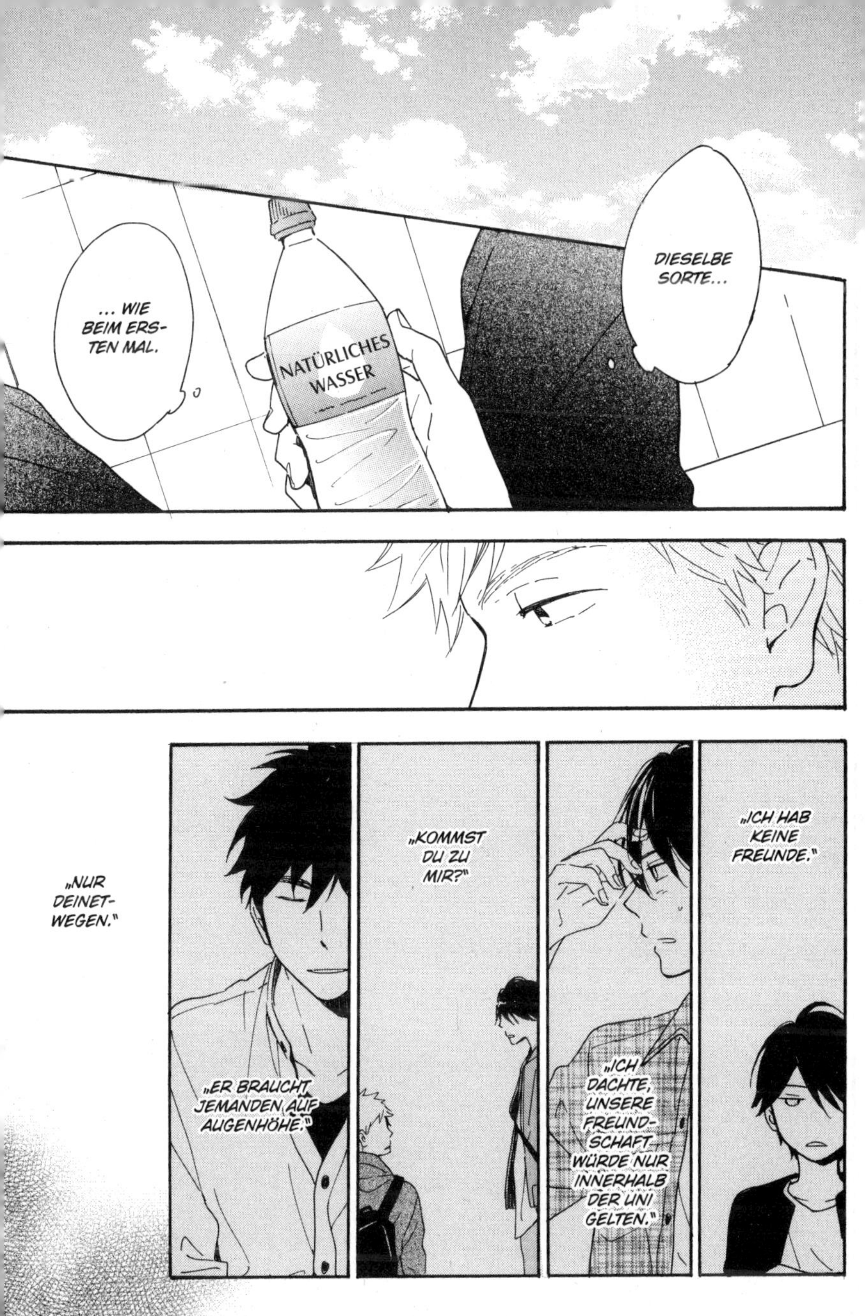
DIESELBE SORTE…
NATÜRLICHES WASSER
… WIE BEIM ERS-TEN MAL.
„ICH HAB KEINE FREUNDE."
„ICH DACHTE, UNSERE FREUND-SCHAFT WÜRDE NUR INNERHALB DER UNI GELTEN."
„KOMMST DU ZU MIR?"
„ER BRAUCHT JEMANDEN AUF AUGENHÖHE."
„NUR DEINET-WEGEN."

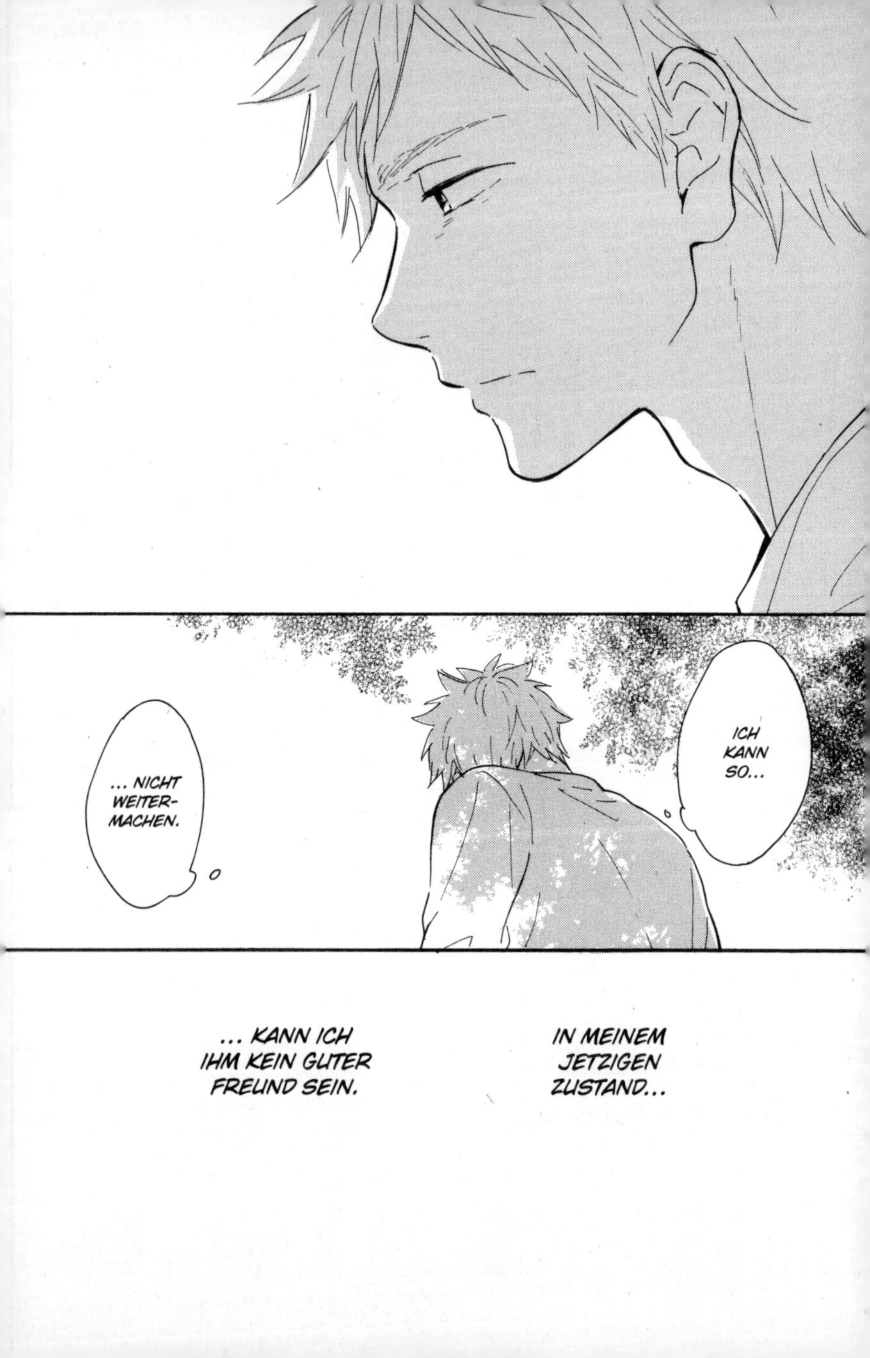
ICH KANN SO...
... NICHT WEITER-MACHEN.
IN MEINEM JETZIGEN ZUSTAND...
... KANN ICH IHM KEIN GUTER FREUND SEIN.

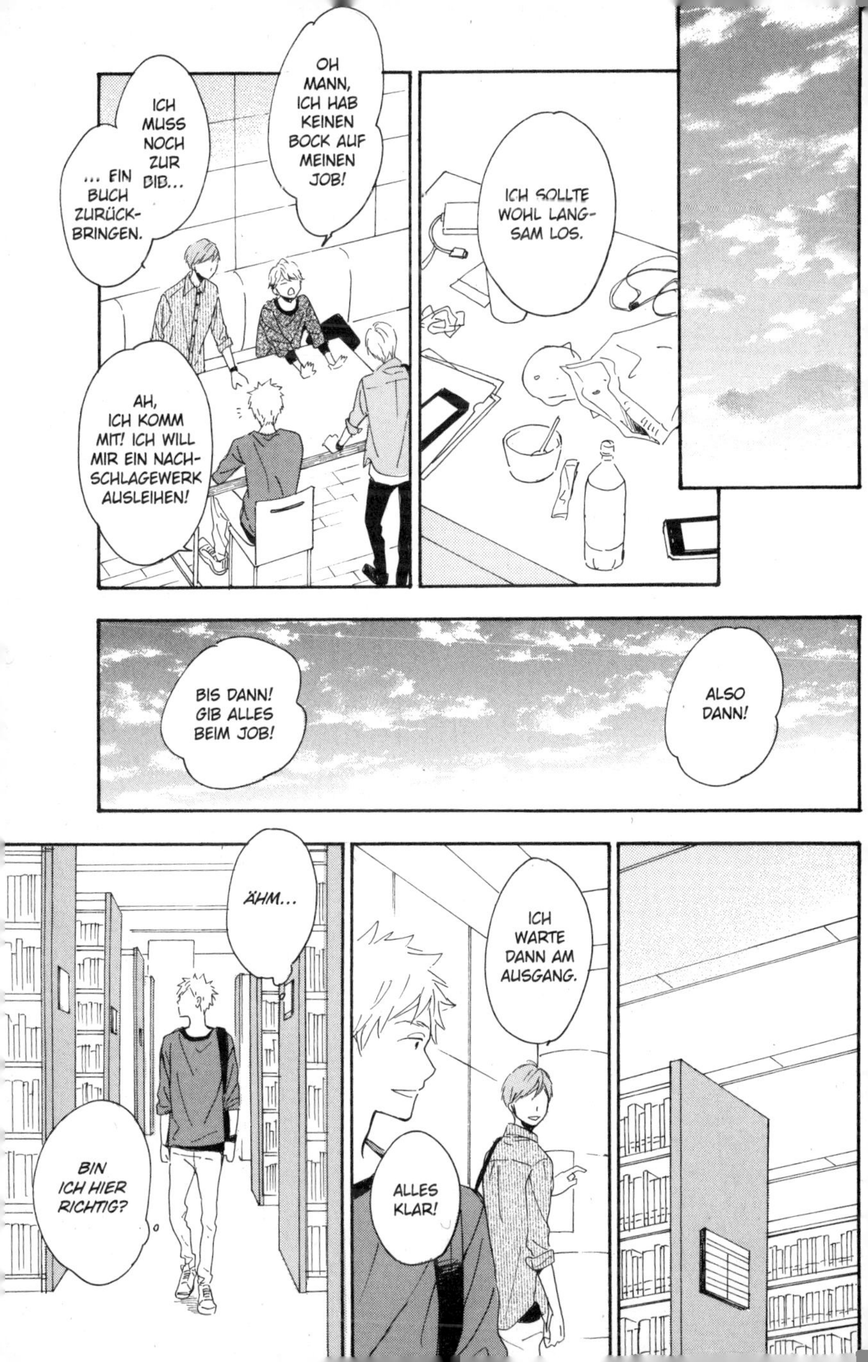
ICH SOLLTE WOHL LANGSAM LOS.
OH MANN, ICH HAB KEINEN BOCK AUF MEINEN JOB!
ICH MUSS NOCH ZUR BIB...
... EIN BUCH ZURÜCKBRINGEN.
AH, ICH KOMM MIT! ICH WILL MIR EIN NACHSCHLAGEWERK AUSLEIHEN!
ALSO DANN!
BIS DANN! GIB ALLES BEIM JOB!
ICH WARTE DANN AM AUSGANG.
ALLES KLAR!
ÄHM...
BIN ICH HIER RICHTIG?

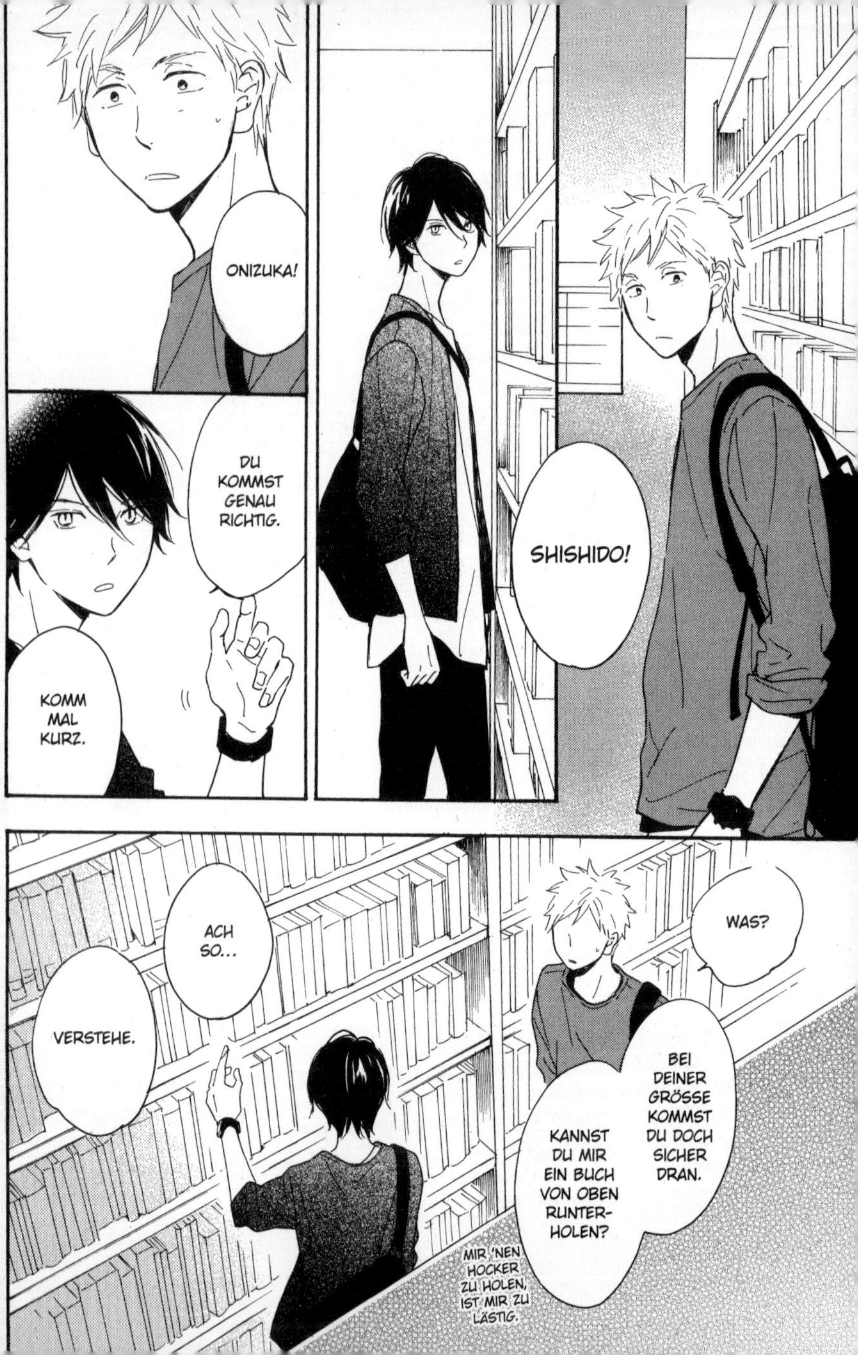
SHISHIDO!
ONIZUKA!
DU KOMMST GENAU RICHTIG.
KOMM MAL KURZ.
WAS?
KANNST DU MIR EIN BUCH VON OBEN RUNTER-HOLEN?
BEI DEINER GRÖSSE KOMMST DU DOCH SICHER DRAN.
MIR 'NEN HOCKER ZU HOLEN, IST MIR ZU LÄSTIG.
ACH SO...
VERSTEHE.

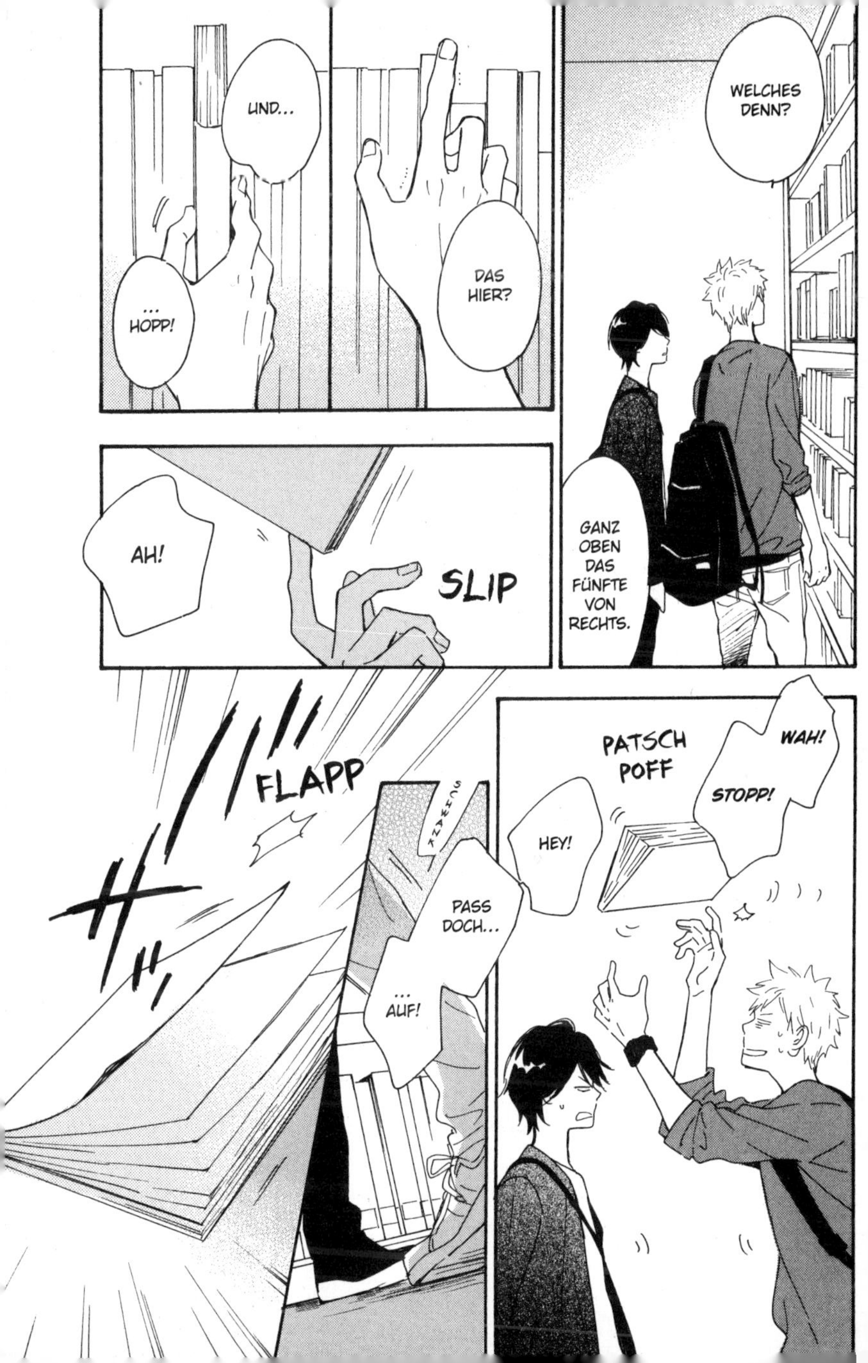
WELCHES DENN?
GANZ OBEN DAS FÜNFTE VON RECHTS.
DAS HIER?
UND...
... HOPP!
SLIP
AH!
WAH!
STOPP!
PATSCH POFF
HEY!
FLAPP
PASS DOCH...
... AUF!

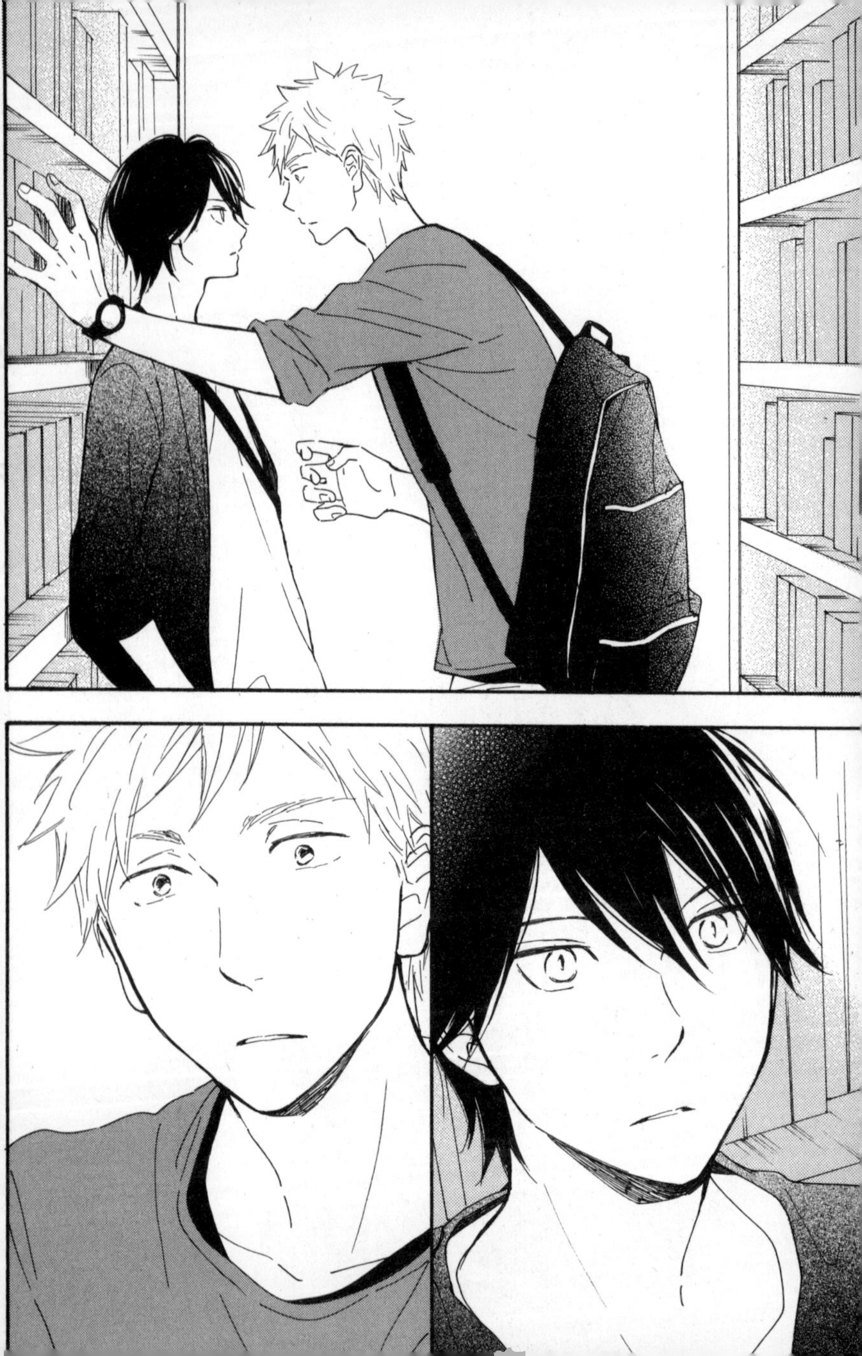

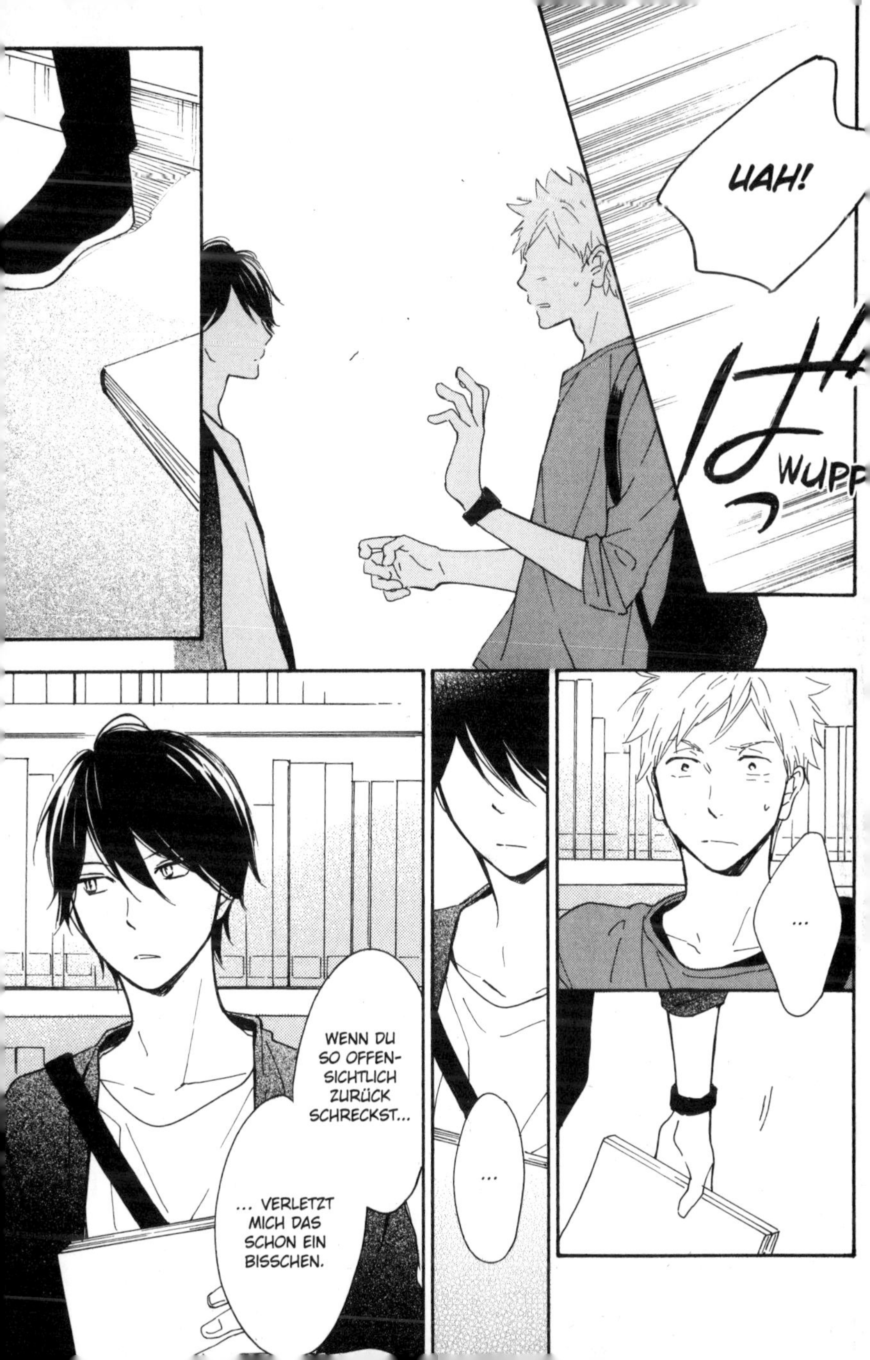
UAH!
WUPP
WENN DU SO OFFEN-SICHTLICH ZURÜCK SCHRECKST...
... VERLETZT MICH DAS SCHON EIN BISSCHEN.
...
...

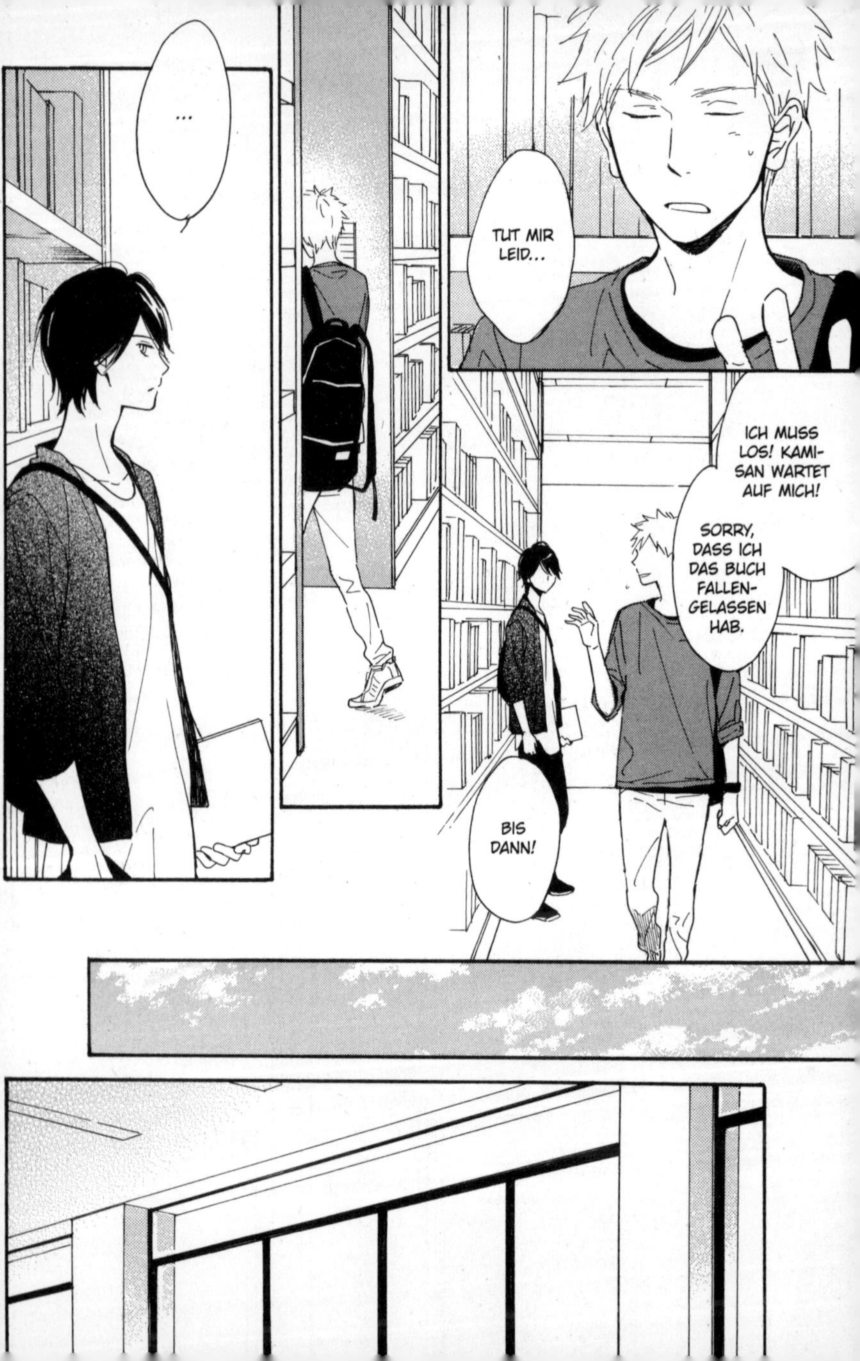
TUT MIR LEID…
...
ICH MUSS LOS! KAMI-SAN WARTET AUF MICH!
SORRY, DASS ICH DAS BUCH FALLEN-GELASSEN HAB.
BIS DANN!

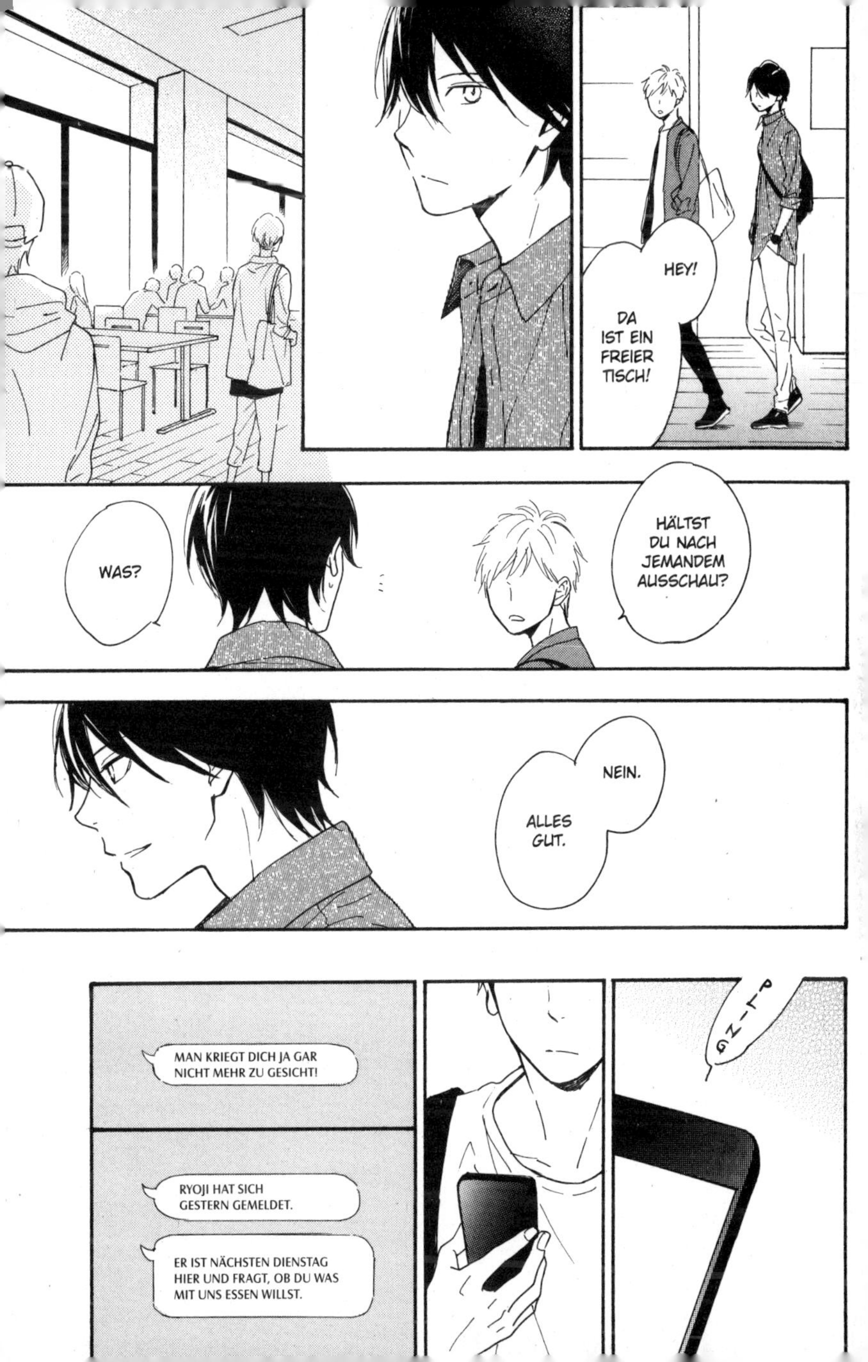
HEY!
DA IST EIN FREIER TISCH!
HÄLTST DU NACH JEMANDEM AUSSCHAU?
WAS?
NEIN.
ALLES GUT.
MAN KRIEGT DICH JA GAR NICHT MEHR ZU GESICHT!
RYOJI HAT SICH GESTERN GEMELDET.
ER IST NÄCHSTEN DIENSTAG HIER UND FRAGT, OB DU WAS MIT UNS ESSEN WILLST.

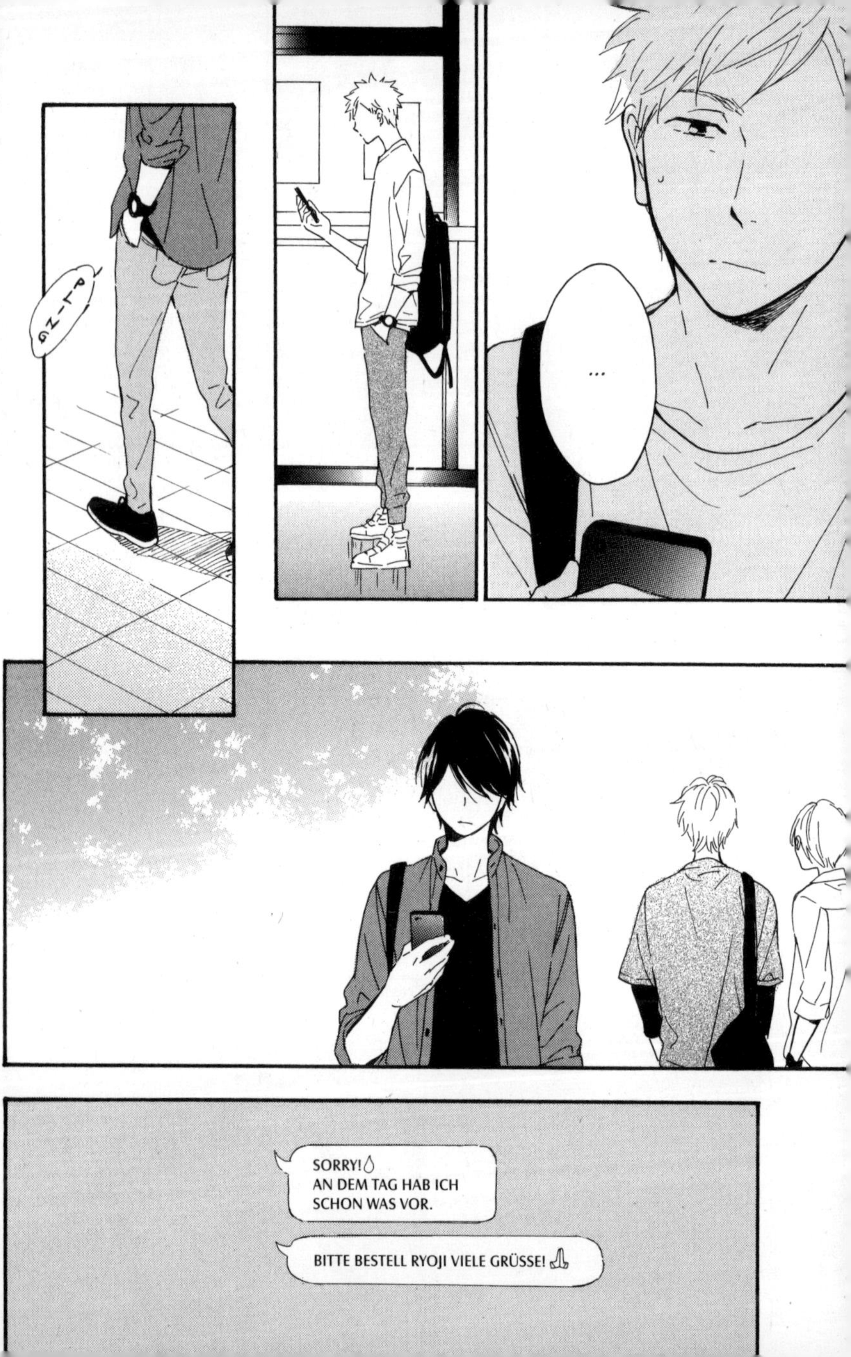
…
SORRY!
AN DEM TAG HAB ICH
SCHON WAS VOR.
BITTE BESTELL RYOJI VIELE GRÜSSE!

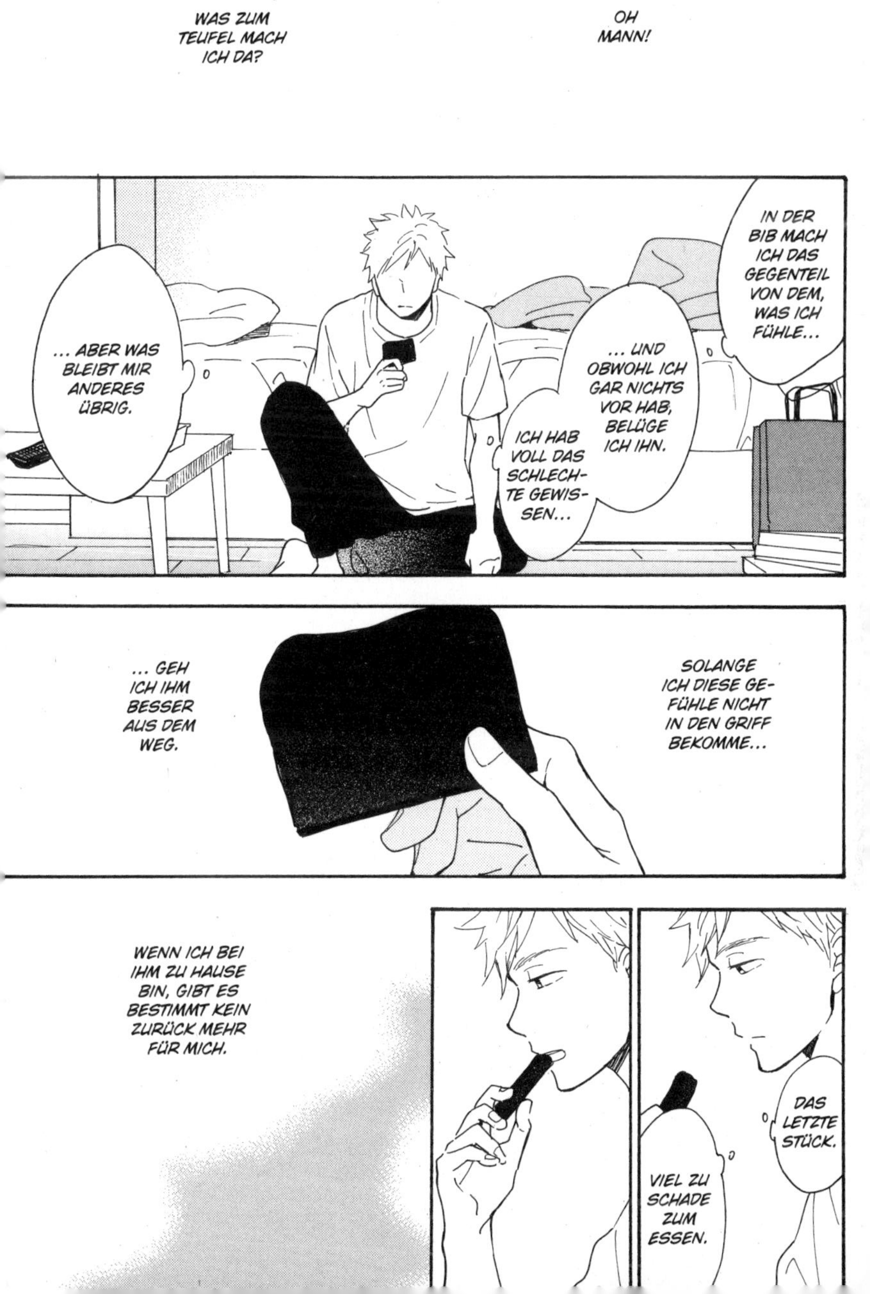
OH MANN!
WAS ZUM TEUFEL MACH ICH DA?
IN DER BIB MACH ICH DAS GEGENTEIL VON DEM, WAS ICH FÜHLE…
… UND OBWOHL ICH GAR NICHTS VOR HAB, BELÜGE ICH IHN.
ICH HAB VOLL DAS SCHLECH-TE GEWIS-SEN…
… ABER WAS BLEIBT MIR ANDERES ÜBRIG.
SOLANGE ICH DIESE GE-FÜHLE NICHT IN DEN GRIFF BEKOMME…
… GEH ICH IHM BESSER AUS DEM WEG.
DAS LETZTE STÜCK.
VIEL ZU SCHADE ZUM ESSEN.
WENN ICH BEI IHM ZU HAUSE BIN, GIBT ES BESTIMMT KEIN ZURÜCK MEHR FÜR MICH.

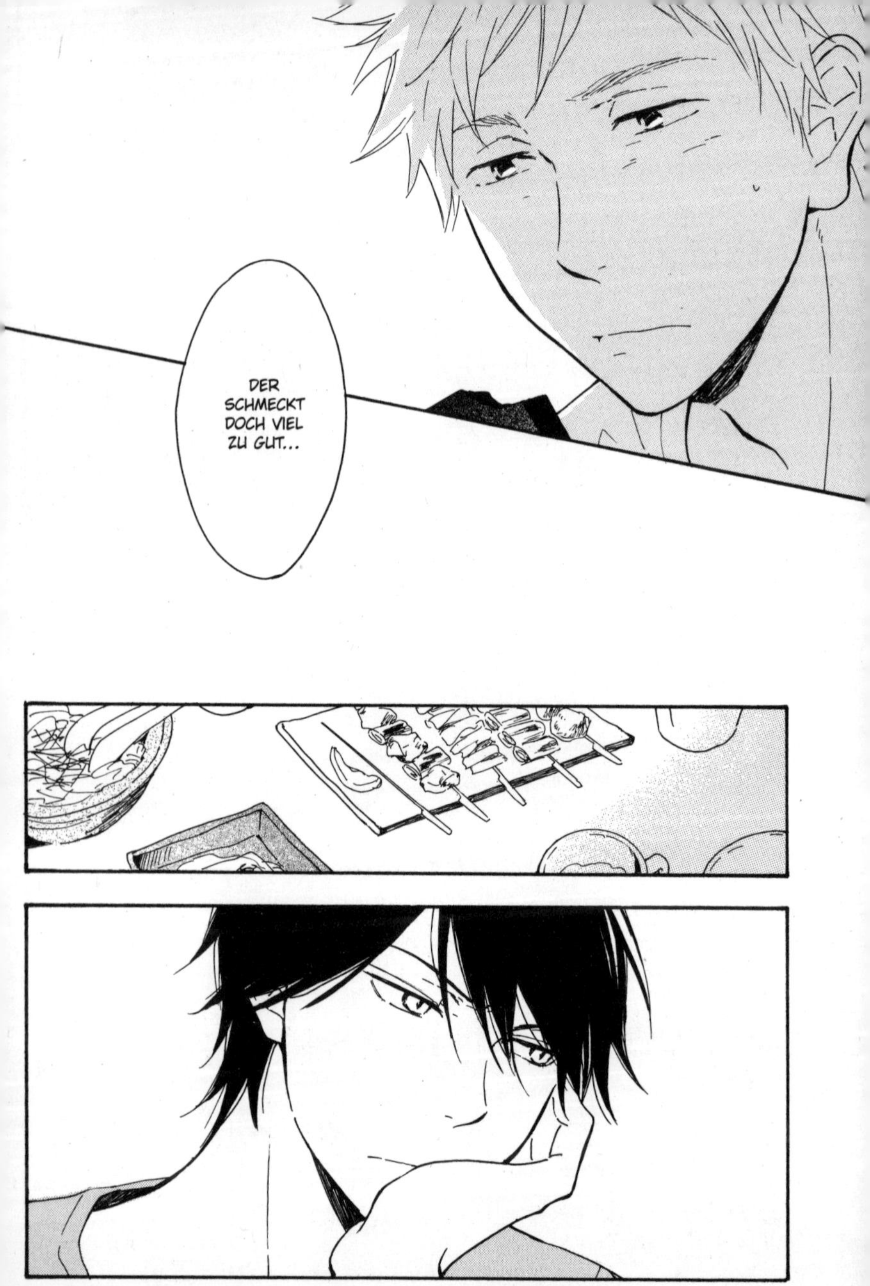
DER SCHMECKT DOCH VIEL ZU GUT...

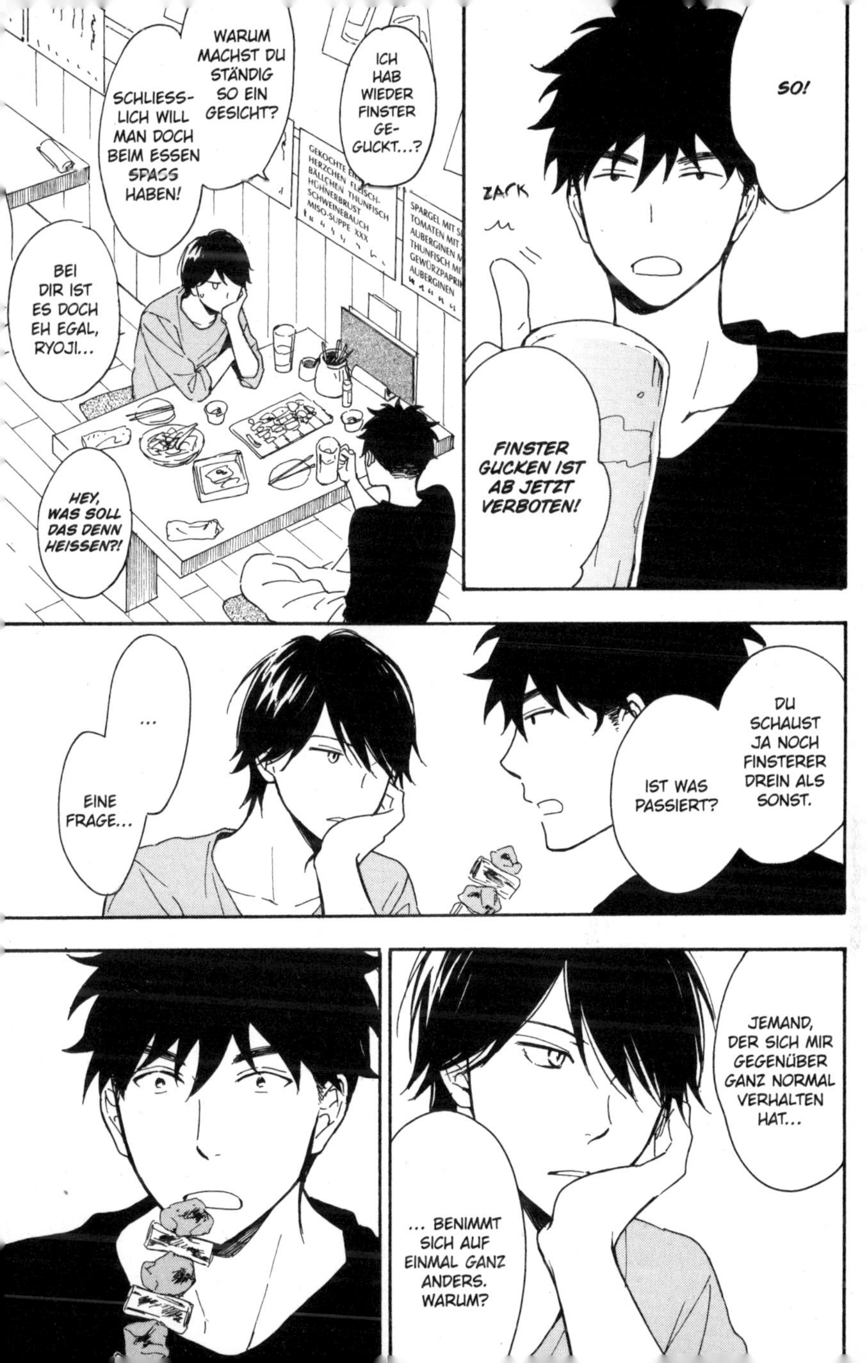
SO!
ZACK
FINSTER GUCKEN IST AB JETZT VERBOTEN!
ICH HAB WIEDER FINSTER GE-GUCKT…?
WARUM MACHST DU STÄNDIG SO EIN GESICHT?
SCHLIESS-LICH WILL MAN DOCH BEIM ESSEN SPASS HABEN!
BEI DIR IST ES DOCH EH EGAL, RYOJI…
HEY, WAS SOLL DAS DENN HEISSEN?!
DU SCHAUST JA NOCH FINSTERER DREIN ALS SONST.
IST WAS PASSIERT?
…
EINE FRAGE…
JEMAND, DER SICH MIR GEGENÜBER GANZ NORMAL VERHALTEN HAT…
… BENIMMT SICH AUF EINMAL GANZ ANDERS. WARUM?

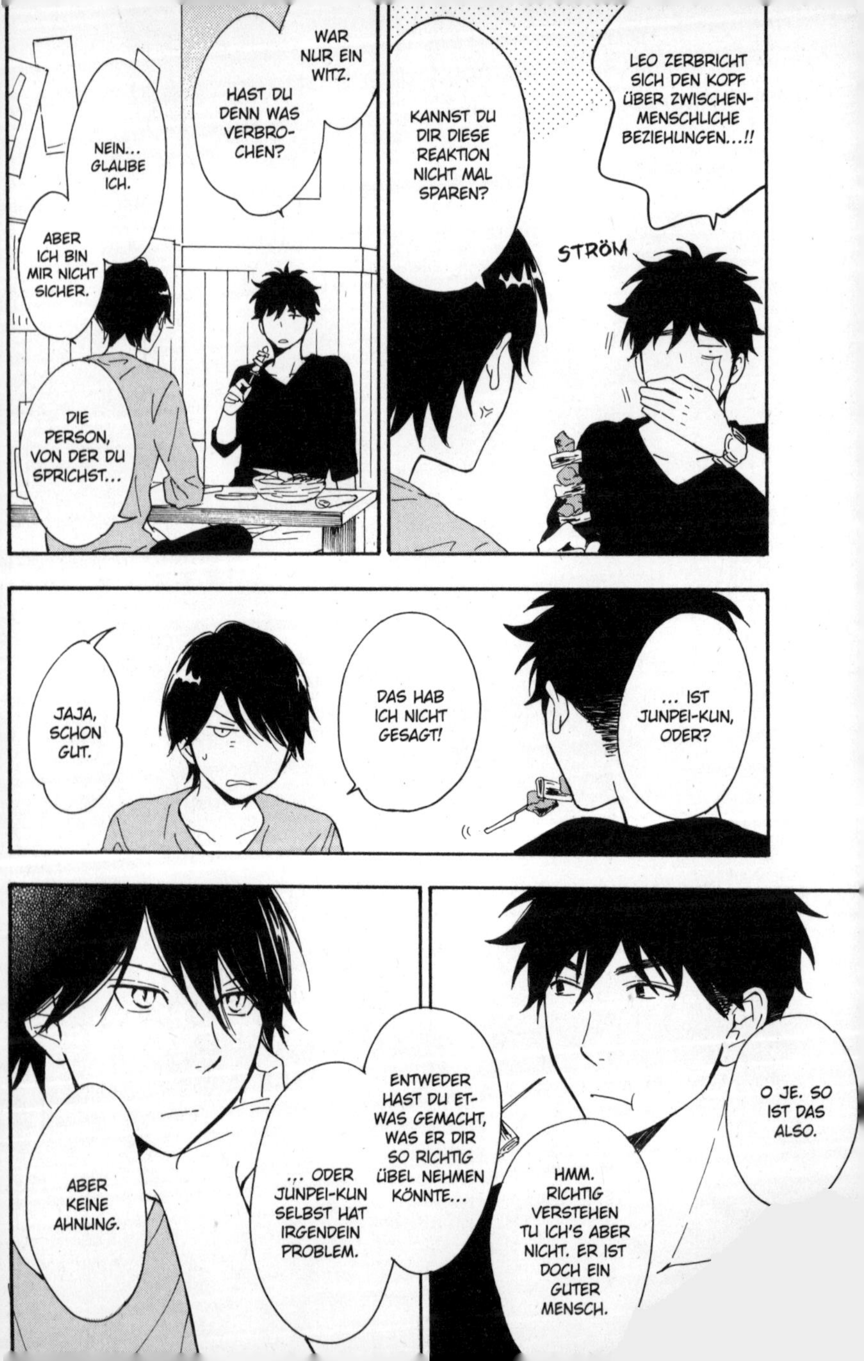
LEO ZERBRICHT SICH DEN KOPF ÜBER ZWISCHEN-MENSCHLICHE BEZIEHUNGEN...!!
STRÖM
KANNST DU DIR DIESE REAKTION NICHT MAL SPAREN?
WAR NUR EIN WITZ.
HAST DU DENN WAS VERBRO-CHEN?
NEIN... GLAUBE ICH.
ABER ICH BIN MIR NICHT SICHER.
DIE PERSON, VON DER DU SPRICHST...
... IST JUNPEI-KUN, ODER?
DAS HAB ICH NICHT GESAGT!
JAJA, SCHON GUT.
O JE. SO IST DAS ALSO.
HMM. RICHTIG VERSTEHEN TU ICH'S ABER NICHT. ER IST DOCH EIN GUTER MENSCH.
ENTWEDER HAST DU ET-WAS GEMACHT, WAS ER DIR SO RICHTIG ÜBEL NEHMEN KÖNNTE...
... ODER JUNPEI-KUN SELBST HAT IRGENDEIN PROBLEM.
ABER KEINE AHNUNG.

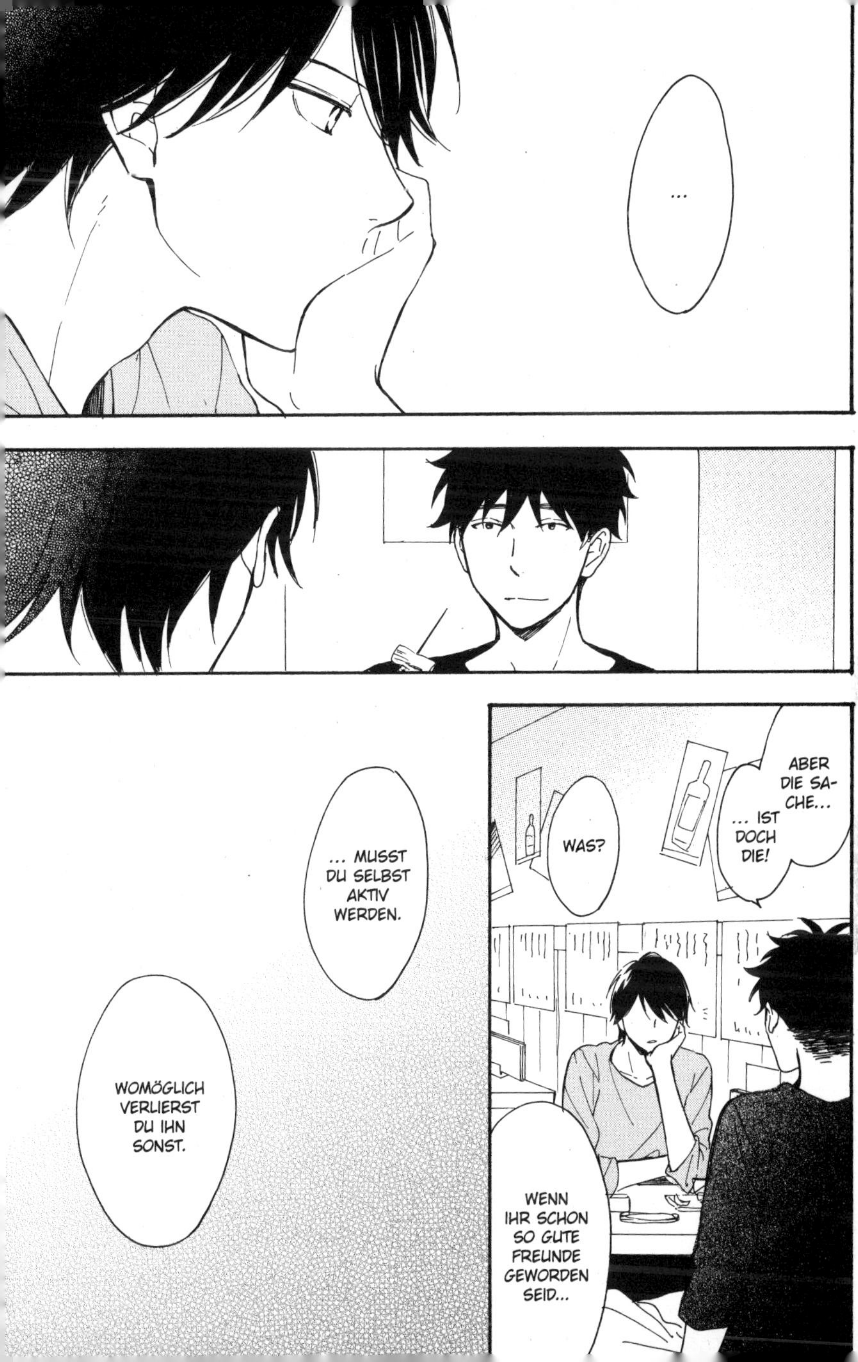
...
ABER DIE SACHE...
... IST DOCH DIE!
WAS?
WENN IHR SCHON SO GUTE FREUNDE GEWORDEN SEID...
... MUSST DU SELBST AKTIV WERDEN.
WOMÖGLICH VERLIERST DU IHN SONST.

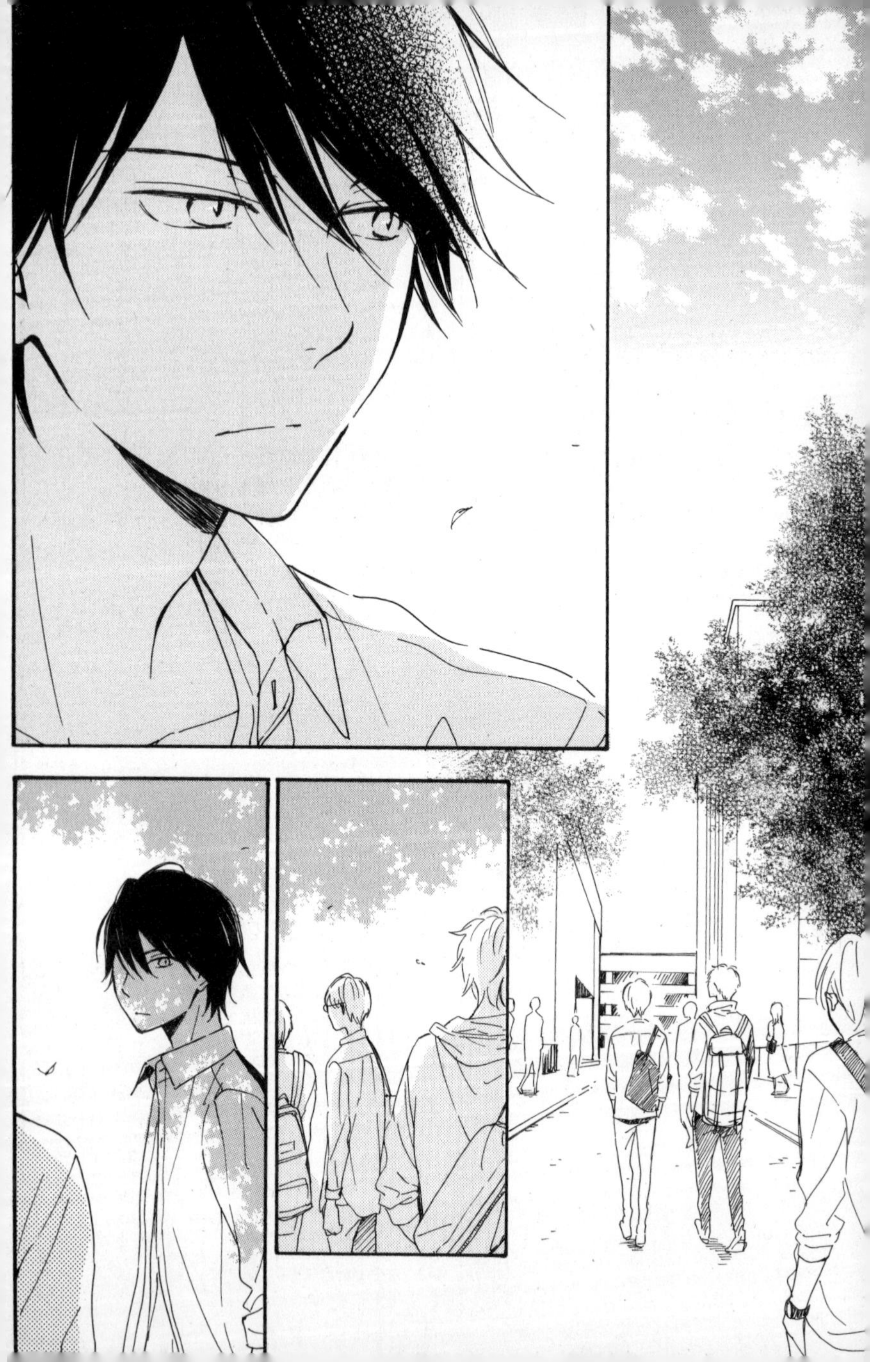

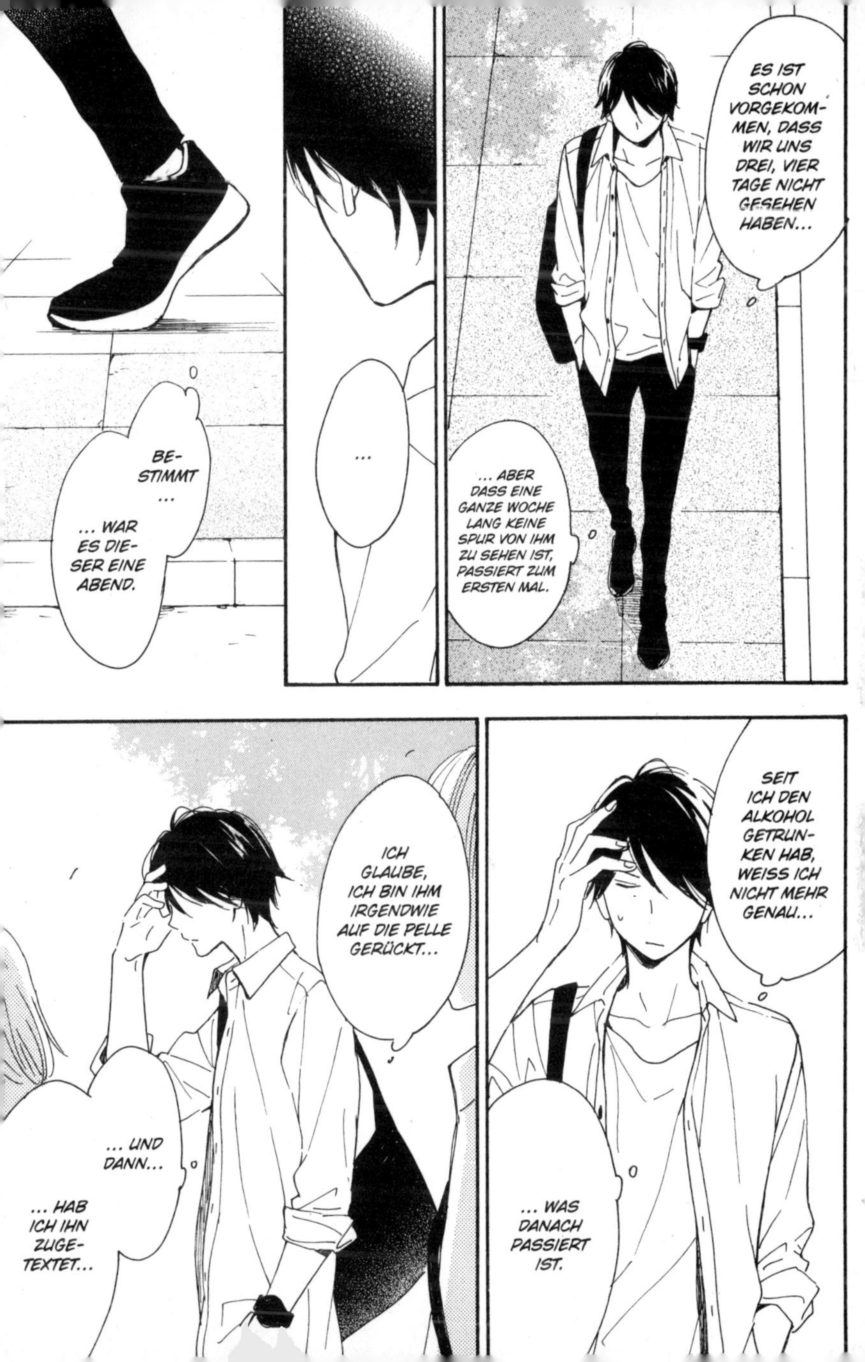
ES IST SCHON VORGEKOMMEN, DASS WIR UNS DREI, VIER TAGE NICHT GESEHEN HABEN...
... ABER DASS EINE GANZE WOCHE LANG KEINE SPUR VON IHM ZU SEHEN IST, PASSIERT ZUM ERSTEN MAL.
...
BESTIMMT ...
... WAR ES DIESER EINE ABEND.
SEIT ICH DEN ALKOHOL GETRUNKEN HAB, WEISS ICH NICHT MEHR GENAU...
... WAS DANACH PASSIERT IST.
ICH GLAUBE, ICH BIN IHM IRGENDWIE AUF DIE PELLE GERÜCKT...
... UND DANN...
... HAB ICH IHN ZUGETEXTET...

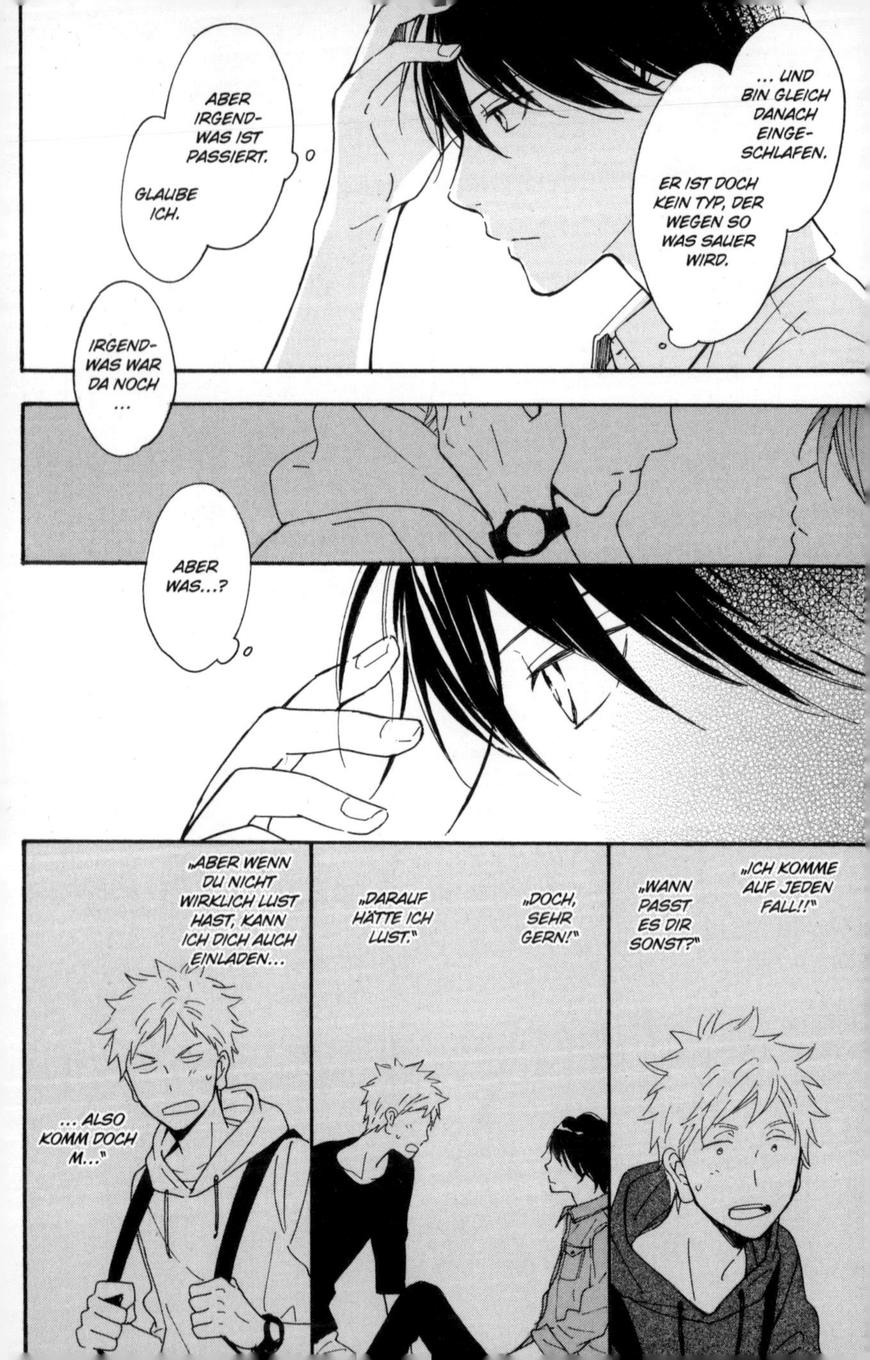
... UND BIN GLEICH DANACH EINGE-SCHLAFEN.
ER IST DOCH KEIN TYP, DER WEGEN SO WAS SAUER WIRD.
ABER IRGEND-WAS IST PASSIERT.
GLAUBE ICH.
IRGEND-WAS WAR DA NOCH ...
ABER WAS...?
„ICH KOMME AUF JEDEN FALL!!"
„WANN PASST ES DIR SONST?"
„DOCH, SEHR GERN!"
„DARAUF HÄTTE ICH LUST."
„ABER WENN DU NICHT WIRKLICH LUST HAST, KANN ICH DICH AUCH EINLADEN...
... ALSO KOMM DOCH M..."

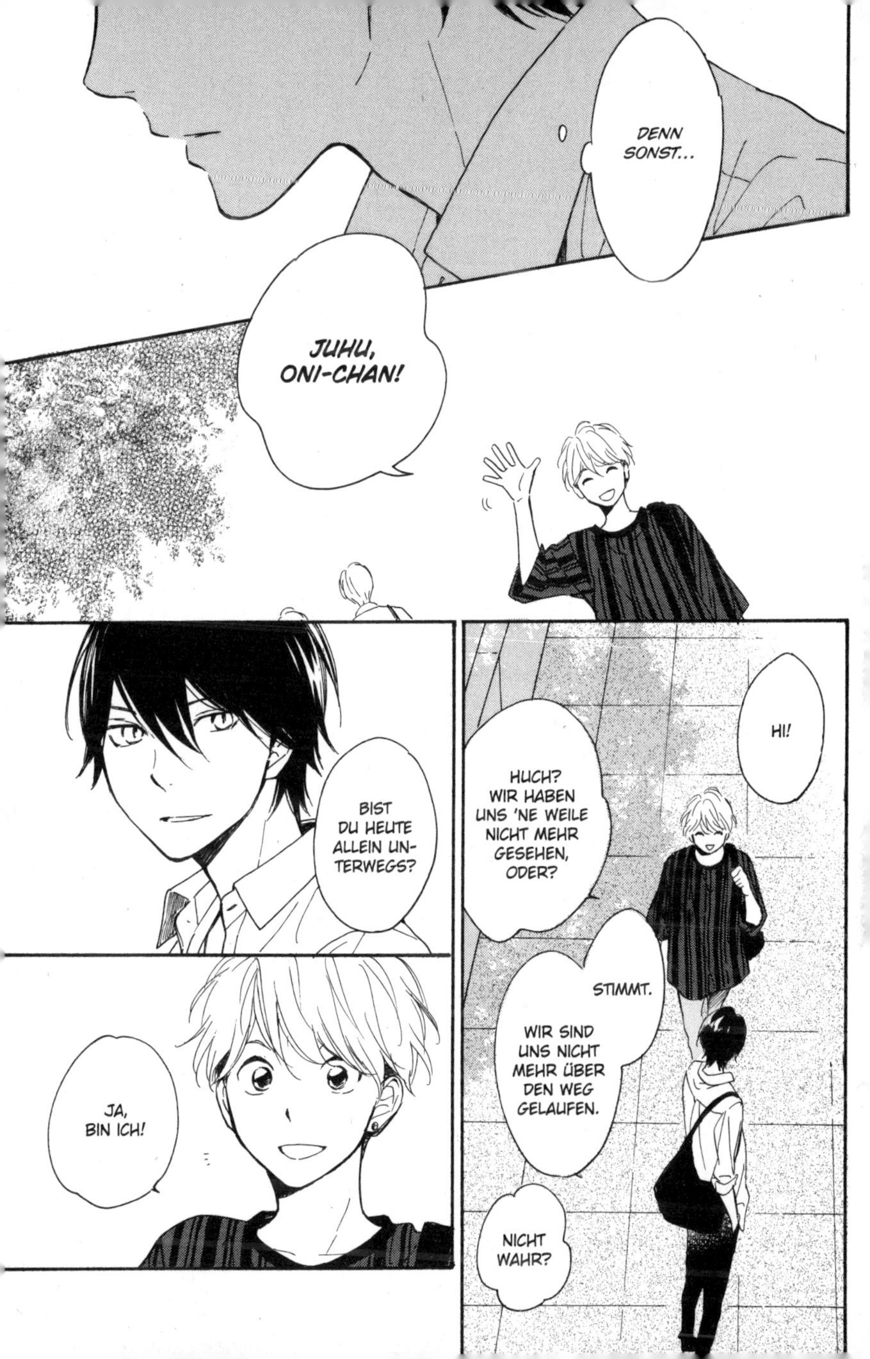
DENN SONST…
JUHU, ONI-CHAN!
HI!
HUCH? WIR HABEN UNS 'NE WEILE NICHT MEHR GESEHEN, ODER?
BIST DU HEUTE ALLEIN UN-TERWEGS?
STIMMT.
WIR SIND UNS NICHT MEHR ÜBER DEN WEG GELAUFEN.
NICHT WAHR?
JA, BIN ICH!

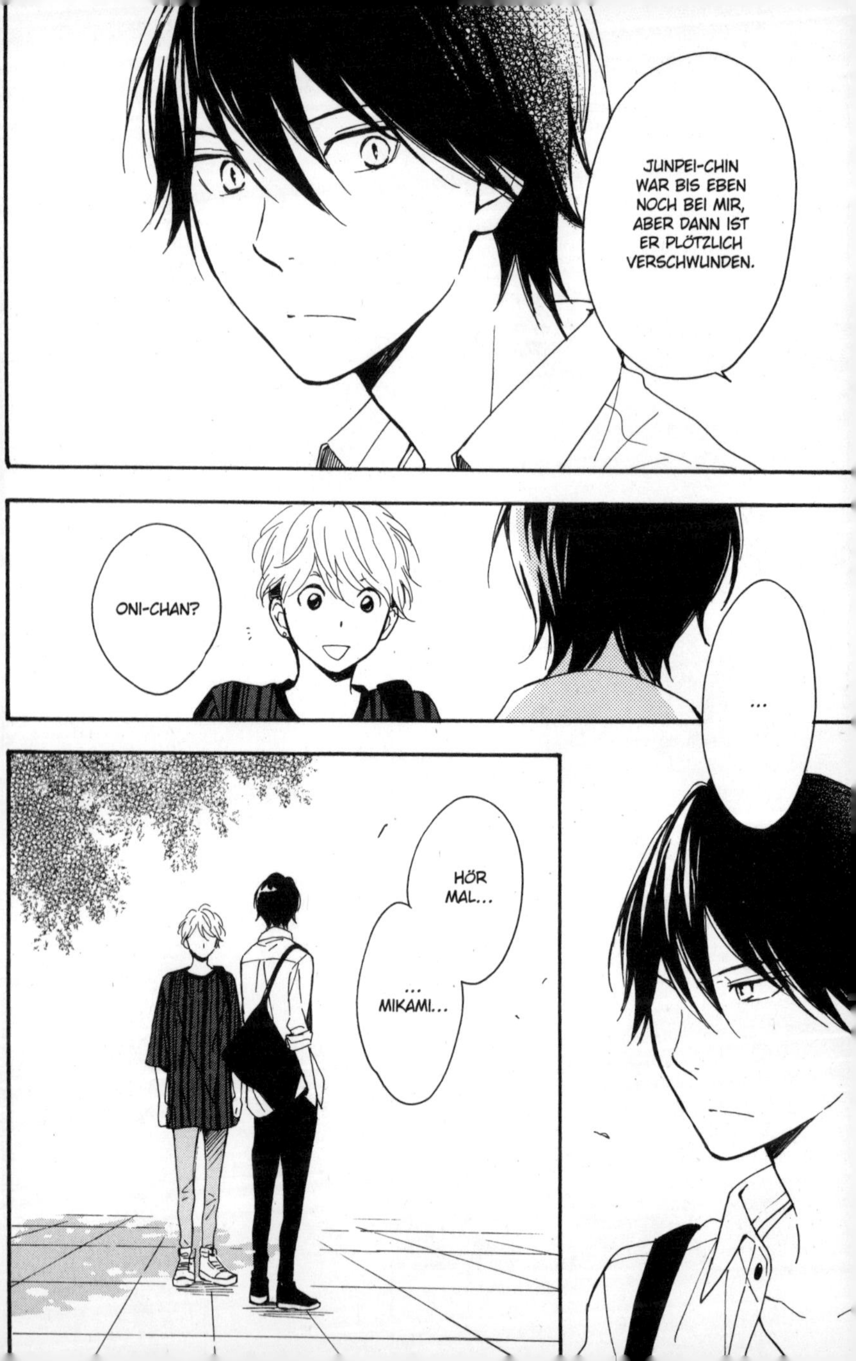
JUNPEI-CHIN WAR BIS EBEN NOCH BEI MIR, ABER DANN IST ER PLÖTZLICH VERSCHWUNDEN.
...
ONI-CHAN?
HÖR MAL...
... MIKAMI...

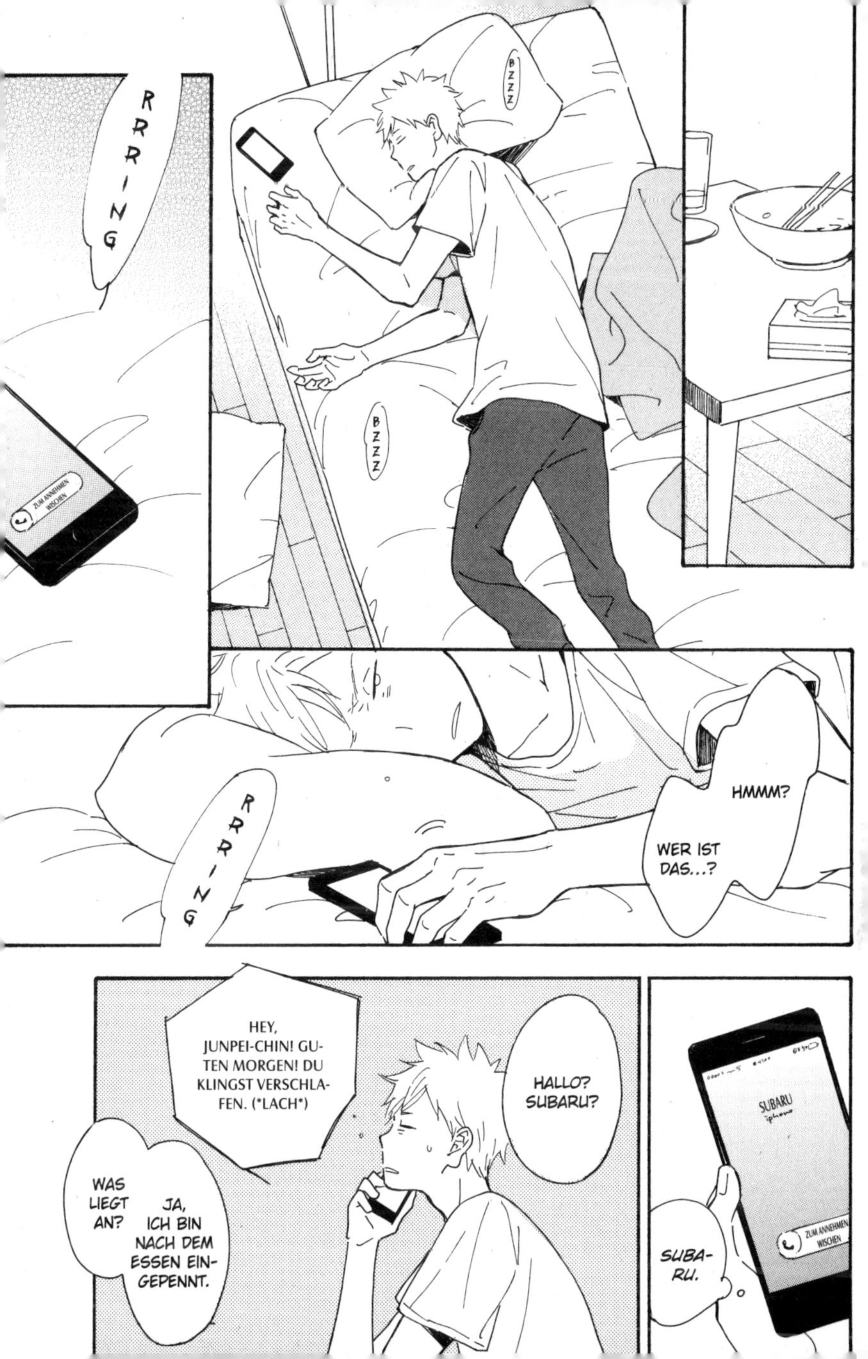
BZZZ
RRRING
ZUM ANNEHMEN WISCHEN
BZZZ
HMMM?
WER IST DAS...?
RRRING
SUBARU
iPhone
ZUM ANNEHMEN WISCHEN
SUBA-RU.
HALLO? SUBARU?
HEY, JUNPEI-CHIN! GUTEN MORGEN! DU KLINGST VERSCHLAFEN. (*LACH*)
JA, ICH BIN NACH DEM ESSEN EINGEPENNT.
WAS LIEGT AN?

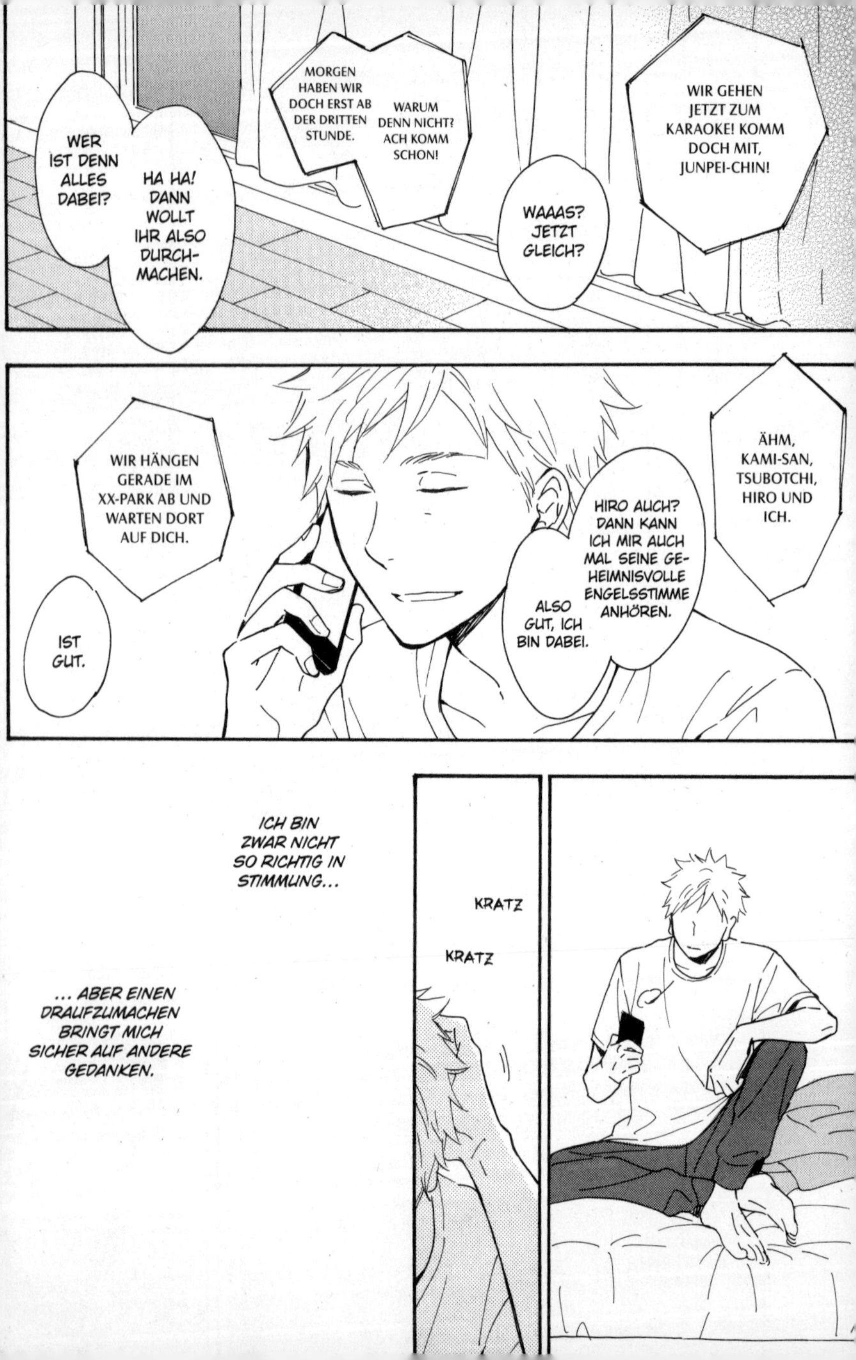
WIR GEHEN JETZT ZUM KARAOKE! KOMM DOCH MIT, JUNPEI-CHIN!
WAAAS? JETZT GLEICH?
WARUM DENN NICHT? ACH KOMM SCHON!
MORGEN HABEN WIR DOCH ERST AB DER DRITTEN STUNDE.
HA HA! DANN WOLLT IHR ALSO DURCHMACHEN.
WER IST DENN ALLES DABEI?
ÄHM, KAMI-SAN, TSUBOTCHI, HIRO UND ICH.
HIRO AUCH? DANN KANN ICH MIR AUCH MAL SEINE GEHEIMNISVOLLE ENGELSSTIMME ANHÖREN.
ALSO GUT, ICH BIN DABEI.
WIR HÄNGEN GERADE IM XX-PARK AB UND WARTEN DORT AUF DICH.
IST GUT.
KRATZ
KRATZ
ICH BIN ZWAR NICHT SO RICHTIG IN STIMMUNG…
… ABER EINEN DRAUFZUMACHEN BRINGT MICH SICHER AUF ANDERE GEDANKEN.

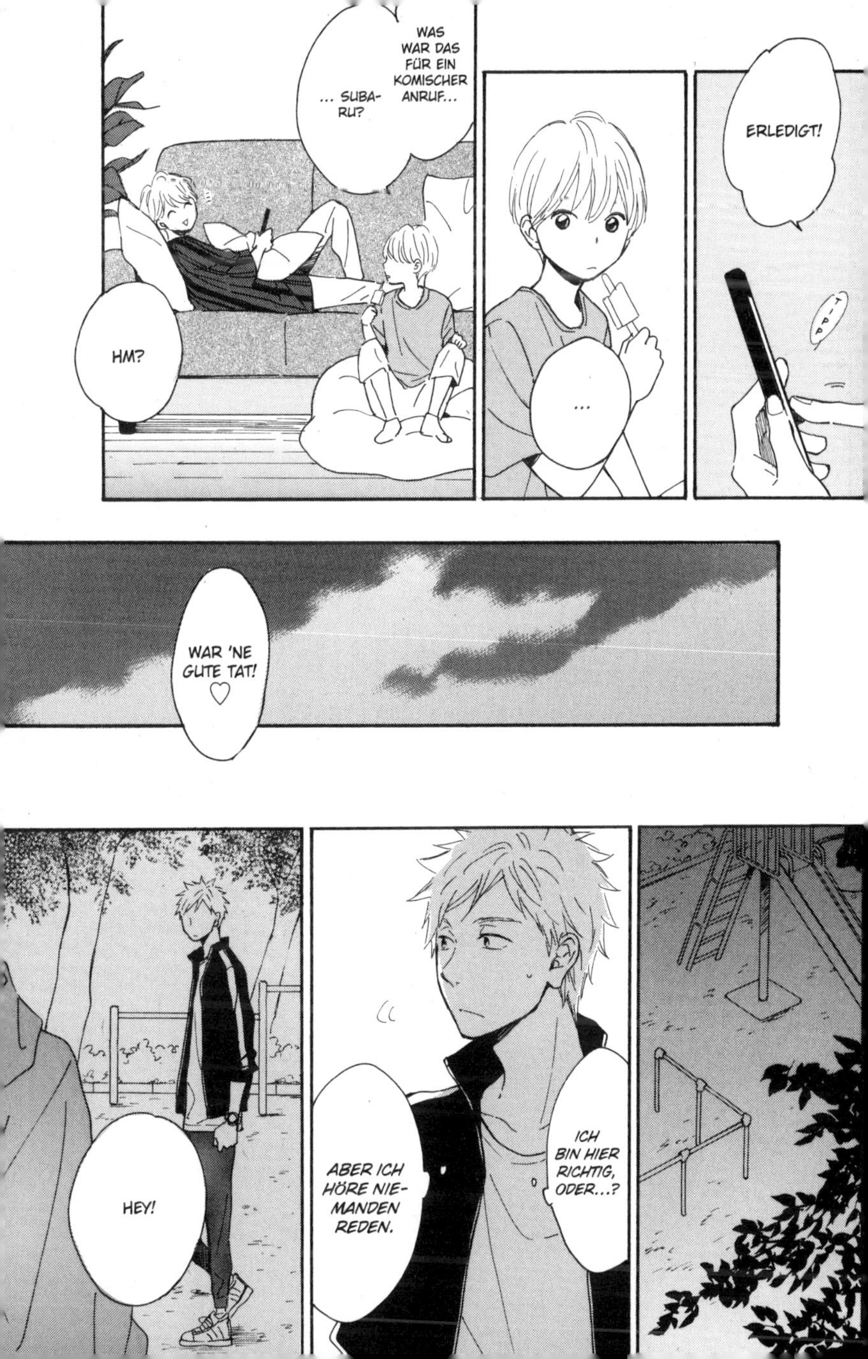
ERLEDIGT!
TIPP
...
WAS WAR DAS FÜR EIN KOMISCHER ANRUF...
... SUBA-RU?
HM?
WAR 'NE GUTE TAT! ♡
ICH BIN HIER RICHTIG, ODER...?
ABER ICH HÖRE NIE-MANDEN REDEN.
HEY!

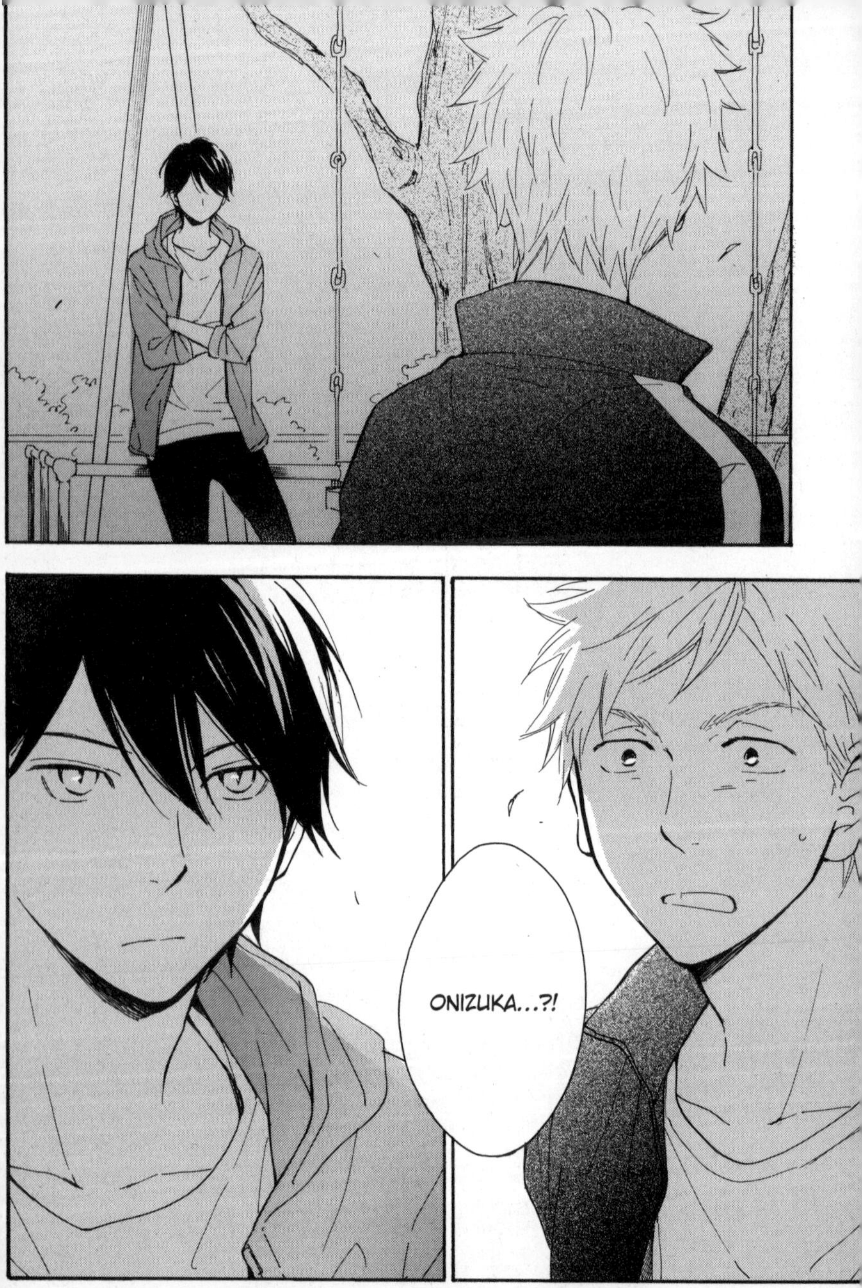
ONIZUKA...?!

KAPITEL 7

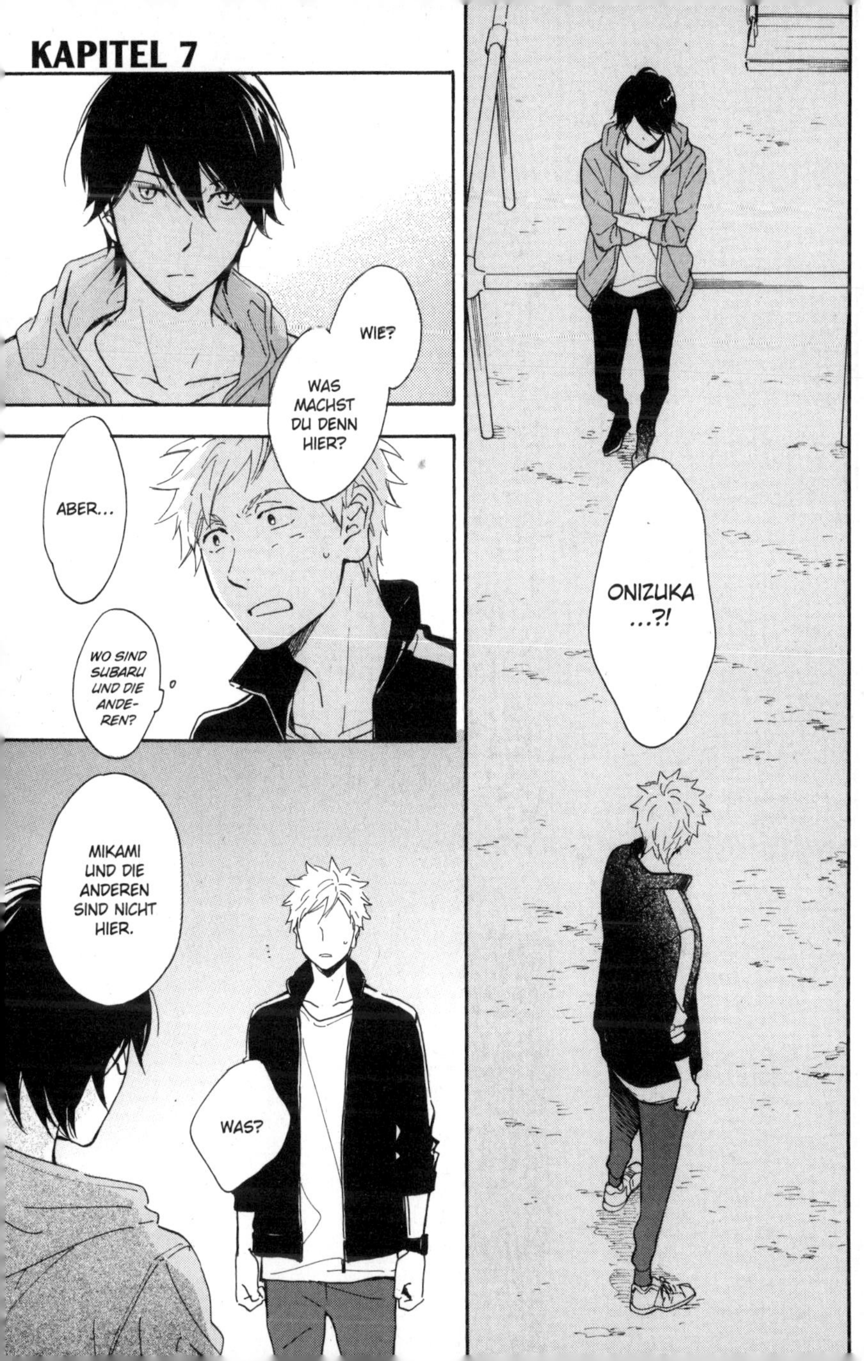
ONIZUKA ...?!
WIE?
WAS MACHST DU DENN HIER?
ABER...
WO SIND SUBARU UND DIE ANDE-REN?
MIKAMI UND DIE ANDEREN SIND NICHT HIER.
WAS?

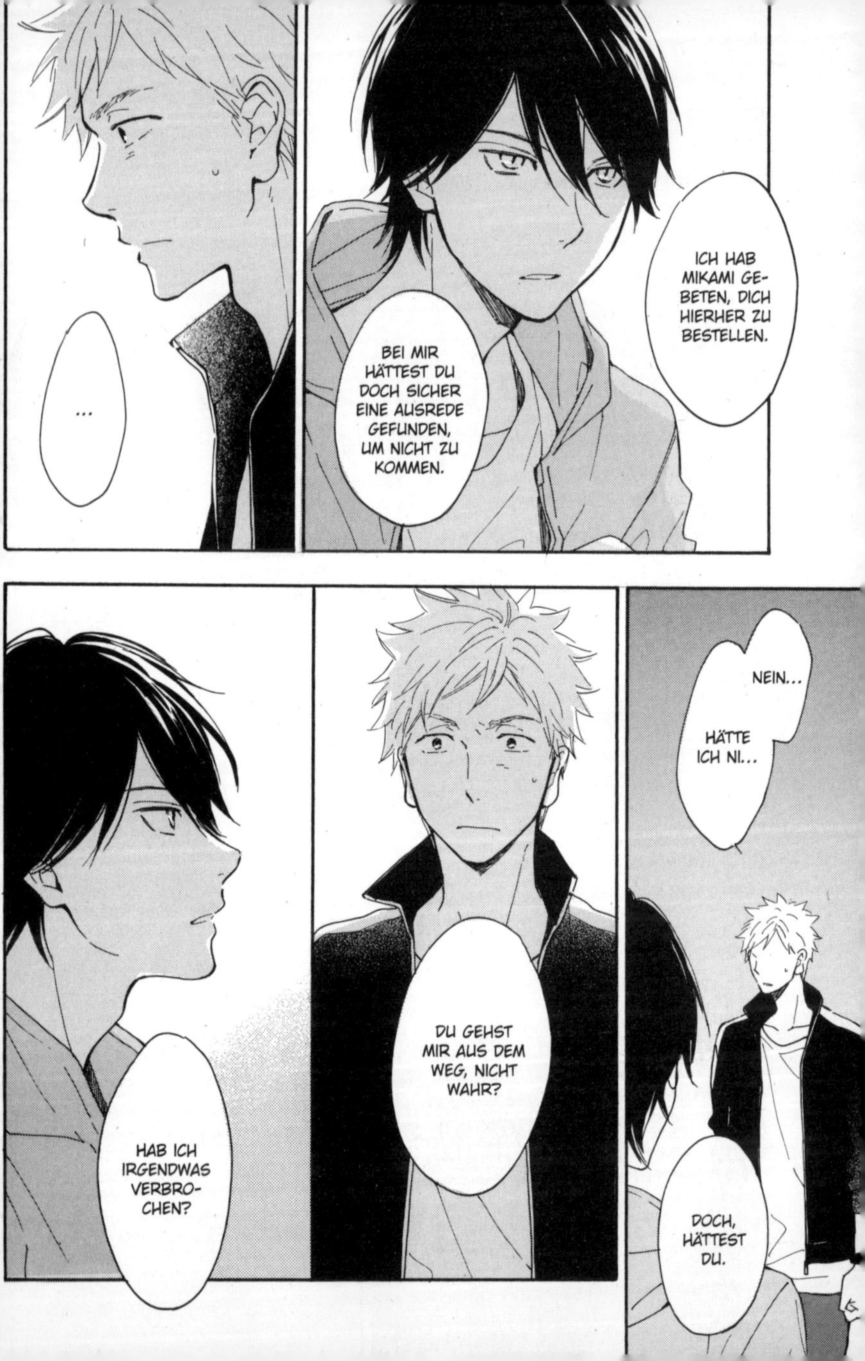
ICH HAB MIKAMI GEBETEN, DICH HIERHER ZU BESTELLEN.
BEI MIR HÄTTEST DU DOCH SICHER EINE AUSREDE GEFUNDEN, UM NICHT ZU KOMMEN.
...
NEIN...
HÄTTE ICH NI...
DOCH, HÄTTEST DU.
DU GEHST MIR AUS DEM WEG, NICHT WAHR?
HAB ICH IRGENDWAS VERBRO-CHEN?

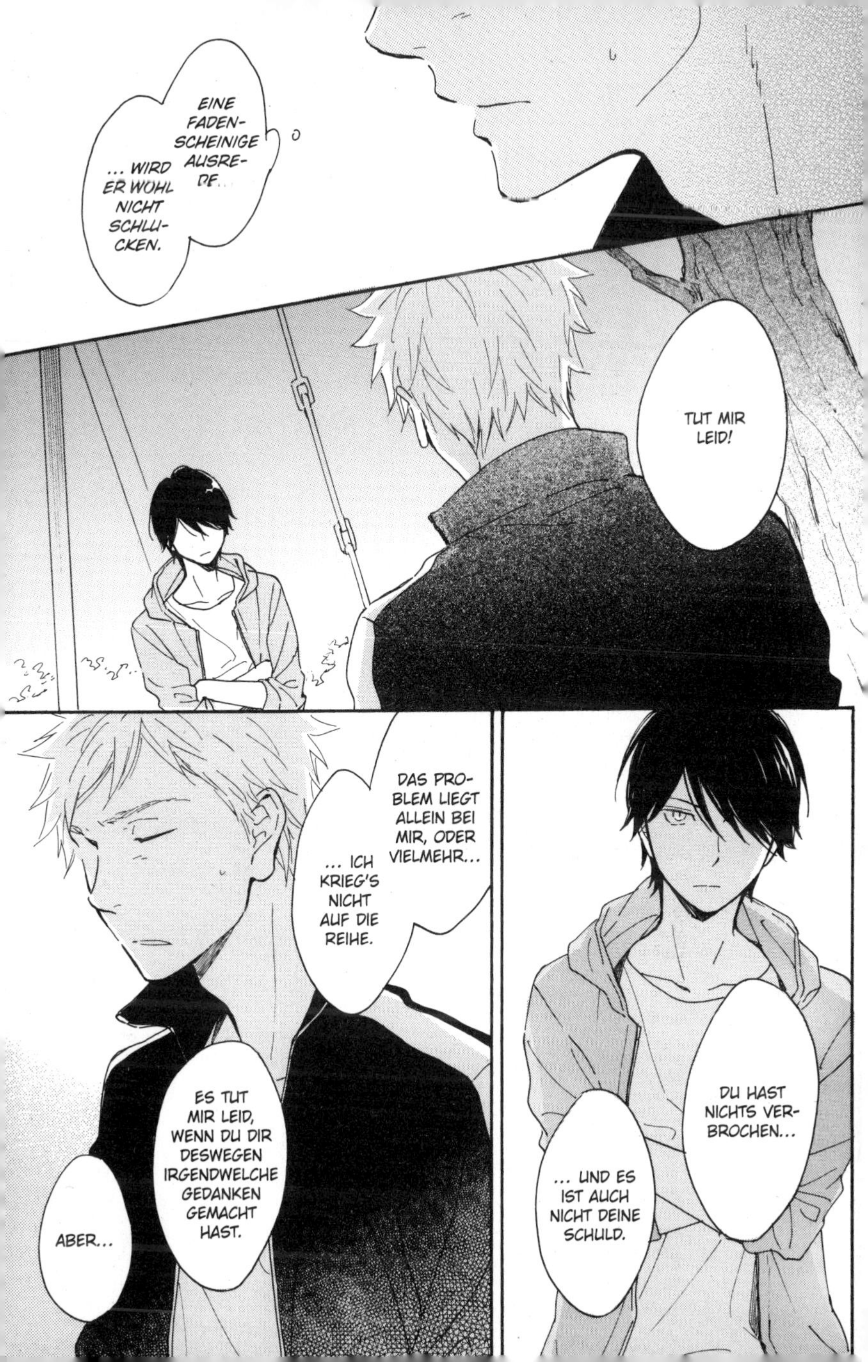
EINE FADEN-SCHEINIGE AUSRE-DE…
… WIRD ER WOHL NICHT SCHLU-CKEN.
TUT MIR LEID!
DAS PRO-BLEM LIEGT ALLEIN BEI MIR, ODER VIELMEHR…
… ICH KRIEG'S NICHT AUF DIE REIHE.
ES TUT MIR LEID, WENN DU DIR DESWEGEN IRGENDWELCHE GEDANKEN GEMACHT HAST.
ABER…
DU HAST NICHTS VER-BROCHEN…
… UND ES IST AUCH NICHT DEINE SCHULD.

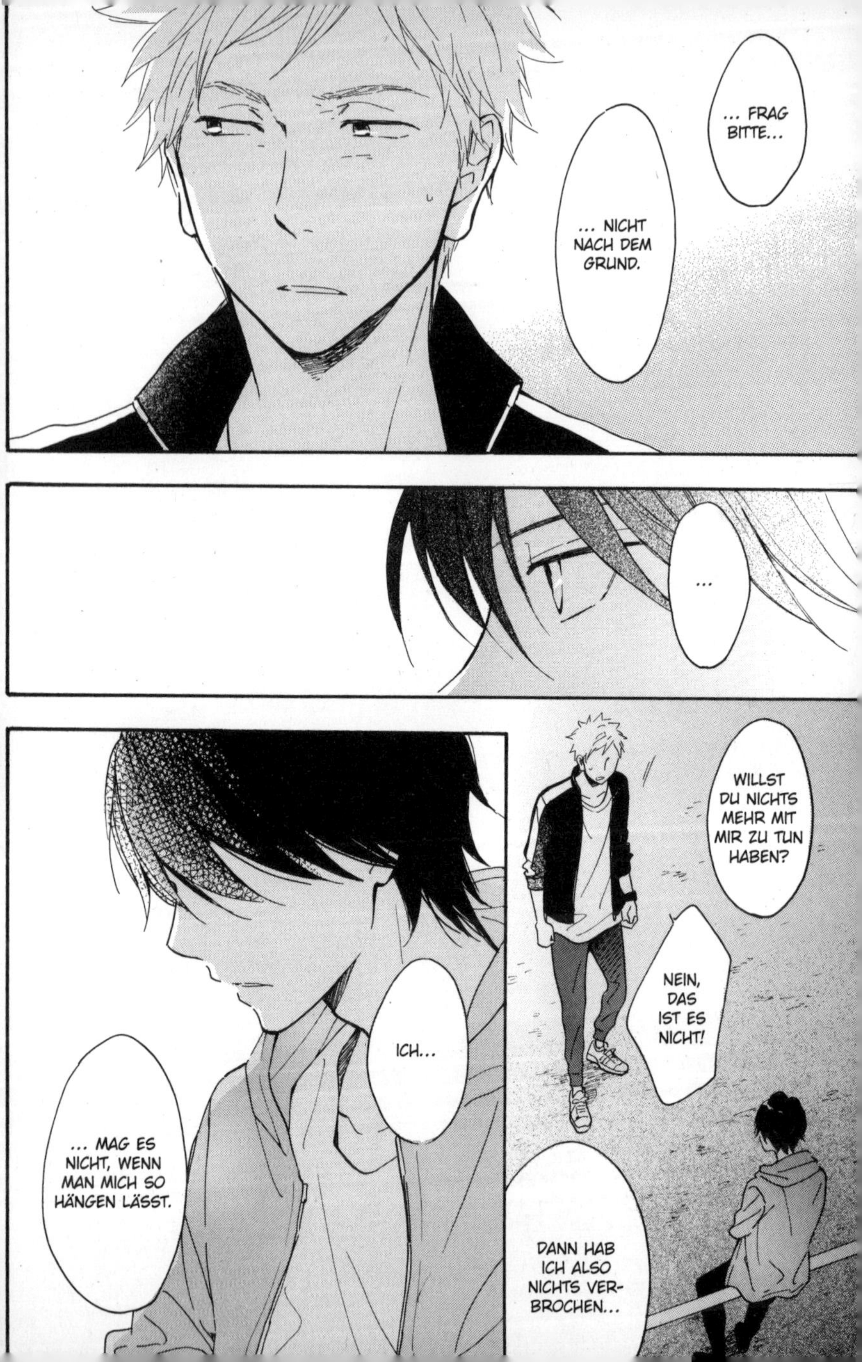
... FRAG BITTE...
... NICHT NACH DEM GRUND.
...
WILLST DU NICHTS MEHR MIT MIR ZU TUN HABEN?
NEIN, DAS IST ES NICHT!
DANN HAB ICH ALSO NICHTS VER-BROCHEN...
ICH...
... MAG ES NICHT, WENN MAN MICH SO HÄNGEN LÄSST.

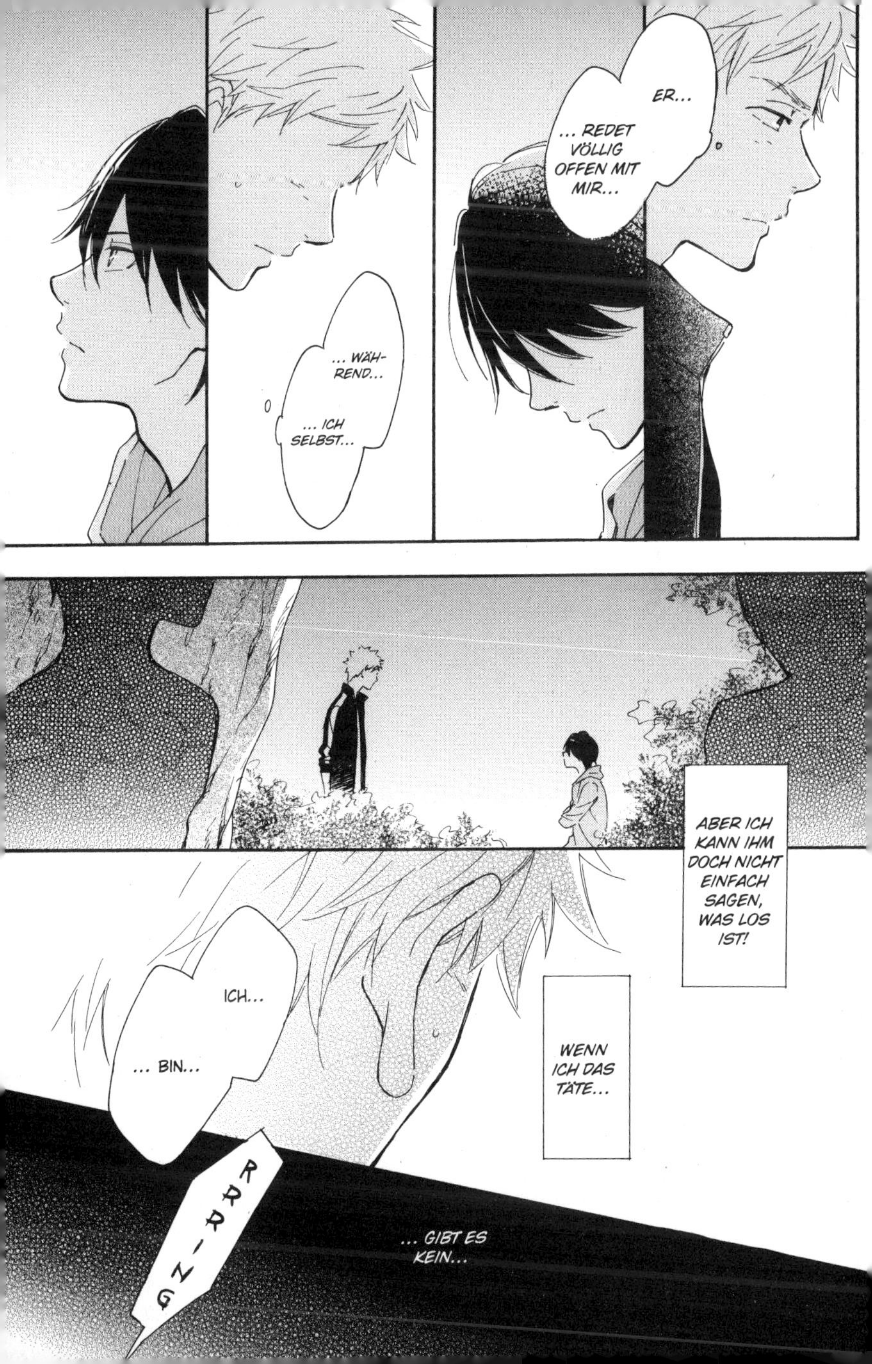
ER…
… REDET VÖLLIG OFFEN MIT MIR…
… WÄH-RENDD…
… ICH SELBST…
ABER ICH KANN IHM DOCH NICHT EINFACH SAGEN, WAS LOS IST!
WENN ICH DAS TÄTE…
ICH…
… BIN…
RRRING
… GIBT ES KEIN…

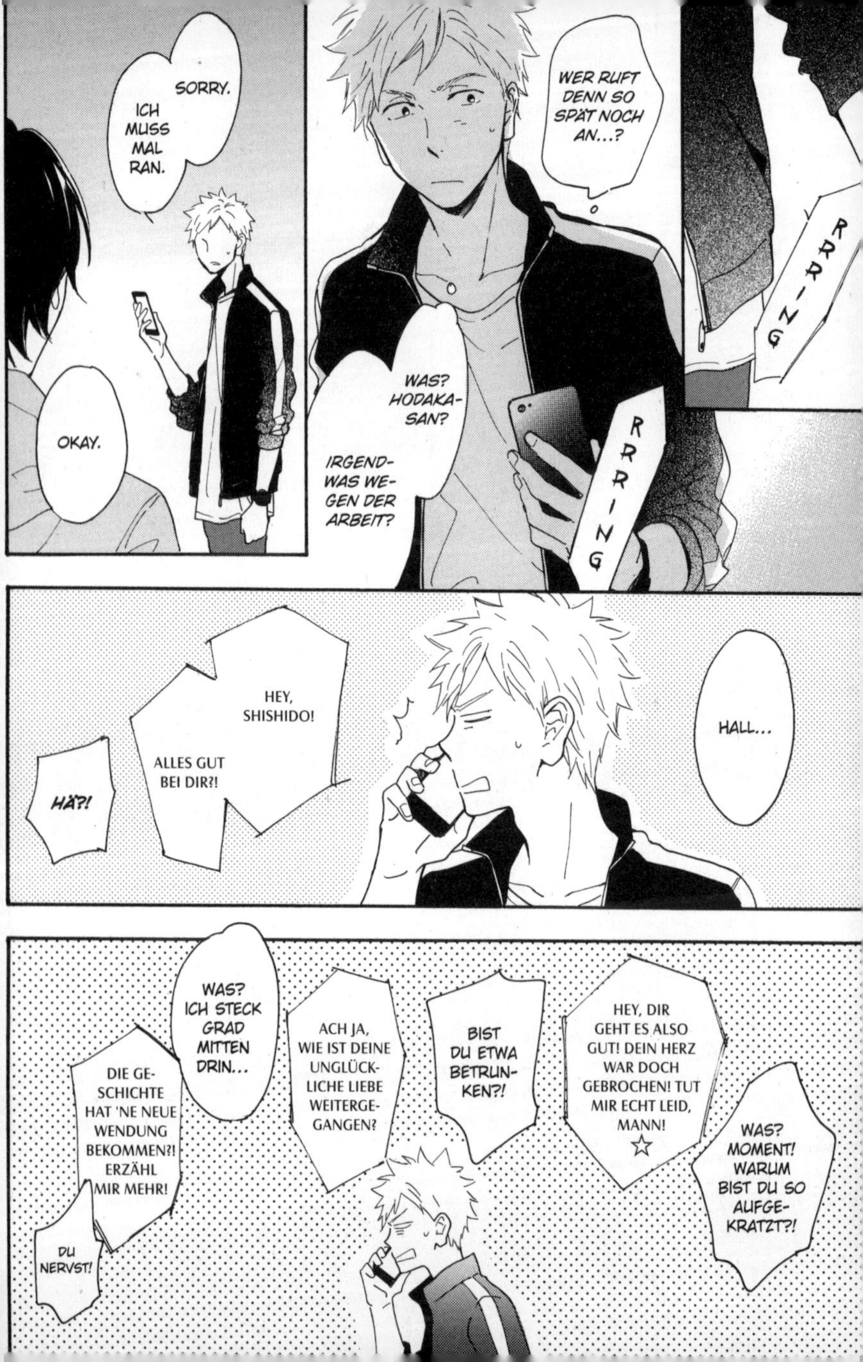

RRRING
WER RUFT DENN SO SPÄT NOCH AN...?
RRRING
WAS? HODAKA-SAN?
IRGENDWAS WEGEN DER ARBEIT?
SORRY. ICH MUSS MAL RAN.
OKAY.
HALL...
HEY, SHISHIDO!
ALLES GUT BEI DIR?!
HÄ?!
HEY, DIR GEHT ES ALSO GUT! DEIN HERZ WAR DOCH GEBROCHEN! TUT MIR ECHT LEID, MANN! ☆
WAS? MOMENT! WARUM BIST DU SO AUFGEKRATZT?!
BIST DU ETWA BETRUNKEN?!
ACH JA, WIE IST DEINE UNGLÜCKLICHE LIEBE WEITERGEGANGEN?
WAS? ICH STECK GRAD MITTEN DRIN...
DIE GESCHICHTE HAT 'NE NEUE WENDUNG BEKOMMEN?! ERZÄHL MIR MEHR!
DU NERVST!

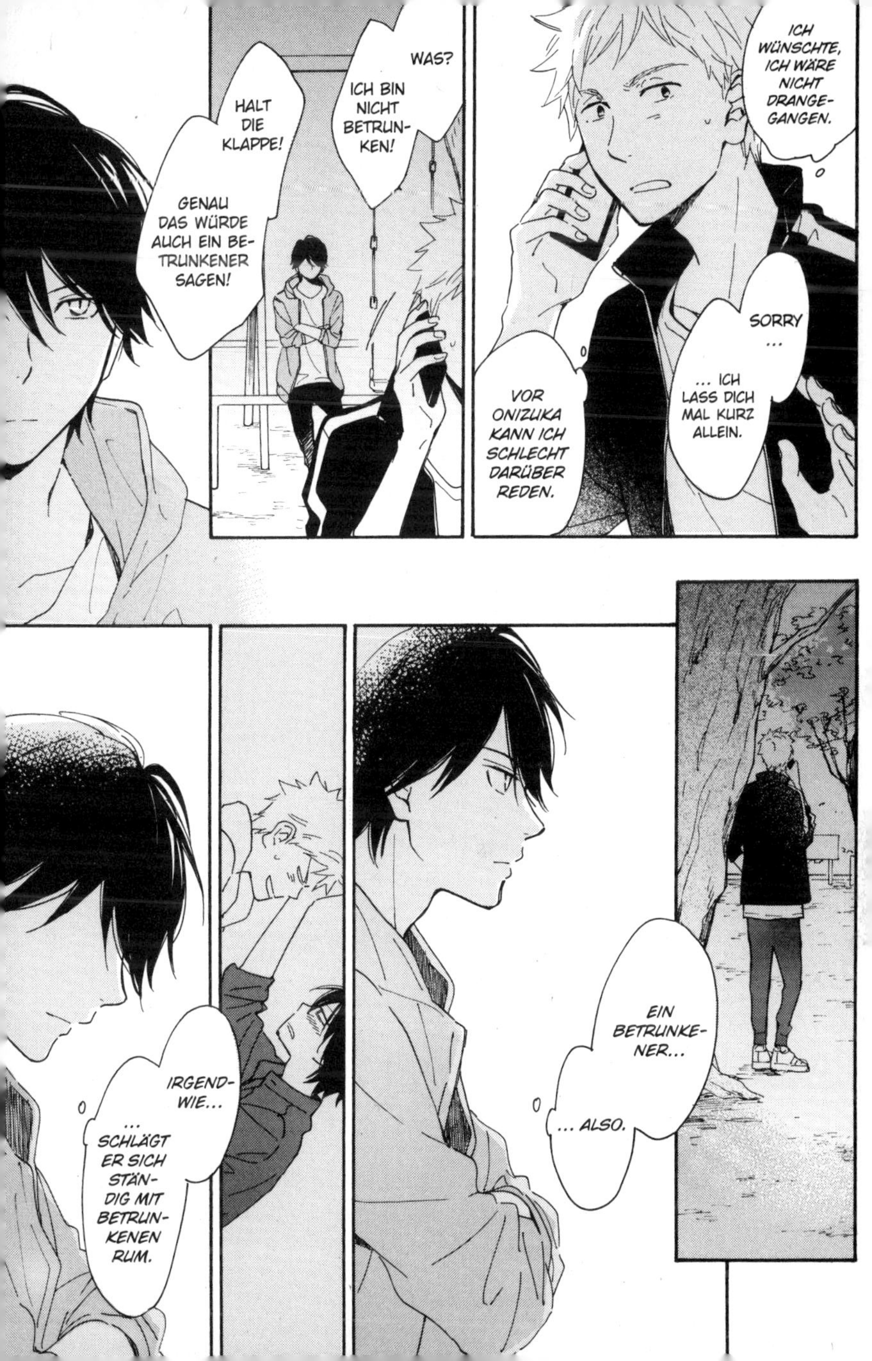
ICH WÜNSCHTE, ICH WÄRE NICHT DRANGE-GANGEN.
SORRY ...
... ICH LASS DICH MAL KURZ ALLEIN.
VOR ONIZUKA KANN ICH SCHLECHT DARÜBER REDEN.
WAS?
ICH BIN NICHT BETRUN-KEN!
HALT DIE KLAPPE!
GENAU DAS WÜRDE AUCH EIN BE-TRUNKENER SAGEN!
EIN BETRUNKE-NER...
... ALSO.
IRGEND-WIE...
... SCHLÄGT ER SICH STÄN-DIG MIT BETRUN-KENEN RUM.

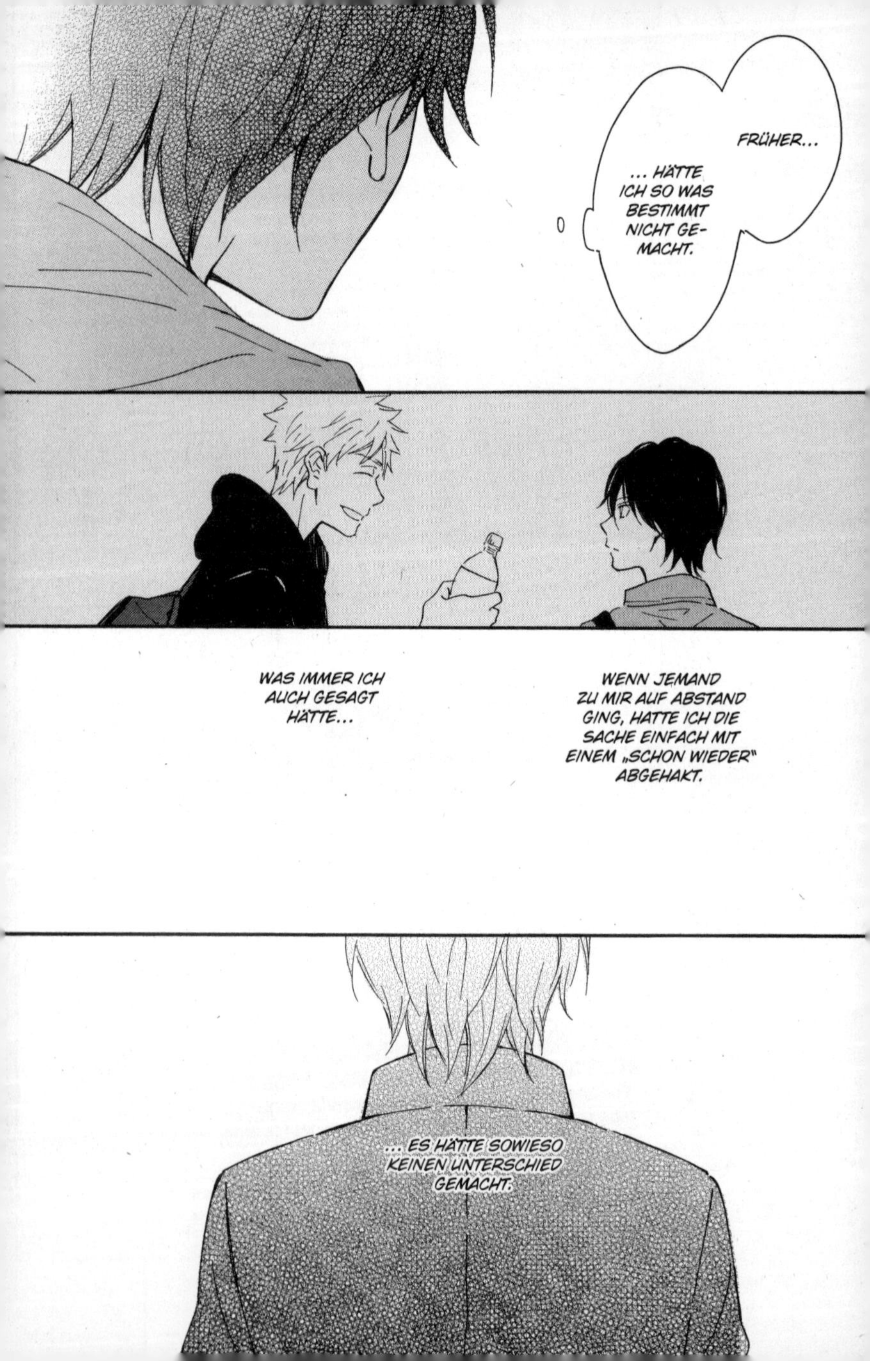
FRÜHER…
… HÄTTE ICH SO WAS BESTIMMT NICHT GE-MACHT.
WENN JEMAND ZU MIR AUF ABSTAND GING, HATTE ICH DIE SACHE EINFACH MIT EINEM „SCHON WIEDER" ABGEHAKT.
WAS IMMER ICH AUCH GESAGT HÄTTE…
… ES HÄTTE SOWIESO KEINEN UNTERSCHIED GEMACHT.

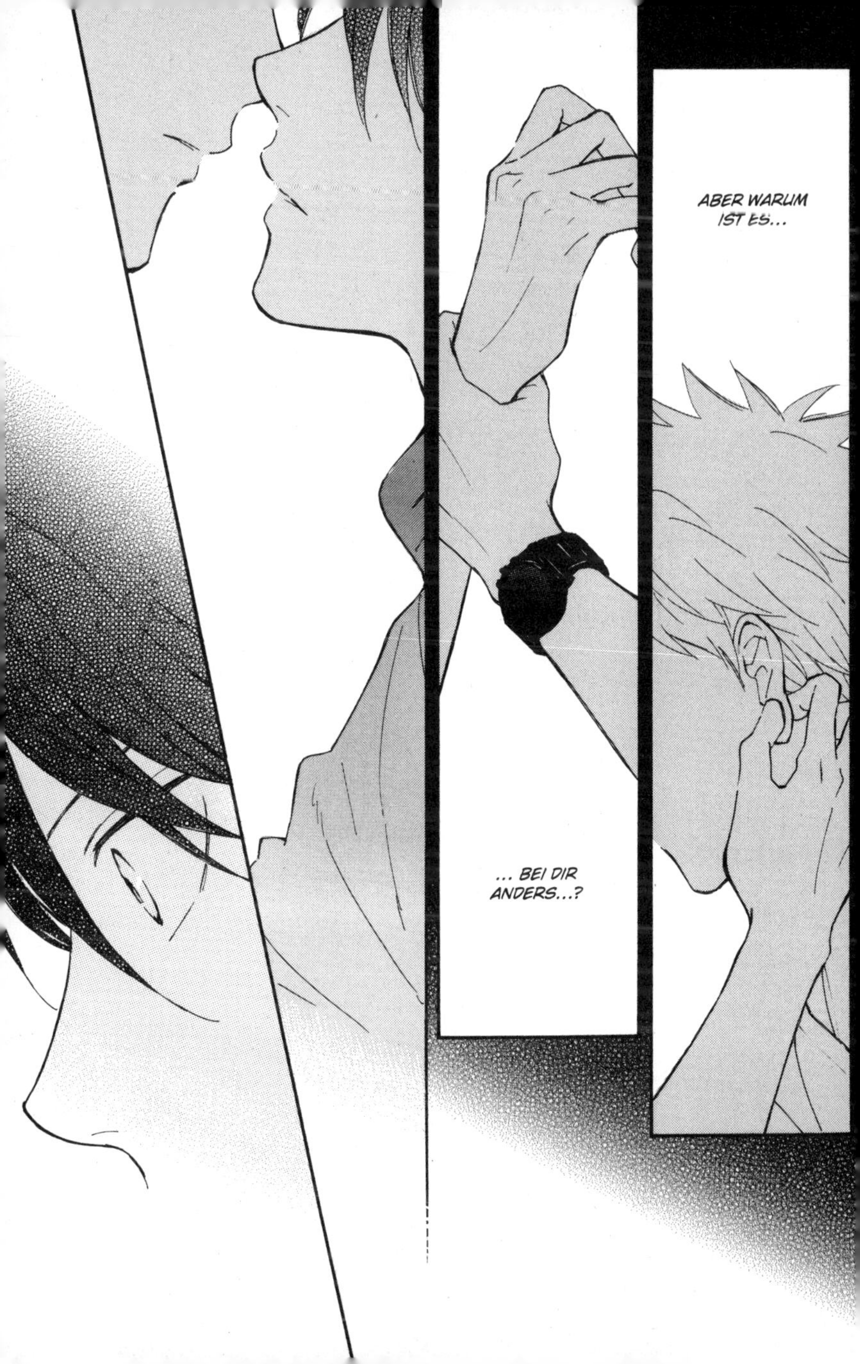
ABER WARUM IST ES...
... BEI DIR ANDERS...?

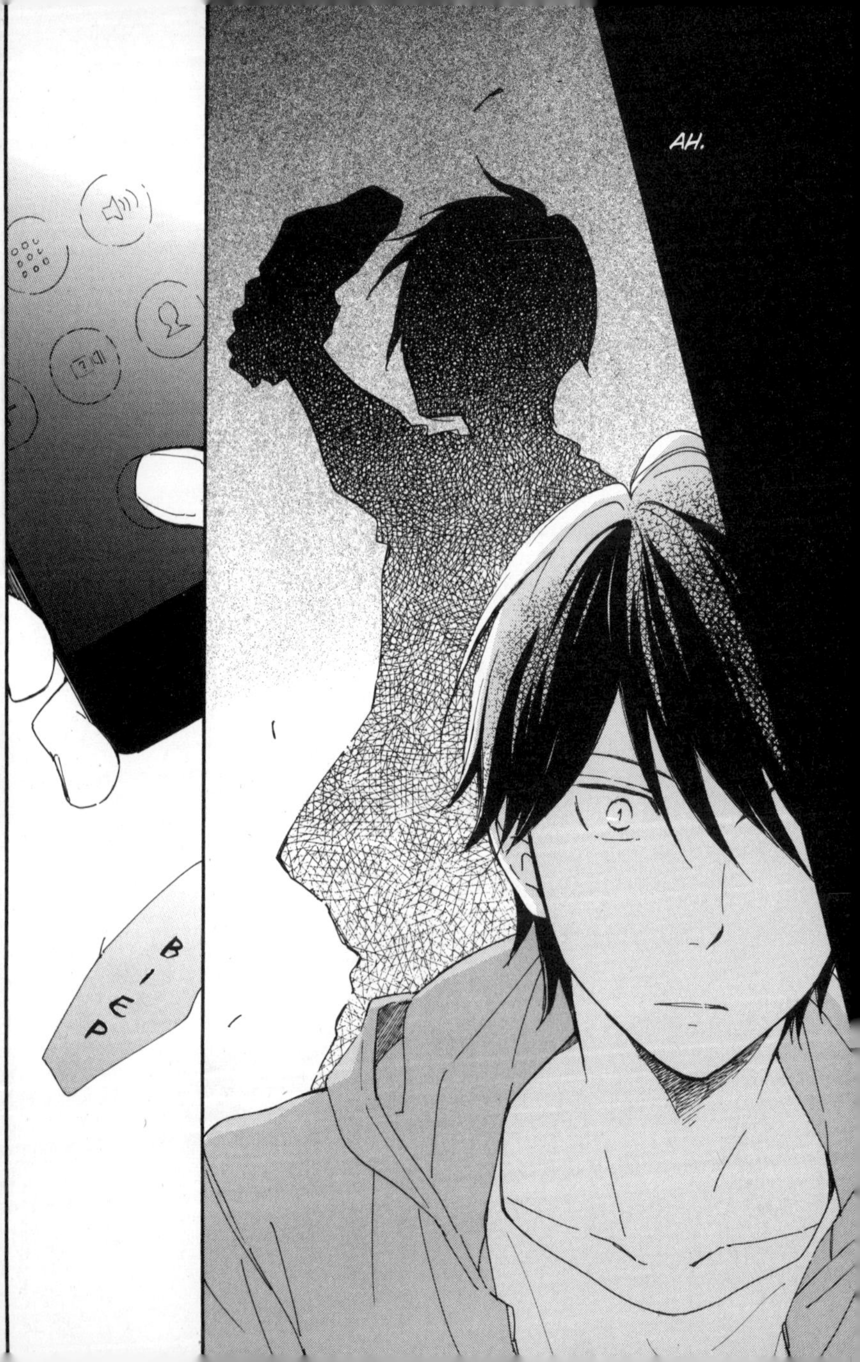
AH.
BIEP

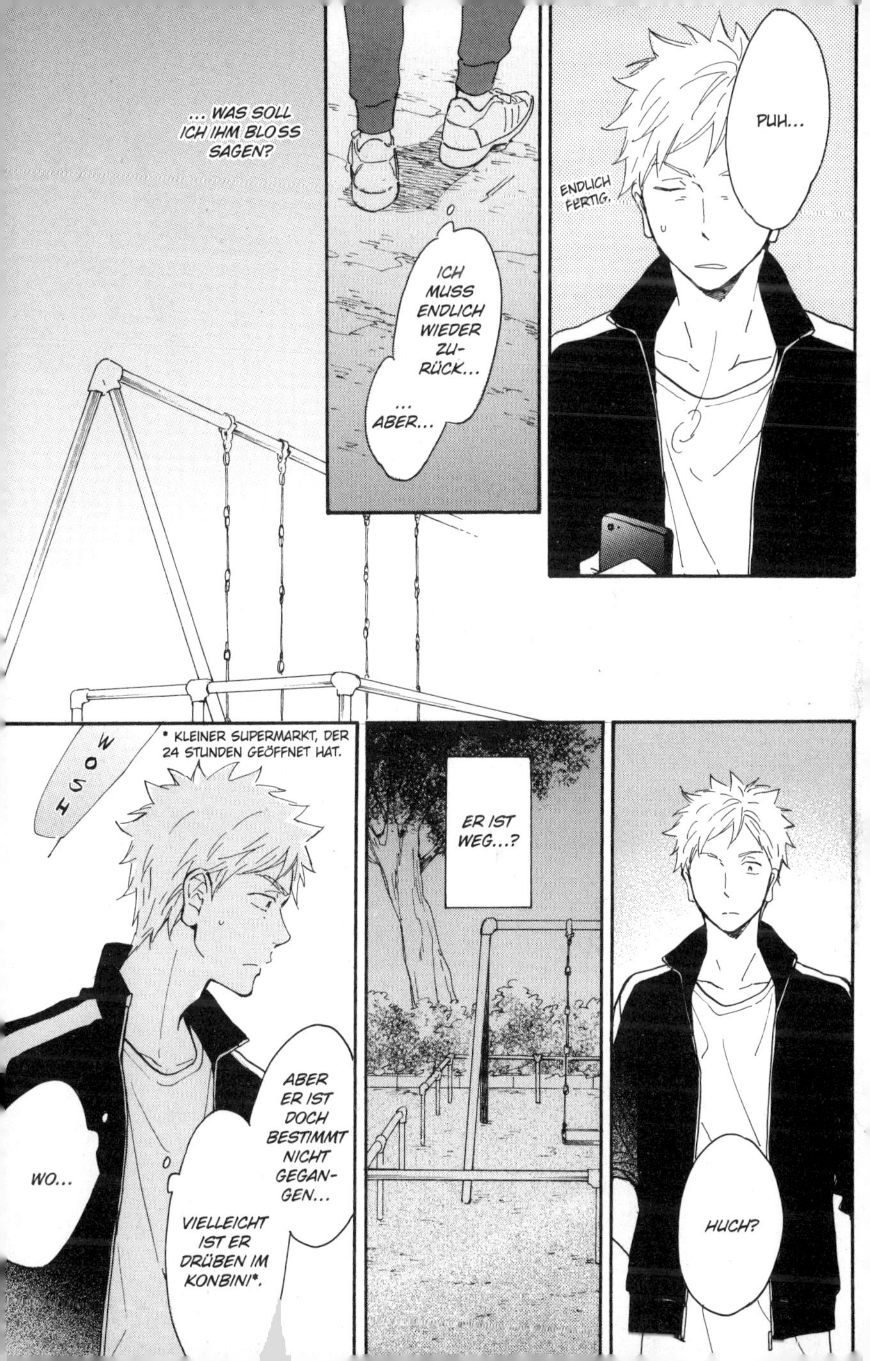

PUH…
ENDLICH FERTIG.
ICH MUSS ENDLICH WIEDER ZURÜCK…
… ABER…
… WAS SOLL ICH IHM BLOSS SAGEN?
HUCH?
ER IST WEG…?
WOSH
ABER ER IST DOCH BESTIMMT NICHT GEGANGEN…
VIELLEICHT IST ER DRÜBEN IM KONBINI*.
WO…
* KLEINER SUPERMARKT, DER 24 STUNDEN GEÖFFNET HAT.

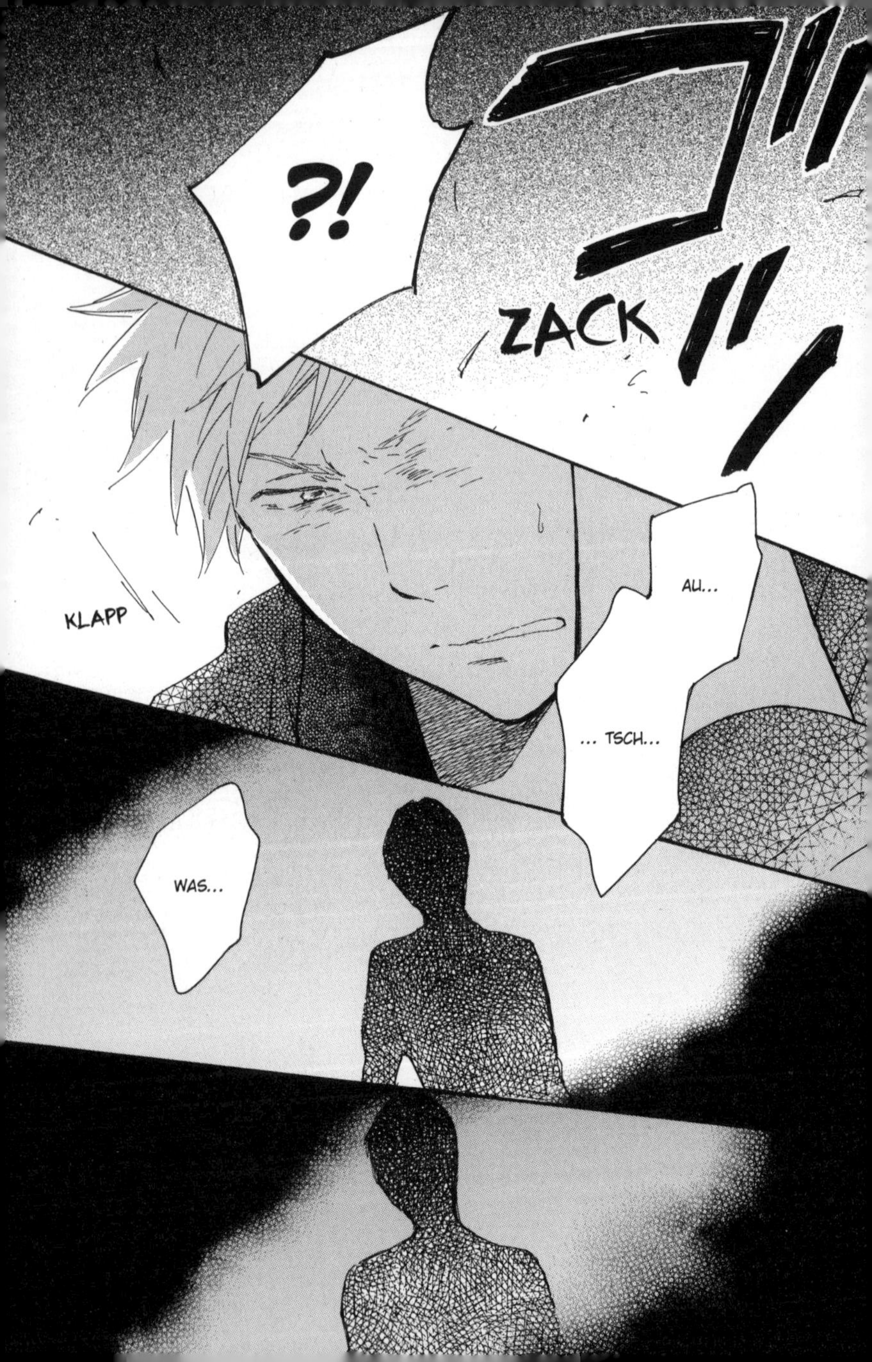

ZACK
?!
AU...
KLAPP
... TSCH...
WAS...

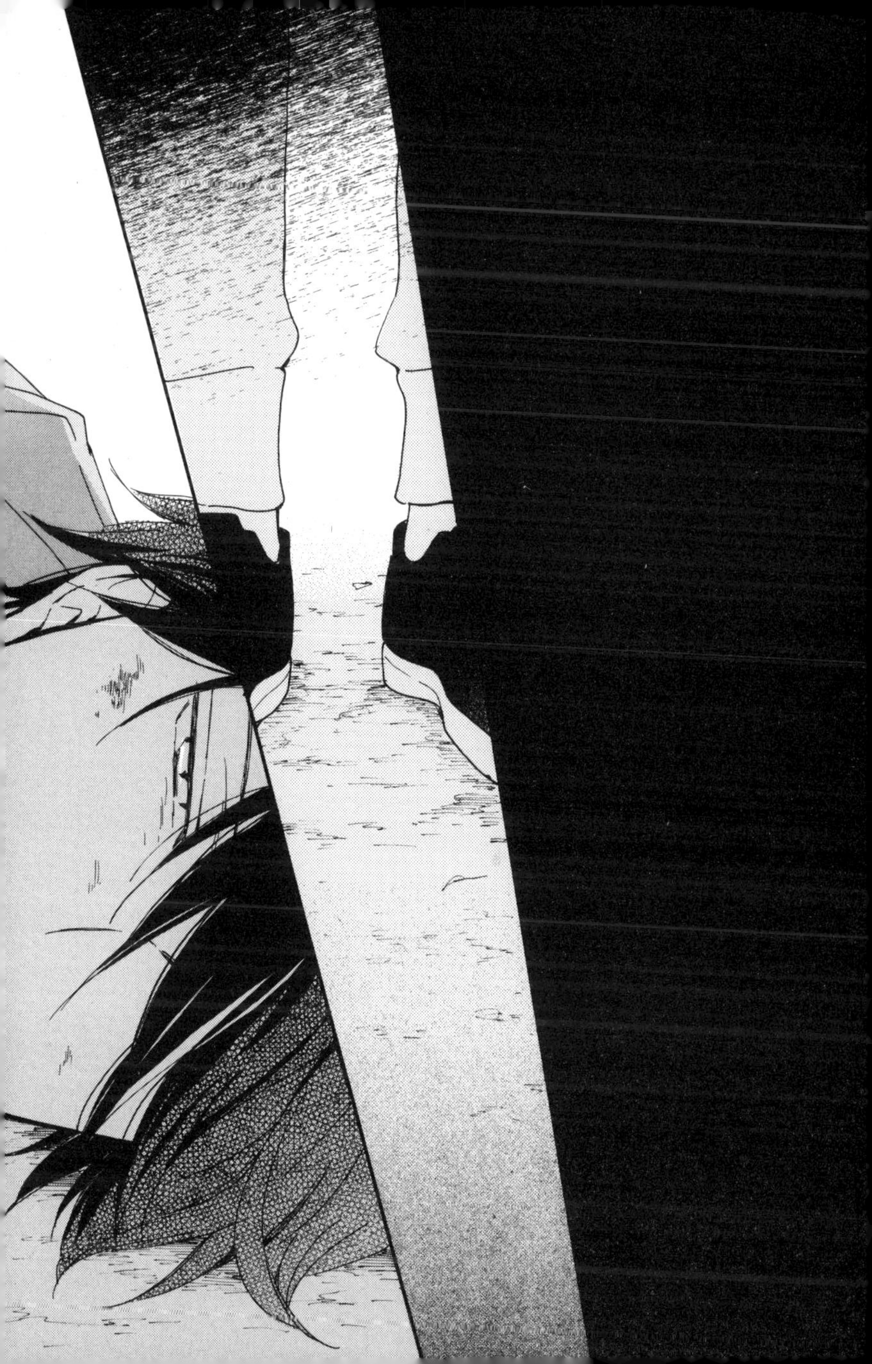

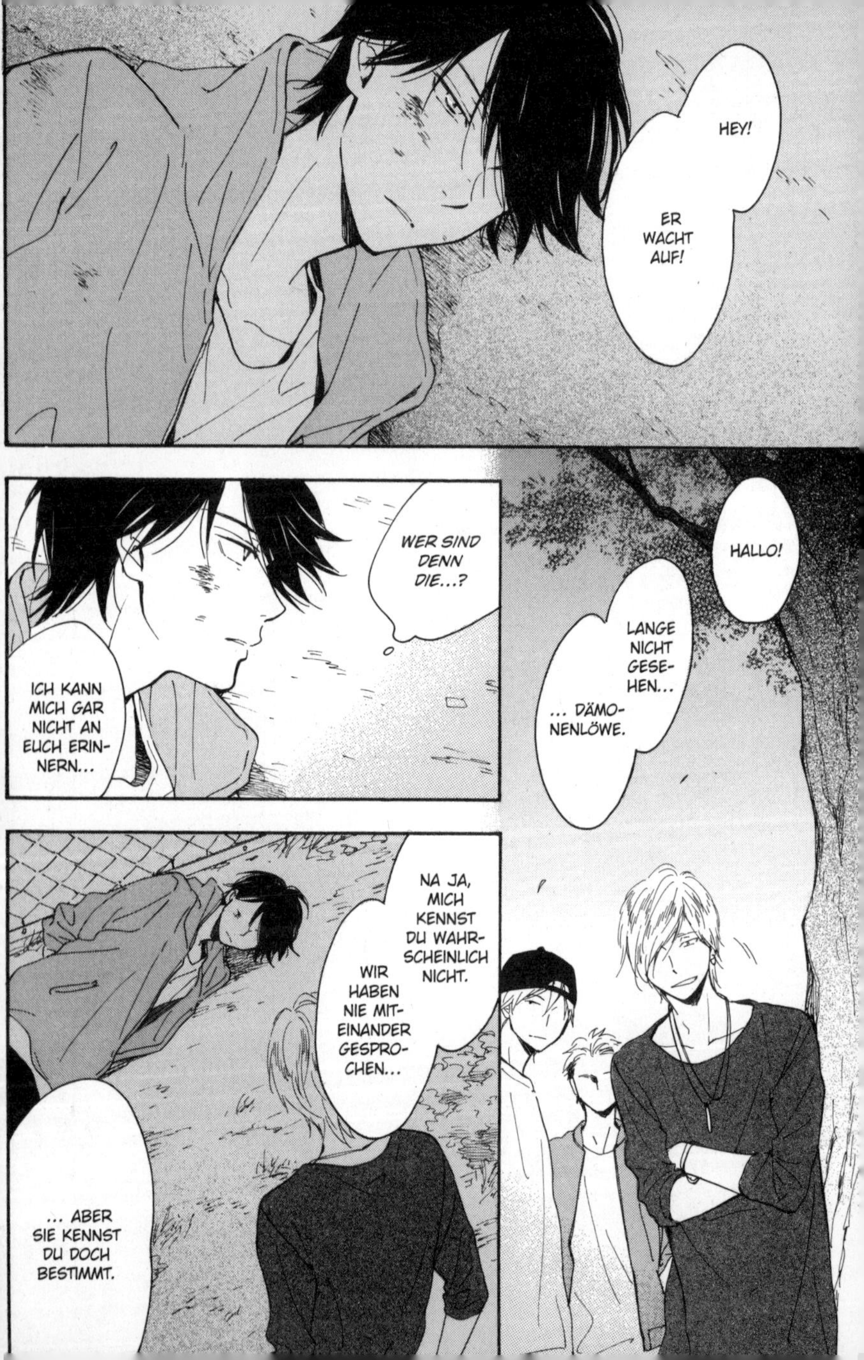

HEY!
ER WACHT AUF!
HALLO!
LANGE NICHT GESEHEN…
… DÄMONENLÖWE.
WER SIND DENN DIE…?
ICH KANN MICH GAR NICHT AN EUCH ERINNERN…
NA JA, MICH KENNST DU WAHRSCHEINLICH NICHT.
WIR HABEN NIE MITEINANDER GESPROCHEN…
… ABER SIE KENNST DU DOCH BESTIMMT.

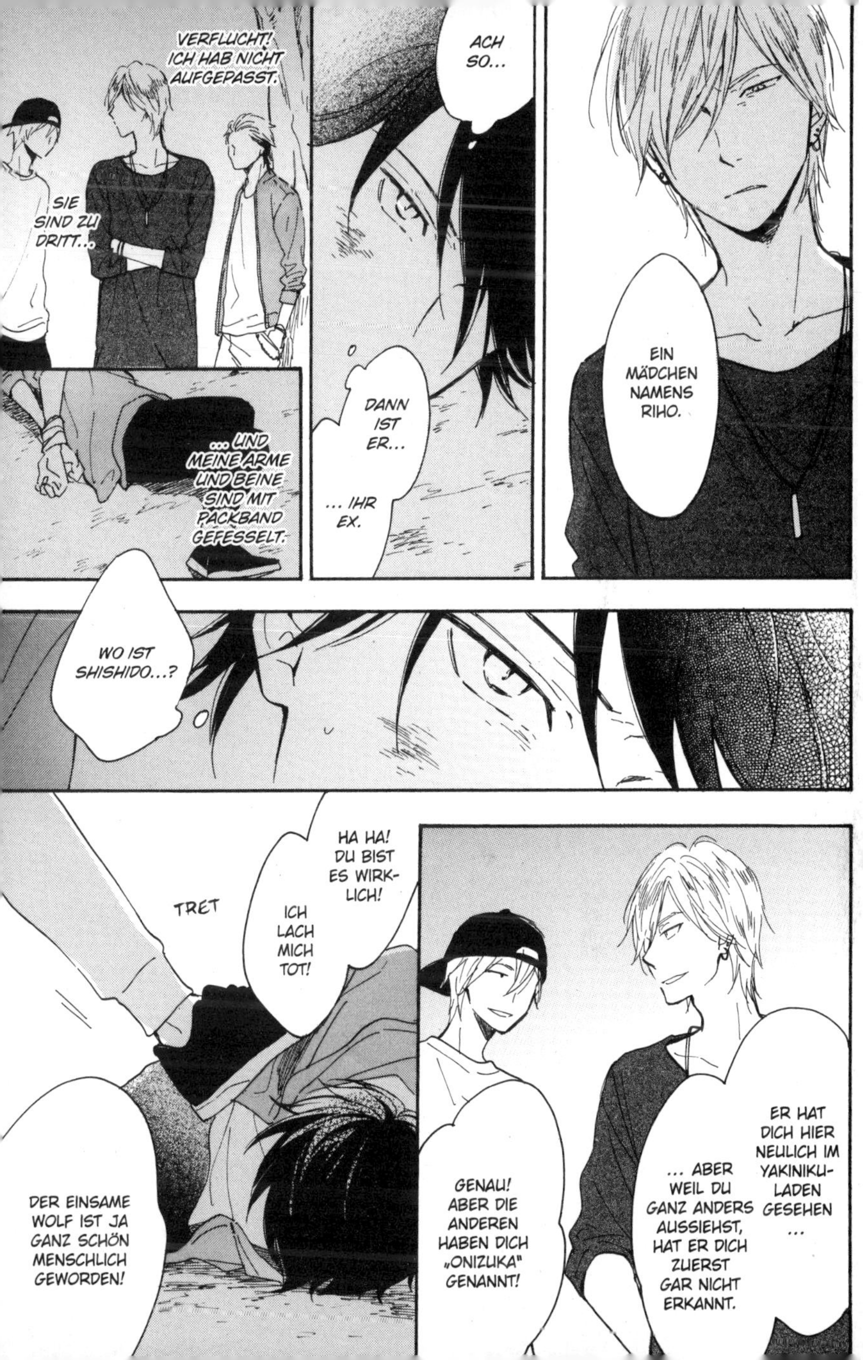
EIN MÄDCHEN NAMENS RIHO.
ACH SO…
DANN IST ER…
… IHR EX.
VERFLUCHT! ICH HAB NICHT AUFGEPASST.
SIE SIND ZU DRITT…
… UND MEINE ARME UND BEINE SIND MIT PACKBAND GEFESSELT.
WO IST SHISHIDO…?
ER HAT DICH HIER NEULICH IM YAKINIKU-LADEN GESEHEN …
… ABER WEIL DU GANZ ANDERS AUSSIEHST, HAT ER DICH ZUERST GAR NICHT ERKANNT.
GENAU! ABER DIE ANDEREN HABEN DICH „ONIZUKA" GENANNT!
HA HA! DU BIST ES WIRK-LICH!
ICH LACH MICH TOT!
TRET
DER EINSAME WOLF IST JA GANZ SCHÖN MENSCHLICH GEWORDEN!

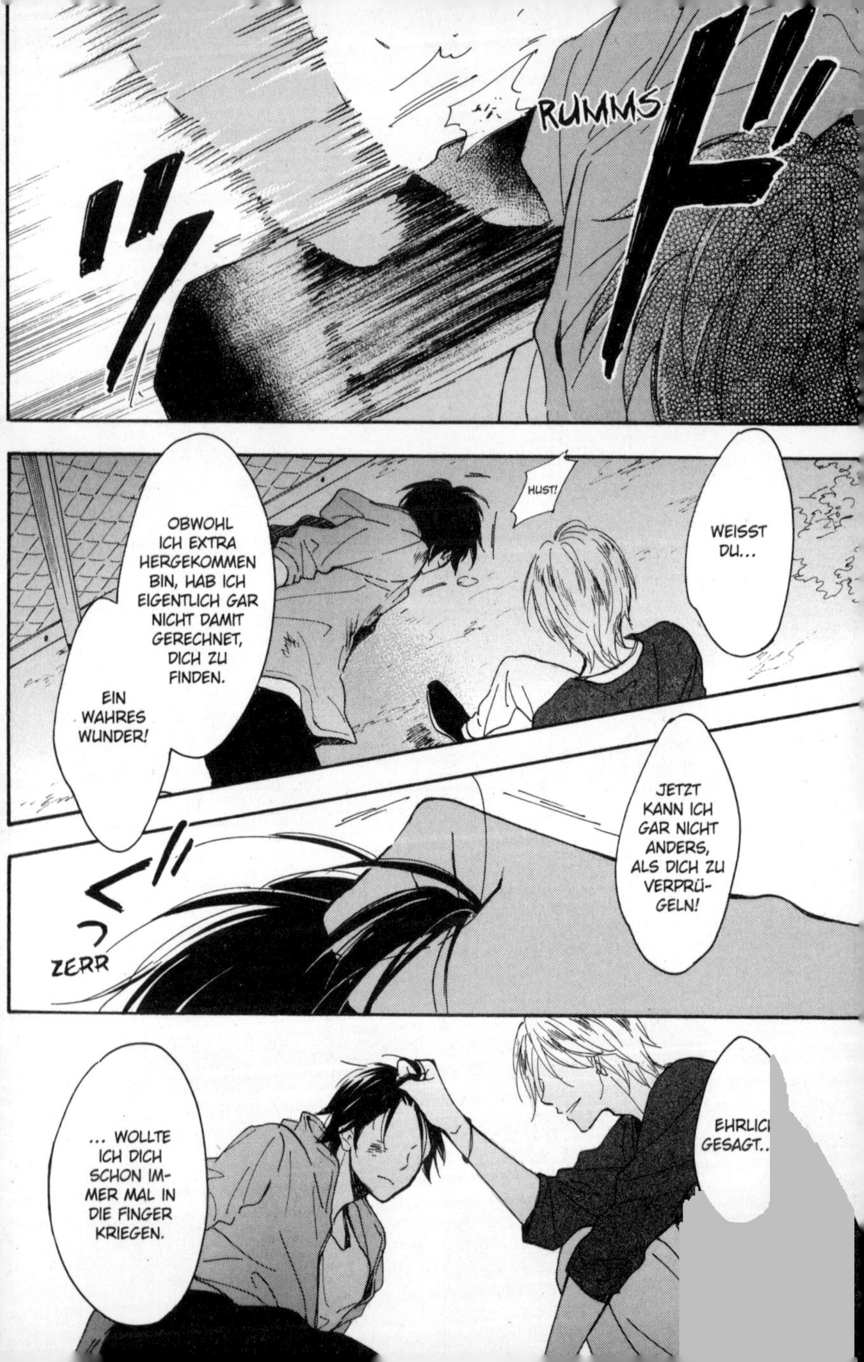
RUMMS
WEISST DU...
HUST!
OBWOHL ICH EXTRA HERGEKOMMEN BIN, HAB ICH EIGENTLICH GAR NICHT DAMIT GERECHNET, DICH ZU FINDEN.
EIN WAHRES WUNDER!
JETZT KANN ICH GAR NICHT ANDERS, ALS DICH ZU VERPRÜGELN!
ZERR
EHRLIC GESAGT..
... WOLLTE ICH DICH SCHON IMMER MAL IN DIE FINGER KRIEGEN.

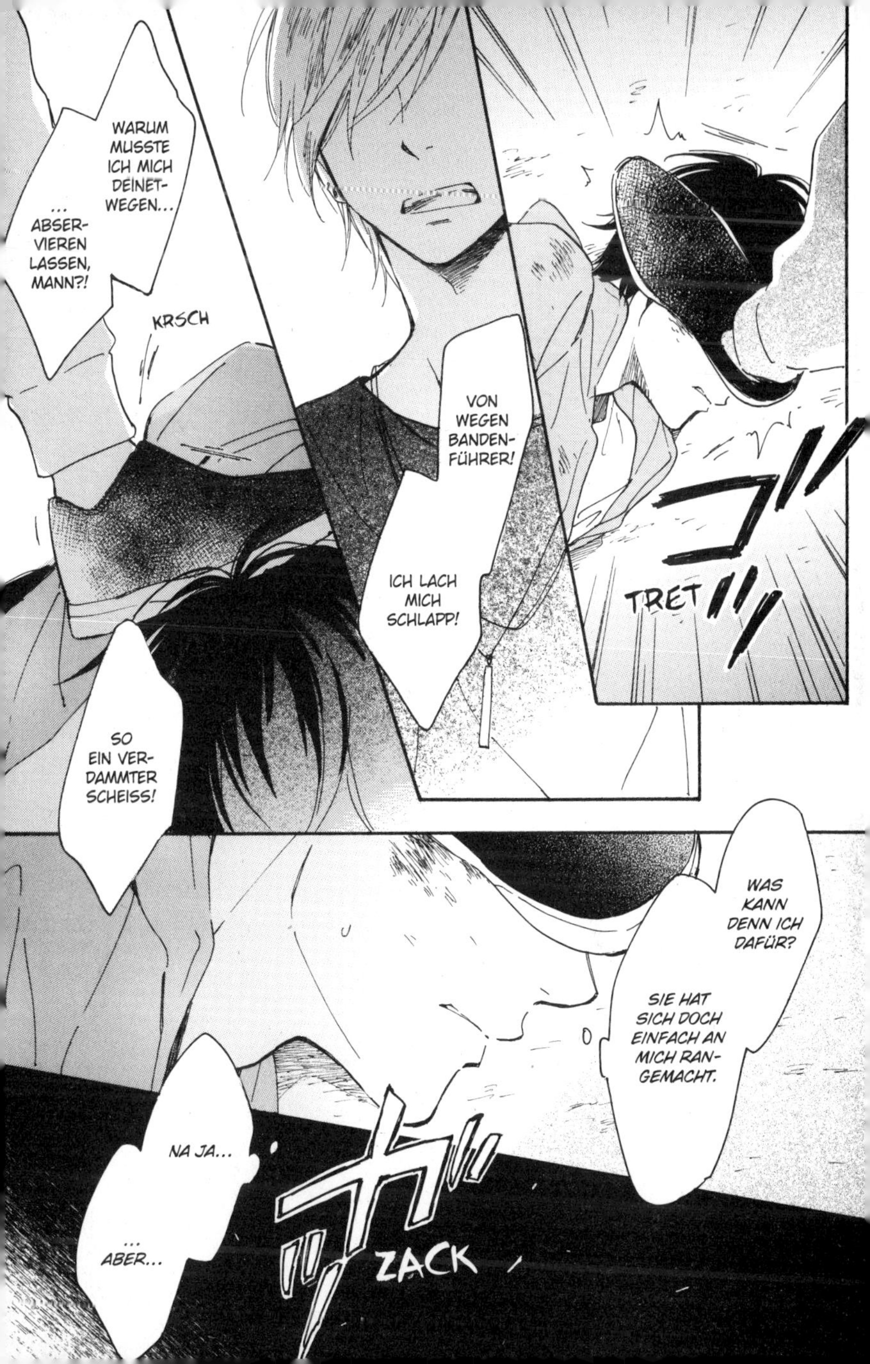
WARUM MUSSTE ICH MICH DEINETWEGEN…
… ABSERVIEREN LASSEN, MANN?!
KRSCH
VON WEGEN BANDENFÜHRER!
ICH LACH MICH SCHLAPP!
TRET
SO EIN VERDAMMTER SCHEISS!
WAS KANN DENN ICH DAFÜR?
SIE HAT SICH DOCH EINFACH AN MICH RANGEMACHT.
NA JA…
… ABER…
ZACK

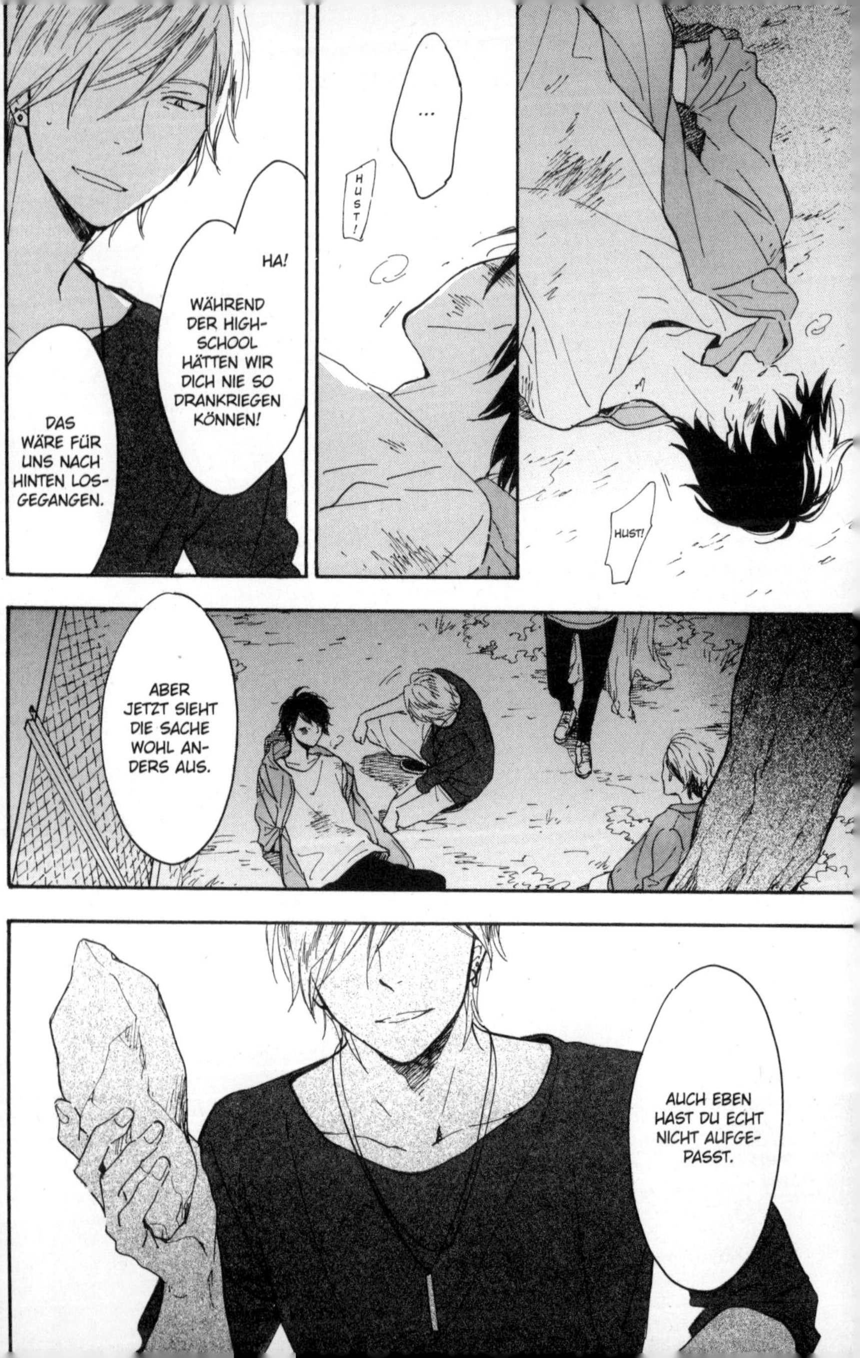
HUST!
...
HUST!
HA!
WÄHREND DER HIGH-SCHOOL HÄTTEN WIR DICH NIE SO DRANKRIEGEN KÖNNEN!
DAS WÄRE FÜR UNS NACH HINTEN LOSGEGANGEN.
ABER JETZT SIEHT DIE SACHE WOHL ANDERS AUS.
AUCH EBEN HAST DU ECHT NICHT AUFGEPASST.

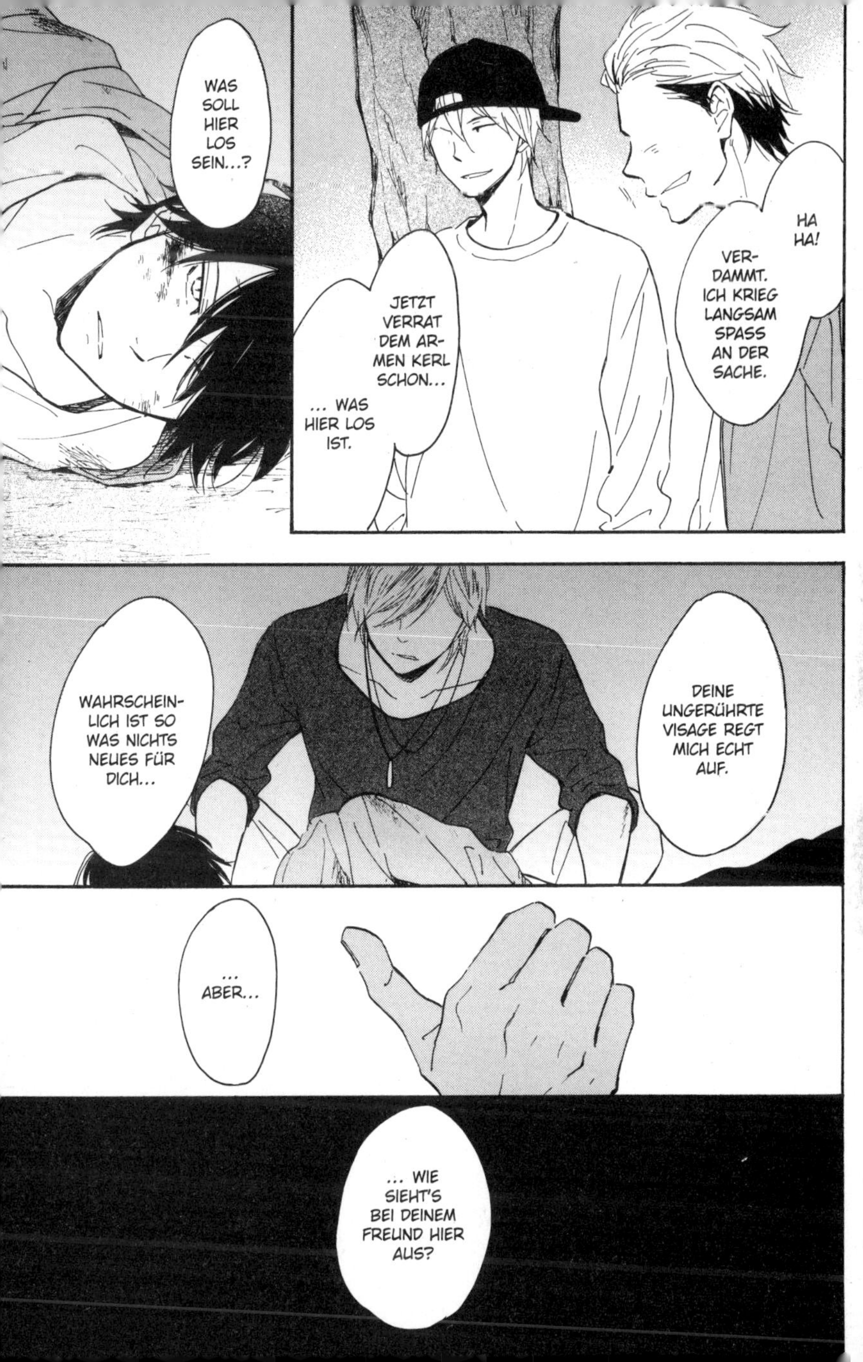
HA HA!
VERDAMMT. ICH KRIEG LANGSAM SPASS AN DER SACHE.
JETZT VERRAT DEM ARMEN KERL SCHON...
... WAS HIER LOS IST.
WAS SOLL HIER LOS SEIN...?
DEINE UNGERÜHRTE VISAGE REGT MICH ECHT AUF.
WAHRSCHEINLICH IST SO WAS NICHTS NEUES FÜR DICH...
... ABER...
... WIE SIEHT'S BEI DEINEM FREUND HIER AUS?

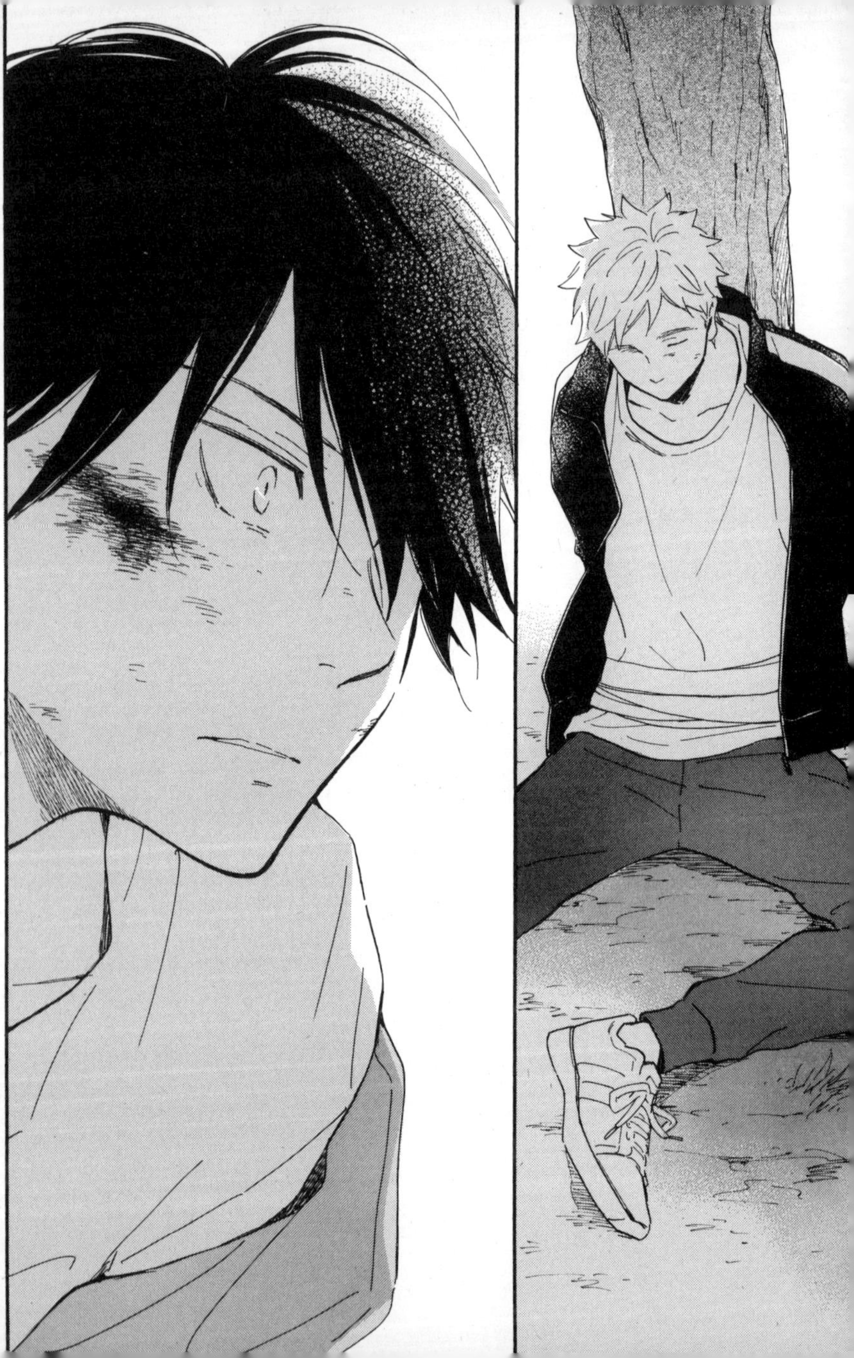

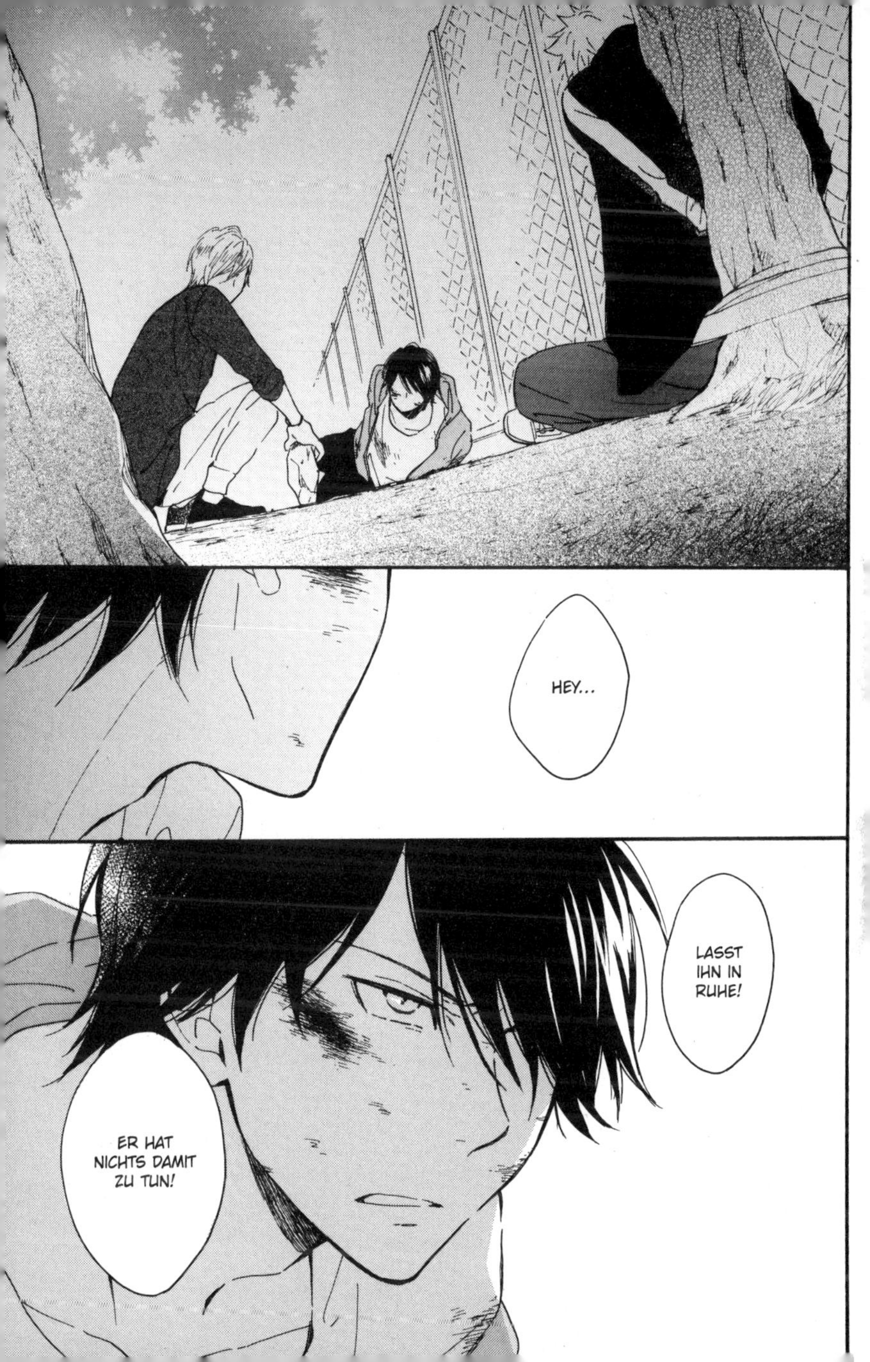
HEY...
LASST IHN IN RUHE!
ER HAT NICHTS DAMIT ZU TUN!

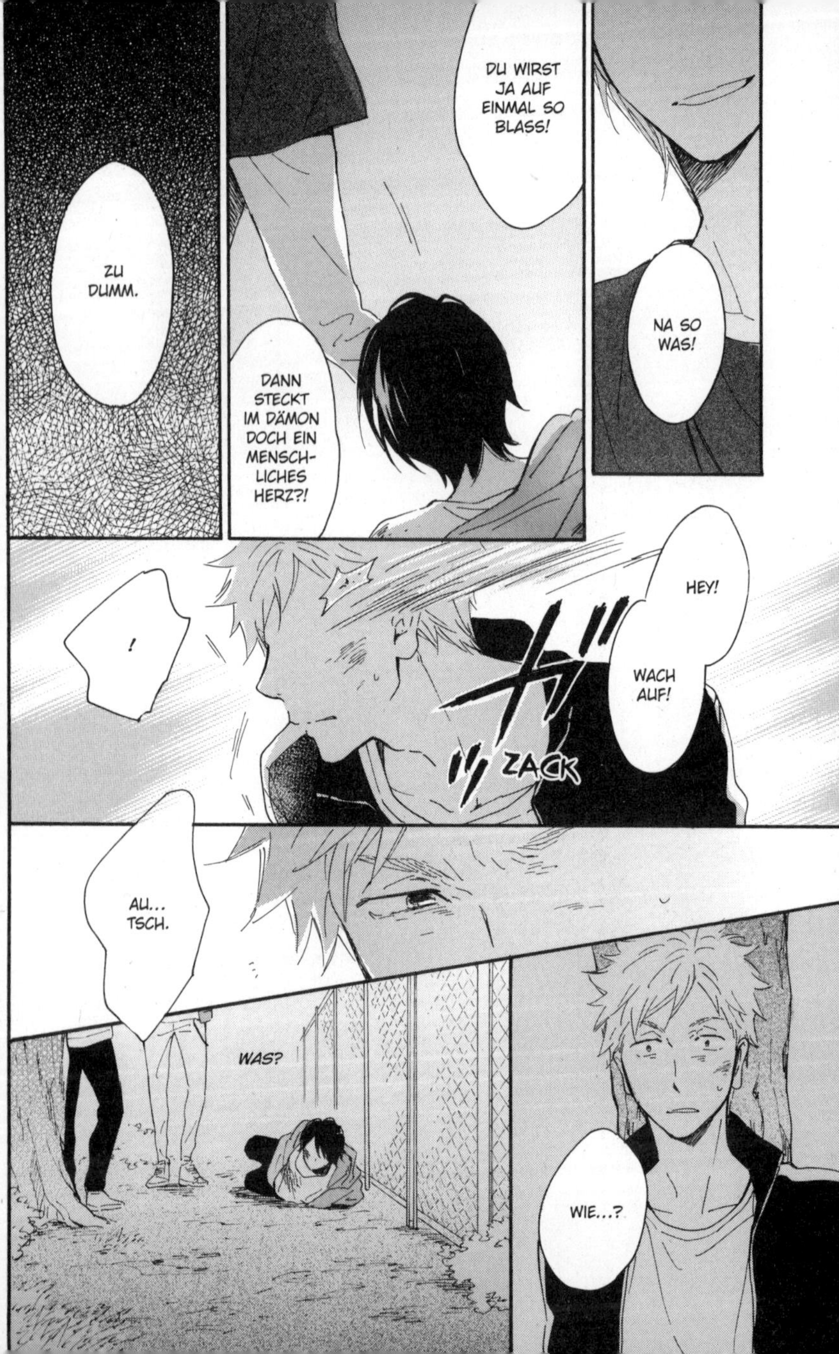
NA SO WAS!
DU WIRST JA AUF EINMAL SO BLASS!
DANN STECKT IM DÄMON DOCH EIN MENSCHLICHES HERZ?!
ZU DUMM.
HEY!
WACH AUF!
ZACK
!
AU... TSCH.
WIE...?
WAS?

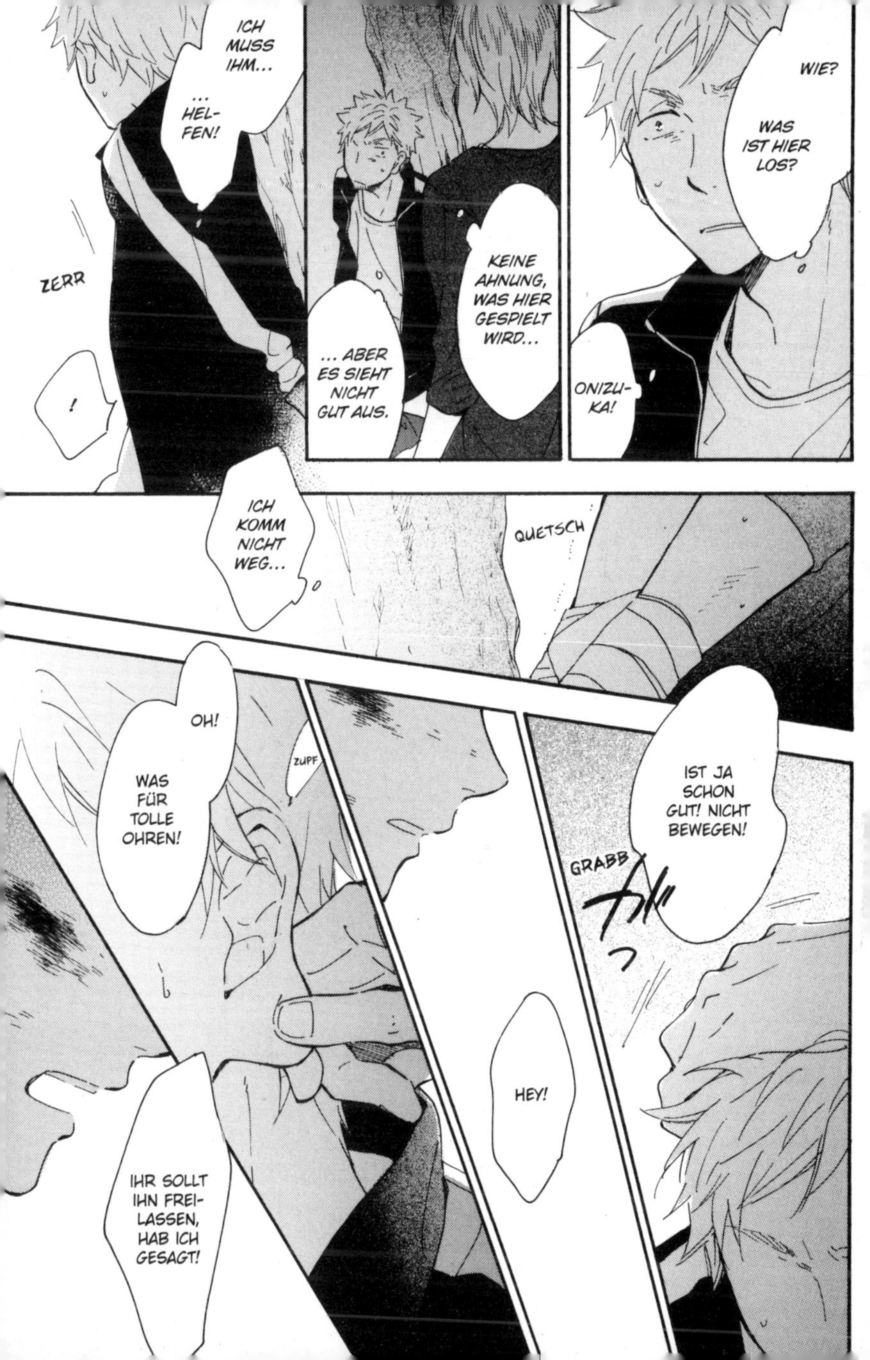
WIE?
WAS IST HIER LOS?
ONIZUKA!
KEINE AHNUNG, WAS HIER GESPIELT WIRD…
… ABER ES SIEHT NICHT GUT AUS.
ICH MUSS IHM…
… HEL-FEN!
ZERR
!
QUETSCH
ICH KOMM NICHT WEG…
IST JA SCHON GUT! NICHT BEWEGEN!
GRABB
HEY!
ZUPF
OH!
WAS FÜR TOLLE OHREN!
IHR SOLLT IHN FREI-LASSEN, HAB ICH GESAGT!

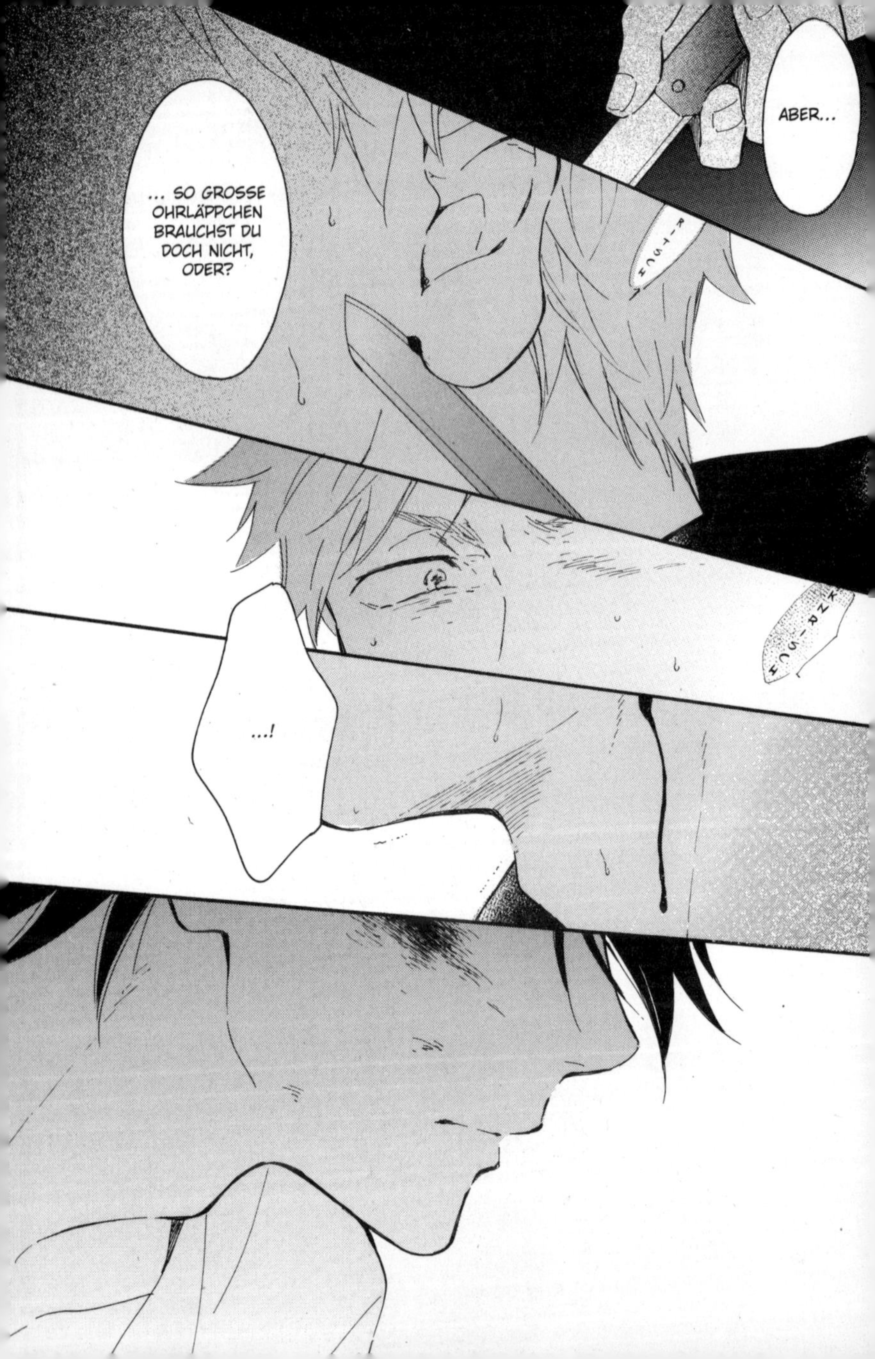
ABER...
... SO GROSSE OHRLÄPPCHEN BRAUCHST DU DOCH NICHT, ODER?
R-TSCH
KNR-SCH
...!

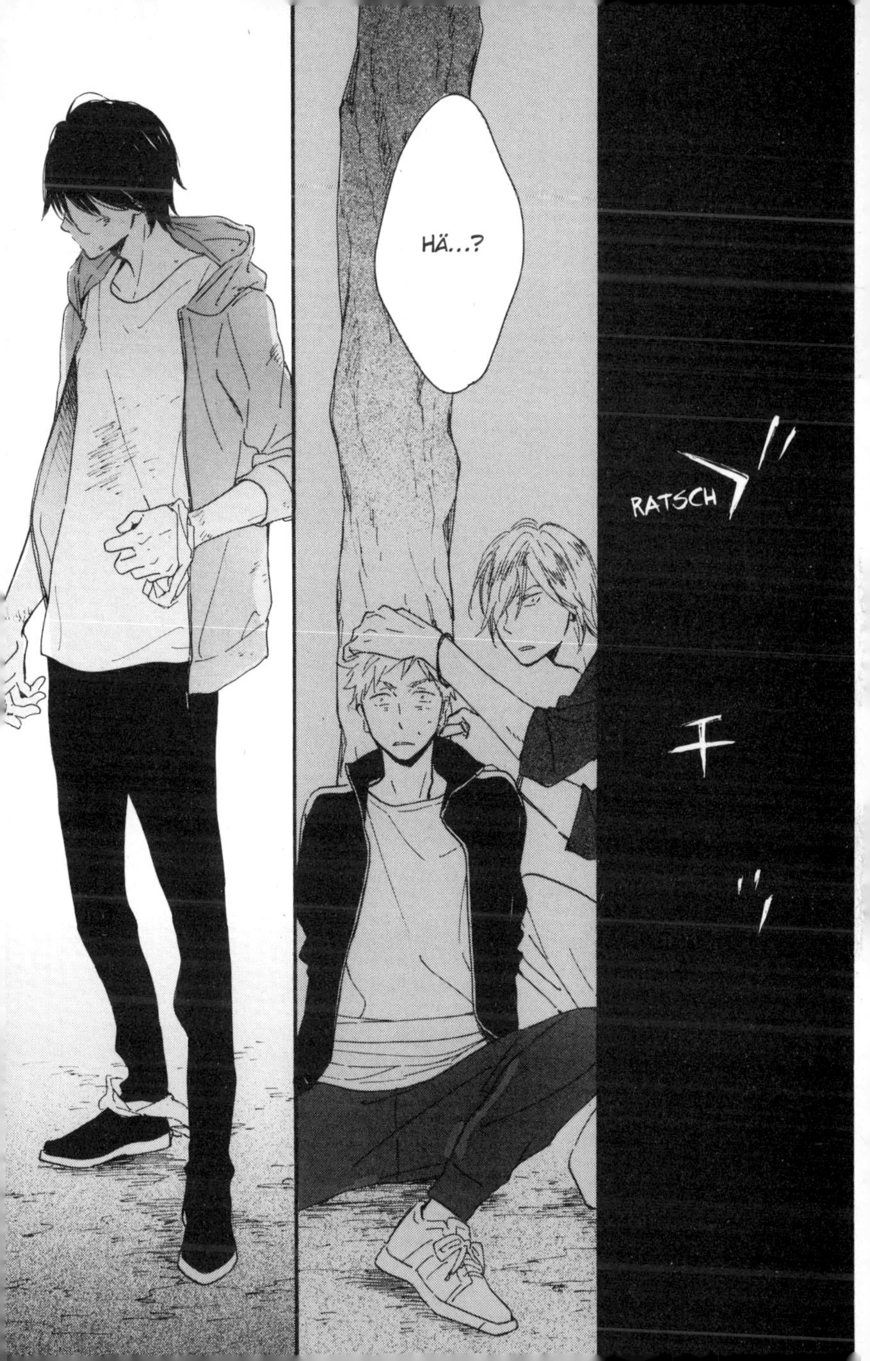
HÄ...?
RATSCH

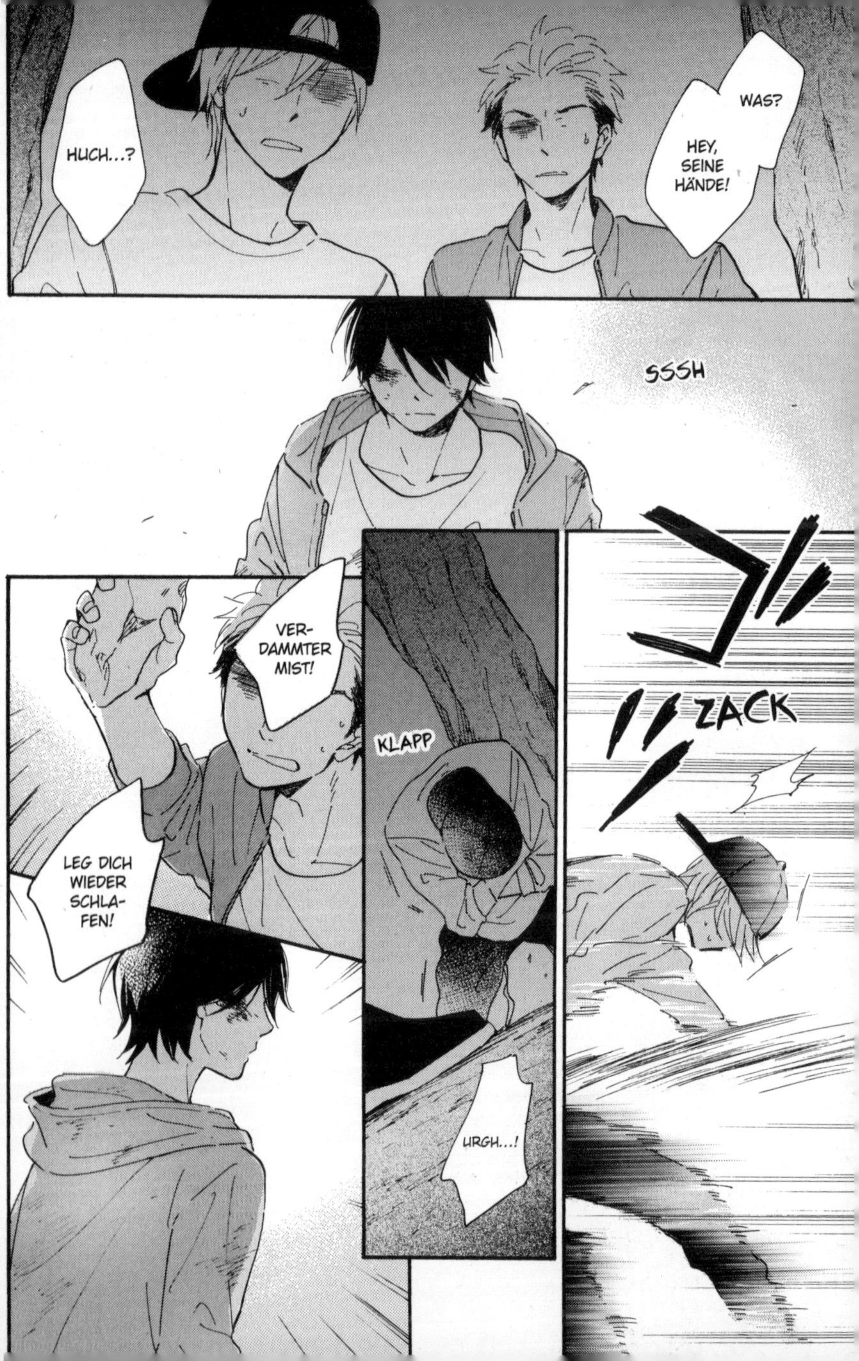
WAS?
HEY, SEINE HÄNDE!
HUCH…?
SSSH
ZACK
KLAPP
URGH…!
VERDAMMTER MIST!
LEG DICH WIEDER SCHLAFEN!

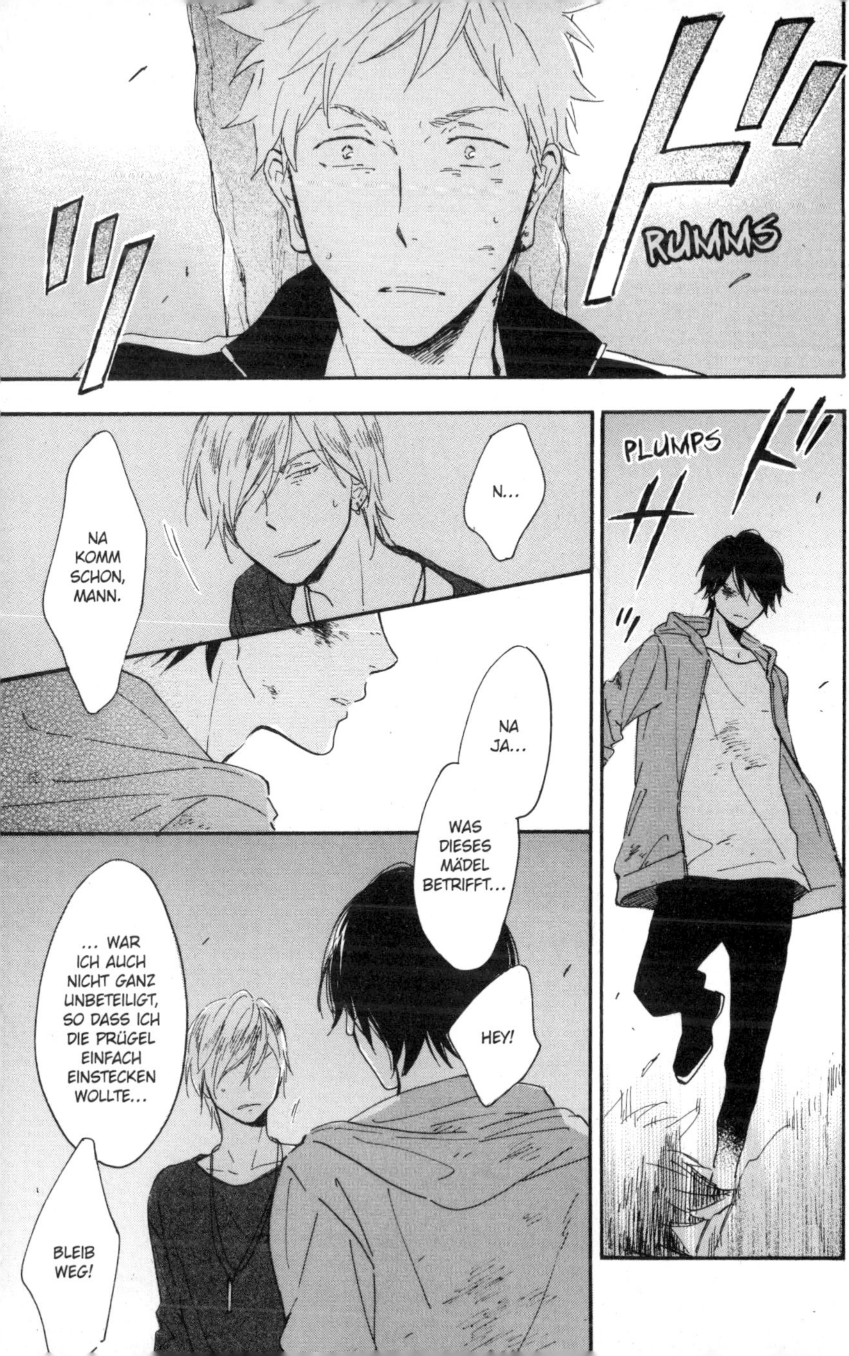
RUMMS
PLUMPS
N…
NA KOMM SCHON, MANN.
NA JA…
WAS DIESES MÄDEL BETRIFFT…
… WAR ICH AUCH NICHT GANZ UNBETEILIGT, SO DASS ICH DIE PRÜGEL EINFACH EINSTECKEN WOLLTE…
HEY!
BLEIB WEG!

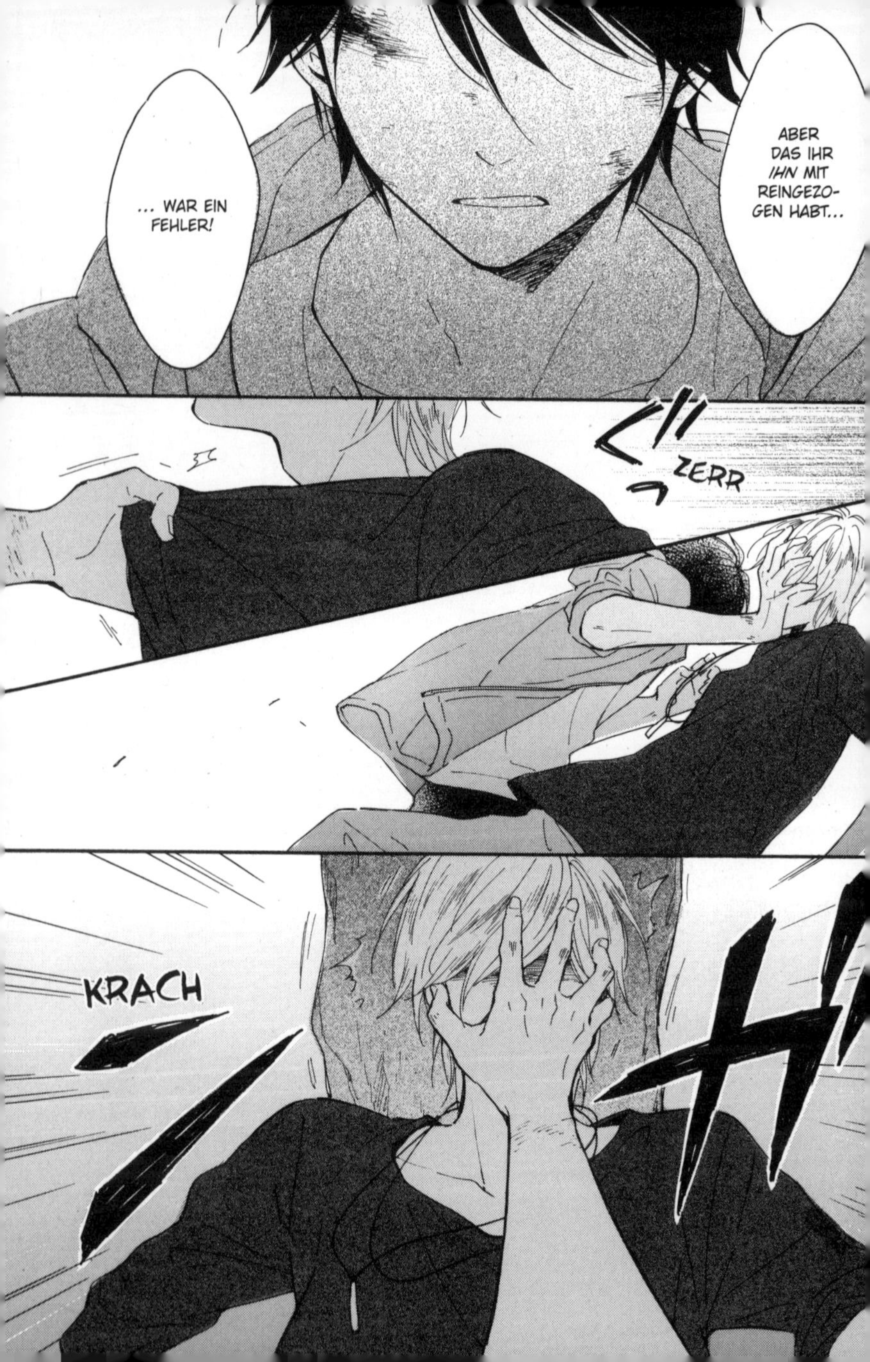
ABER DAS IHR *IHN* MIT REINGEZOGEN HABT…
… WAR EIN FEHLER!
ZERR
KRACH

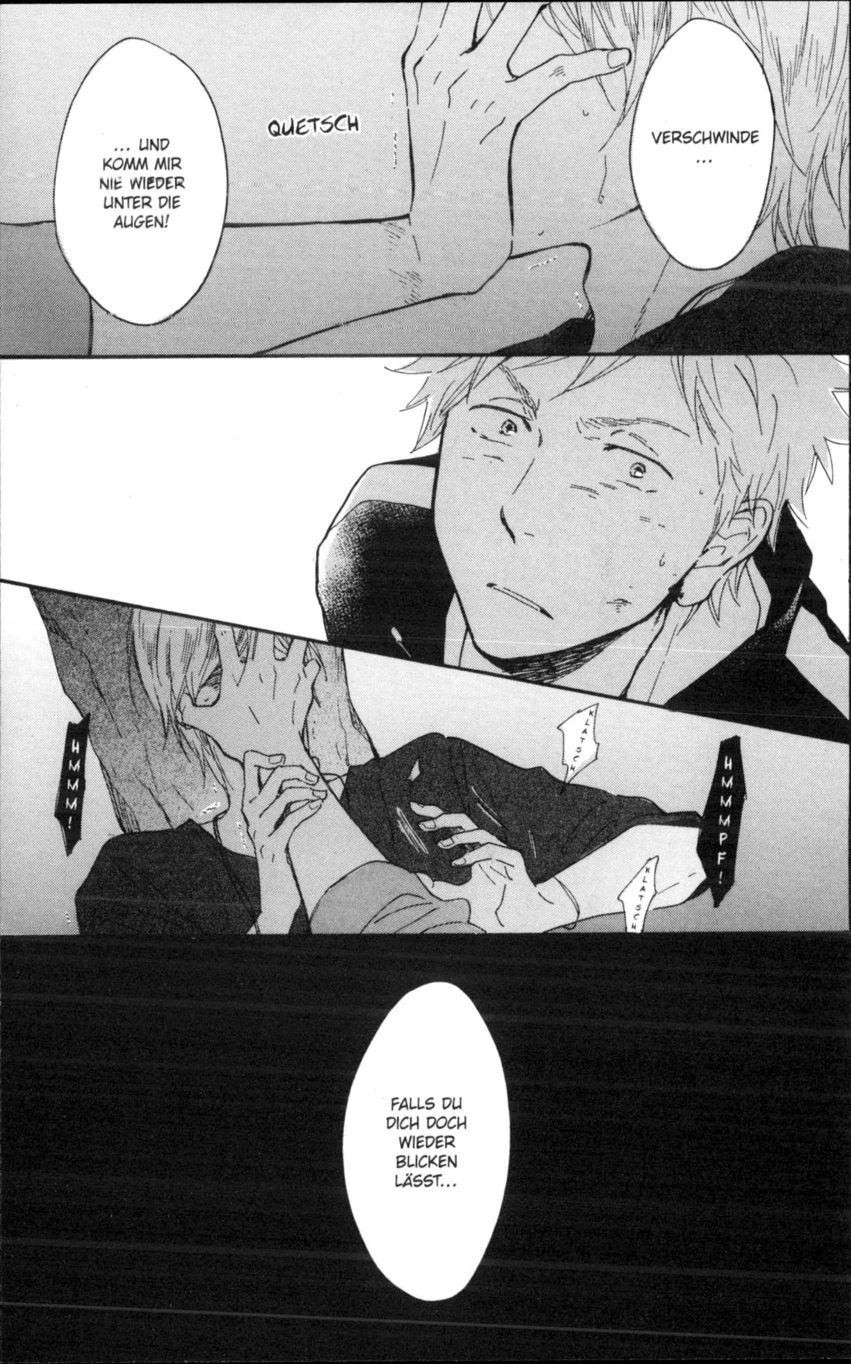
VERSCHWINDE …
QUETSCH
… UND KOMM MIR NIE WIEDER UNTER DIE AUGEN!
HMMMPF!
KLATSCH
KLATSCH
HMMM!
FALLS DU DICH DOCH WIEDER BLICKEN LÄSST…

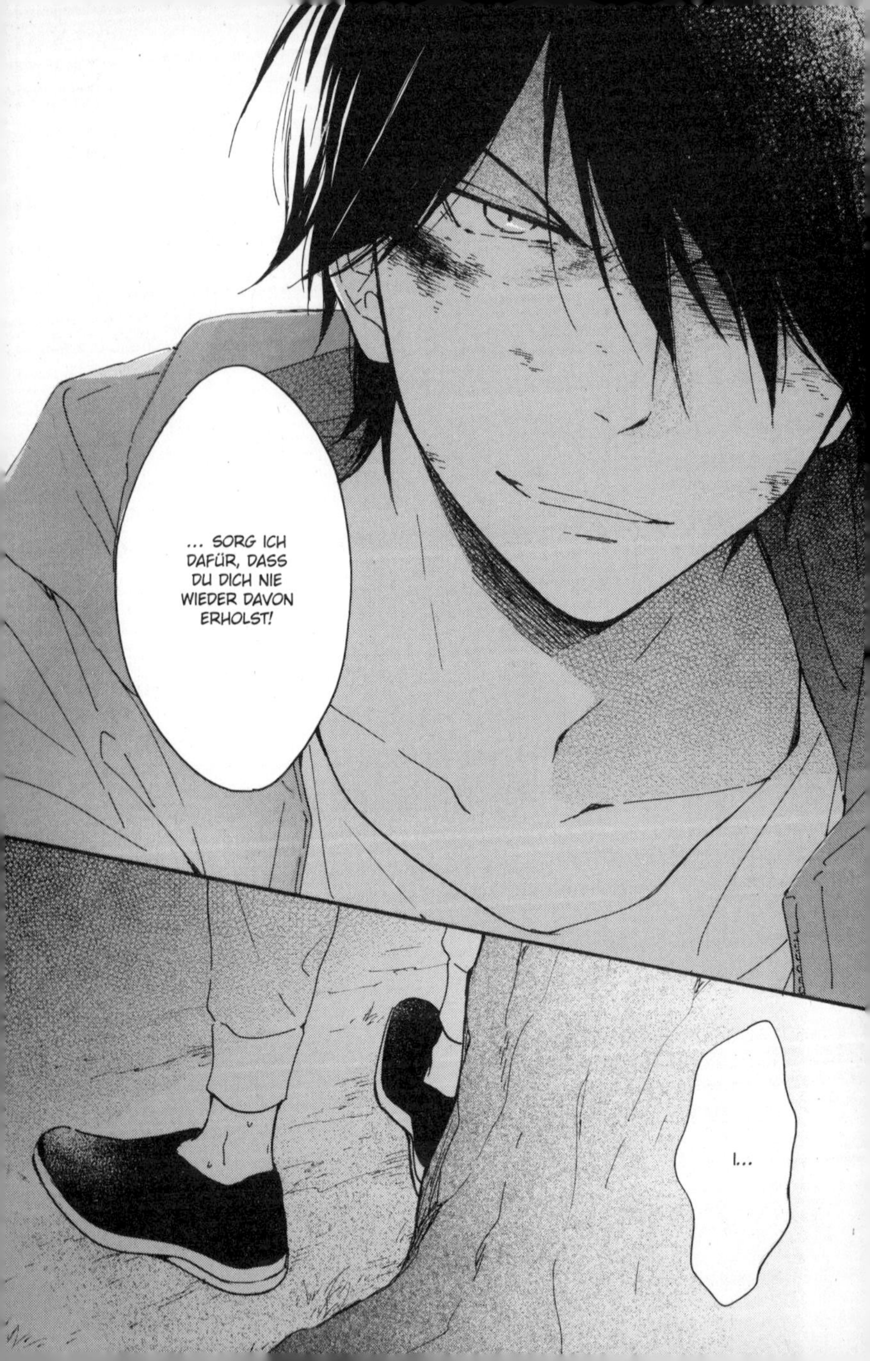
… SORG ICH DAFÜR, DASS DU DICH NIE WIEDER DAVON ERHOLST!
I…

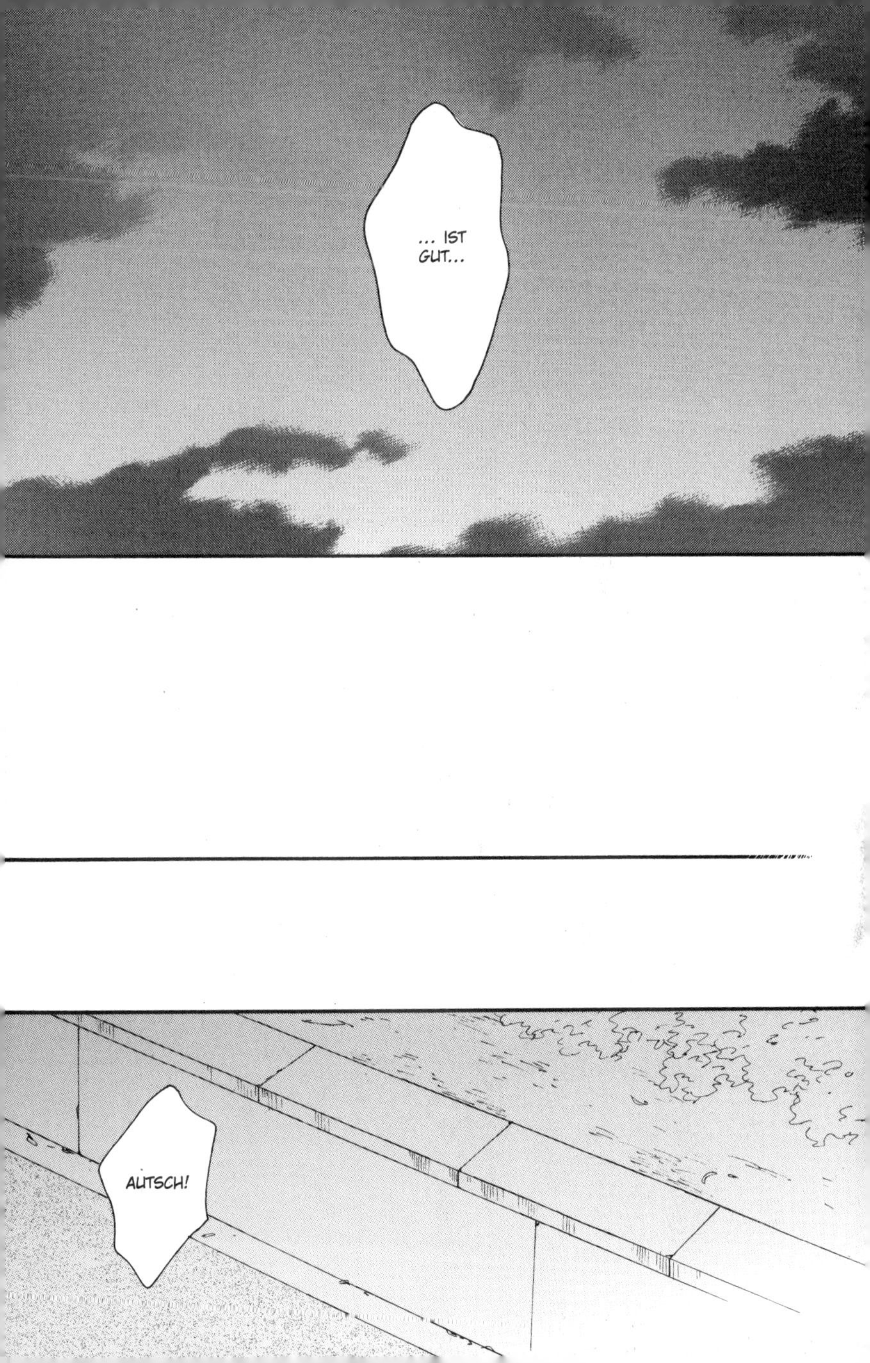
... IST
GUT...
AUTSCH!

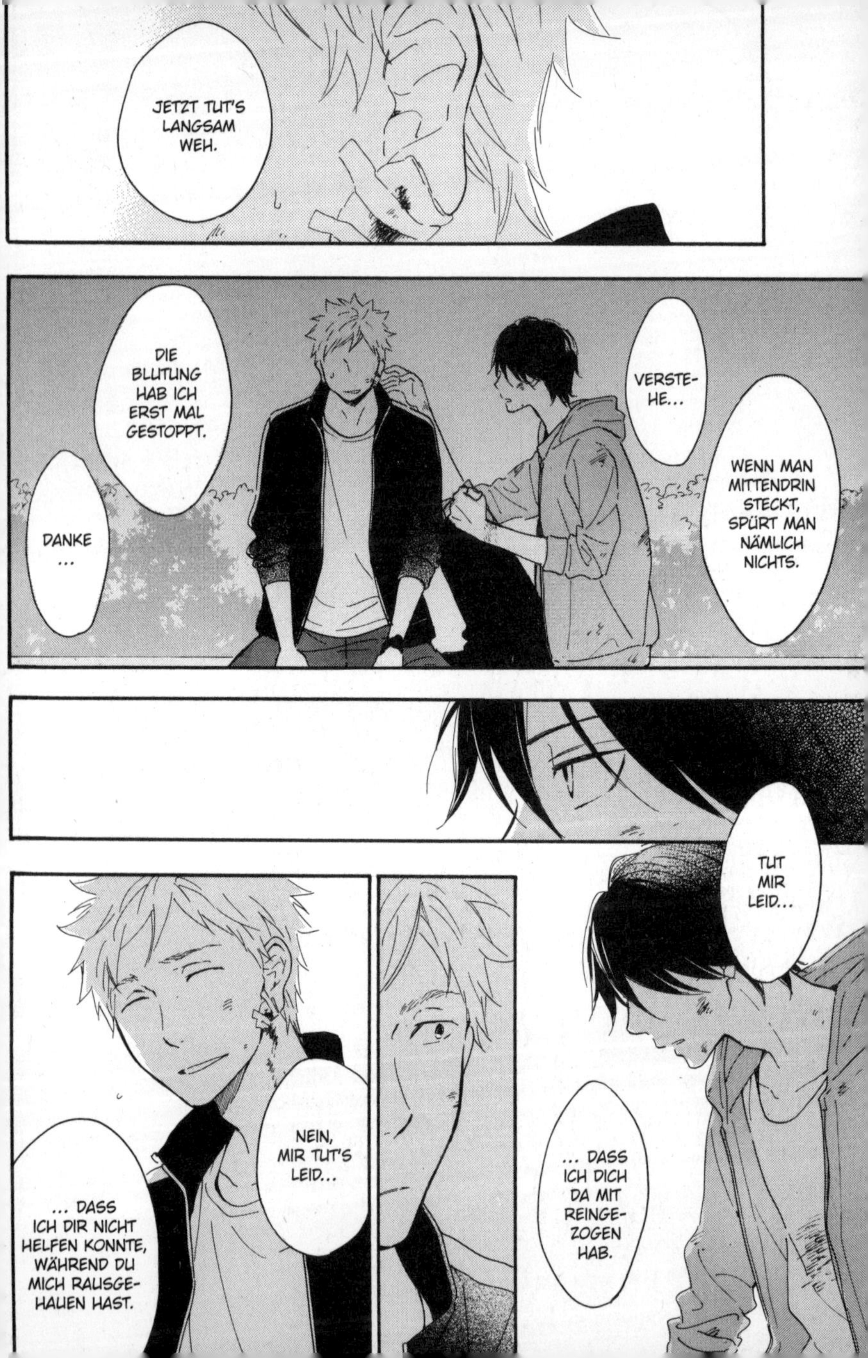
JETZT TUT'S LANGSAM WEH.
VERSTE-HE...
WENN MAN MITTENDRIN STECKT, SPÜRT MAN NÄMLICH NICHTS.
DIE BLUTUNG HAB ICH ERST MAL GESTOPPT.
DANKE ...
TUT MIR LEID...
... DASS ICH DICH DA MIT REINGE-ZOGEN HAB.
NEIN, MIR TUT'S LEID...
... DASS ICH DIR NICHT HELFEN KONNTE, WÄHREND DU MICH RAUSGE-HAUEN HAST.

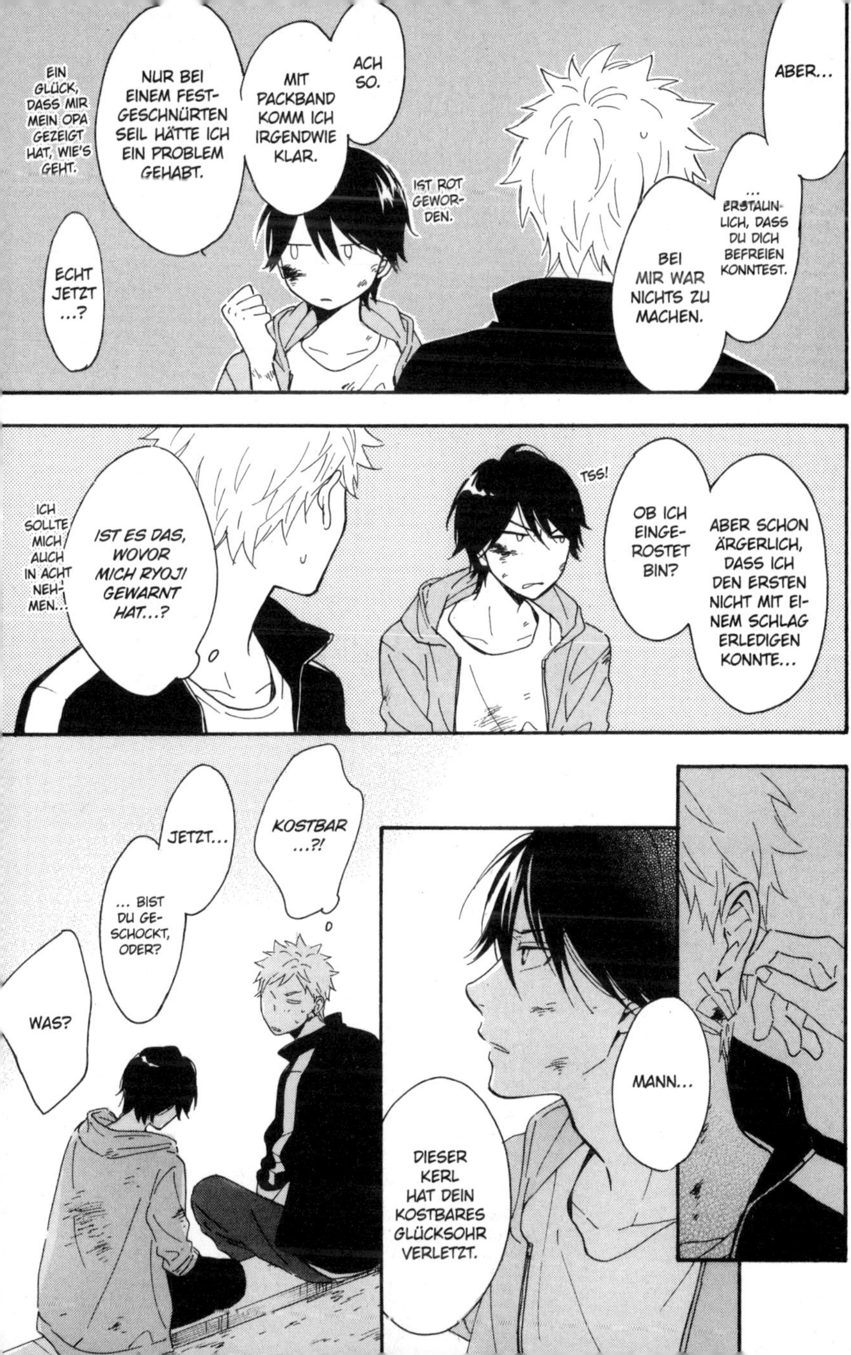
ABER…
… ERSTAUNLICH, DASS DU DICH BEFREIEN KONNTEST.
BEI MIR WAR NICHTS ZU MACHEN.
IST ROT GEWORDEN.
ACH SO.
MIT PACKBAND KOMM ICH IRGENDWIE KLAR.
NUR BEI EINEM FESTGESCHNÜRTEN SEIL HÄTTE ICH EIN PROBLEM GEHABT.
EIN GLÜCK, DASS MIR MEIN OPA GEZEIGT HAT, WIE'S GEHT.
ECHT JETZT …?
ABER SCHON ÄRGERLICH, DASS ICH DEN ERSTEN NICHT MIT EINEM SCHLAG ERLEDIGEN KONNTE…
OB ICH EINGEROSTET BIN?
TSS!
IST ES DAS, WOVOR MICH RYOJI GEWARNT HAT…?
ICH SOLLTE MICH AUCH IN ACHT NEHMEN…
MANN…
DIESER KERL HAT DEIN KOSTBARES GLÜCKSOHR VERLETZT.
KOSTBAR …?!
JETZT…
… BIST DU GESCHOCKT, ODER?
WAS?

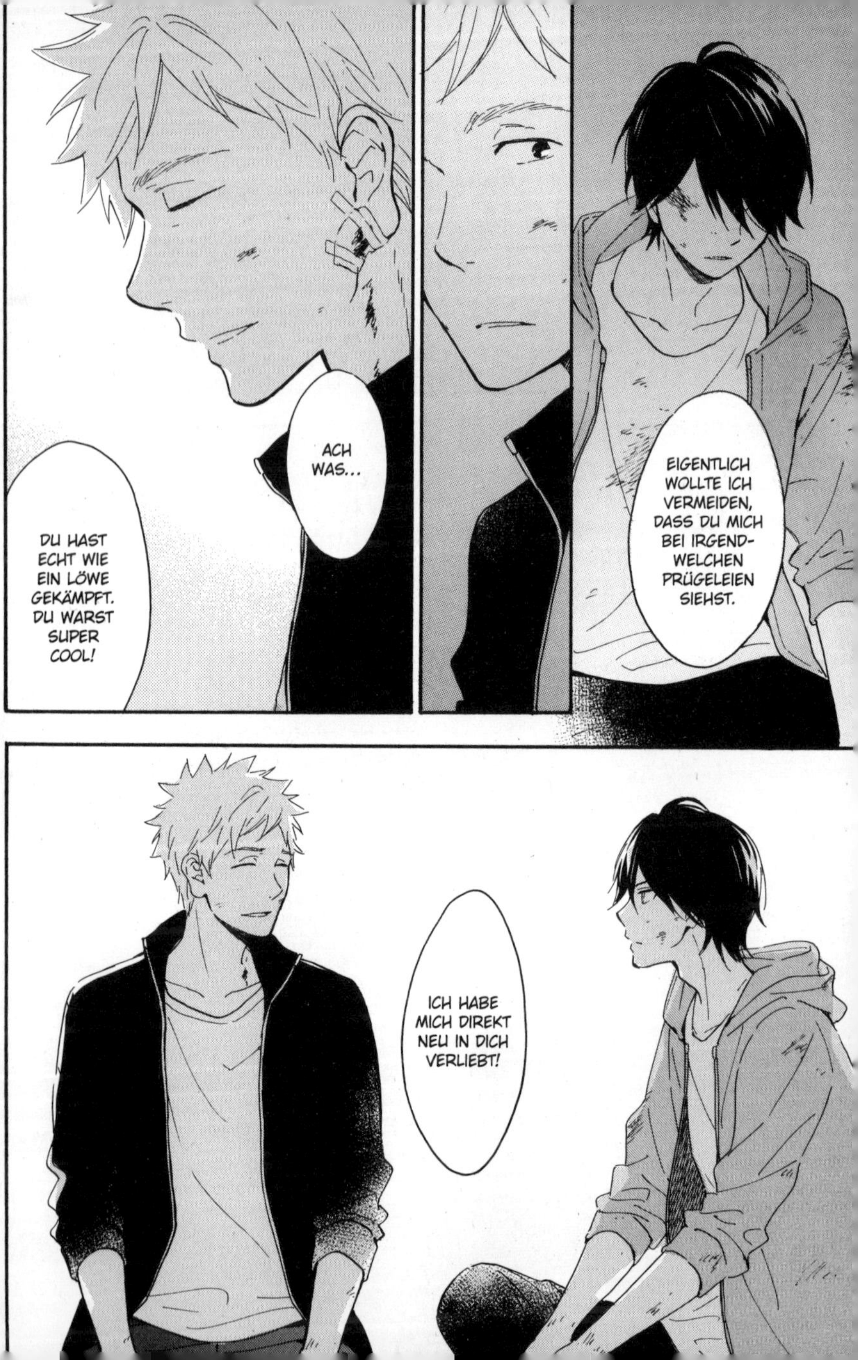
EIGENTLICH WOLLTE ICH VERMEIDEN, DASS DU MICH BEI IRGEND-WELCHEN PRÜGELEIEN SIEHST.
ACH WAS...
DU HAST ECHT WIE EIN LÖWE GEKÄMPFT. DU WARST SUPER COOL!
ICH HABE MICH DIREKT NEU IN DICH VERLIEBT!

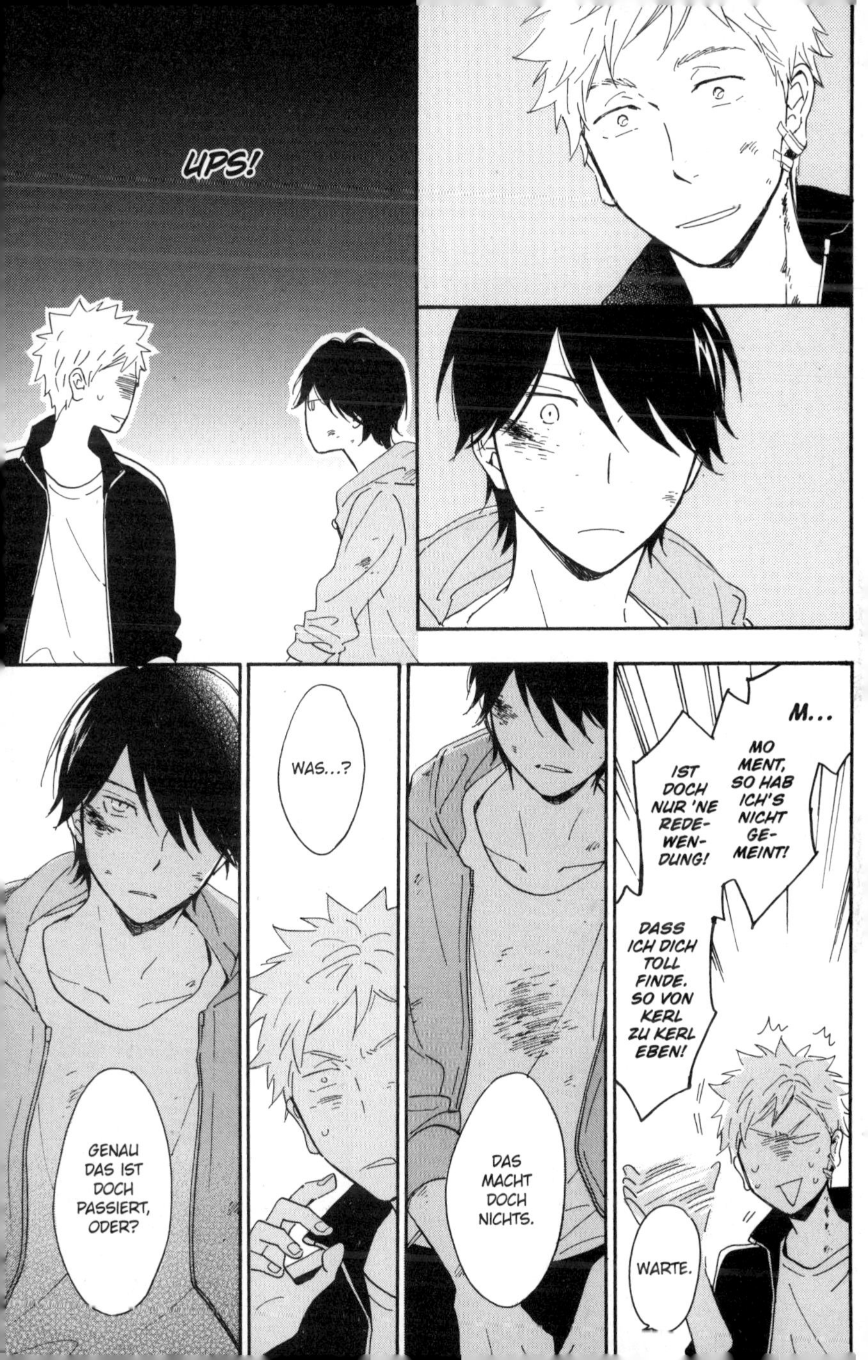
UPS!
M…
MOMENT, SO HAB ICH'S NICHT GEMEINT!
IST DOCH NUR 'NE REDEWENDUNG!
DASS ICH DICH TOLL FINDE. SO VON KERL ZU KERL EBEN!
WARTE.
DAS MACHT DOCH NICHTS.
WAS…?
GENAU DAS IST DOCH PASSIERT, ODER?

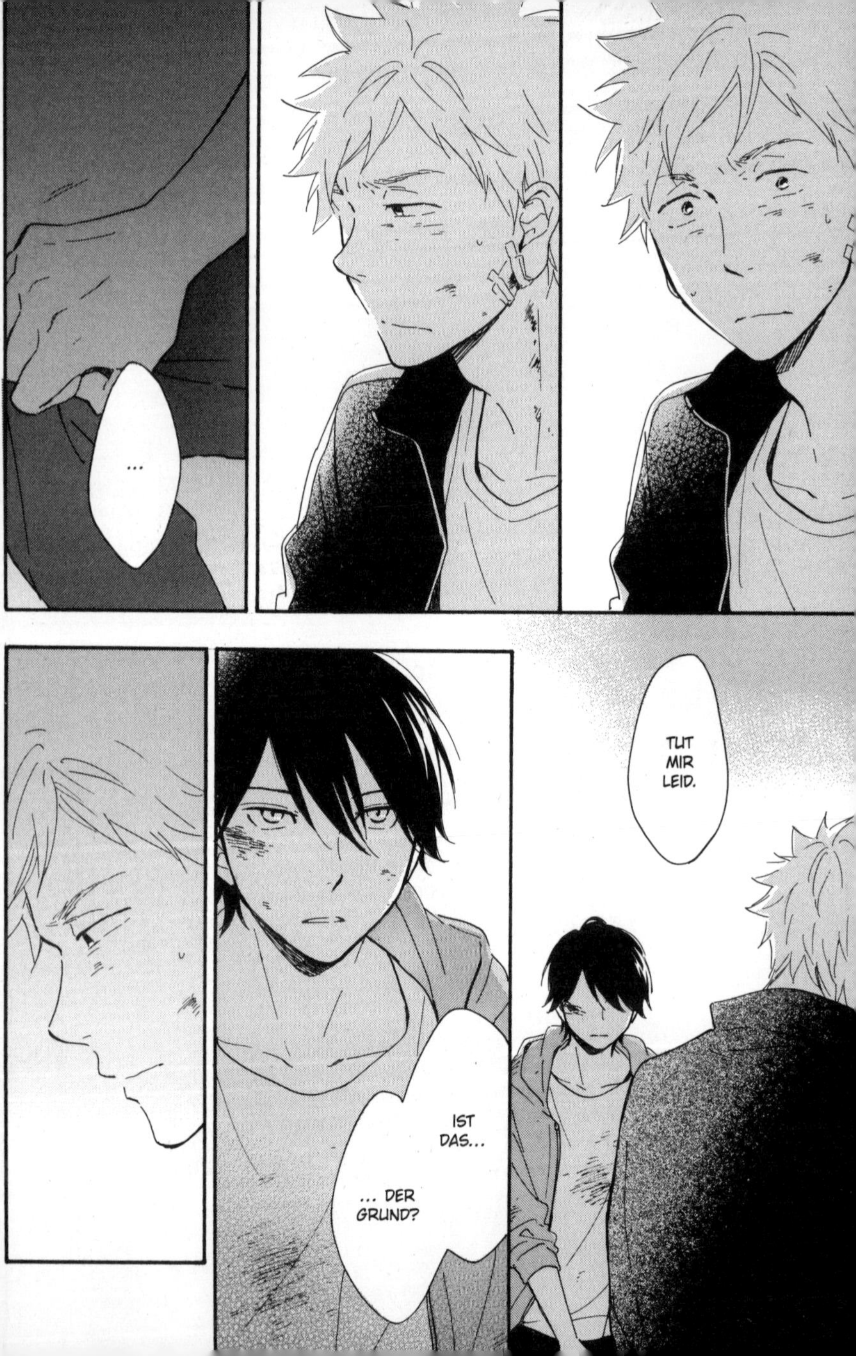
...
TUT MIR LEID.
IST DAS...
... DER GRUND?

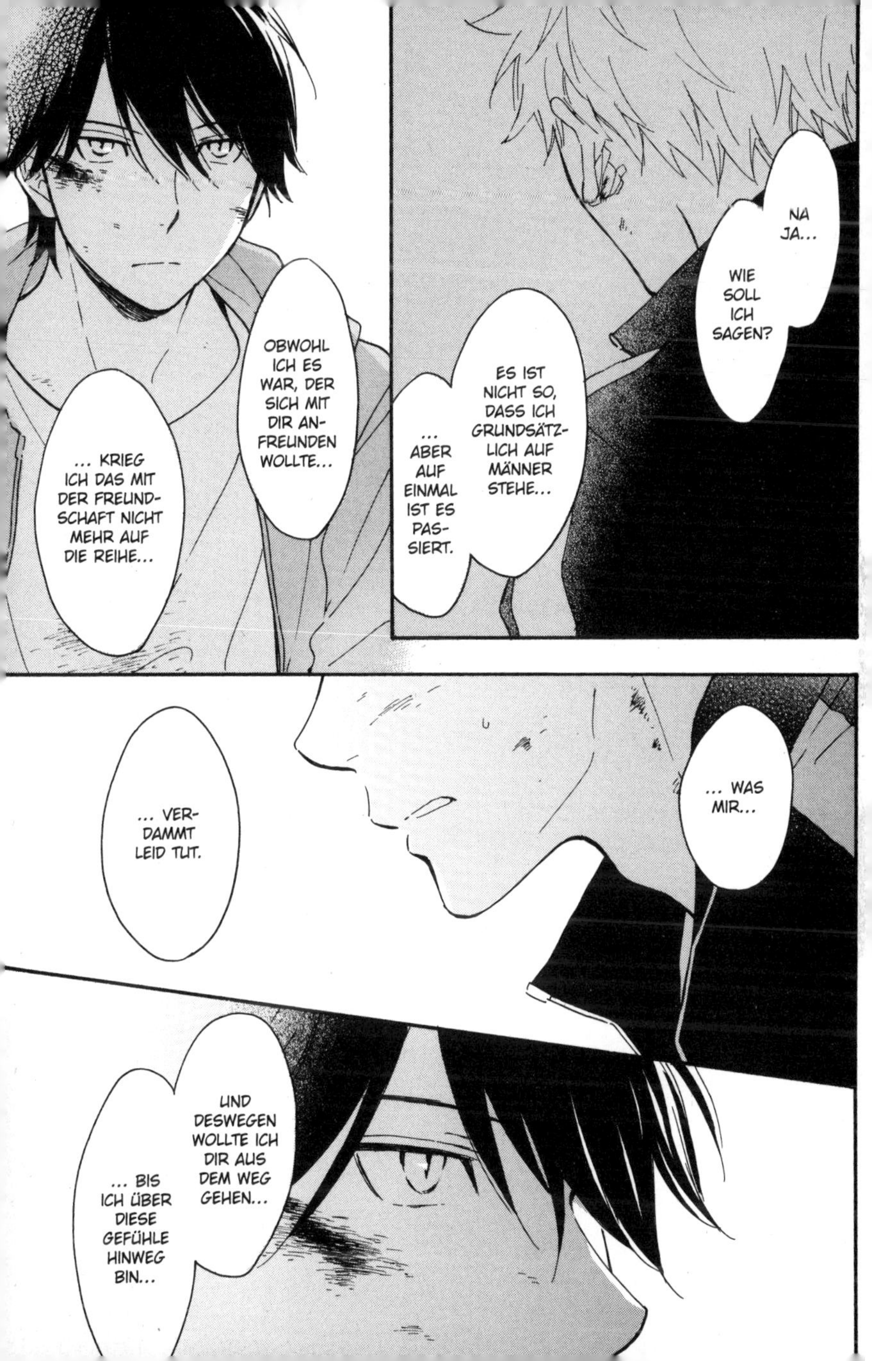
NA JA...
WIE SOLL ICH SAGEN?
ES IST NICHT SO, DASS ICH GRUNDSÄTZLICH AUF MÄNNER STEHE...
... ABER AUF EINMAL IST ES PASSIERT.
OBWOHL ICH ES WAR, DER SICH MIT DIR ANFREUNDEN WOLLTE...
... KRIEG ICH DAS MIT DER FREUNDSCHAFT NICHT MEHR AUF DIE REIHE...
... WAS MIR...
... VERDAMMT LEID TUT.
UND DESWEGEN WOLLTE ICH DIR AUS DEM WEG GEHEN...
... BIS ICH ÜBER DIESE GEFÜHLE HINWEG BIN...

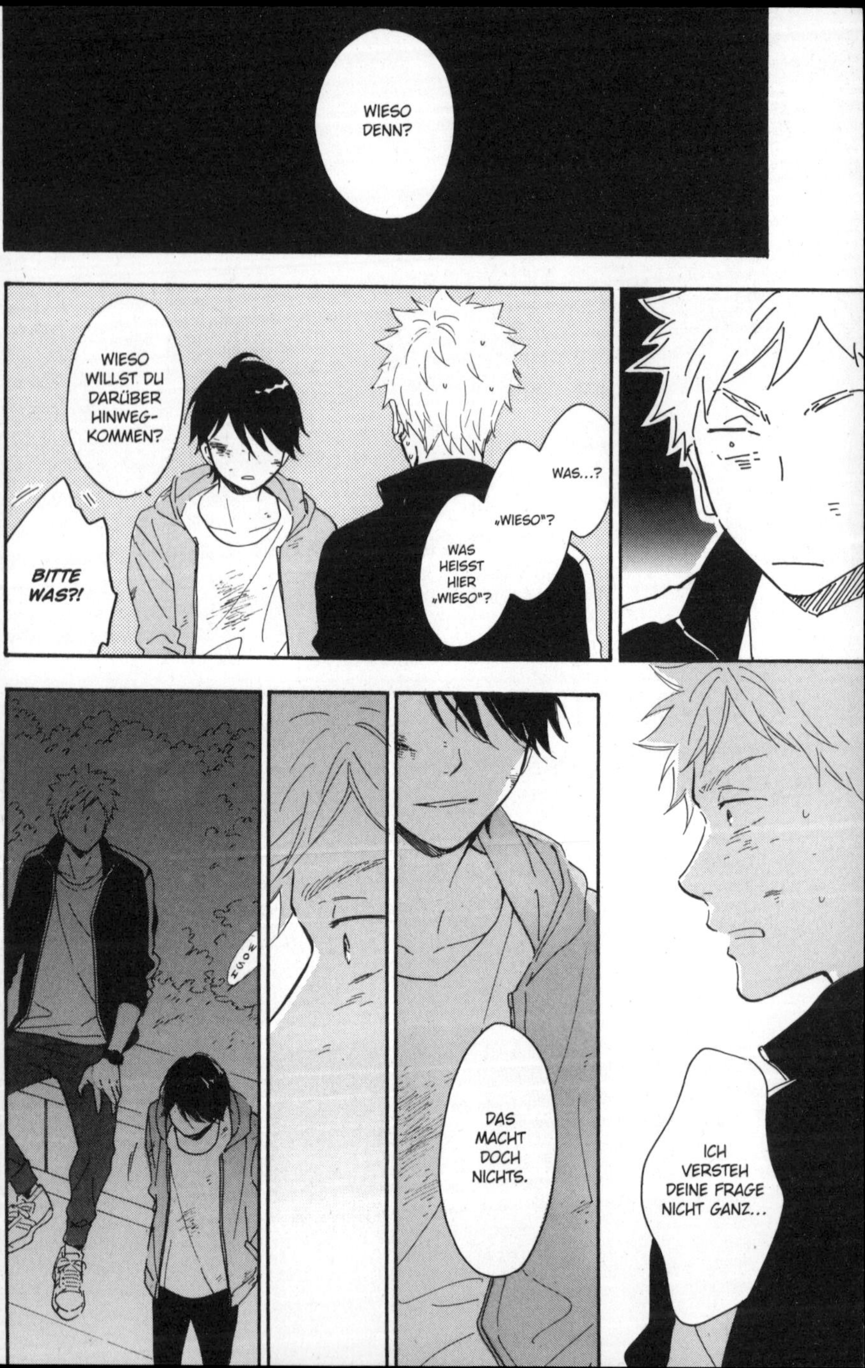
WIESO DENN?
WAS...?
„WIESO"?
WAS HEISST HIER „WIESO"?
WIESO WILLST DU DARÜBER HINWEG-KOMMEN?
BITTE WAS?!
ICH VERSTEH DEINE FRAGE NICHT GANZ...
DAS MACHT DOCH NICHTS.

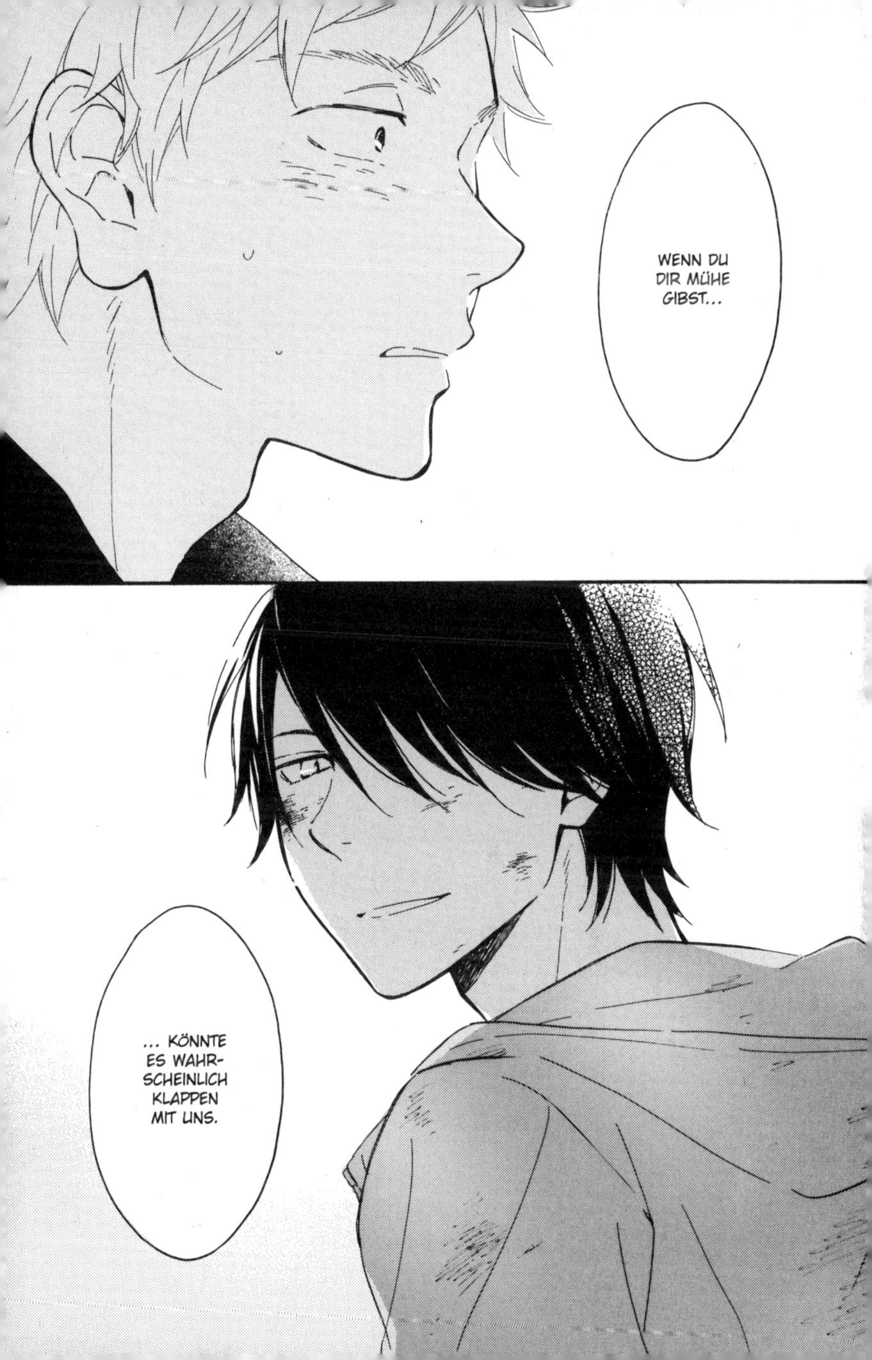
WENN DU DIR MÜHE GIBST…
… KÖNNTE ES WAHRSCHEINLICH KLAPPEN MIT UNS.

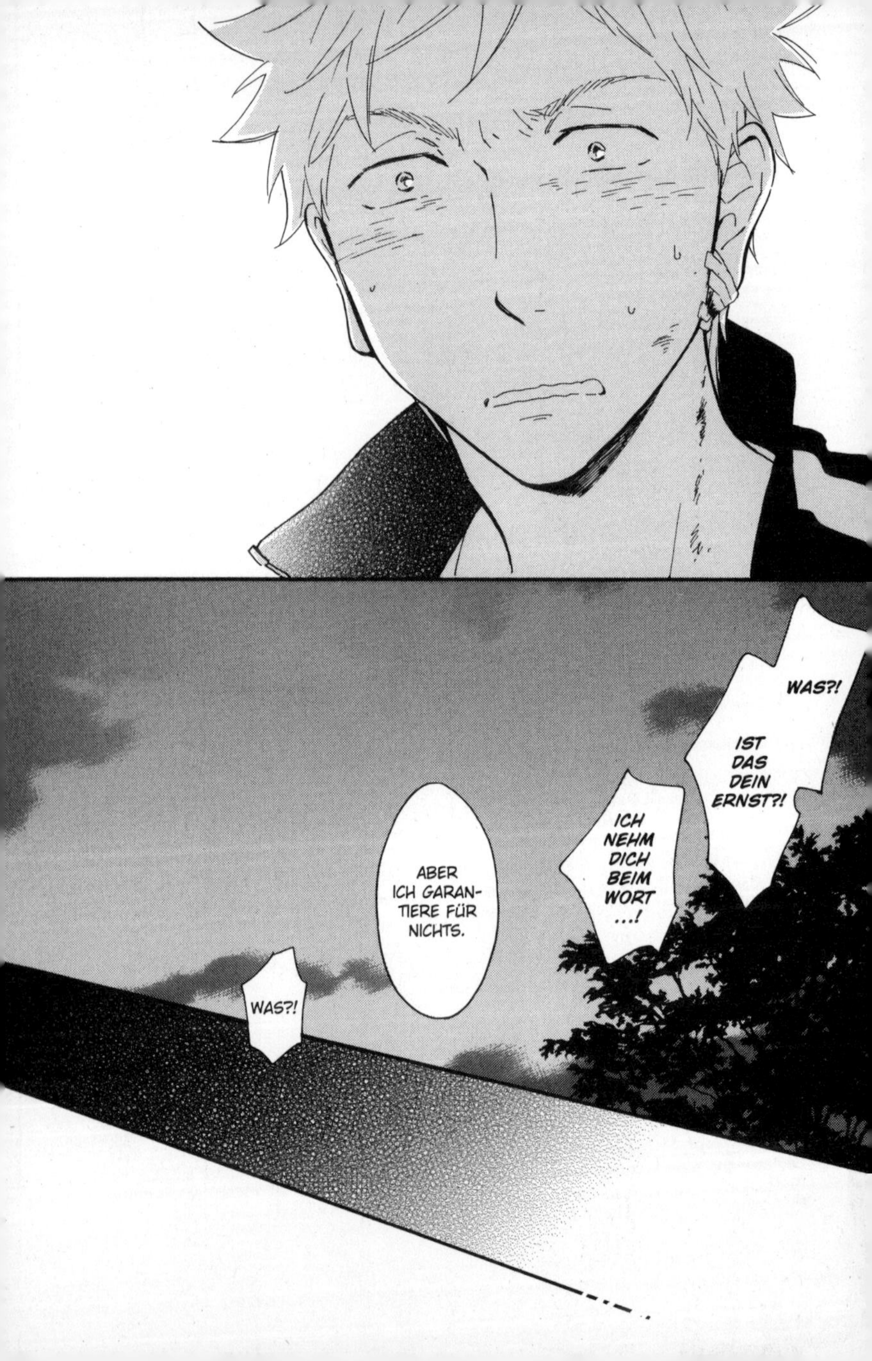
WAS?!
IST DAS DEIN ERNST?!
ICH NEHM DICH BEIM WORT ...!
ABER ICH GARANTIERE FÜR NICHTS.
WAS?!

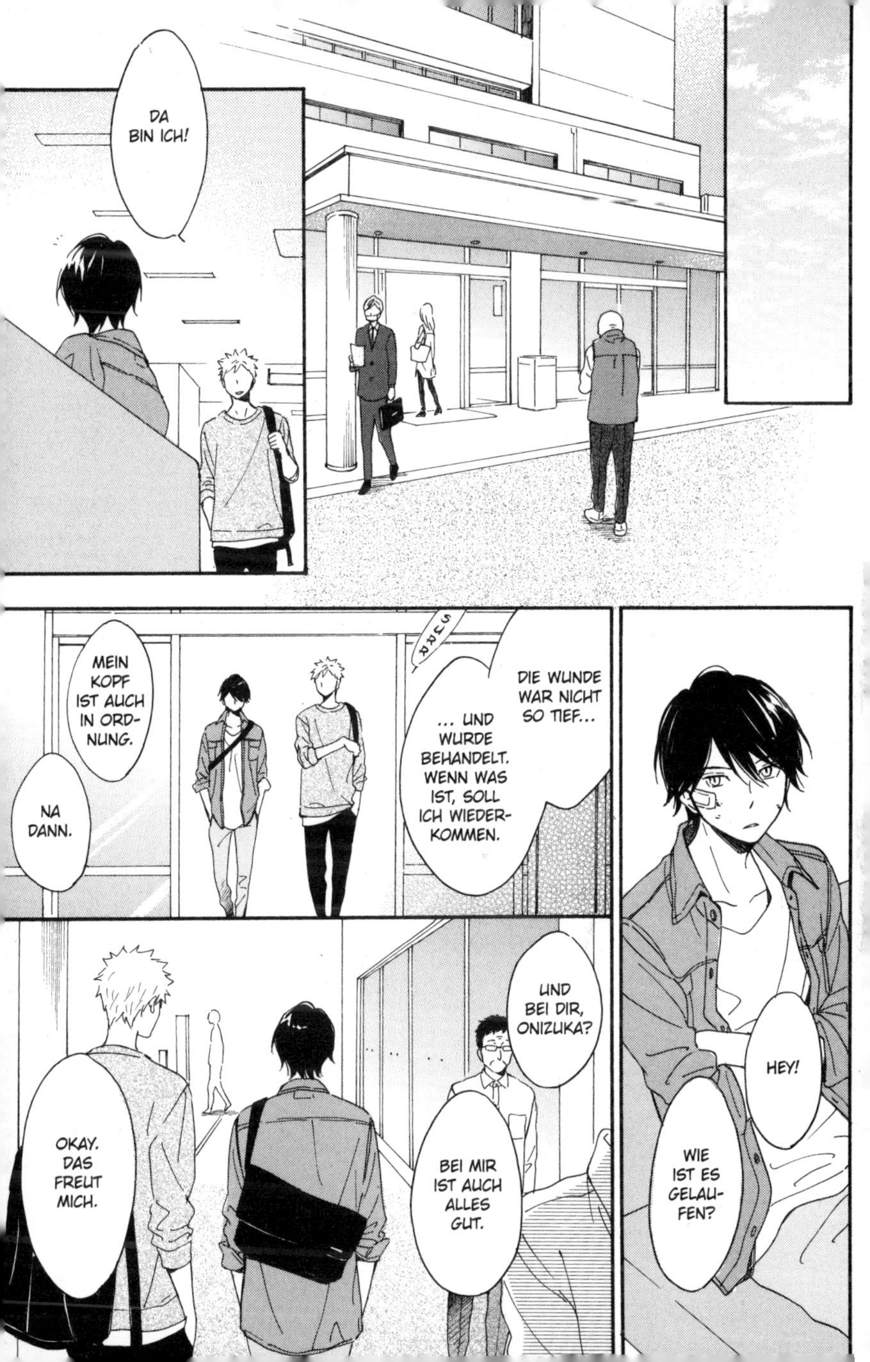
DA BIN ICH!
HEY!
WIE IST ES GELAUFEN?
DIE WUNDE WAR NICHT SO TIEF…
… UND WURDE BEHANDELT. WENN WAS IST, SOLL ICH WIEDERKOMMEN.
MEIN KOPF IST AUCH IN ORDNUNG.
NA DANN.
UND BEI DIR, ONIZUKA?
BEI MIR IST AUCH ALLES GUT.
OKAY. DAS FREUT MICH.

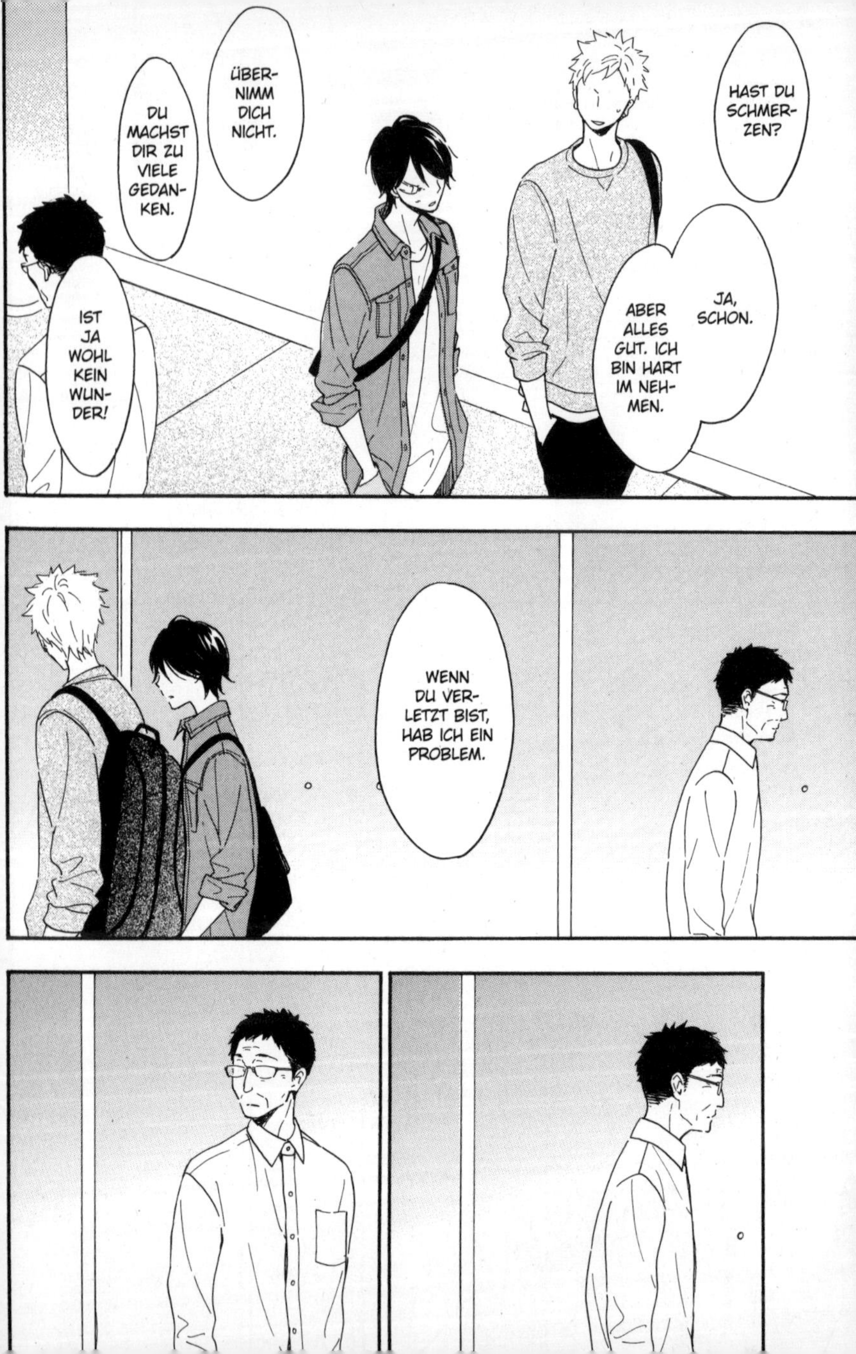
HAST DU SCHMERZEN?
JA, SCHON.
ABER ALLES GUT. ICH BIN HART IM NEHMEN.
ÜBERNIMM DICH NICHT.
DU MACHST DIR ZU VIELE GEDANKEN.
IST JA WOHL KEIN WUNDER!
WENN DU VERLETZT BIST, HAB ICH EIN PROBLEM.

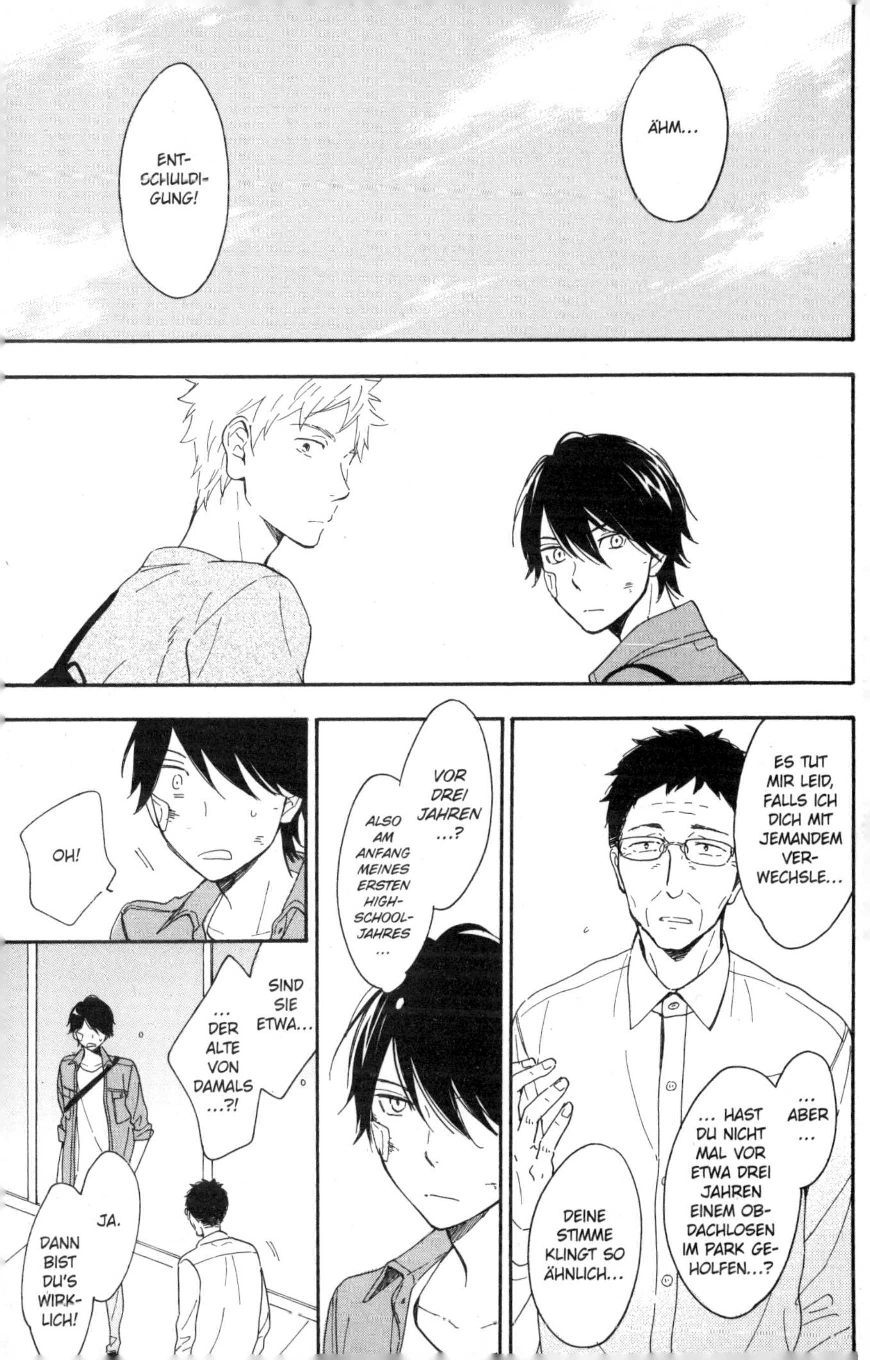
ÄHM…
ENTSCHULDIGUNG!
ES TUT MIR LEID, FALLS ICH DICH MIT JEMANDEM VERWECHSLE…
…ABER…
…HAST DU NICHT MAL VOR ETWA DREI JAHREN EINEM OBDACHLOSEN IM PARK GEHOLFEN…?
DEINE STIMME KLINGT SO ÄHNLICH…
VOR DREI JAHREN…?
ALSO AM ANFANG MEINES ERSTEN HIGHSCHOOL-JAHRES…
OH!
SIND SIE ETWA…
…DER ALTE VON DAMALS…?!
JA.
DANN BIST DU'S WIRKLICH!

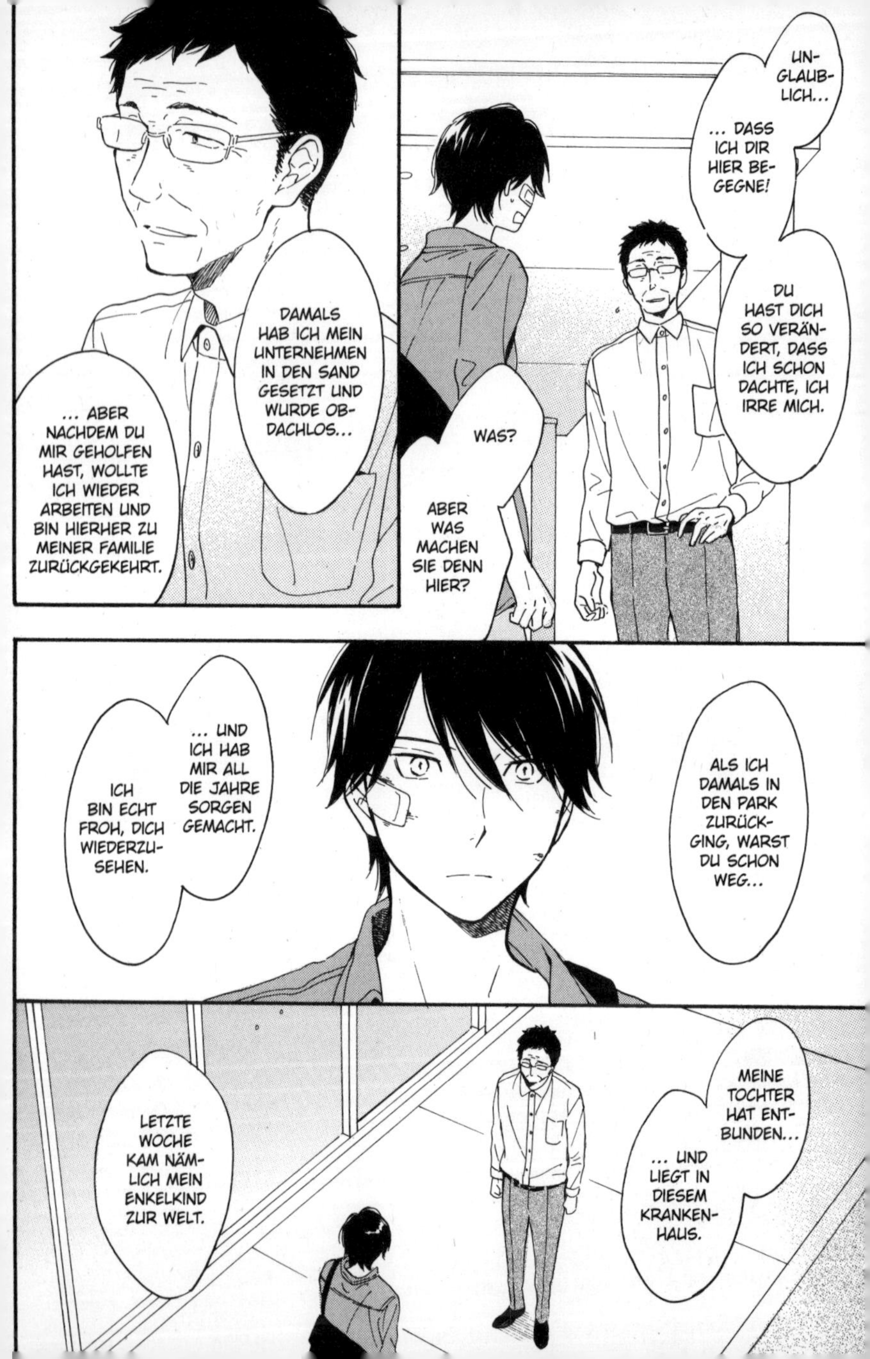
UNGLAUBLICH…
… DASS ICH DIR HIER BEGEGNE!
DU HAST DICH SO VERÄNDERT, DASS ICH SCHON DACHTE, ICH IRRE MICH.
WAS?
ABER WAS MACHEN SIE DENN HIER?
DAMALS HAB ICH MEIN UNTERNEHMEN IN DEN SAND GESETZT UND WURDE OBDACHLOS…
… ABER NACHDEM DU MIR GEHOLFEN HAST, WOLLTE ICH WIEDER ARBEITEN UND BIN HIERHER ZU MEINER FAMILIE ZURÜCKGEKEHRT.
ALS ICH DAMALS IN DEN PARK ZURÜCKGING, WARST DU SCHON WEG…
… UND ICH HAB MIR ALL DIE JAHRE SORGEN GEMACHT.
ICH BIN ECHT FROH, DICH WIEDERZUSEHEN.
MEINE TOCHTER HAT ENTBUNDEN…
… UND LIEGT IN DIESEM KRANKENHAUS.
LETZTE WOCHE KAM NÄMLICH MEIN ENKELKIND ZUR WELT.

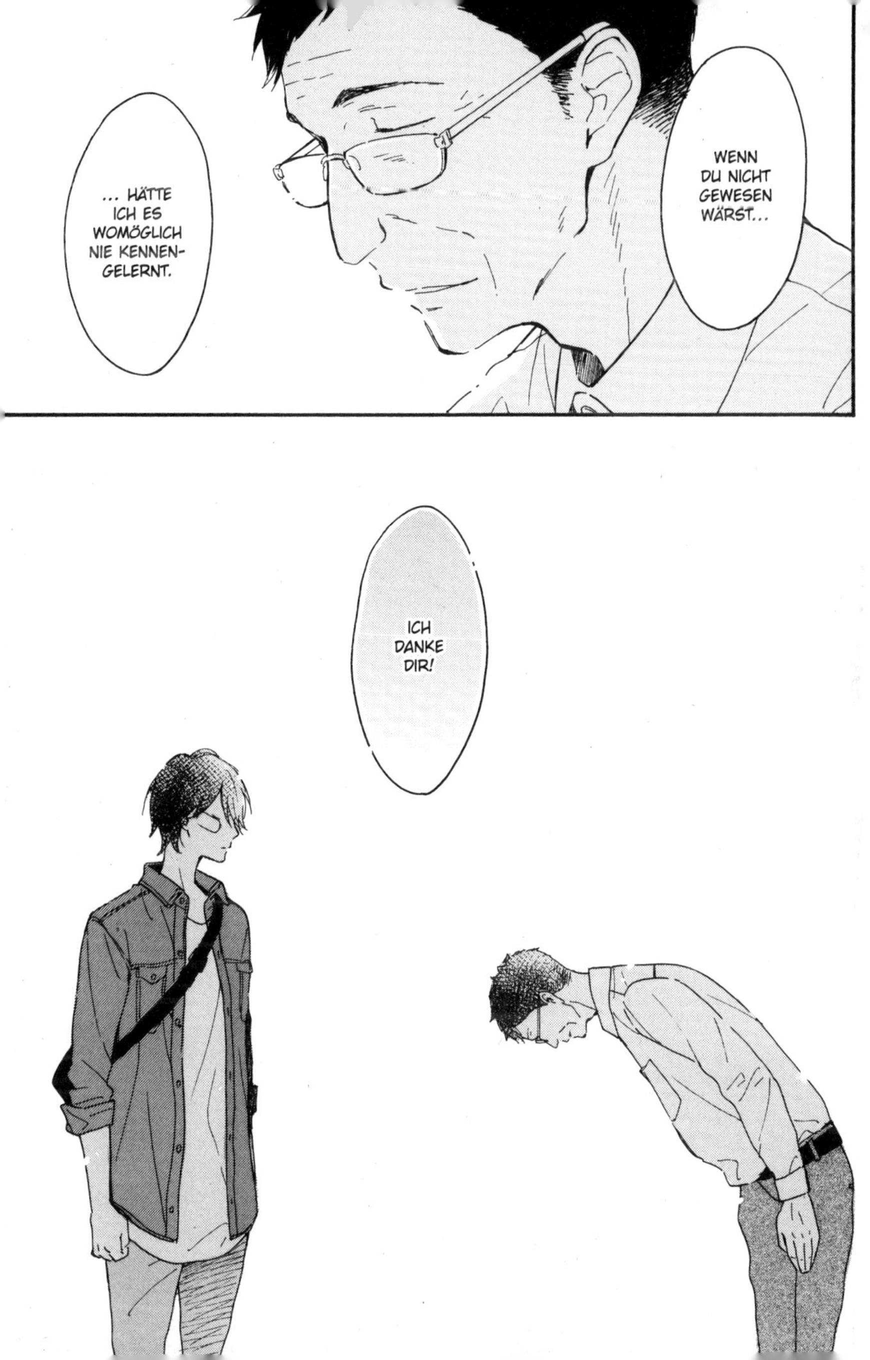
WENN DU NICHT GEWESEN WÄRST...
... HÄTTE ICH ES WOMÖGLICH NIE KENNEN-GELERNT.
ICH DANKE DIR!

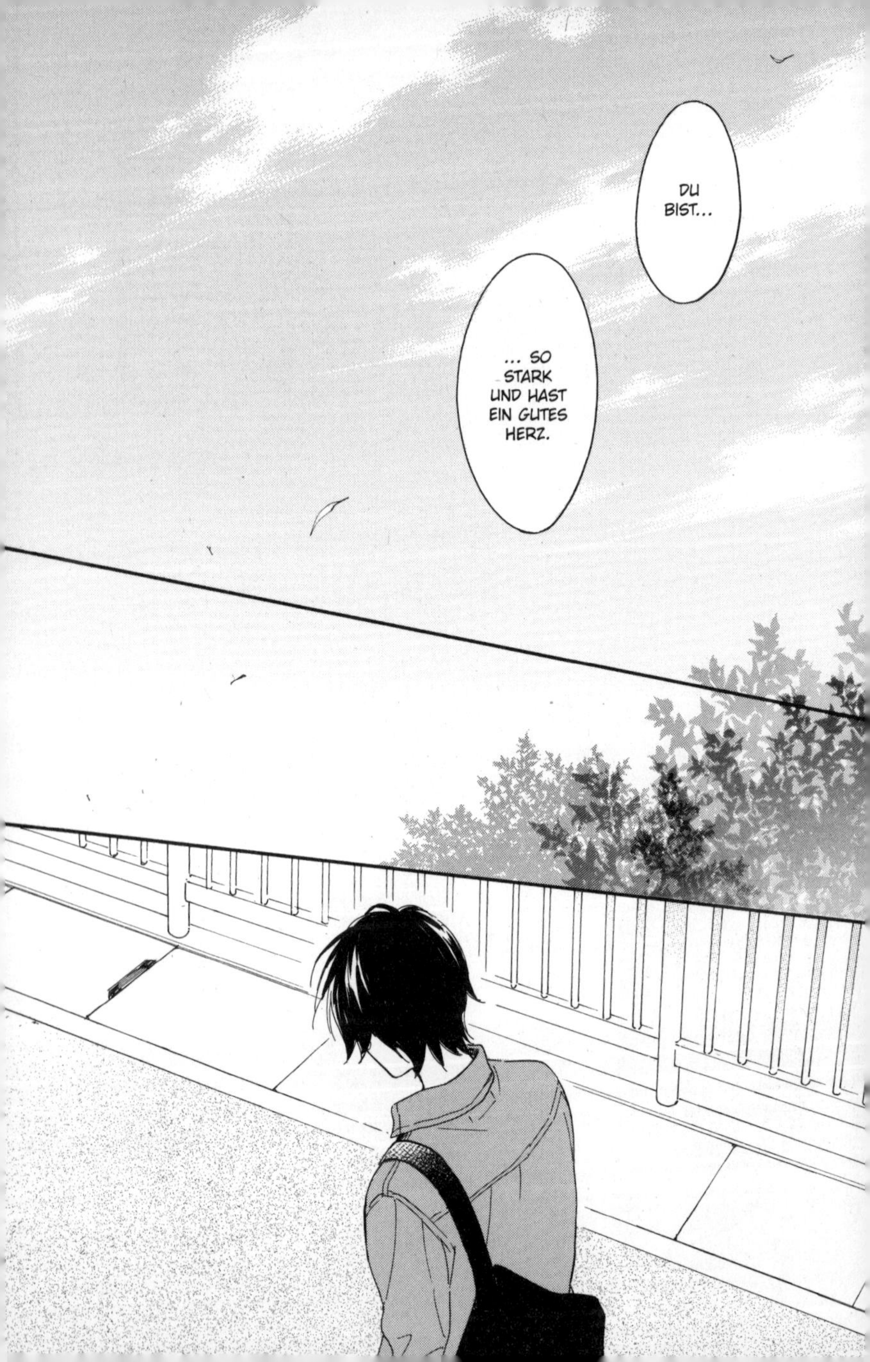
DU BIST...
... SO STARK UND HAST EIN GUTES HERZ.

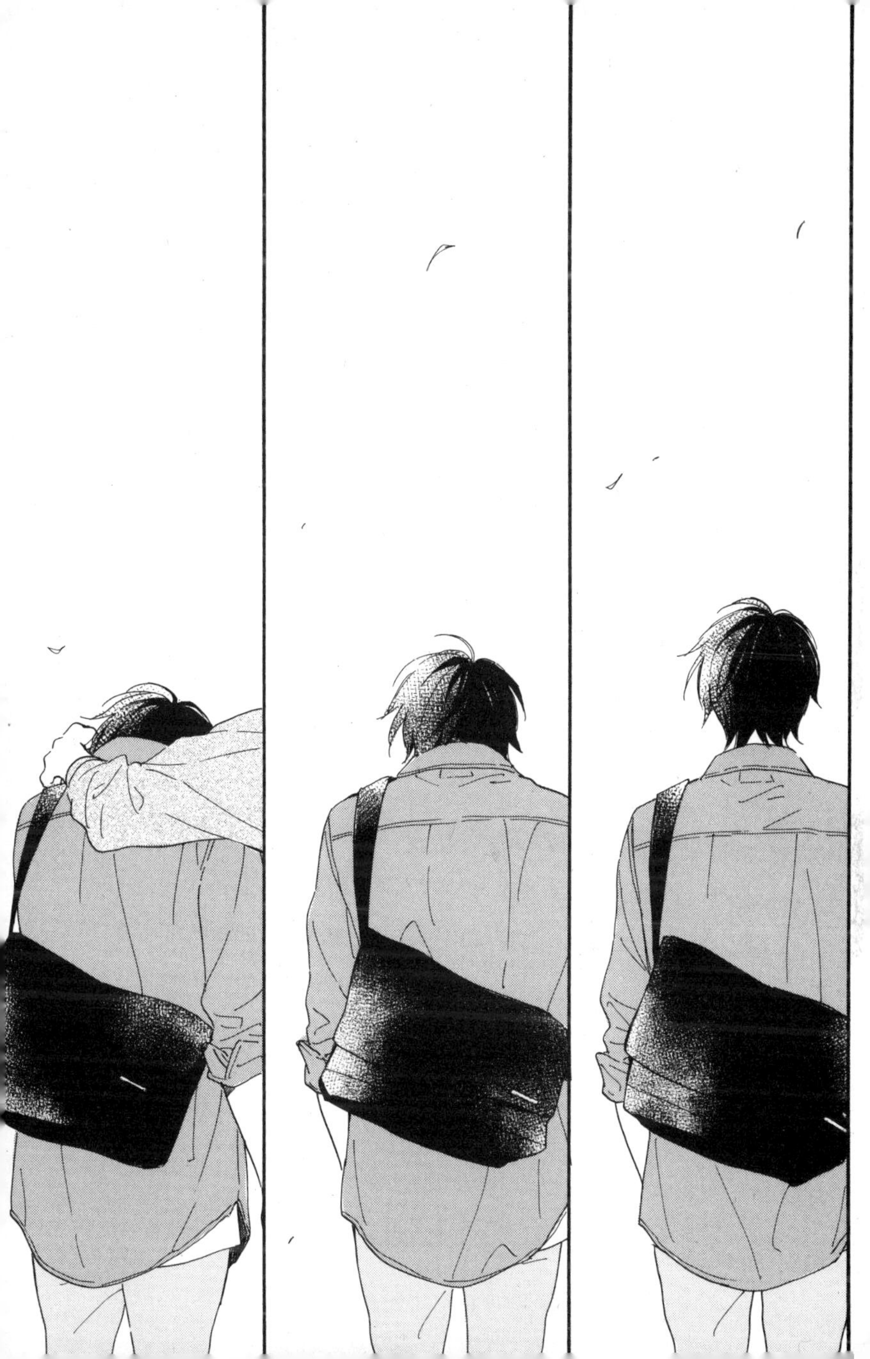

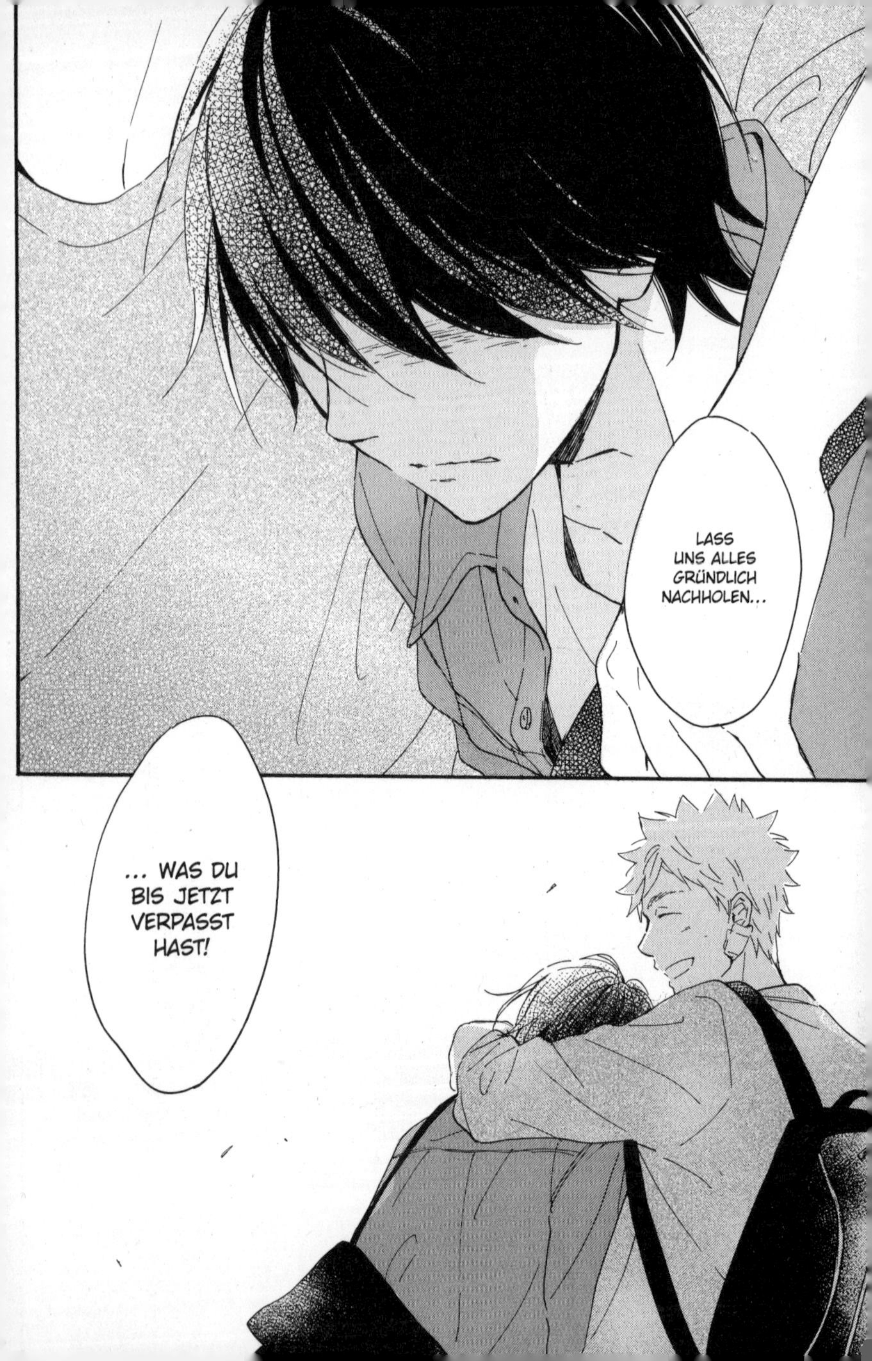
LASS UNS ALLES GRÜNDLICH NACHHOLEN…
… WAS DU BIS JETZT VERPASST HAST!

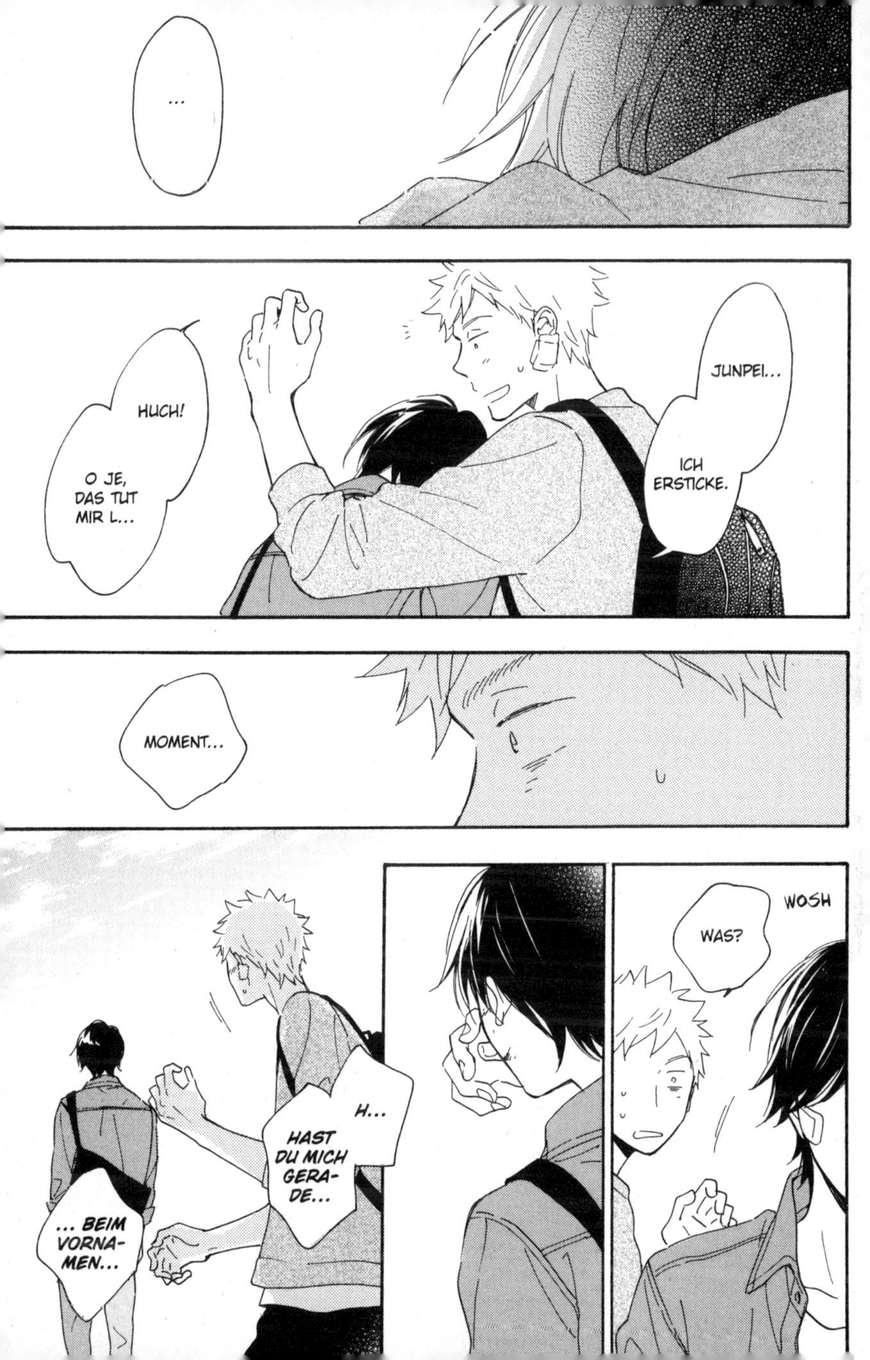
...
JUNPEI...
ICH ERSTICKE.
HUCH!
O JE, DAS TUT MIR L...
MOMENT...
WOSH
WAS?
H...
HAST DU MICH GERA-DE...
... BEIM VORNA-MEN...

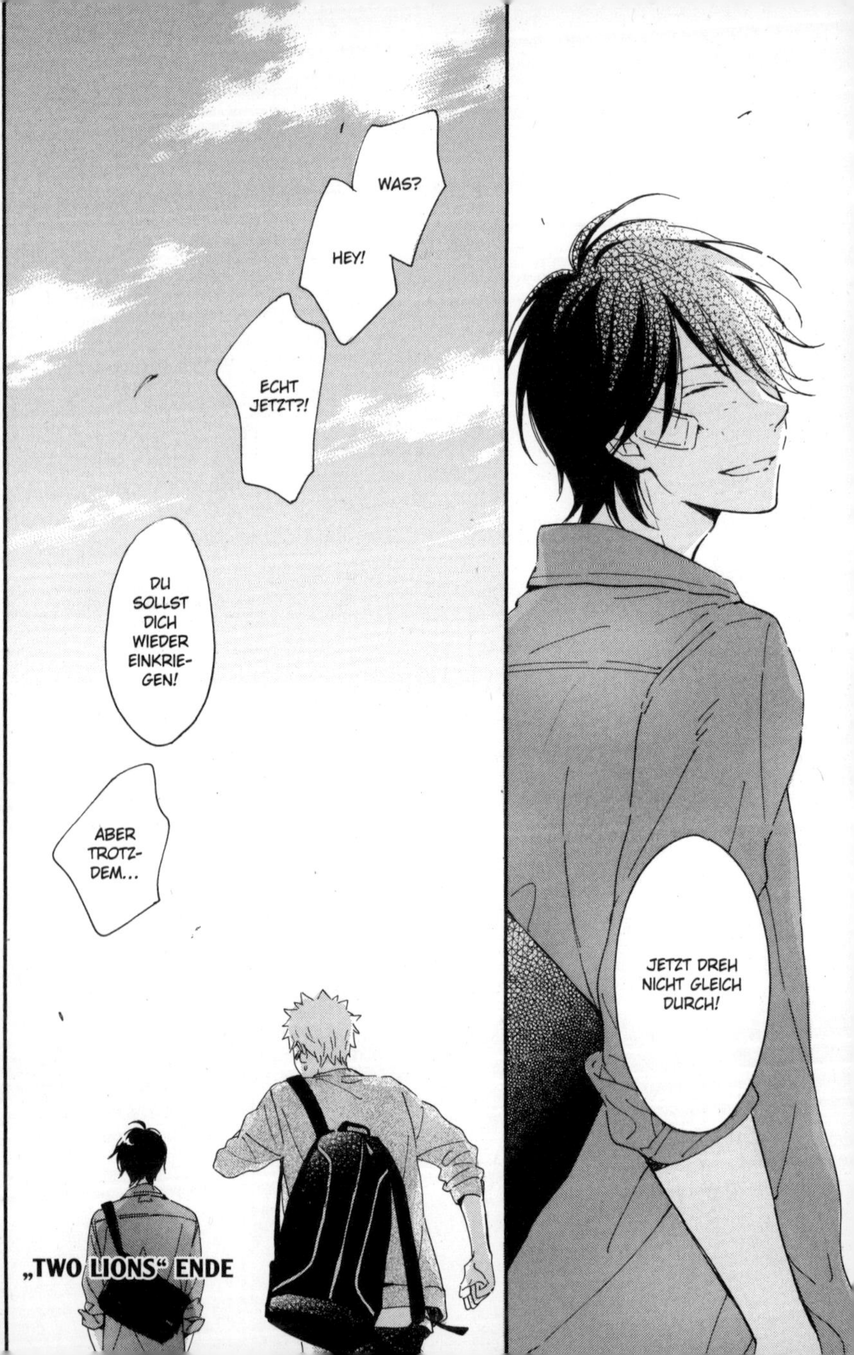
JETZT DREH NICHT GLEICH DURCH!
WAS?
HEY!
ECHT JETZT?!
DU SOLLST DICH WIEDER EINKRIEGEN!
ABER TROTZDEM…
„TWO LIONS“ ENDE

The two Lions

GLÄNZENDE AUSSICHTEN?

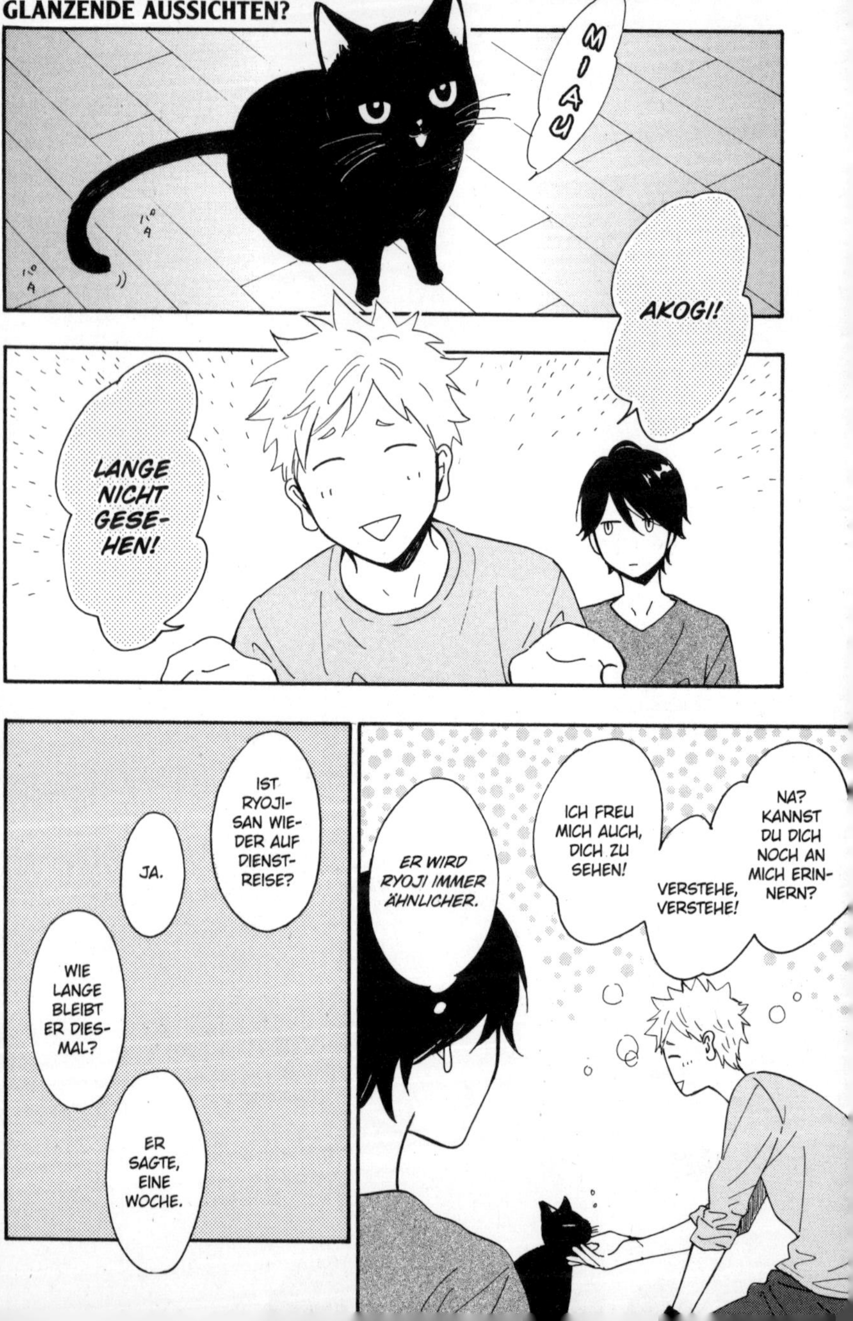

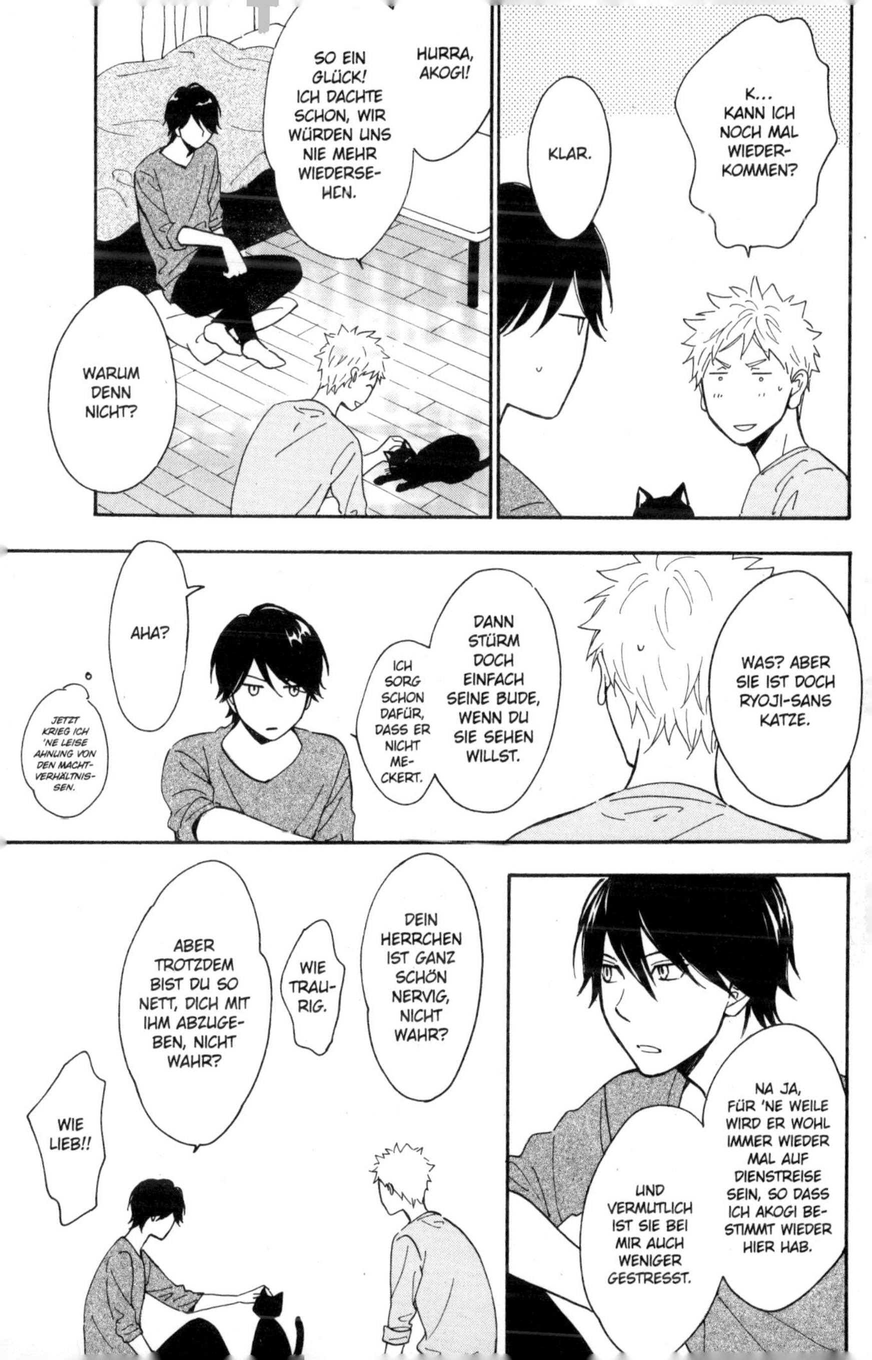
K... KANN ICH NOCH MAL WIEDERKOMMEN?
KLAR.
HURRA, AKOGI!
SO EIN GLÜCK! ICH DACHTE SCHON, WIR WÜRDEN UNS NIE MEHR WIEDERSEHEN.
WARUM DENN NICHT?
WAS? ABER SIE IST DOCH RYOJI-SANS KATZE.
DANN STÜRM DOCH EINFACH SEINE BUDE, WENN DU SIE SEHEN WILLST.
ICH SORG SCHON DAFÜR, DASS ER NICHT MECKERT.
AHA?
JETZT KRIEG ICH 'NE LEISE AHNUNG VON DEN MACHTVERHÄLTNISSEN.
NA JA, FÜR 'NE WEILE WIRD ER WOHL IMMER WIEDER MAL AUF DIENSTREISE SEIN, SO DASS ICH AKOGI BESTIMMT WIEDER HIER HAB.
UND VERMUTLICH IST SIE BEI MIR AUCH WENIGER GESTRESST.
DEIN HERRCHEN IST GANZ SCHÖN NERVIG, NICHT WAHR?
WIE TRAURIG.
ABER TROTZDEM BIST DU SO NETT, DICH MIT IHM ABZUGEBEN, NICHT WAHR?
WIE LIEB!!

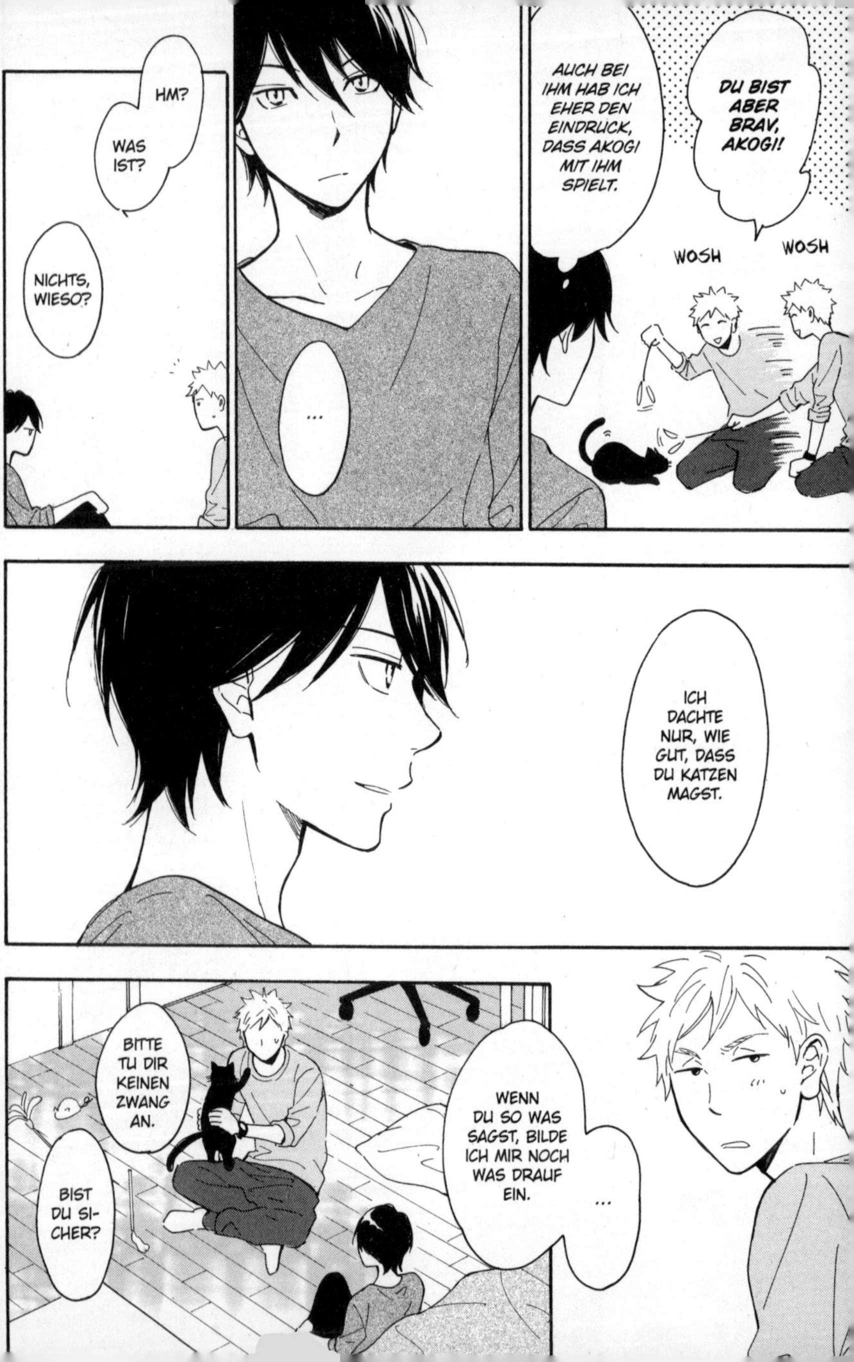
DU BIST ABER BRAV, AKOGI!
WOSH
WOSH
AUCH BEI IHM HAB ICH EHER DEN EINDRUCK, DASS AKOGI MIT IHM SPIELT.
...
HM?
WAS IST?
NICHTS, WIESO?
ICH DACHTE NUR, WIE GUT, DASS DU KATZEN MAGST.
WENN DU SO WAS SAGST, BILDE ICH MIR NOCH WAS DRAUF EIN.
...
BITTE TU DIR KEINEN ZWANG AN.
BIST DU SI-CHER?

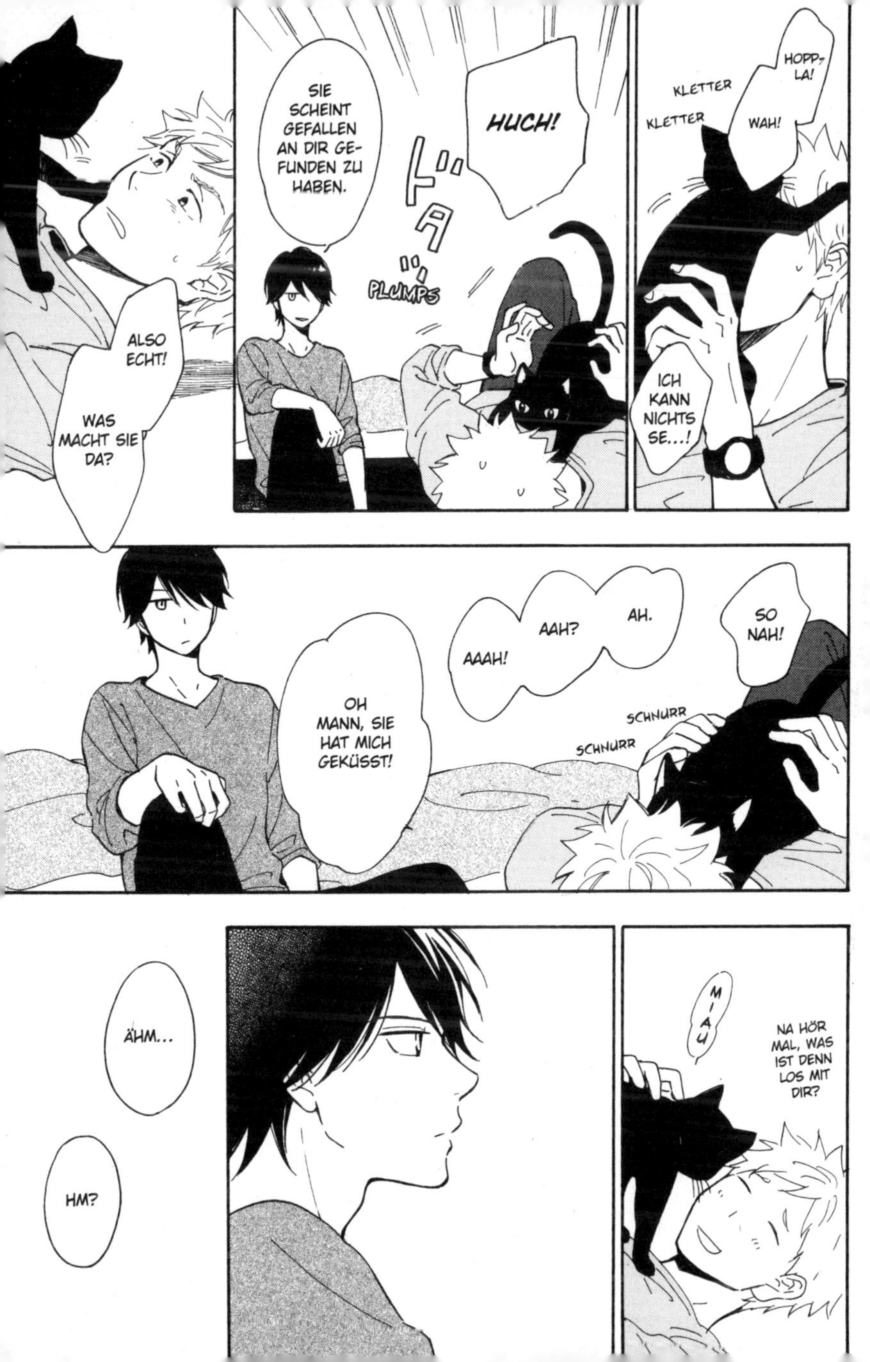
HOPP-LA!
KLETTER
KLETTER
WAH!
ICH KANN NICHTS SE…!
HUCH!
ドタ
PLUMPS
SIE SCHEINT GEFALLEN AN DIR GE-FUNDEN ZU HABEN.
ALSO ECHT!
WAS MACHT SIE DA?
SO NAH!
AH.
AAH?
AAAH!
SCHNURR
SCHNURR
OH MANN, SIE HAT MICH GEKÜSST!
MIAU
NA HÖR MAL, WAS IST DENN LOS MIT DIR?
ÄHM…
HM?

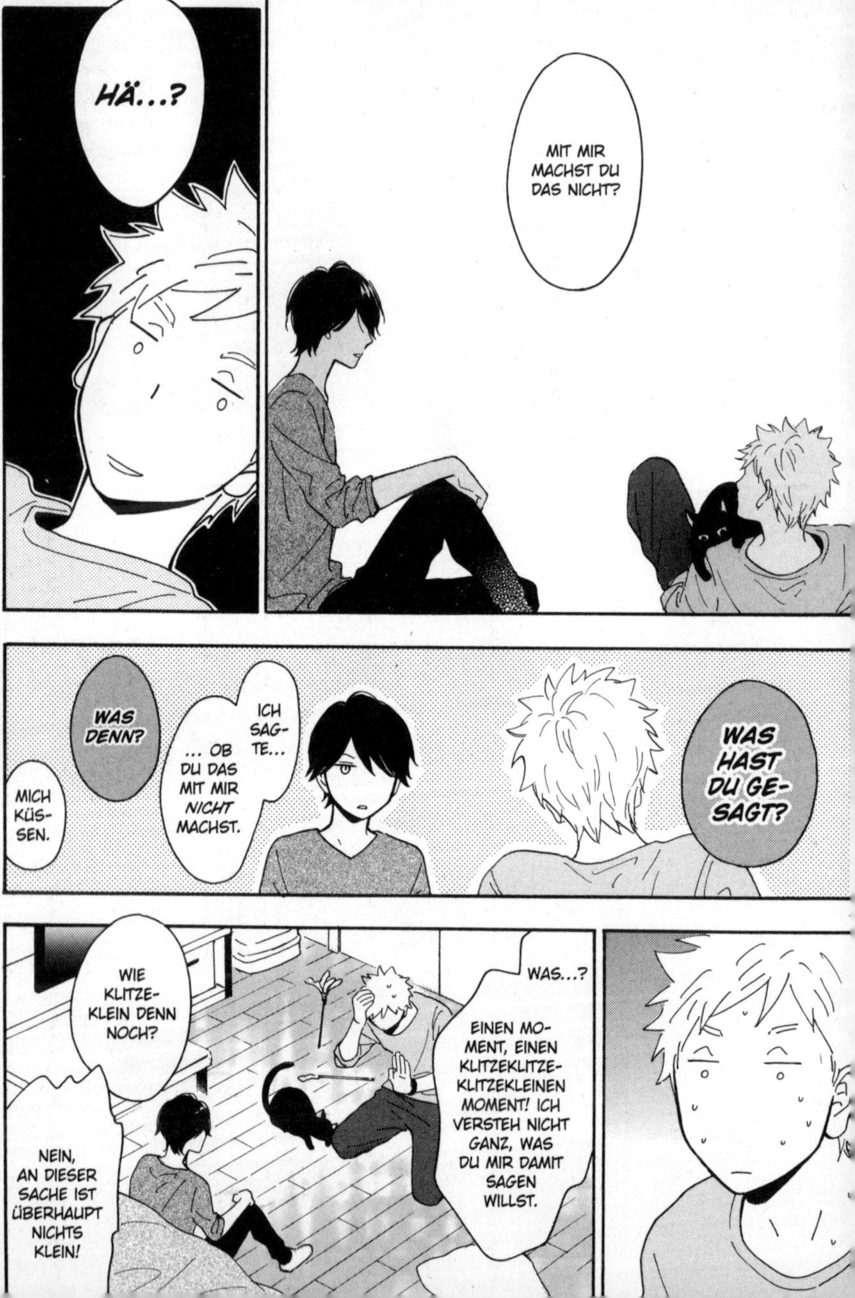
MIT MIR MACHST DU DAS NICHT?
HÄ...?
WAS HAST DU GE-SAGT?
ICH SAG-TE...
... OB DU DAS MIT MIR NICHT MACHST.
WAS DENN?
MICH KÜS-SEN.
WAS...?
EINEN MO-MENT, EINEN KLITZEKLITZE-KLITZEKLEINEN MOMENT! ICH VERSTEH NICHT GANZ, WAS DU MIR DAMIT SAGEN WILLST.
WIE KLITZE-KLEIN DENN NOCH?
NEIN, AN DIESER SACHE IST ÜBERHAUPT NICHTS KLEIN!

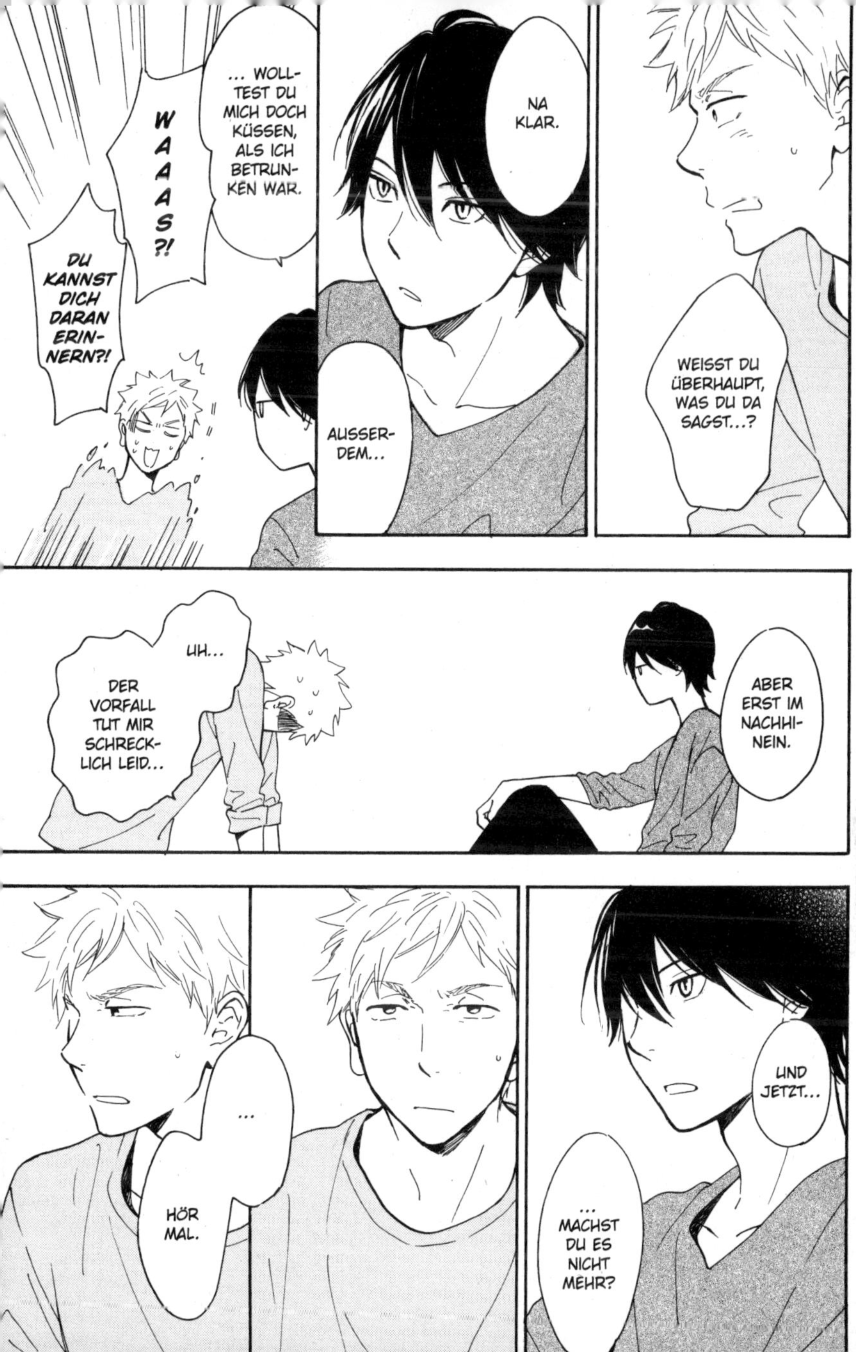
WEISST DU ÜBERHAUPT, WAS DU DA SAGST...?
NA KLAR.
AUSSERDEM...
... WOLL-TEST DU MICH DOCH KÜSSEN, ALS ICH BETRUN-KEN WAR.
WAAAAS?!
DU KANNST DICH DARAN ERIN-NERN?!
ABER ERST IM NACHHI-NEIN.
UH...
DER VORFALL TUT MIR SCHRECK-LICH LEID...
UND JETZT...
... MACHST DU ES NICHT MEHR?
...
HÖR MAL.

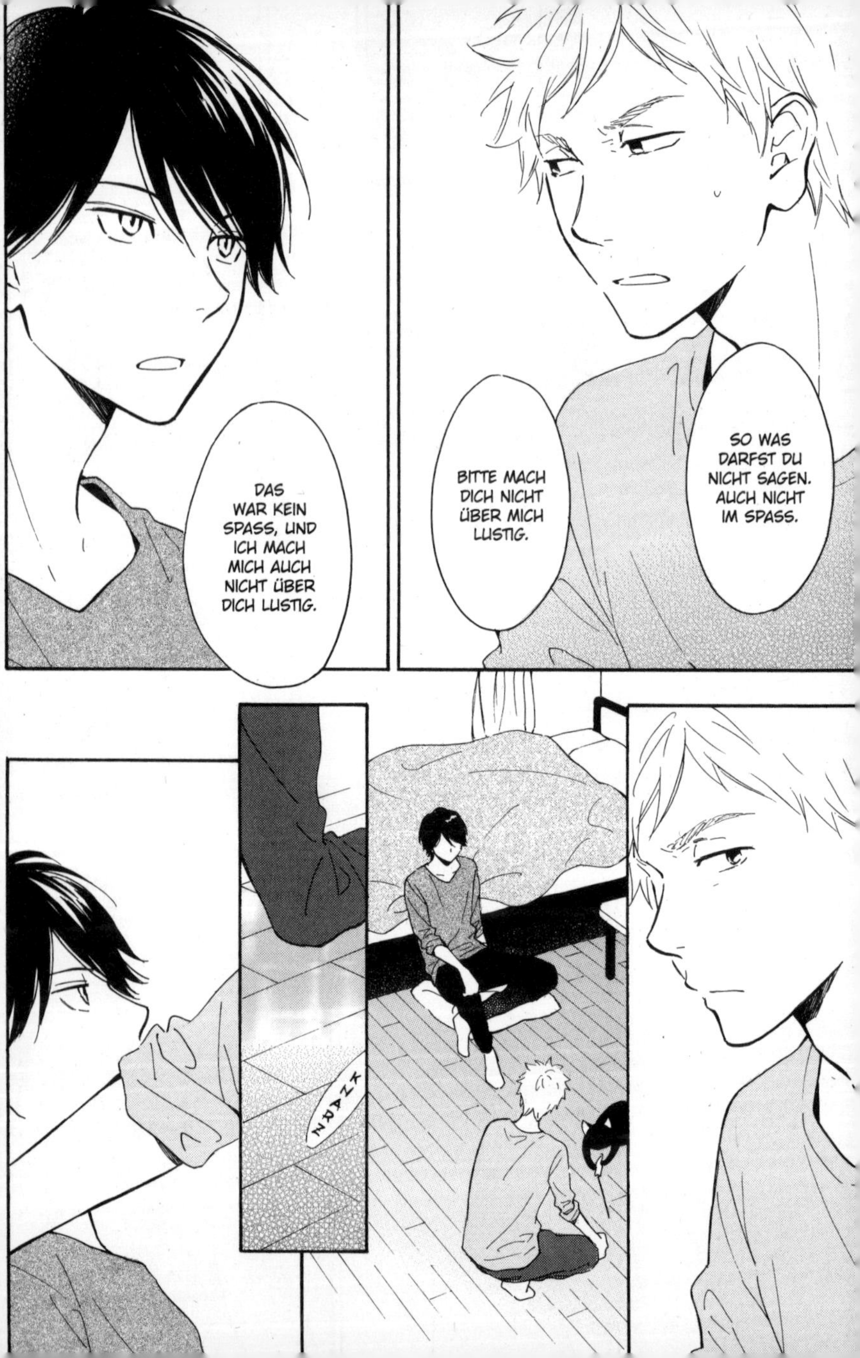
SO WAS DARFST DU NICHT SAGEN. AUCH NICHT IM SPASS.
BITTE MACH DICH NICHT ÜBER MICH LUSTIG.
DAS WAR KEIN SPASS, UND ICH MACH MICH AUCH NICHT ÜBER DICH LUSTIG.

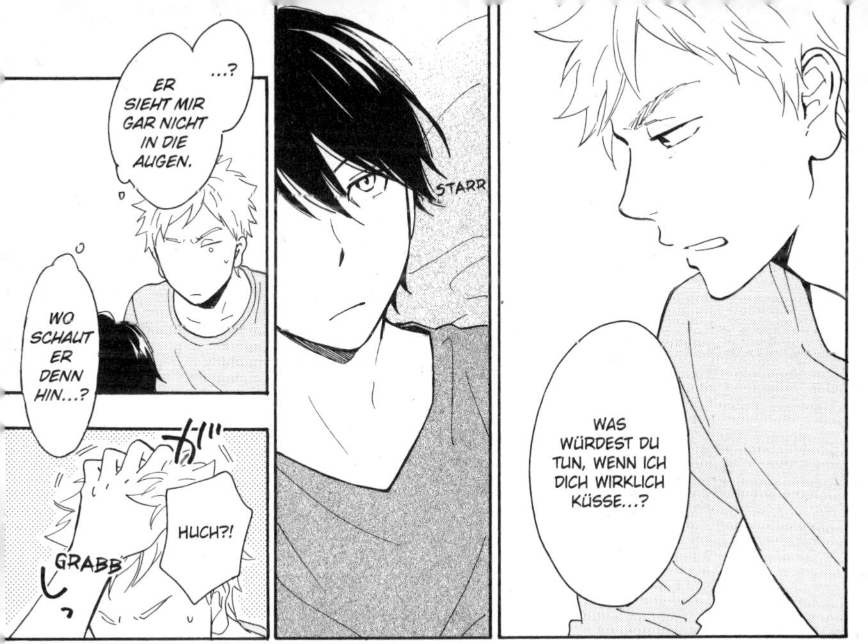

* DER ERSTE TEIL VON JUNPEIS NACHNAMEN SHISHIDO BEDEUTET UNTER ANDEREM LÖWE (SHISHI).

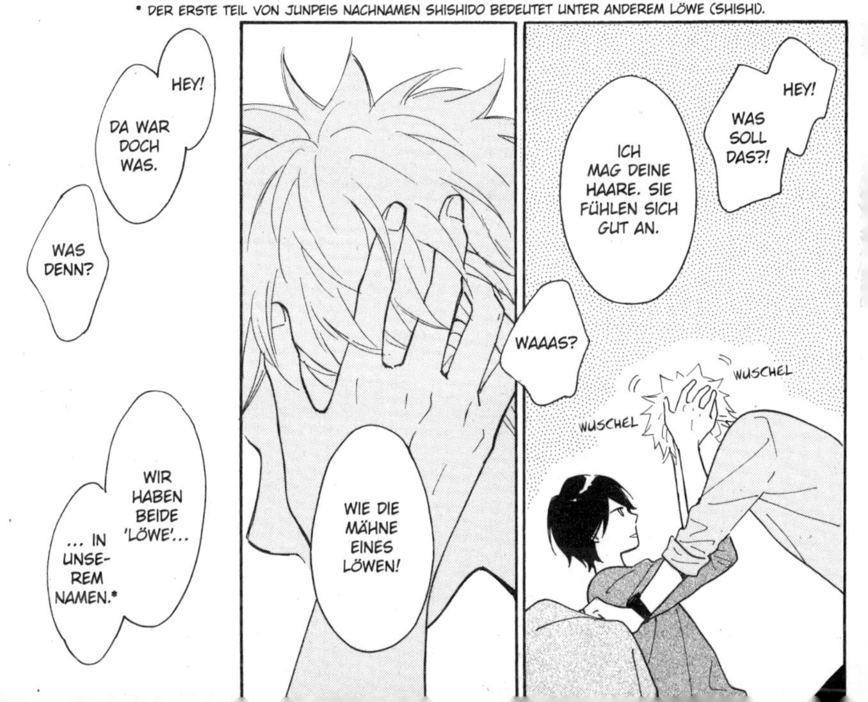

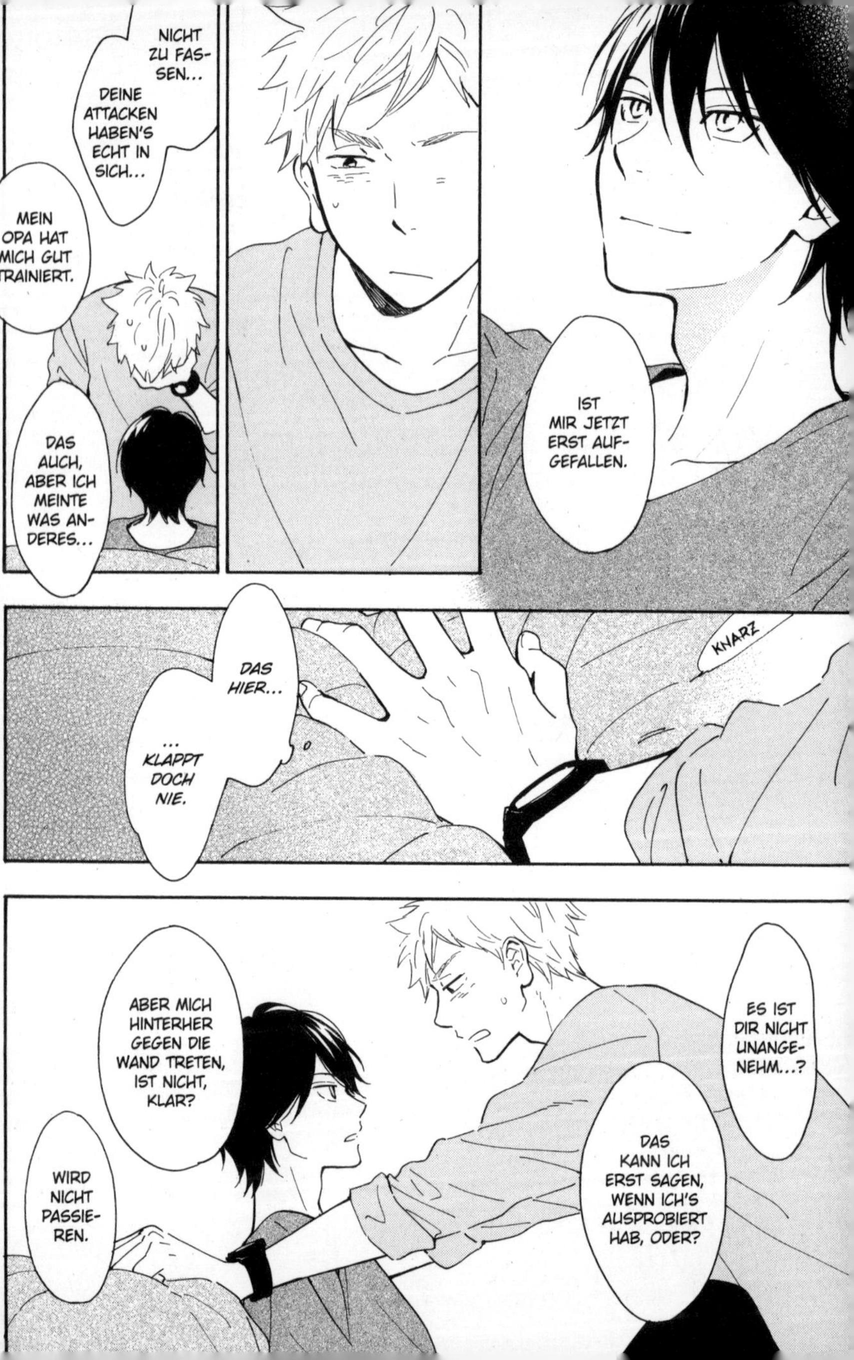

IST MIR JETZT ERST AUFGEFALLEN.
NICHT ZU FASSEN...
DEINE ATTACKEN HABEN'S ECHT IN SICH...
MEIN OPA HAT MICH GUT TRAINIERT.
DAS AUCH, ABER ICH MEINTE WAS ANDERES...
KNARZ
DAS HIER...
... KLAPPT DOCH NIE.
ES IST DIR NICHT UNANGENEHM...?
DAS KANN ICH ERST SAGEN, WENN ICH'S AUSPROBIERT HAB, ODER?
ABER MICH HINTERHER GEGEN DIE WAND TRETEN, IST NICHT, KLAR?
WIRD NICHT PASSIEREN.

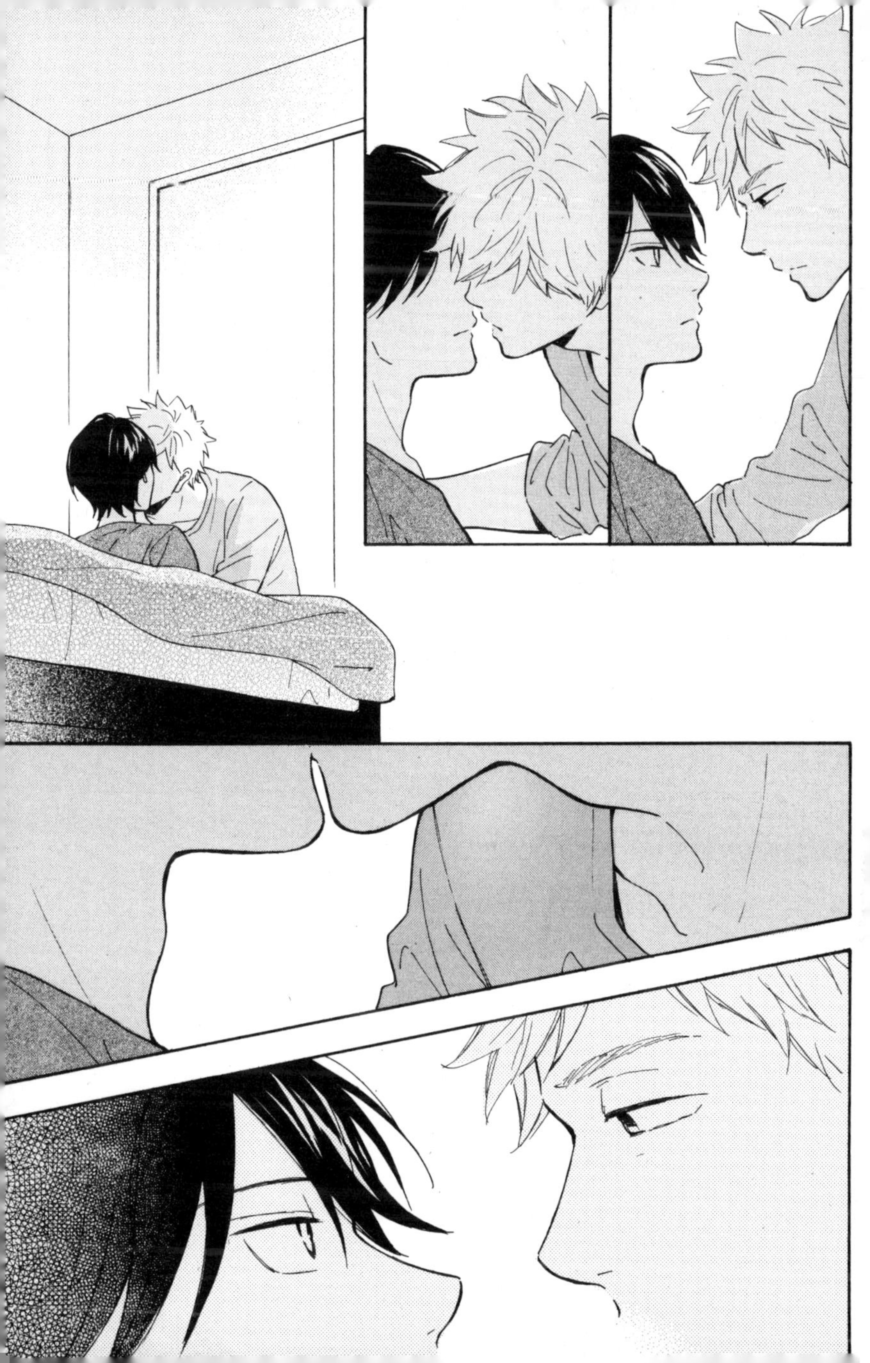

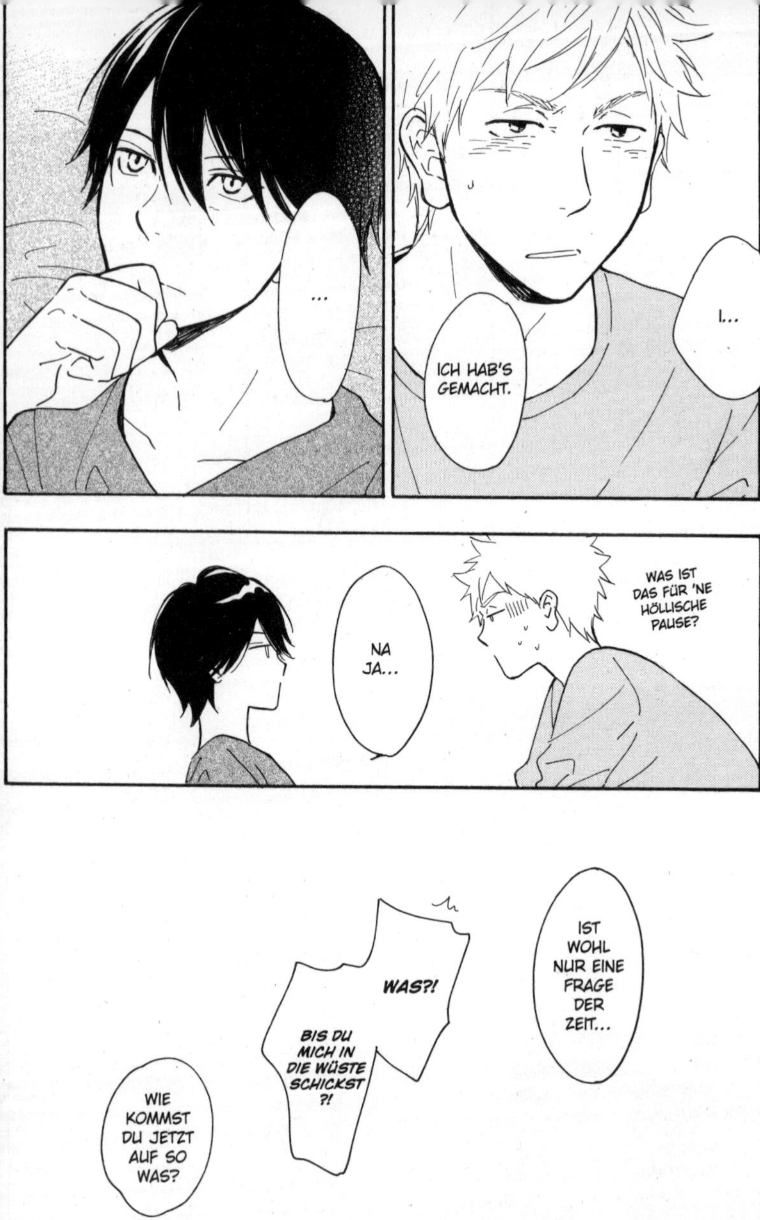
I...
ICH HAB'S GEMACHT.
...
WAS IST DAS FÜR 'NE HÖLLISCHE PAUSE?
NA JA...
IST WOHL NUR EINE FRAGE DER ZEIT...
WAS?!
BIS DU MICH IN DIE WÜSTE SCHICKST?!
WIE KOMMST DU JETZT AUF SO WAS?

ENDE

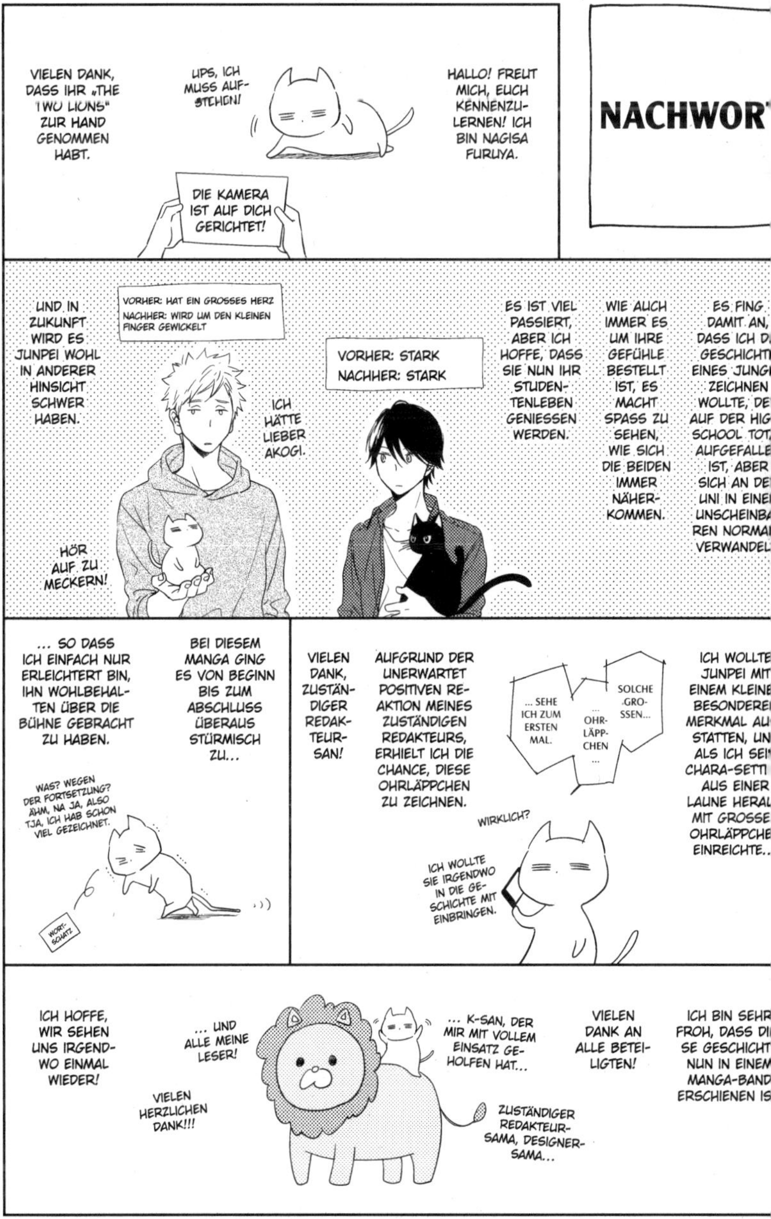

NACHWORT
HALLO! FREUT MICH, EUCH KENNENZULERNEN! ICH BIN NAGISA FURUYA.
UPS, ICH MUSS AUFSTEHEN!
VIELEN DANK, DASS IHR „THE TWO LIONS" ZUR HAND GENOMMEN HABT.
DIE KAMERA IST AUF DICH GERICHTET!
ES FING DAMIT AN, DASS ICH D GESCHICHT EINES JUNG ZEICHNEN WOLLTE, DE AUF DER HIG SCHOOL TOT AUFGEFALLE IST, ABER SICH AN DE UNI IN EINE UNSCHEINBA REN NORMA VERWANDEL
WIE AUCH IMMER ES UM IHRE GEFÜHLE BESTELLT IST, ES MACHT SPASS ZU SEHEN, WIE SICH DIE BEIDEN IMMER NÄHERKOMMEN.
ES IST VIEL PASSIERT, ABER ICH HOFFE, DASS SIE NUN IHR STUDENTENLEBEN GENIESSEN WERDEN.
VORHER: STARK
NACHHER: STARK
ICH HÄTTE LIEBER AKOGI.
VORHER: HAT EIN GROSSES HERZ
NACHHER: WIRD UM DEN KLEINEN FINGER GEWICKELT
UND IN ZUKUNFT WIRD ES JUNPEI WOHL IN ANDERER HINSICHT SCHWER HABEN.
HÖR AUF ZU MECKERN!
ICH WOLLTE JUNPEI MIT EINEM KLEINE BESONDERE MERKMAL AU STATTEN, UN ALS ICH SEI CHARA-SETTI AUS EINER LAUNE HERAL MIT GROSSE OHRLÄPPCHE EINREICHTE…
SOLCHE GROSSEN…
… OHRLÄPPCHEN …
… SEHE ICH ZUM ERSTEN MAL.
AUFGRUND DER UNERWARTET POSITIVEN REAKTION MEINES ZUSTÄNDIGEN REDAKTEURS, ERHIELT ICH DIE CHANCE, DIESE OHRLÄPPCHEN ZU ZEICHNEN.
VIELEN DANK, ZUSTÄNDIGER REDAKTEUR-SAN!
WIRKLICH?
ICH WOLLTE SIE IRGENDWO IN DIE GESCHICHTE MIT EINBRINGEN.
BEI DIESEM MANGA GING ES VON BEGINN BIS ZUM ABSCHLUSS ÜBERAUS STÜRMISCH ZU…
… SO DASS ICH EINFACH NUR ERLEICHTERT BIN, IHN WOHLBEHALTEN ÜBER DIE BÜHNE GEBRACHT ZU HABEN.
WAS? WEGEN DER FORTSETZUNG? ÄHM, NA JA, ALSO TJA, ICH HAB SCHON VIEL GEZEICHNET.
WORTSCHATZ
ICH BIN SEHR FROH, DASS DI SE GESCHICHT NUN IN EINEM MANGA-BAND ERSCHIENEN IS
VIELEN DANK AN ALLE BETEILIGTEN!
ZUSTÄNDIGER REDAKTEUR-SAMA, DESIGNER-SAMA…
… K-SAN, DER MIR MIT VOLLEM EINSATZ GEHOLFEN HAT…
… UND ALLE MEINE LESER!
VIELEN HERZLICHEN DANK!!!
ICH HOFFE, WIR SEHEN UNS IRGENDWO EINMAL WIEDER!

SUTOPPU!

Koko wa kono manga no owari dayo.
Hantaigawa kara yomihajimete ne!
Dewa omatase shimashita!
Tanoshii hitotoki wo dozo!

Egmont-Manga-Chiimu

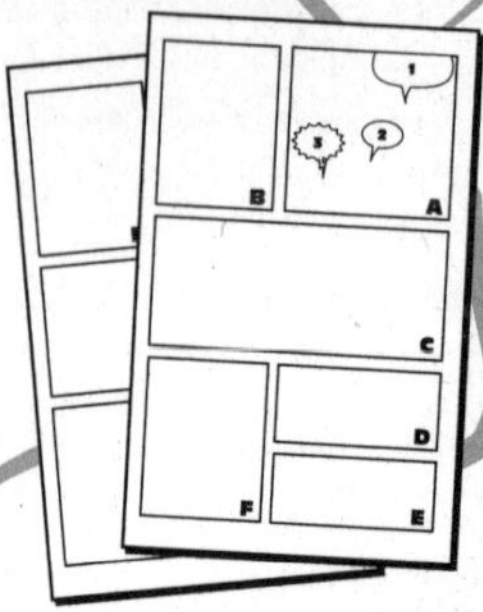

STOPP!

Das ist der Schluss des Mangas.
Fangt bitte am anderen Ende an!
Und nun genug der Vorrede,
viel Spaß beim Lesen!

Euer Egmont-Manga-Team

„The two Lions" von Nagisa Furuya
Aus dem Japanischen von Melania Schmitz
Originaltitel: „Futari no Lion"

Originalausgabe:
Futari no Lion

Deutschsprachige Ausgabe:

verlegt durch Egmont Verlagsgesellschaften mbH,
Ritterstraße 26, 10969 Berlin

4. Auflage 2023

Verantwortliche Redakteurin: Manuela Rudolph
Gestaltung: Esther Strunck
Printed in the EU

Lektorat: Madlen Beret
Koordination: Angelika Schönhuber
ISBN 978-3-7704-4141-9